KB068953

GLOBAL TRADE PRACTICE &
MANAGEMENT

무역실무

방희석

박영사

제 3 판 서문

우리나라는 1974년 100억 달러 무역규모에서 2012년 1조 달러를 넘어섰고, 2014년 11월 1조 달러를 조기 달성하여 세계 7위의 무역 국가로 성장했다. 이러한 성장 추세가 지속되어 무역의존형 경제발전체제가 구축되었고 정보통신기술과 인프라를 활용하여 향후 5년 안에 세계 5대 무역국가로 발전할 것으로 전망된다.

지속적인 무역 성장을 위한 노력이 다방면에서 이루어지고 있으며 그 이면에는 유능한 무역 인재들의 열정과 노력이 깃들어 있다고 생각한다.

무역이 확대되고 FTA가 확산됨에 따라 기술과 부존자원의 차이, 시장규모 등이 고려되어 산업의 국가간·지역간 이동이 활발하게 이루어지고 있다. 그 결과 상품무역은 다양화·다각화되고 있는 추세이다. 이러한 변화에 순응하여 효율적으로 무역업무를 수행할 수 있는 능력을 향상시키는 데 본서가 활용될 수 있도록 개정판을 출간하게 되었다.

본 개정판은 무역실무에서 자주 사용되지 않는 부분을 삭제하고, FTA와 관련된 관세·통관 업무와 물류관리의 중요성이 증대되는 현실을 반영하는 내용 등이 새로 보완되었다. 무역의 실체를 이해하기 원하는 대학생과 업계 종사자들이 무역업무 전반과 실무적 응용능력을 향상시키는 데 본서가 도움이 될 수 있도록 개정하였다. 본서가 독자들이 쉽게 이해되고 목표한 학습효과를 달성하는 데 기여했으면 한다.

끝으로 개정판을 출간하는 데 조언과 도움을 아끼지 않고, 대학 연구실에서 함께 학문탐구에 여념이 없는 박근식 교수, 강효원 박사, 나정호 박사, 강동준 박사들에게 감사를 드린다.

앞으로도 지속적인 개정·개편작업을 통하여 본서가 후학과 업계 종사자들로부터 사랑받기 위해 최선을 다할 것을 다짐한다.

2015.2. 흑석동 연구실에서

저자 씀

개정판 서문

금번 개정은 증판이 나온 지 4년이 지나 수록된 내용이 다수 바뀌었으며 2010년 개정된 Incoterms 내용을 반영하여 수정·보완하는 데 목적이 있다. 우리나라는 금년 무역액이 1조 달러를 상회하여 세계 7대 무역국가로 진입할 것으로 예상되고 향후 5년 내 세계 5대 무역국이 될 것이라는 전망이 나오고 있다. FTA가 확대되어 무역증가는 더욱 가속화될 전망이다.

우리나라는 무역에 기반을 두고 기술을 개발하고 시장을 개척하여 국부를 창출함으로써 국력을 신장시켜나가는 대표적인 국가이다. 무역규모가 확대되고 다양화되는 환경 속에서 무역을 기반으로 지속적인 성장을 위해서는 국제상거래를 효과적으로 수행할 수 있는 전문인력이 더욱 필요한 시기이다.

본 개정판이 이러한 국내외 여건과 무역환경에 적극적으로 대응하는 데 활용될 수 있는 전문서적이 되었으면 한다. 특히 본서는 대학에서 무역학을 전공하는 학생을 위한 강의용 교재로 활용될 수 있도록 필요한 내용을 수록하는 데 노력하였다.

앞으로도 주기적으로 본서 개정판을 내어 독자들에게 보답하고자 한다.

2011년 8월
대학연구실에서
방 희 석

역사적으로 국가간 무역을 통하여 문화교류가 활발해졌고 삶의 질과 수준을 높여 왔다. 세계는 WTO출범과 IT기술들의 발전으로 국제경제 환경과 무역거래 Pattern이 급속히 변하고 있으며, 무한·무국적시대에 국가간 경쟁은 다양화·다극화되고 있다. 특히 우리나라는 부존자원이 부족하고 국민경제의 대외의존도가 높기 때문에 국제무역이 국가발전에 필수적인 수단이 될 수밖에 없다. 경쟁적이고 효율적인 무역만이 국가를 정상적으로 회복시킬 수 있을 것이다. 경제활동을 하는 모든 사람은 기초적인 무역업무를 이해하지 못하고는 국제화시대에 적응하는 데 어려움이 있을 것이다. 무역을 효율적이고 경쟁적으로 수행하기 위해서는 무역환경에 대응할 수 있는 무역거래가 이루어져야 한다. 무역은 세계의 규범과 질서와 관행을 이해하고 준수할 때 가능한 것이다.

이에 따라 본서의 목적은 대학생들에게 졸업 후 실제 무역을 하는 데 필요한 전문지식을 전달하고 그들이 실질적으로 무역업무를 수행할 수 있는 능력을 확보할 수 있도록 도움을 주고자 하는 데 있다. 또한 본서는 본 과목을 20여 년 이상 강의한 경험을 근거로 하여 수강자들이 보다 효과적으로 무역에 관한 기초이론과 실천적 업무를 이해할 수 있도록 편이하게 수록하였다.

본서의 내용은 14개 장으로 나누어지며 제1~2에는 무역의 기초개념, 관리수단과 내용 및 무역자동화와 전자무역관리, 무역의 종류와 특성 및 관리방식이 체계적으로 정리되어 있다. 제3장은 해외시장조사 방법과 무역대상자 선정, 수출마케팅을 통한 거래선확보 방법과 요인들이 포함되어 있다. 제4~5장은 EDI를 포함해서 무역절차와 무역계약의 주요내용에 대한 실제 적용사례 등이 예시되어 있다. 제6장은 무역조건에 관한 국제정형거래 해석규칙을 시스템 기준으로 설명하고 평가했다. 제7장은 무역계약상 대금결제방식과 특성을 세부적으로 기술하고 있다. 제8~9장은 무역거래에서 필수적인 신용장거래, 운송거래의 주요내용과 실제 활용방식 및 사례 등이 포함되어 있다. 제10장과 11장에는 무역과 연계된 해상보험 업무와 수출보험제도를 포함하고 있으며 실제 적용사례 등이 제시되고 있다. 제12장은 외국환 및 환율제도의 기초적 개념이 포함되어 있으며 무역업을 하는 데 인지해야 할 무역금융제도의 주요내용 등이 수록되어 있다. 제13~14장에서는 관세와 관세환급제도 및 무역클레임과 중재에 관한 내용으로 사후처리 방법 등이 제시되고 있다.

　　본서를 출간하면서 아쉬움이 있다면 실제 무역을 수행하는 데 도움이 될 만한 내용은 다양하고 다각적인 접근이 가능한데, 한 권의 책에 이를 일목요연하게 수록한다는 것은 어려움이 아닐 수 없었다.

　　본서를 출간함에 있어 원고정리와 데이터 처리를 위해 헌신적으로 노력한 서수완 박사와 박사과정의 김승철, 김새로나 선생에게 감사드린다. 끝으로 박영사의 안종만 회장님, 이구만 부장님, 그리고 편집을 담당해 주신 홍석태 대리님을 비롯하여 많은 분들이 이 책의 출간을 위해 애써 주신 것에 대하여 심심한 감사를 드린다.

2002년 8월

저　자 씀

CHAPTER
06
무역조건의 국제해석규칙

CHAPTER
07
무역대금결제방식

CHAPTER
08 무역과 신용장거래

01
CHAPTER

| 무역의 개요 |

section 01 무역의 개념

경제학의 대부인 영국의 아담 스미스(Adam Smith)는 그의 저서 「국부론」 (The Wealth of Nations)에서 한 나라의 경제발전은 시장의 크기에 따라서 영향을 받는다고 주장하였다. 역사적으로 볼 때 경제적 지배권을 행사하고, 국가의 부(富)를 확장시켰던 국가들은 우선적으로 해상교통권의 확보에 주력해왔으며, 동서고금을 통한 무역과 문화의 발전은 연안지역에서 이루어져 왔다. 무역은 어떤 항로나 길을 따라가서 물건을 교환하는 데서 시작되었다고 볼 수 있다.

서양에서는 기원전 800년경에 지중해의 로도스(Rhodos)섬을 중심으로 한 페니키안(Phoenician)들에 의한 무역이 진척되어 자본축적이 이루어졌고, 이러한 자본이 신대륙을 발견하는 데 촉매역할을 했고 영국 산업혁명의 초석이 되었으며, 과학을 발전시켜 세계를 제패하는 서양문화권이 형성되었다. 이러한 문화와 세력이 무역으로부터 형성되었다는 논리가 과장된 표현만은 아닐 것이다.

우리나라의 경우도 신라 제42대 흥덕왕 때 장보고가 대규모 무역을 함으로써 중국 해적들을 소탕하는 해상권을 확보했다는 기록을 찾아볼 수 있듯이 무역을 통해서 인간은 보다 안락한 삶을 영위하게 된다.

무역은 각국의 기후·풍토·천연자원 등 자연적 조건과 자본·노동·생산기술 등 사회적 조건의 차이와 생산재와 소비재를 상호 교환해야 하는 필요성으로 인해 파생되는 국제분업이라는 메커니즘에 의해 발생하게 된다.

무역은 국내거래(internal transaction)에 대한 상대적인 것으로서 국경이나 관세선을 넘어서 이루어지는 국제간의 경제거래(international economy transaction)를 총칭한다.

넓은 의미의 무역은 각 경제주체가 보다 효율적이고 합리적인 경제생활을 위하여 그들의 국가영역 내의 경제적 환경을 발전시킬 목적으로 국경을 넘어 다른 영역 속에서 상이한 경제적 제약을 가지고 살고 있는 경제주체들간의 상품 및 용역 그리고 증여, 배상 등과 이전, 자본 등 이동 가능한 생산요소들을 교환하는 경제적 관계의 총체를 뜻한다. 그러나 좁은 의미의 무역은 이들 광의의 무역거래의 내용 중에서 상품 및 그것과 불가분의 관계에 있는 기술, 용역의 유상적 교류만을 가리킨다.

일반 관례상으로는 협의의 무역개념을 사용하고 있다. 이는 기본적으로 일국으로부터 외국으로의 상품판매를 의미하는 수출(export)과 외국으로부터 상품구입을 의미하는 수입(import)으로 이루어지는 상품무역(merchandise trade)인데, 그 밖에 외국과의 상업거래에는 상품거래 이외에 용역의 제공에 의한 보수의 수취도 국제수지상 매우 큰 몫을 차지하게 된다. 이들 항목을 일괄해서 무역외 거래라고 하며 상품무역을 유형무역(visible trade)이라고 부르는 데 대해서 상품외 거래는 무형무역(invisible trade)이라고 한다.

02 무역의 발생이유와 특성

무역을 하는 이유는 궁극적으로 외국으로부터 양질의 상품을 수입하여 생활을 윤택하게 하고 삶을 풍요롭게 하는 데 있다. 이것을 조금 더 구체적으로 설명하면 다음과 같다.

첫째, Ricardo의 비교우위에 의한 국제분업, 즉 모든 나라는 자기 나라가 다른 나라에 비해서 비교적 값싸게 만들 수 있는 상품들이 있으므로 그런 상품의 생산에 특화하게 된다.

둘째, 비용체감의 법칙(law of diminishing cost)에 따라 대량생산을 하게 되어 제품의 개당 원가가 절하되어 외국의 소비자뿐만 아니라, 국내 소비자들도 원가면에서 상당한 혜택을 입게 된다. 즉 국내시장단위로서는 도저히 값이 비싸서 국내 소비자들이 구입하지 못하던 것도 해외시장을 개척하여 대량생산이 가능해지면 자연히 원가절하가 된다. 일정 국가에 따라서 생산의 80~90%를 내수용에 치중하고, 나머지 10~20%를 수출을 위해 생산하지만, 외국에 수출하는 10%가 그 회사의 손익분기점을 넘어서서 이익을 가능케 하는 전환점이 될 수가 있는 것이다.

셋째, 새로운 해외시장을 확보하게 됨으로써 시설확충과 더불어 더 많은 고용자를 고용하게 되어 실업자 구제에도 많은 도움을 주게 된다.

넷째, 국제무역을 지원하기 위하여 많은 기업들이 존재한다. 해운회사나 해상보험회사, 글로벌물류회사 등이 무역을 지원하는 대표적인 기업들이다. 그 외에도 각종 수출입 Agent라든가 국제검정기관(surveyor), Commission House, Freight Forwarder, Ship Broker, 외국환은행 등 여러 가지 무역에 종사하는 특이한 업종들이 있고 이들이 다 국제무역에서 파생하는 산업으로 존재하고 있다.

다섯째, 국제무역을 통해서 개개인간의 기호에 맞는 각종 재화를 가질 수 있게 한다.

무역은 전통적으로 바다를 중심으로 한 연근해에서 시작되어 해운과 밀접한 관계에서 이루어졌다. 세계무역량의 90% 이상이 해상으로 이루어지고 있고 해상통로에 의한 무역이 타 운송수단과 연계되어 복합운송에 의한 수송체계로 변화되면서 무역패턴도 달라지고 있다. 해상운송의 특성 때문에 해상보험이 무역과 함께 발전하였고 긴밀한 관계가 유지되고 있다. 무역은 국내상거래와 달리 영업상 위험을 내포하고 있다. 위험은 물리적 위험(physical risk), 금융상 위험(financial risk) 및 외환시세 등에 의한 환위험(exchange risk) 등으로 국내거래와는 상이한 부분이다. 또한 무역거래를 위해서는 국내거래와 달리 정치·행정의 장벽, 상이한 언어와 관습, 통화제도의 상이, 관세 및 비관세 장벽 등을 극복해야 한다.

무역은 관련산업의 발전뿐만 아니라 국민경제 수준을 향상시키고 있다. 무역은 서로 다른 국가간에 이루어지기 때문에 강제법이나 일정국의 규칙에만 의

존할 수 없어 국제관습적 개념에서 이루어지는 특성이 있다. 예컨대 무역매매 계약을 규정하는 세계통일법은 존재할 수 없어서 정형화된 무역관습에 근거하여 계약을 체결하고 이행하고 있다. 상이한 언어와 관습, 통화 및 관세와 비관세장벽 등 관련문제를 대처하는 데 필요한 전문적 지식이 필요하다. 무역은 특정국가의 무역정책이나 국제경제환경에 민감하게 영향을 받는 특성을 지니고 있다.

궁극적으로 무역의 목적은 일국의 경제 발전과 성장 및 국민생활 수준을 향상시키기 위한 것이다. 그래서 무역의 목표는 수출이 아니라 수입이라는 논리도 전개할 수 있다.

무역은 국제경제질서 가운데 존재하는 것이고 국민경제기반 위에서 이루어지기 때문에 개별경제적, 국민경제적, 그리고 세계경제적 성격을 가지고 있다.

이것을 보다 더 구체적으로 설명하면 다음과 같다.

첫째, 개별경제적 성격은 최근 자유무역주의가 확대되면서 개별무역업체의 계약의 자유, 통상의 자유라는 독립적이고 개별적인 사적 매매활동을 수행하는 것이다.

둘째, 무역이 개별기업간에 자유롭게 이루어진다 하더라도 국경을 넘어서 이루어지는 특성과 최종적인 주체는 국가로 전환될 수밖에 없기 때문에 국민경제적 성격을 지닌다. 개별적 물자교류를 통하여 결국은 국가간 물자교류를 달성할 수 있게 된다. 각국은 국가적 차원에서 무역을 관리하고 정책을 수립하게 된다. 개별기업의 무역 목표는 이윤추구지만 국민경제발전에 기여하고 있다. 무역은 그 자체가 목적이 아니고 일정한 국민경제의 발전목표를 달성하기 위한 수단으로서 그 기능을 원활히 수행할 때 실제적인 가치가 부여된다.

셋째, 무역은 세계경제적 성격을 지닌다. 어느 국가도 오늘날 자급자족하는 데는 어려움이 많으며 다른 국가와 상호 의존관계를 맺고 있다. 이미 세계는 하나라는 관점에서 생산활동과 정보활동이 긴밀하게 결합되고 있다. 다국적 기업형태와 블록경제화, 세계경제화(globalization) 양상이 실제로 확산되고 있다. 국가간 통상협정과 그것을 실현하는 단독경제의 경영활동은 모두 세계범주 속에서 세계경제에 속해 있다고 볼 수 있다.

무역실무의 범위

무역학은 접근방식에 따라서 경제, 경영, 상학, 법률, 지역학 등의 기초 위에 국민경제, 국제경제 및 단독경제 등 넓은 영역의 이론과 실천학문을 연구하는 특수성을 가지고 있다.

무역실무란 국제상거래를 중심으로 실증적이고 실천적인 사례 등으로 구성된 영역이다. 이에 따라 본서는 수출입 업무에 필요한 내용을 체계화하여 독자에게 무역업무를 수행하는 데 필요한 전문지식을 전달하는 데 있다.

무역을 실제로 수행하는 데는 국제상거래를 위한 목표와 감각을 지녀야 한다. 이를 위해서는 전문지식을 확보해야 하는데 무역전문가가 되기 위해 갖추어야 할 주요 분야를 일곱 가지로 나누어 살펴본다.

첫째, 거래 상대방을 선별하고 적절한 대상을 확보하기 위한 무역상담, 교섭력이 있어야 하고 시장조사능력과 분석을 해야 한다.

둘째, 국제적으로 통용되고 있는 상관습이나 무역, 운송, 보험, 결제 관련 국제규칙이나 법규 및 조약 등을 인지해야만 한다.

셋째, 교역 상대국의 관습이나 문화, 법 및 거래규범 등이 포함된 지역연구를 해야 한다.

넷째, 무역거래를 위한 국제금융관리기법 등을 인지하여 환위험관리 등을 원만하게 할 수 있어야 한다.

다섯째, 상사분쟁 예방이나 해결할 수 있는 요건과 능력이 있어야 한다.

여섯째, 거래대상품의 물류관리를 가장 효과적이고 경제적으로 할 수 있는 물류관리마인드가 있어야 한다.

일곱째, 무역거래를 위한 서류처리와 무역자동화에 대응할 수 있는 변화에 적절한 순응이 필요하다.

이상의 요건에 충족시킬 수 있도록 본서는 다음 〈그림 1-1〉과 같이 세 가지 영역을 중심으로 구성되어 있다. 첫째, 무역의 준비를 위한 기초적 개념, 둘째, 실제 무역거래의 필요전문 영역, 셋째, 실제 상거래에 연관된 고려요인 등으로 구성되어 있다. 이와 같은 세 가지 영역에 최근 통신 및 전자기술 발달로

그림 1-1 | 무역실무의 구성도

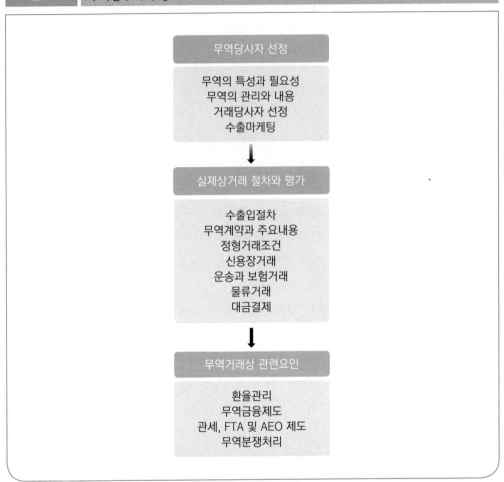

전자무역방식이 확산되면서 각 거래에 전자방식의 주요내용이 기술되어 독자들이 변화하는 시대에 대응할 수 있도록 하였다.

O2
CHAPTER

무역관리제도

무역관리의 의의

1. 무역관리의 의의

　일반적으로 무역관리라고 하면 정부 또는 국가가 제도나 기구 또는 법규에 의하여 수출입 거래를 규제하거나 지원하는 것을 말한다. 현재 대외교역을 하는 모든 나라들은 어느 정도의 차이는 있으나, 수출입거래에 대하여 어떠한 형태이든 규제 또는 지원을 하고 있다. 특히 우리 나라와 같이 국민경제의 대외의존도가 높은 국가에서는 무역이 국민경제 전반에 미치는 영향이 지대하므로, 정부가 수출입에 직·간접적으로 관여함으로써 계획적이고 균형 있는 무역이 이루어져 국민경제발전에 부응해야 한다.

　무역관리의 목적은 대외무역을 진흥하고 공정한 거래질서를 확립하여 국제수지의 균형과 통상의 확대를 도모함으로써 국민경제를 발전시키는 데 기여하는 데 있다.

2. 무역관리방법

⑴ 무역관리기관 지정과 방법

헌법 제125조는 무역관리에 관한 최고의 규범으로서 국가는 대외무역을 육성하고 규제·조성할 수 있다고 규정하고 있다. 따라서 국가는 법률에 의하여 이러한 기능을 수행할 기구를 규정한다. 우선 정부조직법을 보면 산업통상자원부가 무역관리의 주된 기관으로서 최고무역관리기관임을 규정하고 있다.

대외무역법은 산업통상자원부 장관을 무역관리에 관한 주무행정기관으로 규정하고 있다. 산업통상자원부 장관은 수출입의 제한(대외무역법 제11조) 등 무역거래자의 무역활동을 하기 위한 기본적 사항에 대하여 인·허가권을 갖고 있으며 그 외에도 통상의 진흥을 위한 조치(대외무역법 제2장), 무역에 관한 제한 등 특별조치(대외무역법 제5조), 수출입질서 유지(대외무역법 제5장) 등을 할 수 있는 권한을 갖고 있다.

산업통상자원부 장관의 권한은 대통령령으로 정하는 바에 따라 그 일부를 소속기관의 장, 시·도지사에게 위임하거나 관계 행정기관의 장, 세관장, 한국은행 총재, 한국수출입은행장, 외국환은행의 장, 그 밖의 대통령령으로 정하는 법인 또는 단체에 위탁할 수 있다(대외무역법 제52조). 이로써 무역관리에 관한 일방적인 행정권의 남용을 예방하고 관리의 능률화 및 원활화를 기하고 있다.

외국환거래법의 경우 기획재정부 장관은 이 법에 의한 권한의 일부를 대통령령이 정하는 바에 의하여 금융위원회·증권선물위원회·관계행정기관의 장·한국은행 총재·금융감독원장·외국환업무 취급기관 등의 장, 기타 대통령령이 정하는 자에게 위임 또는 위탁할 수 있다(외국환거래법 제23조). 무역결제의 관리와 관련하여 산업통상자원부 장관과 기획재정부 장관은 상호 협의기관이 되며 외국환은행 등은 대외무역법 및 외국환거래법에 의하여 각각 위탁된 업무를 수행하는 복합적인 수탁무역관리기관이 된다.

수출입 통관에 관한 관리기관으로 관세법 조항 제135조에 의하면 외국무역선 또는 외국무역기가 개항에 입항한 때에는 선장 또는 기장은 대통령령이 정하는 사항이 기재된 선용품 또는 기용품의 목록, 여객명부, 승무원명부, 승무원휴대품목록과 적하목록을 첨부하여 지체없이 세관장에게 입항보고를 하여야 하며 외국무역선은 선박국적증서와 최종출발항의 출항면장 또는 이에 갈음

할 서류를 제시하여야 한다고 규정하고 있다. 따라서 세관장은 관세법상으로는 주체적 무역관리기관이고 대외무역법에 의하여 산업통상자원부 장관의 위탁을 받아 수행할 경우에는 수탁관리기관이 된다.

(2) 무역관리의 방법

대외무역을 관리·통제·제한 및 감독을 하는 데는 대개 다음과 같은 수단 및 방법들이 사용되며, 이를 위반할 경우 제재가 가해진다.

1) 수출입주체, 품목, 거래형태의 관리

우리나라에서는 무역업, 즉 물품의 수출·수입을 업으로 하고자 하는 자는 산업통상자원부 장관이 정하는 서류를 첨부하여 산업통상자원부 장관에게 신고를 해야만 했으나, 이 조항은 2000년 12월 29일 일부개정시에 삭제됨으로써 완전자유화되었다고 할 수 있다. 그리고 무역을 업으로 하고자 하는 자는 무역업 고유번호를 한국무역협회장에게 신청하고 고유번호를 부여받을 수 있는데 이러한 고유번호 신청 및 부여는 우편·FAX·전자메일·EDI 등의 방법을 이용할 수 있으며, 고유번호를 부여받은 무역업자는 변동이 있을 경우 이를 한국무역협회장에게 통보해야 한다.

무역업을 영위하는 자가 외국업자와 정당하게 매매계약을 체결했다고 하더라도 산업통상자원부 장관이 헌법에 따라 체결·공포된 조약과 일반적으로 승인된 국제법규에 따른 의무의 이행, 생물자원의 보호 등을 위하여 지정하는 물품 등을 수출하거나 수입하려는 자는 산업통상자원부 장관의 승인을 받아야 한다(대외무역법 제11조 제2항).

실제로는 수출입행정의 신속한 운영을 위하여 무역업 신고 및 대부분의 수출·수입의 승인에 관한 권한을 산업통상자원부 장관이 지정하여 고시하는 관계행정기관 또는 단체의 장에게 위임 또는 위탁하고 있다.

2) 수출입지역의 관리

원칙적으로 수출입은 세계 어느 지역과도 할 수 있으나, 교역상대국이 국제협정에서 정한 우리나라의 권익을 부인하거나, 우리나라의 무역에 대하여 부당하거나 차별적인 부담 또는 제한을 가하거나 인간의 건강과 안전, 동·식물의 생명 및 건강, 환경보전 또는 국내자원보호를 위하여 필요할 때는 특별조치를 통해 수출입을 제한 또는 금지할 수 있도록 대외무역법 제5조에 명시하고 있다.

이 외에도 수출입의 제한(대외무역법 시행령 제16조), 전략물자의 고시 및 수출허가(대외무역법 제19조) 등에 의하여 특정지역과의 교역을 제한하거나 금지할 수 있는 근거를 마련해 두고 있으며, 이들 특정국가나 지역과의 교역을 제한하는 구체적 수단으로서 산업통상자원부 장관이 필요하다고 인정하는 경우 교역상대국의 수출입허가서, 최종소비지증명서 및 검정증명서 등을 제출하도록 하는 제도를 마련해 두고 있다.

3) 외국환의 관리(Foreign Exchange Control)

우리나라는 국제수지의 균형과 통화가치의 안정 및 외화자금의 효율적인 운용을 위해 외국환관리법이 제정되어(1961년 12월 31일 제정) 모든 외국환의 거래는 이 법의 적용을 받게 되어 있었으나, 1998년 9월 16일(법률 제5550호) 외국환거래법이 제정됨에 따라 종래의 외국환관리법이 폐지되고, 외국환거래법을 따르게 되었다.

외국환거래법은 1997년 우리나라 외환위기 이후 국제경제 환경변화에 적극적으로 대처하고 국내금융산업의 경쟁력 강화와 대한민국의 국제경쟁력 강화를 그 설립배경으로 하고 있다. 외국환거래법은 외국환업무, 환전상의 등록제, 대외지급에 있어서도 종전의 신고제와 허가제의 병행에서 신고제를 폐지하고, 제한적인 허가제를 통해 국민과 기업의 외국환거래 편의제공 및 은행의 업무 경감을 유도하였으며, 외국환 거래자료를 중계, 집중, 교환하는 기관을 지정하여 운영할 수 있는 근거를 마련하였다.

4) 관세의 관리

관세(customs, tariffs)라 함은 한 나라의 관세선(customs line)을 통과하는 물품에 대해서 정부가 부과하는 조세이다. 많은 경제학자들은 가장 이상적인 경제체제로는 정부의 간섭이 조금도 없는 완전한 자유방임(laissez-faire)적인 경제체제를 주장한다. 그러나 어떤 명목으로나마 관세를 부과하지 않는 나라는 거의 없을 정도로 보편화되어 있다. 우리나라에서도 1949년 11월 23일에 관세법이 제정되어 수차례의 개정을 거쳐 오늘에 이르고 있는데, 이 관세법 제1조에서 "관세의 부과·징수 및 수출입물품의 통관을 적정하게 하고 관세수입을 확보함으로써 국민경제의 발전에 이바지함을 목적으로 하고 있다"고 되어 있어 관세의 부과는 단순한 재정수입만을 위한 것이 아니라 수출입물량의 조절기능도 중시하고 있다.

다시 말해서 수출증진을 위한 원자재수입에 대해서는 관세를 면제하고 또 국민경제의 안정을 위해서 생필품의 수입에는 낮은 관세율을 적용하는 한편 사치품에 대해서는 중과하는 등 관세가 우리 경제 전반에 미치는 영향은 지대하다. 이와 같이 정부는 관세와 연관하여 관세감면제도, 관세환급제도, 자진신고 납부제도, 탄력관세제도 등을 통하여 국제거래를 관리·통제 및 조절하고 있다.

5) 특별법에 의한 관리

무역거래와 관련되는 법규로는 전술한 대외무역법과 외국환거래법 및 관세법 이외에 품질경영 및 공산품안전관리법, 무역보험법, 한국수출입은행법, 자유무역지역의 지정 및 운영에 관한 법률 등 많은 관계법규가 있다.

무역관리의 수단

1. 관계법에 의한 관리

우리나라의 대외무역은 다음과 같은 법률적 근거에 의거하여 이루어지고 있다.

첫째로, ① 헌법, ② 대외무역법 및 동 시행령, 대외무역관리규정 등에 그 근원을 두고 있다.

둘째로, ① 무역보험법, ② 자유무역지역의 지정 및 운영에 관한 법률, ③ 무역금융규정, ④ 관세법, ⑤ 환급특례법, ⑥ 외국환거래법, ⑦ 중재법 등이 있다.

셋째로, 이들 외에 특별법에 근거한 무역거래 관계법들이 있다.

본서에서는 대외무역법, 외국환거래법, 관세법 등에 의한 무역관리를 중심으로 우리나라 무역관리수단에 대해 살펴보기로 한다.

⑴ 대외무역법에 의한 관리

수출입거래를 관리하는 기본법으로서 무역거래법이 1967년 1월부터 시행되어오다 폐지되고, 1993년 7월 1일에 새로이 대외무역법이 제정되었으며, 1997년 2월 28일에 제40차 개정이 있었는데 내용은 대외적 개방과 국제무역환경에 순응하기 위한 전면적 개정이었다. 이는 새로운 대외무역환경 및 개방체제에 대처하며, 무역관리정책의 운영도 보호와 규제위주의 정부주도형에서 경쟁자 자율을 바탕으로 하는 민간주도형으로 전환하려는 의도에 부응하기 위함이었다. 또한 최근 인터넷과 정보기술의 급속한 발달로 인해 급변하는 통상환경에 대응하기 위해 2000년 12월 29일 대외무역법 제2장 2에 전자무역의 촉진과 관련하여 새로운 조항을 추가하기도 하였다. 대외무역법의 최근개정은 2014년 7월 22일 개정된 것으로 직수출 역량이 부족한 중소기업의 수출확대와 농수산식품, 서비스 등 다양한 분야의 수출확대를 지원하고자 개정되었다. 주요 개정 사항은 현재 민간지정 형태로 운영되던 전문무역상사의 지정, 육성 제도를 법령에 규정하였고 최근 중남미 국가를 중심으로 거래의 투명성과 신뢰성이 인정되어 정부간 수출계약 시장이 중소기업의 유망 수출시장으로 부상함에 따라 이에 대응하는 국내의 제도적 기반을 마련하기 위하여 정부 간 수출계약의 개념을 명확하게 하였다. 이에 따른 정부의 역할과 책임범위, 효과적인 지원체계 마련 등에 관한 입법 미비 상황을 개선하였다.

대외무역법은 "대외무역을 진흥하고 공정한 거래질서를 확립하며 국제수지의 균형과 통상의 확대를 도모함으로써 국민경제의 발전에 이바지"함을 목적으로 한다. 종전의 무역거래법이 "수출을 진흥하고 수입을 조정하여 대외무역의 건전한 발전을 촉진"한다고 하여 수출우선주의 체제의 성격이 있으나 대외무역법은 수출과 수입을 동등하게 진흥하여 무역확대에 의한 경제발전을 추진하되 공정한 거래질서를 확립하여 국제무역질서에 상응하는 무역국가가 될 것임을 밝히고, '통상의 확대'를 목적으로 하여 외국과의 통상교섭을 적극 추진하는 데 동법이 활용되고 있다.

(2) 외국환거래법에 의한 관리

외국환거래법은 외국환거래 및 기타 대외거래의 자유를 보장하고 시장기능을 활성화하여 대외거래의 원활화 및 국제수지의 균형과 통화가치의 안정을 도모함으로써 국민경제의 건전한 발전에 이바지함을 그 목적으로 하고 있다.

현행 외국환거래법은 1961년 12월 31일 법률 제933호로 제정되어 여러 차례의 개정이 이루어졌던 외국환관리법이 폐지됨에 따라, 1998년 9월 16일에 제정되었으며 최근 2012년 3월 21일 개정(법률 제11407호)되었으며 총 6장 제32조로 되어 있다.

외국환거래법 시행령은 대통령령 제16207호로 1999년 3월 30일에 제정되어 2014년 1월 1일(대통령령 제25050호) 개정되었으며, 그 구성은 전문 5장 40조 부칙으로 되어 있다.

(3) 관세법에 의한 관리

관세법이란 외국에서 수입되고 외국으로 수출되는 물품, 즉 관세선(customs line)을 통과하는 물품에 대해 규제하는 법이다. 우리나라 관세법은 1949년 11월 23일에 법률 제67호로 제정·공포된 이후 2014년 11월 19일 개정에 이르기까지 지속적인 개정이 이루어지고 있으며, 전문 13장 329조 부칙으로 구성되었다. 또한 동법 시행령은 1950년 4월 1일에 공포되어 110여 차례의 개정이 있었으며, 시행규칙은 1979년 1월 1일에 재무부령으로 고시되었고, 일부개정을 포함 90여 차례의 개정이 이루어졌다. 2000년 12월 전면적인 개정법안의 제안이유는 복잡하게 되어 있는 관세법의 체계를 일반국민이 알기 쉽게 정비하고, 납세자의 권리 및 불복절차를 마련(관세법 제5장)하며, 관세액의 정정청구기간을 연장하여 납세자의 권익보호를 위한 제도를 신설 또는 보완하고, 육상운송수단의 국경출입절차를 보완하며, 각종 허가제를 신고제로 전환하는 등 세관절차를 간소화하고, 남북교류 및 전자상거래 활성화와 같은 새로운 행정수요에 대한 대처 및 인터넷을 관세행정에 활용하고 통관절차를 간소화하여 관세행정의 선진화를 도모하는 등 기타 현행 제도의 운영상 나타난 일부 미비점을 개선·보완하려는 것이다.

최근 2014년 11월 19일(법률 제12844호) 개정된 이유는 정부조직법 등 일부개정 법률과 상충을 막기 위하여 부칙 일부가 개정 및 생략되었다.

관세법은 관세의 부과·징수 및 수출입물품의 통관을 적정하게 하고 관세수입을 확보함으로써 국민경제의 발전에 이바지함을 목적으로 하고 있다. 국민경제발전과 관세수입확보가 관세법의 궁극적 목적이다. 관세 자체가 국내산업을 보호하고 소비를 억제하며 국제수지를 개선하는 역할을 하고 관세율과 관세제도의 조정을 통하여 국내물가의 안정과 수출지원을 도모하여 국민경제발전에 이바지한다는 것은 이미 기술하였다.

관세관리에 관한 관계법상의 주요 내용은 관세감면제도, 관세환급제도, 관세평가제도 및 보세제도 등이 있다. 관세감면제도는 시설투자 및 시설확대에 따른 산업의 자금부담을 경감시킴으로써 효율적인 시설기계류의 도입과 산업

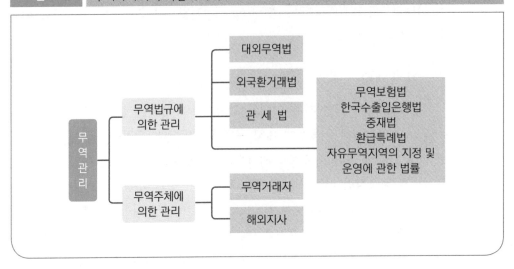

그림 2-1 우리나라의 무역관리체계

의 고도화를 위하여 관세납부의무자에게 특정의 경우에 무조건 또는 일정조건 하에서 관세의 일부 또는 전부를 면제하는 것을 말한다. 즉 관세법상으로 규정된 관세감면에는 외교관 면세(준외교관 면세 통합), 종교용품 등 감면세, 세율불균형 감면세, 환경오염방지물품 감면세(신설), 특정물품 감면세, 재수출 면세, 정부용품 면세 등 관세법 제27조에서부터 제34조에 이르기까지 면세 또는 감세에 관하여 상세하게 규정하고 있다.

관세환급제도는 일단 징수한 관세가 특정한 요건에 해당하는 경우 그 전부 또는 일부를 되돌려 주는 것을 말한다. 이것은 수출지원을 위한 수출용원자재에 부과한 관세의 환급을 말한다. 관세환급은 정액환급과 개별환급으로 나눌 수 있다. 정액환급은 납부한 세액과는 관계없이 수출물량을 기준으로 일정금액을 정액환급률표에 따라 환급하는 것을 말하며, 개별환급은 당해 원자재를 수입할 때 납부한 세액을 수입면장 등에 의하여 산출하여 그 세액을 합산한 금액을 환급하는 방법이다.

관세평가제도는 수입물품의 과세가격을 정하는 데 있어서 정상거래가격을 파악하여 저가나 고가신고를 막기 위한 제도이다.

보세제도는 외국물품이 우리나라에 도착한 후 관세의 징수를 유보하고 외국물품 상태 그대로 일정한 기간 특정 장소에서 보관, 장치, 운송, 제조, 건설, 전시, 가공 등을 행하는 데 따르는 일련의 행정절차를 말한다.

2. 무역업 및 무역대리업의 자율화

무역이란 국내거래와는 달리 외국과 물품을 거래하는 것이므로 어느 정도의 질서와 규율이 필요하지만 행정규제 완화 차원에서 2000년 1월 1일부터 종래의 신고제가 폐지되고, 무역협회에 무역업고유번호(대외무역법 시행령 제21조 제1항)를 신청하여 고유번호만 부여받으면 누구라도 무역거래를 할 수 있다. 우리나라에서는 무역거래에 있어서 자유화를 지향하기 때문에 특별한 자격제한을 두지 않는다.

대외무역법에서 '무역거래자'란 수출 또는 수입을 하는 자, 외국의 수입자 또는 수출자의 위임을 받은 자 및 수출·수입을 위임하는 자 등 물품등의 수출·수입행위의 전부 또는 일부를 위임하거나 행하는 자를 말한다(대외무역법 제2조 제3항).[1]

(1) 무역거래자의 고유번호 신청

수출입행위의 주체인 무역거래자는 대외무역법에 의해 무역업고유번호를 신청하여야 한다. 무역업의 고유번호의 부여권한은 현행 대외무역법상 산업통상자원부 장관에게 있으나, 그 권한이 한국무역협회장에게 위임되어 있다.

종전에는 무역업 신규등록시 법인의 경우 납입자본금 1천만원 이상, 개인의 경우 30일 평균 은행예금잔고 1천만원 이상으로 등록요건을 제한하였으나 등록제가 신고제로 또한 최근에는 완전자유화가 됨에 따라 사업자 등록을 한 개인 및 법인이면 모두 무역업의 신청 및 고유번호의 발급이 가능하게 되었으며 이는 외국인 투자업체 및 외국기업 국내지사에도 동일하게 적용된다.

과거 2000년 1월 1일 이전에 대외무역법에 의해 부여받은 무역업신고필증상의 무역업 신고번호는 무역업고유번호로 보며, 갖추어야 할 구비서류로서는 ① 무역업고유번호 신청서, ② 사업자등록증 원본 1부를 첨부하여 한국무역협회장에게 신청하여야 한다. 또한 무역업 고유번호의 신청 및 부여는 대외무역관리규정 별지 제1호의 서식에 의해야 하며, 우편·FAX·전자메일·전자자료교환(EDI) 등의 방법으로도 할 수 있다. 과거에는 소액이나 기타 공공성이 있는

---

1) 과거의 신고제하에서는 무역을 업으로 영위하는 것을 '무역업'으로, 또한 외국의 수출·수입업자의 위임을 받은 자가 국내에서 수출물품을 구매하거나 수입물품을 수입함에 있어서 그 계약체결과 부대되는 행위를 업으로 영위하는 것을 '무역대리업'으로 구분하고 있었으나 개정 대외무역법에서는 이를 삭제하였다.

물품에 한해서는 무역업신고를 면제하게 하였으나 모두 폐지되었다.

(2) 종합무역상사의 폐지 및 전문무역상사제도

산업통상자원부 장관은 해외시장을 개척하고 무역기능을 다양화하며 중소기업과의 계열화 등을 통한 중소기업의 무역활동을 지원하기 위하여 무역거래자 중에서 종합무역상사를 지정할 수 있도록 규정하였으나 법률 제9630호 개정안에는 종합무역상사에 관한 모든 법률이 삭제되었다.

개정법률(제12285호) 제8조의2(전문무역상사의 지정 및 지원) 제1항에 산업통상자원부장관은 신시장 개척, 신제품 발굴 및 중소기업·중견기업의 수출확대를 위하여 수출실적 및 중소기업 제품 수출비중 등을 고려하여 무역거래자 중에서 전문무역상사를 지정하고 지원할 수 있다고 규정하고 있다.

(3) 무역대리업의 신고제 폐지

종전의 대외무역업에서는 무역대리업은 외국의 수입업자 또는 수출업자의 위임을 받은 자(외국의 수입업자 또는 수출업자의 국내지사 또는 대리점 포함)가 국내에서 수출물품의 구매 또는 수입계약의 체결과 이들에 부대되는 행위를 업으로 영위하는 것을 말하며, 종전의 법에서 갑류무역대리업신고는 한국무역대리점협회장에게, 을류무역대리업신고는 한국수출외국기업협회장에게 신고하도록 하였으나 모두 폐지되었으며(제2조 5; 삭제, 2000.12.29), 앞에서도 언급했다시피 무역거래자로 통일되었다. 또한 무역업과 마찬가지로 무역대리업은 양도·상속, 법인합병, 법인전환 등을 통해서만 그 지위가 승계될 수 있게 하였으나 모두 폐지되었다.

3. 수출입의 승인

(1) 수출입승인

1) 수출입승인의 절차

물품의 수출입행위는 원칙적으로 자유롭게 할 수 있지만 특정 물품에 대해서는 무역업의 신고를 하였다 하더라도 개개의 수출입거래별로 산업통상자원부 장관의 승인을 얻어야 한다. 물론 승인된 사항을 변경하고자 할 때에도 마찬가지로 산업통상자원부 장관의 승인을 얻어야 한다. 다만 긴급히 처리하여야 하는 물품등과 그 밖에 수출 또는 수입절차를 간소화하기 위한 물품등으로서 대통령령으로 정하는 기준에 해당하는 물품등의 수출 또는 수입은 그러하지 아니하다(대외무역법 제11조 제2항).

2) 수출입승인의 요건

수출입승인기관의 장은 수출, 수입의 승인을 하고자 할 경우에는 다음과 같은 요건에 합당한지의 여부를 확인하도록 되어 있다(대외무역관리규정 제11조).

① 수출·수입하려는 자가 승인을 받을 수 있는 자격이 있는 자일 것
② 수출·수입하려는 물품등이 수출입공고 및 이 규정에 따른 승인 요건을 충족한 물품등일 것
③ 수출·수입하려는 물품등의 품목분류번호(HS)의 적용이 적정할 것

3) 수출입승인의 신청서류

수출·수입의 승인을 받으려는 자는 대외무역관리규정 별지 제3호부터 별지 제5호까지의 서식에 의한 수출입승인 신청서[업체용, 세관용, 승인기관용(산업통상자원부용) 및 사본(신청자가 신청한 경우만 해당한다)]에 다음 각 호의 서류를 첨부하여 수출입 승인기관의 장에게 신청하여야 한다(대외무역관리규정 제10조).

① 수출신용장, 수출계약서 또는 주문서(수출의 경우만 해당한다)
② 수입계약서 또는 물품등매도확약서(수입의 경우만 해당한다)
③ 수출 또는 수입대행계약서(공급자와 수출자가 다른 경우 및 실수요자와 수입자가 다른 경우만 해당한다)
④ 수출입공고에서 규정한 요건을 충족하는 서류(다만, 해당 승인기관에서 승인 요건의 충족 여부를 확인할 수 있는 경우를 제외한다)

(2) 수출입승인의 사후관리

산업통상자원부 장관은 승인을 받지 아니하고 수출되거나 수입되는 물품이 동법 제11조 제2항 단서에 따른 물품에 해당하는지를 확인해야 할 의무가 있으며(대외무역법 제14조), 동법 제11조 제2항 단서에 해당하는 물품은 긴급히 처리하여야 하는 물품과 그 밖에 수출입 절차를 간소화하기 위한 물품으로서

대통령령으로 정하는 기준에 해당하는 물품의 수출입은 해당되지 않는다(대외무역법 제11조 제2항 단서).

4. 수출입공고

(1) 수출입공고의 의의

수출입공고는 대외무역법에 의거하여 산업통상자원부 장관이 헌법에 따라 체결·공포된 조약과 일반적으로 승인된 국제법규에 따른 의무의 이행, 생물자원의 보호 등을 위하여 필요하다고 인정하면 물품등의 수출 또는 수입을 제한하거나 금지할 수 있는 대외무역에 관한 직접적인 규제방식이다. 산업통상자원부 장관이 헌법에 따라 체결·공포된 조약과 일반적으로 승인된 국제법규에 따른 의무의 이행, 생물자원의 보호 등을 위하여 지정하는 물품등을 수출하거나 수입하려는 자는 산업통상자원부 장관의 승인을 받아야 한다. 다만, 긴급히 처리하여야 하는 물품등과 그 밖에 수출 또는 수입 절차를 간소화하기 위한 물품등으로서 대통령령으로 정하는 기준에 해당하는 물품등의 수출 또는 수입은 그러하지 아니하다(대외무역법 제11조 2항). 따라서 상기 규정에 의거하여 산업통상자원부 장관이 수출입 제한에 관하여 정하는 바가 있을 경우 이를 공고하도록 되어 있으며, 이를 수출입 공고라고 한다.

대외무역법 제12조에서는 통합공고에 대하여 규정하고 있다. 대외무역법 이외의 약사법, 식품위생법 등의 관계 행정기관장이 수출·수입요령을 제정하거나 개정하는 경우에 그 수출·수입요령이 시행일 전에 산업통상자원부 장관에게 제출하여야 하며, 산업통상자원부 장관은 제출받은 수출·수입요령을 통합하여 공고해야 하며, 이를 통합공고라고 한다.

수출입공고와 통합공고는 수출입의 승인에 필요한 내용들을 구체적으로 명시하고 있어 대부분의 수출입승인은 이들에 의하여 내려진다.[2] 대외무역법이 제정되기 이전에는 수출입 기별공고라 하여 매년 1년을 실시기간으로 상기의 사항이 공고되었으나, 거의 비슷한 내용을 매년 공고하는 데 따르는 번거로움 및 시간과 노력의 낭비를 피하기 위하여 지속적인 효과를 가지는 수출입공고로 공고방식을 바꾼 것이다.

---

2) 수출입공고와 통합공고는 상호 독립적인 관계이기 때문에 수출입공고상 자동승인품목이라 할지라도 통합공고에서 제한하고 있는 품목이라면 수출입승인을 받을 수 없다.

(2) 품목분류기준

무역거래나 통계작성 등에 있어서 국제적으로 많이 사용되었던 품목분류기준은 SITC(Standard International Trade Classification : 표준국제무역분류)와 CCCN(Customs Cooperation Council Nomenclature : 관세협력이사회 품목분류집)로서 국제무역통계에는 SITC, 관세부과시에는 CCCN이 이원화되어 사용되었다. 현재 품목분류에는 HS(Harmonized System) Code가 사용되고 있다.

품목분류 기준의 발전과정을 간략하게 살펴보면 1949년 11월 23일「관세율 및 통계품목표」관세법 및 관세법 별표 제정공포한 것이 우리나라에서 최초로 품목분류를 위해 제정한 관세율표이다. 1962년 1월 1일「관세율표」관세법 별표 관세율표에 BTN 분류체계를 도입하여 관세행정의 국제적인 조화와 표준화에 진입하게 되었고, 1968년 10월 2일 BTN협약에 가입하게 되었다. BTN협약은 1976년 6월 CCCN으로 개칭되었다. 1987년 11월 27일에 HS협약에 가입하였는데 가입과 동시에 BTN협약에 탈퇴하게 된다. 1985년 6월 11일 HS협약 가입 서명을 한 후 1987년 11월 27일 국회에서 HS협약 비준동의안을 통과시켜 1988년 1월 1일부터 HS 관세율표를 시행하고 있으며, 현재 4차 개정을 통해 6단위의 HS Code를 통해 관세율을 적용시키고 있다.

(3) HS 관세율표

1) HS 관세율표의 개관

가. 관세율표 법적 지위

관세율표의 법적 지위는 헌법 제59조와 관세법 제14조, 제50조에서 찾아볼 수 있다. 헌법 제59조에서는 '조세의 종목(관세)과 세율(관세율)은 법률(관세법)로 정한다'고 규정하고 있어서 관세율은 관세법에 근거하여 결정하도록 권한을 부여하고 있으며, 관세법 제14조에서는 '수입물품은 관세를 부과한다'고 하여 관세부과 대상을 명확하게 규정하고 있다. 관세법 제50조에서는 '기본세율 및 잠정세율은 별표 관세율표에 의한다'고 규정하여 세율의 우선순위를 결정하고 있다.

나. HS · HSK · 관세율표간의 관계

관세협력이사회(CCC)주관으로 제정한 국제협약인 HS협약은 체약국의 관세와 통계품목분류표, 관세통계품목분류표, 관세·통계품목분류표를 HS협약의 부속서인 HS 분류체계와 일치시켜 관세 또는 통계 목적으로 사용하여야 한다. 국제적 HS 품목분류의 공통분류단위는 6단위이며, 관세·무역뿐만 아니라 국내 산업정책 및 수출입 관리의 효율성을 높이기 위하여 HS 6단위 분류체계를 10단위로 세분류한 것이 HSK(관세·통계통합품목분류표)이다.

관세법 별표인 관세율표는 HS협약에 의거하여 HS 품목분류표와 일치시킨 것으로서 품목번호(HSK 코드)와 품명으로 이루어진 품목분류표와 세율(세목)로 구성되어 있다. 기본 관세율을 책정하기 위한 품목분류표로서 할당관세, 조정관세, 국제 협력관세 등 모든 관세의 기준이 되고 있다.

2) 관세율표의 구성

HS협약 이외의 사항으로 국내에서 분류를 용이하게 하기 위하여 추가한 주, 임의 주 및 추가 통칙으로 구성되어 있다. 따라서 HS의 호와 소호 및 이들의 관련된 코드번호, 부, 류 및 소호의 주, 통칙들과 국내용의 10단위 품목번호, 추가 주 및 통칙으로 구성되어 있다. 통칙, 부·류·소호의 주 및 호와 소호의 용어는 모든 체약국들에게 법적인 구속력을 갖고 있으나 10단위 품목번호, 추가 주 및 통칙은 국내에서만 구속력이 있다.

관세율표는 상품을 국제적으로 통일적이고 체계적으로 분류하기 위하여 7개의 관세율표 해석에 관한 통칙, 21개의 부, 96개의 류, 1,221개의 호와 5,052개의 소호, 11,881개의 10단위 품목번호로 이루어진 분류체계와 부, 류, 소호의 주로 구성되어 있다.

가. 관세율표 통칙

관세율표 통칙의 정식명칭은 「관세율표 해석에 관한 통칙」(General Rules for the Interpretation of the Tariff Schedule)이다. 통칙은 특정 물품을 호에 분류하기 위한 원칙으로서 동일하고 일관성 있게 호에 분류되도록 하기 위한 기본이 되는 규정이며 일물일호의 원칙을 특징으로 하고 있다.

관세율표의 통칙은 7개로 되어 있으며, 통칙 제1호부터 제6호는 HS와 동일하며 제7호는 국내에서 추가한 것이다. 따라서 통칙 제1호부터 제6호는 모든 체약국에서 법적인 효력을 가지며, 통칙 제7호는 국내에서만 법적인 효력을 갖고 있다. 통칙 제1호부터 제4호까지는 4단위 호를 결정하는 규정이므로 순서대로 적용하여야 하고, 통칙 제5호는 추가 통칙으로서 용기와 포장물품에 대한 분류원칙이며, 통칙 제6호는 소호에 대한 분류원칙이다. 통칙 제7호는 「관세율표상

표 2-1	HS · HSK · 관세율표의 비교		
구 분	HS 품목분류표	관세 · 통계통합품목 분류표(HSK)	관세율표
통 칙	HS 해석에 관한 일반통칙	관세 · 통계통합품목분류표의 해석에 관한 통칙	관세 · 통계통합품목분류표의 해석에 관한 통칙
	1~6	1~7 (국내통칙 1개: 제7호)	1~7 (국내통칙 1개: 제7호)
주 — 부주	41개	41개	41개
주 — 류주	342	345(국내 주 3개 포함)	345(국내 주 3개 포함)
주 — 소호주	56	59개 90 (국내 추가 주 3개 포함)	59개 90 (국내 추가 주 3개 포함)
분류 체계 — 부	제1부~제21부	제1부~제21부	제1부~제21부
분류 체계 — 류	제1류~제97류 (제77류 유보)	제1류~제97류 (제77류 유보)	제1류~제97류 (제77류 유보)
분류 체계 — 절	31개 절	31개 절	31개 절
분류 체계 — 호	1,221	1,221	1,221
분류 체계 — 소호	5,052	5,052	5,052
분류 체계 — 품목번호 (HSK No)	–	11,881	11,881
비 고	HS 협약	관세법 제84조 및 동법시행령 제98조에 의거 기획재정부 고 시로 운용	• 관세법 별표 • 2006년까지 4단위(CCCN) 체계 로 운용 • 2007.1.1.부터 6단위(HS 품목 분류표)로 변경, 세목도 6단위 이상 체계로 변경

* 2008.1.1. 현재.
* 관세청 홈페이지(http://www.customs.go.kr)에서는 우리나라를 비롯한 세계 각국의 HS 정보를 제공하고 있음. 2014년 12월 현재, 미국, EU, 중국, 일본, 대만, 호주, 터키, 칠레, 브라질, 페루, 러시아, 사우디아라비아, 멕시코, 태국, 베트남, 인도네시아, 싱가포르, 필리핀, 말레이시아, 인도, 노르웨이, 스위스, 캐나다 등 국가의 HS 정보가 공유되고 있음.

규정이 없는 품목분류는 HS협약」에 의하도록 국내에서 규정한 분류원칙이다.

　나. 주(note)

　　주는 관세율표의 주요한 구성요소로서 부, 류, 호 및 소호의 분류의 범위와 한계를 규정하여, 하나의 물품을 하나의 호에 분류하기 위한 것으로 호나 소호의 범위와 한계를 규정하고, 특정 부, 류, 호, 소호 또는 호의 집합체에 포함되는 품목을 제공하거나 각 부, 류, 호 및 소호에서 제외되는 품목의 목록을 제공한다. 올바른 부, 류, 호, 소호를 안내하여 주며, 특별한 주는 HS 전체에 적용하거나, 부, 류, 호 또는 소호에만 적용하는 주가 있으며, 어떤 주는 HS 전체에 적용되거나, 또는 한정된 범위에만 적용되는 용어정의도 있다.

다. 부·류 및 절

HS를 구성하고 있는 부, 류 및 절에 대한 내용은 다음과 같다. 관세율표의 부(部; section)는 제1부부터 제21부까지 21개의 부가 있으며, 각 부의 표제는 편의상 표현한 것으로 품목분류에 법적 구속력이 없다. 부에 류가 하나인 부가 있다(4개 부). 관세율표의 류(類; chapter)는 제1류부터 제97류까지 96개의 류(제77류 유보)가 있으며 호(4단위)의 2단위를 말한다. 류의 표제는 부의 표제와 동일하게 품목분류에 법적 구속력이 없다. 부에 류가 하나이고 표제가 동일한 4개류가 있다(제3부, 제14부, 제19부 및 제21부). 관세율표의 절(節; sub-chapter)은 류에서 다수의 물품을 구분하기 위해 편의상 세분류한 것으로 81개의 절이 있다. 절의 표제는 부와 류의 표제처럼 품목분류에 법적 구속력이 없다. 절이 있는 류는 7개의 류가 있다(제28류, 제29류, 제39류, 제63류, 제69류, 제71류 및 제72류).

라. 호와 소호

호(号; heading)는 통칙 및 주와 함께 법적인 구속력을 가지며 관세율표의 주요 구성요소로서 HS협약의 호와 임의 호로 구분되며 1,221개 호가 있다. 호는 2단위의 류(chapter)를 4단위로 순서대로 세분류한 것으로 4단위 코드번호를 말한다. 코드번호의 용어는 HS와 일치하며 HS협약호라고도 한다. 임의의 호(optional heading)는 체약국이 임의로 선택할 수 있는 호로서 「제2,716호 전기에너지」(electrical energy)를 말한다. 우리나라 관세율표에는 임의의 호를 채택하고 있다. HS는 6단위 소호(小号; sub-heading)의 분류체계이다. 소호는 4단위 호(heading)를 5단위 또는 6단위로 세분류한 것으로 5,052개가 있다. HS협약에서는 체약국의 품목분류표에 소호와 소호의 용어를 사용하는 것을 의무로 규정하고 있다. 소호의 용어는 소호주와 더불어 품목분류에 있어 법적 효력을 가지고 있다. 관세율표의 10단위는 HS 6단위의 소호(6단위 코드번호)를 7, 8단위로 세분류하고, 이들 각각의 7, 8단위를 9, 10단위로 세분류한 것으로서 11,881개가 있다.

류(Chapter)의 제02류는 "육과 식용 설육"을 의미하며, 호(Heading)의 제

표 2-2   관세율표의 품목번호

품목번호										대응구매
heading · subheading						code				
0	2	0	1	2	0	1	0	0	0	갈비

- 2단위
- 류(chapter)

- 4단위
- 호(heading)

- 5단위 소호(sub-heading)
- 6단위 소호(sub-heading)
- HS 품목번호(HS 코드)

- 6단위 이상: 세목(품명, 기본세율 및 협약세율 등)
- 7, 8단위
- 9, 10단위
- 품목번호 · 통계부호 · HSK 품목번호(기재부고시)

0201호은 "쇠고기"를 의미하며 소호(Sub-Heading)의 제0201.20호는 "기타의 것으로서 뼈째로 절단한 것"이다. 관세·통계통합품목분류를 위한 10자리 HSK Code 제0201.201000호는 "갈비"이다. HSK Code의 뒤 4자리는 우리나라에서 만 통용되는 기준이며, 국가마다 상이하다. 상술한 품목분류에 대한 여러 가지 사례는 관세청 홈페이지(http://www.customs.go.kr)에서 제공한다.

5. 기타 관리수단

(1) 수출입지역

원칙적으로 수출입은 세계 어느 국가와도 할 수 있다. 다만 교역상대국에 전쟁·사변 또는 천재지변이 있는 경우, 교역상대국이 조약과 일반적으로 승인된 국제법규에서 정한 우리나라의 권익을 인정하지 아니할 경우, 교역상대국이 우리나라의 무역에 대하여 부당하거나 차별적인 부담 또는 제한을 가할 경우, 헌법에 따라 체결·공포된 무역에 관한 조약과 일반적으로 승인된 국제법규에서 정한 국제평화와 안전유지 등의 의무를 이행하기 위하여 필요할 경우, 인간의 생명·건강 및 안전, 동물과 식물의 생명 및 건강, 환경보전 또는 국내 자원보호를 위하여 필요할 경우에는 산업통상자원부 장관이 대통령령으로 정하는 바에 따라 물품등의 수출입을 제한하거나 금지할 수 있도록 대외무역법 제5조에 명시하고 있다.

(2) 할당제(Quota)

수출입되는 상품의 일정금액 또는 수량을 제한하는 제도를 할당제(Quota)라고 하는데, 수출입을 통제하는 데에는 가장 효과적인 수단이 된다. 수입을 막는 데는 더없이 좋은 무기가 되지만 바로 그런 이유 때문에 무역자유화에 역행하는 제도라는 많은 비판을 받고 있다. 그러나 국제교역을 하는 대부분의 국가들은 다양한 명목으로 할당제를 이용하고 있다.

대개 쿼터라면 수입물량을 제한하는 것이지만 금액으로 제한하는 경우도 있으며, 또 특정국가는 수출물량을 쿼터로 제한하여 자원보호 및 국제가격의 유지를 도모하는 경우도 있다.

(3) 수출입가격관리

수출입가격관리를 위해 ceiling price(최고가격), standard price(기준가격)제도를 채택하고 있다. ceiling price는 특정 수입물품의 최고가격을 정해 놓음으로써 수입을 관리하는 것을 말하며, 최저가격제는 수출물품의 최저가격을 정해 놓아 지나치게 낮은 가격으로 물품을 수출하는 것을 규제하는 것을 말한다.

(4) 수출입질서유지

대외무역법 제5장에 수출입 물품등의 가격조작금지(제43조), 무역거래자간 무역분쟁의 신속한 해결(제44조), 선적 전 검사와 관련한 분쟁조정 등(제45조), 조정명령(제46조) 등을 규정하여 수출입 질서를 유지하고자 한다.

section 03 무역자동화와 전자무역관리

1. 전자무역촉진에 관한 법률

(1) 배 경

1990년대 들어 종이서류 없는 무역거래(paperless trade)의 실현으로서 부각되기 시작한 무역업무의 자동화는 실제 무역거래에서 이용되는 전자문서에 법적인 효력과 증거능력을 인정하기 위해 무역업무자동화촉진에 관한 법률이 1991년 12월 법률(제4479호)로서 제정되었다. 무역거래 및 무역업무의 전자화에 힘입어 2005년 전자무역촉진에 관한 법률(제7751호)로 법명 개정이 이뤄졌다. 최근에는 전자무역문서의 보관 및 관리를 강화하는 등 전자무역기반사업자의 지정취소 요건을 강화하여 2014년 1월 14일 법률 제12239호로 개정되었다. 동 법률은 전자무역의 기반을 조성하고 그 활용을 촉진하여 무역절차의 간소화와 무역정보의 신속한 유통을 실현하고 무역업무의 처리시간 및 비용을 줄임으로써 산업의 국제경쟁력을 높이고 국민경제의 발전에 이바지함을 목적으로 하고 있다.

(2) 법률의 주요내용

전자무역 촉진에 관한 법률에서 규정하고 있는 전자무역의 정의는 대외무역법 제2조 1호에 따른 무역의 일부 또는 전부가 전자무역문서로 처리되는 거래를 의미한다. 동 법에서는 전자무역촉진 추진체계, 전자무역기반사업자, 전자무역기반시설의 이용, 전자무역문서의 보관·증명 및 이용촉진과 보안·관리, 전자무역전문서비스업자, 전자무역기술개발의 추진 등에 대하여 규정하고 있다.

1) 전자무역촉진 추진체계

산업통상자원부 장관은 전자무역을 촉진하기 위한 전자무역기반시설의 구축 및 운영에 관한 사항, 전자무역환경조성과 국제협력에 관한 사항, 전자무역거래자간의 분쟁해결을 위한 중재에 관한 사항 등 전자무역 촉진시행을 수립하여 시행하고 있으며, 이러한 전자무역촉진과 관련한 사항들을 협의하고 조정하기 위해 정부에서는 주무부처인 산업통상자원부 장관 소속으로 '국가전자무역위원회'를 설치하여 전자무역관련 법령, 제도의 정비, 개선에 관한 사항과 전자무역추진과 관련된 중앙행정기관간 업무의 협조에 관한 사항들을 심의토록 하고 있다.

국가전자무역위원회는 산업통상자원부 장관이 위원장이 되며, 당연직 위원은 관계 중앙행정기관의 차관급 이상 공무원과 관계기관의 장으로 위원장을 포함한 20명 이내의 위원으로 구성된다.

2) 전자무역기반사업자

전자무역기반사업자는 「전기통신사업법」 제2조 제8호에 따른 전기통신사업자로서 자본금·인력·기술력 등 대통령령이 정하는 기준에 적합한 자를 전자무역기반업무를 수행하도록 산업통상자원부 장관의 지정을 받은 사업자여야 한다. 산업통상자원부 장관의 지정을 받은 지정사업자의 대표적인 예로 KTNET(한국무역정보통신)을 들 수 있으며, 지정사업자의 사업범위는 다음과 같다.

① 전자무역기반시설의 운영업무
② 전자무역기반시설과 외국의 전자무역망간의 연계업무
③ 「전자무역 촉진에 관한 법률」 제12조 제1항 각 호에 따른 무역관련 업무의 전자무역기반시설을 통한 중계·보관 및 증명 등의 업무
④ 전자무역문서의 중계사업
⑤ 전자무역기반시설과 외국의 전자무역망간의 연계를 활용한 사업
⑥ 전자무역기반시설을 활용한 전자무역서비스 관련 사업
⑦ 전자무역문서의 표준화에 관한 연구사업
⑧ 전자무역문서 및 무역화물유통정보 등 무역관련 정보를 체계적으로 처리·보관하여 검색 등에 활용할 수 있는 집합체의 제작·보급과 이를 활용한 사업
⑨ 무역업자 및 무역관계기관에 대한 전자무역문서 중계 등에 관련된 기술의 보급 및 보급한 기술에 대한 사후관리 사업
⑩ 그 밖에 전자무역 촉진을 위한 교육·홍보 등 대통령령이 정하는 사업

3) 전자무역기반시설의 이용

전자무역기반시설은 정보통신망을 통하여 무역업자와 무역관계기관을 체계적으로 연계하여 전자무역문서의 중계·보관 및 증명 등의 업무를 수행하는 정보시스템을 의미하며, 동 시설을 이용할 경우 무역업자와 무역관계기관은 표준화된 전자무역문서를 사용하여야 한다. 다만, 전자문서의 방식으로 다음의 업무를 하는 경우에는 전자무역기반시설을 반드시 통하여야 한다.

① 외국환업무 취급기관의 신용장 통지업무

② 외국환업무 취급기관의 수입화물선취보증서 발급업무

③ 외국환업무 취급기관의 내국신용장 개설업무

④「대외무역법」에 따른 통합 공고상 수출입요건확인기관의 요건확인서 발급업무

⑤「대외무역법」에 따른 구매확인서 발급업무

⑥「대외무역법」에 따른 원산지증명서 발급업무

⑦「상법」에 따른 해상적하보험증권 발급업무

⑧「해운법」에 따른 수하인에 대한 화물인도지시서 발급업무

4) 전자무역문서의 표준화 및 법적효력

산업통상자원부 장관은 전자무역을 촉진하기 위하여 관계 중앙행정기관의 장과 협의하여 대통령령으로 정하는 바에 따라 전자무역문서의 표준을 정하여 고시하여야 하며, 고시한 사항을 변경할 경우에도 동일한 절차를 거쳐야 한다.

무역업자 또는 무역관계기관이 신청 등 또는 승인 등을 전자무역기반시설을 통하여 전자무역문서로 처리한 경우에는 무역관련법령 등에서 정한 절차에 따라 해당행위(전자무역기반시설을 통한 업무처리행위) 및 해당문서(전자무역기반시설을 통한 전자무역문서)는 적법하게 처리된 문서로서 법적효력을 가진다.

5) 전자무역문서의 보안 및 증명

전자무역기반사업자가 전자무역문서를 보관하는 경우 다음「전자거래기본법」제5조 제1항에 따른 전자문서의 보관이 행하여진 것으로 본다.

① 전자문서의 내용을 열람할 수 있을 것

② 전자문서가 작성 및 송신·수신된 때의 형태 또는 그와 같이 재현될 수 있는 형태로 보존되어 있을 것

③ 전자문서의 작성자, 수신자 및 송신·수신일시에 관한 사항이 포함되어 있는 경우에는 그 부분이 보존되어 있을 것

전자무역기반사업자가 전자무역문서의 송수신 일시 및 그 당사자 등에 관한 증명서를 발급하는 경우 그 증명서에 기재된 사항은 진정한 것으로 추정하며, 이러한 증명서 발급에 필요한 표준서식 및 발급방법·절차 등에 대해서는

대통령령이 정한 바에 따른다.

6) 전자무역문서의 이용촉진

정보는 전자무역문서의 이용을 촉진하기 위하여 각종 법령의 정비 등 필요한 시책을 수립하고 시행하여야 한다. 이를 위해 산업통상자원부 장관은 관할법령인 무역관련법령 등에서 신청 등에 필요한 첨부서류가 전자무역기반시설에 보관되어 있는 경우 첨부서류의 제출을 면제할 수 있다.

7) 전자무역문서의 보안 및 관리

전자무역촉진에 관한 법률에는 누구든지 전자무역기반사업자, 전자무역전문서비스업자, 무역업자 및 무역관계기관의 컴퓨터 파일에 기록된 전자무역문서 또는 데이터베이스에 입력된 무역정보를 위조 또는 변조하거나 또는 변조된 전자무역문서를 또는 무역정보를 활용해서는 안 된다고 규정하고 있다. 또한 전자무역기반사업자의 컴퓨터 등 정보처리장치에 거짓정보나 부정한 명령을 입력하여 정보처리가 되게 하는 등의 방법으로 증명서를 발급해서는 안 되며, 전자무역기반사업자, 전자무역전문서비스업자, 무역업자 및 무역관계기관의 컴퓨터 파일에 기록된 전자무역문서 또는 데이터베이스에 입력된 무역정보를 훼손하거나 그 비밀을 침해할 수 없다고 규정하고 있다.

8) 전자무역전문서비스업자

산업통상자원부 장관은 무역업자의 전자무역을 효율적으로 지원하고 이를 확산시키기 위하여 다음 사항에 따른 사업을 수행하는 자로 하여금 자본금·인력 등 대통령령으로 정하는 등록요건을 갖추어 전자무역전문서비스업자로 등록·지원할 수 있다.

① 정보통신망을 통한 무역거래의 알선 및 대행사업
② 정보통신망을 통한 무역업자의 해외마케팅 지원사업
③ 전자무역문서의 중계사업
④ 전자무역기반시설과 외국의 전자무역망간의 연계업무에 따른 연계를 활용한 사업
⑤ 전자무역기반시설을 활용한 전자무역서비스 관련 사업
⑥ 전자무역문서 및 무역정보의 데이터베이스 제작·보급 및 이를 활용한

사업

⑦ 그 밖에 전자무역촉진을 위한 사업으로서 대통령령으로 정하는 사업

9) 전자무역 기술개발의 추진

정부는 전자무역 촉진에 필요한 기술의 개발과 기술수준의 향상을 위하여 전자무역에 관한 기술의 조사·연구개발 및 개발된 기술의 활용에 관한 사항과 기술협력, 기술지도 및 기술이전에 관한 사항, 전자무역에 관한 기술정보의 원활한 유통과 산업계·학계·연구기관 등과의 협력에 관한 사항 등을 추진하고 있으며, 전자무역 촉진을 위하여 필요한 전자무역분야의 전문인력을 양성하기 위해 정부출연연구기관, 대학 등 교육기관에 전자무역촉진사업 수행에 필요한 경비의 전부 또는 일부를 지원할 수 있다.

2. 무역거래기반조성에 관한 법률

(1) 배　경

글로벌화되고 있는 국가경제체제에 무역거래기반을 효율적이고 체계적으로 조성하여 균형 있는 무역거래 확대를 위해 무역거래기반 조성에 관한 법률이 2000년 7월 법률(제6227호)로서 제정되었다(2013. 7. 30. 법률 제11959호 개정). 동 법에서 정의하고 있는 무역거래기반은 전자무역체제, 무역정보, 무역전문인력 등 무역거래활동을 지원하고 촉진하는 시설·여건·정보·인력 등을 말하며, 이러한 무역거래기반조성은 무역거래기반을 구축·정비·보강하여 무역활동을 촉진하고 국제무역에서 발생되는 거래비용을 줄여 무역활동의 생산성을 높이도록 하는 것을 말한다.

(2) 법률의 주요내용

동 법에서는 무역거래기반조성계획의 수립과 조성사업·시행기관 등에 관한 규정과 무역거래촉진을 위한 전자무역거래기반확충, 무역정보유통촉진, 무역전문인력양성, 국제협력의 촉진 등에 관한 사항을 중점적으로 다루고 있다.

1) 무역거래기반조성계획의 수립과 조성사업 및 시행기관

정부는 효율적이고 체계적인 무역거래기반조성을 위하여 무역거래기반조

성에 관한 조합적인 기본시책을 마련하고 있으며, 주무부처장인 산업통상자원부 장관은 무역거래기반조성에 관한 계획을 수립하고 관련기관의 장에게 기반조성계획의 효율적인 목적달성을 위한 협조를 요청할 수 있다.

무역거래기반조성사업은 다음과 같다.

① 인터넷 등 정보통신망을 통하여 수행하는 무역거래
② 무역거래에 관한 정보 및 통계의 수집·분석 및 유통촉진
③ 무역전문인력의 양성 및 교육·훈련
④ 무역거래기반조성에 관한 국제협력의 촉진
⑤ 국가 및 상품 이미지의 개선을 위한 대외홍보

2) 전자무역거래기반의 확충

산업통상자원부 장관은 전자무역거래기반의 구축을 촉진하기 위하여 주관기관으로 하여 중소기업에 대한 전자무역거래의 확산 및 지원과 무역거래의 효율적이고 질서 있는 수행을 위한 전산관리체제의 개발 및 운영에 관한 사업을 추진할 수 있다.

3) 무역정보의 유통촉진

정부와 산업통상자원부는 무역정보의 공급·활용 및 유통을 위해 관계행정기관 및 무역통상과 관련되는 기관·단체에 대하여 무역정보를 제출하게 하거나 이들에게 무역정보를 제공할 수 있으며, 산업통상자원부 장관은 무역정보의 수집·가공·분석 및 유통을 촉진하기 위해 이들과 관련된 사업을 주관기관으로 하여금 추진케 할 수 있다.

4) 무역전문인력양성

정부는 무역업계의 수요에 부응하기 위하여 무역전문인력의 양성 및 능력향상을 위한 교육·훈련방안을 마련해야 하며, 주무부처인 산업통상자원부 장관은 무역전문인력의 교육·훈련을 촉진하기 위해 주관기관을 통해 현장 적응력 있는 무역전문인력의 양성, 교육과정의 개발·운영, 전자무역 등 무역의 새로운 유형을 확산하기 위한 교육 등을 실시할 수 있다.

5) 국제협력의 촉진

정부와 산업통상자원부는 무역거래기반의 효율적인 조성을 위하여 무역거래기반조성사업을 하는 자와 외국의 정부·기관·단체간의 무역거래기반조성에 관한 국제협력을 촉진하기 위한 시책을 마련하며, 이에 따른 국제협력을 위한 조사·연구, 무역전문인력과 무역정보의 국제교류, 외국의 무역관련기관·단체의 국내유치와 국내의 무역관련기관·단체의 해외진출 촉진 등의 사업을 주관기관을 통해 추진할 수 있다.

3. EDI와 국제무역규칙

전자메시지를 통한 무역거래의 송·수신이 가능해지면서, 기존의 국제적인 상관습 규칙들에 있어서도 그를 수용하기 위한 제도적인 변화들이 일어나기 시작하였다. 가장 기본적인 변화로서는 Incoterms 1990에서는 매도인과 매수인이 EDI방식의 전자적 통신수단으로 거래하는 것을 동의할 경우 전자문서도 종이서류와 동일한 효력을 발생시킨다는 표제를 사용하였으며, Incoterms 2000의 서문에서는 비유통서류와 관련해 더욱 현실성 있는 대안을 모색할 수 있도록 규정하고 있다. 1990년에 제정된 CMI 전자식 선하증권규칙 및 1996년의 UNCITRAL(United Nations Commission on International Trade Law: 유엔국제거래법위원회)의 전자상거래모델법(UNCITRAL Model Law on Electronic Commerce) 등의 관련규정을 원용할 수 있도록 개방하였다. UCP 500(United Customs and Practice for Docummentary Credit: 신용장통일규칙)에서도 EDI방식이 신용장에도 적용될 수 있도록 하였고, 실제 UCP 500의 개정이유 역시 EDI방식에 의한 무역거래가 주류를 이루게 되자 이를 수용하지 않을 수가 없었기 때문이었다. 따라서 EDI 또는 SWIFT(Society for Worldwide Interbank Finance Telecommunication: 세계은행간 금융통신망) 방식의 신용장은 전신약어에 의해 신용장통일규칙에 관한 준거문헌을 삽입함으로써 UCP 500을 적용받을 수 있도록 하였다. 또한 UCP를 보조하는 eUCP를 재정하여 2002년 4월 1일 발효하였다. eUCP는 전자신용장통일규칙이라고 약칭하는 것으로 정식 명칭은 서류의 전자적 제시에 관한 규칙으로서 기존의 UCP를 대체하는 것이 아니며 함께 보완·사용하도록 규정하고 있다. UCP 500의 보록인 eUCP와 종이서류의 전자적 제시에 대한 규정을 보완한 UCP 600이 함께 적용된다.

무역의 종류별 관리

무역의 형태는 한 국가의 여건과 무역의 특성에 따라 구분되어지는데 이는 경제적인 요소와 정치, 사회적 요소, 부존자원의 차이, 그리고 지리적인 위치관계에 따라 그 형태를 달리하게 된다.

무역의 종류를 정확히 구별하는 것은 어렵지만 다음과 같은 기준에 따라 구분할 수 있다.

1. 거래형태별 수출입

(1) 위탁판매수출방식에 의한 수출

위탁판매수출이라 함은 물품을 무환으로 수출하여 당해 물품이 판매된 범위 내에서 대금을 결제한다는 계약에 의한 수출을 말한다.

외국환은행의 장은 위탁판매수출을 승인할 때에는 판매기간 내에 판매되지 아니한 물품을 그 기간이 만료되는 날로부터 3개월 이내에 해당 물품을 재수입하도록 조건을 붙여야 한다. 위탁판매수출은 다음과 같은 특성이 있다.

① 위탁자가 자기의 계산 및 위험하에 수출하는 것으로 물품이 이동되더라도 그 소유권은 위탁자에게 있다. 위탁자는 운임, 기타 수출목적지까지

| 그림 2-2 | 위탁판매수출과 수탁판매수입업 |

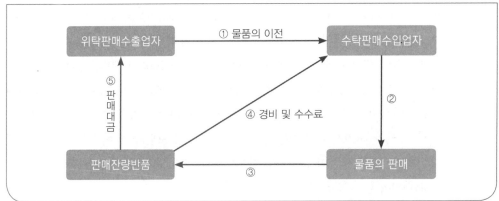

의 운송경비를 부담한다.

② 수탁자는 계약된 조건에 따라 당해 물품을 판매하고 그 판매대금 중에서 경비 및 수수료를 제외한 금액을 위탁자에게 송금하여야 한다.

위탁판매수출은 수출업자의 신규수출에 따른 위험제거 및 신시장 개척의 경우에 활용된다.

(2) 수탁판매방식에 의한 수입

수탁판매수입거래는 물품을 무환으로 수입하여 당해 물품이 판매된 범위 내에서 대금을 결제하는 계약에 의한 수입을 뜻하므로 위탁판매수출을 수탁자의 입장에서 보는 거래이다.

수탁판매수입에 있어서 자금부담, 금리 및 판매위험은 위탁자가 부담하므로 수탁자는 위탁자가 지정한 조건에 따라 상품을 매각하고 잔품은 위탁자에게 반환하며 그 매각대금에서 제경비 및 판매수수료 등을 공제한 잔액만을 위탁자에게 송금하게 된다. 그러므로 수입업자는 판매에 대한 위험을 부담하지 않고 수입을 할 수 있다는 점 이외에도 수입에 따른 자기자금이 전혀 소요되지 않는다는 장점이 있다. 그러나 현행 외국환관리규정에서는 동 방식의 수입으로 무분별한 수입이 조장될 염려가 있어 매우 엄격한 규제를 가하고 있다.

(3) BWT방식에 의한 수출

BWT(Bonded Warehouse Transaction)수출이라 함은 보세창고인도조건에 의한 수출로서 수출업자가 자기의 위험과 비용으로 해당 지역에 지점, 출장소 또는 대리점을 설치해 두고 거래상대국의 정부로부터 허가받은 보세창고에 상품을 무환으로 반출하여 현지에 판매하는 방식이다.

이 거래는 반출한 물품을 수입지에서 수입통관을 거치지 않고 특정 보세지역인 보세창고에 반출하여 판매하는 방식이므로 보세창고에 보관중인 물품은 관세 및 내국세가 부과되지 않으므로 보세상태에서 시장상황에 따라 수시로 판매 또는 반송될 수 있다.

이와 같은 BWT수출이 일반적인 수출형태와 다른 점은 수입업자와의 사전계약을 체결하지 않고 수출이 된다는 점이다.

보세창고인도조건에 의한 수출은 수출상대국의 수입자에게 매매계약 성립시까지는 신용장 개설을 하지 않아도 되므로 자금부담을 경감시켜 주며, 현지에서 물품을 확인하여 구매하는 편의를 제공한다는 점이 있으며, 우리나라 입장에서는 보다 적극적인 판매활동으로 수출증대를 기하기 위한 제도이다.

CTS(Central Terminal Station)수출이란 BWT수출과는 달리 수출업자가 교역상대국의 인가를 받아 법인을 설립하여 그 법인의 명의로 본국에서 수입하여 현지에서 직접 수출하는 제도이다. 현재 우리나라는 네덜란드의 로테르담에 CTS를 설치·운영하고 있다.

(4) 임대차방식에 의한 수출입

1) 임대수출

임대수출이라 함은 임대계약에 의하여 물품을 수출하여 일정기간 후 다시 수입하거나 그 기간의 만료 전 또는 만료 후 당해 물품의 소유권을 임대인에게 이전하는 수출을 말한다.

2) 임차수입

임차수입이란 임차계약에 의하여 물품을 수입하여 일정기간 경과 후 다시 수출하거나 그 기간의 만료 전 또는 만료 후 해당 물품의 소유권을 임차인 또는 차주가 이전받는 거래를 말한다. 이 방식에 의하여 수입을 하는 자는 주로 자본 규모가 영세한 중소기업이거나 외국과의 합작투자업체인 경우가 대부분이며 임차한 시설을 사용하거나 생산한 제품을 임대인이 수입하기로 계약하는 경우가 많다. 우리나라의 경우 임차수입의 대부분은 시설기자재 수입에 이용되고 있다.

3) 현지인도방식수출

현지인도방식수출은 수출대금은 국내에서 영수하지만 국내에서 통관되지 않은 제3국 도착수입 물품을 외국으로 인도하는 방식의 수출을 말한다.

제3국 도착수입과 대응되는 거래형태로서 산업설비수출과 해외건설 등 해외 사업현장에 필요한 물품을 외국에서 수입하여 사용한 후 국내에 반입하지 않고 다시 수출한다든지 또는 항해중이거나 어로작업중인 선박을 현지에서 수출하고자 할 경우 이용될 수 있는 거래 형태인데 1983년에 신설된 거래형태이다. 예컨대 어로작업중 현지에서 매각, 제3국도착 수입물품매각, 해외에서 사용한 중고기자재 매각 등이 이에 해당된다.

이러한 형태의 수출이 인정됨으로써 해외에서 기자재나 선박을 국내에 반입한 후 다시 수출절차를 밟는 데 소요되는 시간과 경비를 절감하였다.

4) 제3국 도착수입

제3국 도착수입이란 수입대금은 국내에서 지급되지만 수입물품은 외국에서 인수, 인도하는 수입을 말한다.

이 방식은 해외건설공사에 필요한 기자재를 외국으로부터 수입할 경우 등 물품대금은 국내에서 지급하고 운송시간과 경비의 절감, 번거로운 절차생략을 위하여 물품을 국내로 반입하지 않고, 곧바로 해외공사현장으로 인도하는 경우이다. 이에 해당되는 것으로 ① 수탁가공무역업자가 원료 일부를 제3국에서 구매하여 수출품 가공시 사용할 때, ② 해외건설촉진법에 의거 허가된 업체가 제3국에서 구입사용시, ③ 해외투자허가를 받은 자가 필요한 물품구입시, ④ 선박수출자가 선박에 대한 하자 및 유지보수시 필요한 물품등이 있다.

5) 위탁가공무역방식에 의한 수출입

위탁가공무역이란 가공임을 지급하는 조건으로 외국에서 가공할 원자재의 전부 또는 일부를 거래상대방에게 무환으로 수출하여 이를 가공 후 가공물품을 수입하는 거래를 말한다.

위탁가공무역은 자국의 임금수준이 높아 자국 내에서 가공하는 것보다 가공임이 저렴한 국가에 가공을 위탁하는 것이 유리하거나 또는 자국의 기술수준이 낮아 기술이 발달된 국가에서 가공하고자 하는 경우에 이루어지는 거래이다.

6) 수탁가공무역에 의한 수출입

수탁가공무역이란 가득액을 획득하기 위하여 원자재의 전부 또는 일부를 거래상대방으로부터 위탁을 받아 수입하여 이를 가공한 후 위탁자 또는 그가 지정하는 자에게 가공물품을 수출하는 거래를 말한다.

무역관리규정상으로는 가공무역은 위탁가공무역과 수탁가공무역으로 나누고 있으며, 두 거래방식은 정반대의 개념이다.

수탁가공무역방식은 우리나라에 진출한 외국기업들이 비교적 저렴한 노동력을 이용하기 위하여 본국의 모회사와 우리나라에 진출한 자회사 사이에 많이 이용되고 있으며, 때로는 선박수리에서 상대적으로 높은 우리나라 기술을 이용하려 할 때 이루어지는 거래형태이다.

(5) 직접무역과 간접무역

제3자 또는 제3국의 개입 여부에 따라 직접무역과 간접무역으로 구분할 수 있다.

1) 직접무역(direct trade)

양국의 무역업자가 직접거래하는 것을 의미한다. 제3자 또는 제3국의 개입이 없이 당사자간의 합의에 의해 직접 거래를 하게 되는 형태이다.

2) 간접무역(indirect trade)

무역거래에 제3자 또는 제3국이 개입하는 형태로 개입하는 자 또는 국가의 역할에 따라 중계무역(merchandising trade), 중계무역(intermediary trade), 스위치무역(switch trade), 우회무역(round-about trade), 통과무역(transit trade) 등으로 구분할 수 있다.

① 중계무역(merchandising trade)

중계무역은 제3국의 중개업자가 거래의 주체가 되어 자기의 위험과 부담으로 수출업자와는 구매계약을 체결하고 수입업자와는 판매계약을 각각 체결하여 구매가격과 판매가격의 차이를 중개업자가 취득하는 형식의 거래이다. 중계무역의 경우 상품은 대개 중개인이 있는 제3국을 거치지 않고 A국에서 B국으로 직수출되나 대금결제는 중개인이 있는 C국을 통해서 결제된다.

② 중계무역(intermediary trade)

중계무역이란 수출할 것을 목적으로 물품을 수입하여 제3국으로 수출하는 수출입을 말한다. 중계무역은 수입한 상품을 원형 그대로 가공하지 않고 수출하여 지급액과의 차액인 중계수수료를 수취하는 거래이다.

중계무역을 주로 수행하는 국가를 살펴보면 관세가 부과되지 않는 자유항, 보세창고의 활용, 외화의 자유로운 교환, 편리한 교통시설 등의 조건을 구비하고 있다. 최근에는 중계무역이 지역적인 수입제한이나 차등 관세의 장벽을 회피할 목적으로 행해지는 경향이 많으나, 이는 부당한 무역거래로 인정될 수 있기 때문에 유의해야 한다.

③ 스위치무역(switch trade)

스위치무역은 매매계약의 체결과 물품운송이 수출국과 수입국간에 직접 이루어지지만 대금결제에는 제3국의 업자가 개입하여 이루어지는 형태이다. 제

3자가 매매계약과 물품운송의 주체가 아니라는 점에서 중계무역과 차이가 있다.

④ 우회무역(round-about trade)

우회무역은 수출 대상국가의 관세 및 비관세장벽, 외환통제 등의 거래장벽을 회피할 목적으로 제3국을 통해 수출입을 수행하는 무역형태를 의미한다.

⑤ 통과무역(transit trade)

통과무역은 물품이 수출국에서 수입국으로 운송되는 과정에 제3국을 통과하게 되는 경우 제3국의 입장에서의 무역형태이다. 통과되는 지역의 국가에서는 무역의 주체적인 역할을 행하지 않고 단지 상품의 통과시에 수반되는 부대이익인 보험료, 운임 등의 획득에 주요 목적이 있다는 점에서 중계무역과 구분된다.

(6) 연계무역

연계무역은 수출과 수입이 연계된 무역거래로서 물물교환(barter trade), 구상무역(compensation trade), 대응구매(counter purchase), 제품환매계약(product buy-back agreement) 등에 의하여 이루어지는 수출입으로 규정하고 있다.

연계무역방식의 공통적 특징은 무역이 이루어질 때 수출시장으로부터의 수입거래를 조건으로 이루어진다는 점이다. 예를 들어 특정국가에 기계류를 수출하려는 업체는 이에 대한 조건으로 동국가로부터 농산물을 수입해야 하는 거래계약을 체결할 수 있다.

연계무역은 주로 외화가 부족하거나, 완제품수출이 불가능한 개발도상국의 수출증대 및 신시장 개척 등을 위한 목적으로 시작되었다. 현재에는 무역마찰 해소, 무역불균형 시정 등의 목적으로 미국, EU국가 등 선진국 내에서도 활용되고 있다.

① 물물교환(barter trade)

수출대금을 외국환으로 결제하지 않고, 수출에 대한 대가로 수출시장으로부터 동가의 상품이나 서비스를 제공받는 방식이다.

물물교환은 상품을 직접 교환하는 물물교환방식의 단순한 무역거래형태로서 연계무역의 가장 초보적인 형태이다.

	물물교환	구상무역	대응구매
계 약 서	하나의 계약서	하나의 계약서	두 개의 별도계약서
신 용 장	×	Back to Back L/C Escrow L/C Thomas L/C 등 특수신용장 사용	두 개의 일반신용장개설 (형식상 완전히 분리된 두 개의 일반 무역거래)
환 거 래	×	○ (쌍방간 합의된 통화로 대금결제)	○ (쌍방간의 합의된 통화로 대금결제)
대응수입 이행기간	동시에 상품교환	통상 3년 이내	통상 5년 이내
대응수입의무 제3국이전여부	×	○	○

표 2-3 연계무역 3가지 거래형태의 비교

② 구상무역(compensation trade)

수출입물품의 대금을 외국환의 수급에 의하여 동 액의 수출과 수입으로 균형을 이루게 하는 방식이다. 환거래가 발생하고 대응수입의무를 제3국에 전가할 수 있다는 점을 제외하고는 물물교환형태와 동일하다.

③ 대응구매(counter purchase)

대응구매는 과거 무역을 국영으로 하고 있는 동 구제국과 다수의 개발도상국간의 동서교역에 활용된 연계무역의 가장 보편적인 거래형태로서 대응수입계약조건하에 수출액의 일정비율에 상응하는 상품을 대응수입해야 하는 의무를 지게 된다는 점에서 구상무역(compensation trade)과 차이가 없으나 two-way trade개념에 의해서 두 개의 계약서로 거래가 이루어지는 점이 다르다.

④ 제품상환계약(product buy-back agreement)

생산공장 혹은 생산장비를 수출하는 조건으로 수출된 공장에서 생산된 제품을 상환한다는 조건의 무역이다. 매도인이 대금회수를 생산된 제품으로 한다는 방식의 무역이다.

(7) 각서무역

각서무역(Memorandum Trade)이란 국교가 없는 두 나라 사이에서 행하여지는 준정부 차원의 무역형태로서, 한쪽이 먼저 신용장을 개설하고 상대측이 동액만큼 일정기간 후에 신용장을 개설하겠다는 보증서를 발행하는 것을 상대방에서 내도된 신용장의 발효조건으로 하게 된다.

원래 일본과 중국간에 국교가 정상화되기 전인 1962년 양국간의 무역에 사용되었던 것으로 양국이 연간 서로 교역할 금액을 정하고 이를 각서(memorandum)를 교환함으로써 거래를 확정지었다고 하여 각서무역이란 명칭이 붙게 되었다.

(8) 국제팩토링방식 무역

1) 국제팩토링의 개념

팩토링(factoring)이란 제조업자(상품 또는 용역의 공급자)가 구매자에게 상품을 외상으로 판매한 후 발생하는 외상매출채권을 팩토링회사(factor)가 지속적으로 매입하면서 제조업자에게 대금회수, 매출채권 관리, 부실채권의 보호, 전도금융 등의 혜택을 제공하는 서비스를 말한다.

국제팩토링이란 세계각국의 팩토링회사가 수출업자와 수입업자의 사이에서 수입업자의 무역대금지급을 보증해 주는 한편, 수출업자에 대해서는 전도금융을 제공함으로써 수출대금 회수를 확실하게 하는 동시에 자금부담을 덜어줄 수 있는 금융기법이다.

국제팩토링방식의 수출입은 서방국가의 금융회사가 동구권국가의 무역을 보장해 주는 데서 시작되었다.

2) 국제팩토링의 당사자

국제팩토링의 당사자는 기본적으로 수출업자, 수입업자, 수출팩토링회사(export factor, 수출팩터), 수입팩토링회사(import factor, 수입팩터)이다.

수출업자가 수출팩터와 수출팩토링거래약정을 체결하면 수출업자는 수출팩터에게 수입업자에 대한 신용조사의뢰를 부탁하고 수출팩터는 수입팩터와 거래약정을 체결하여 이를 수입팩터에게 의뢰한다. 수입팩터는 수입업자의 신용조사와 분석을 통하여 신용승인을 내리게 되고 이를 수출팩터를 통하여 수출업자에게 통고하면 수출업자는 물품을 선적후 수출채권을 양도하게 된다. 수입업자는 만기일에 대금을 지급하면 된다.

3) 국제팩토링의 장점

수출업자에게는 다음과 같은 장점이 있다.

첫째, 수출대금의 회수를 수출팩터가 보증하므로 신용거래의 위험이 없다.
둘째, 필요시 전도금융을 제공받을 수 있어 자금부담을 덜 수 있다.
셋째, 수출팩터로부터 다양한 정보서비스를 얻을 수 있다.

수입업자에게는 신용장개설에 따른 수입보증금 예치와 같은 자금부담을 덜 수 있다는 장점이 있다.

(9) 포페이팅방식 무역

포페이팅(forfaiting)방식이란 현금을 대가로 채권을 포기 또는 양도한다는 것을 뜻하는 것으로 재화와 용역거래 특히 수출거래에 따른 환어음이나 약속어음을 이전소지자에게 소구함이 없이 고정이자율로 할인하는 금융수법이다. 불어의 forfait에서 유래한 이 방식은 신용장거래의 인수와 유사한 인수에 비하여 기간이 장기이고 어음소구권이 없다는 점이 가장 중요한 특징이 될 수 있다.

연불어음을 할인매입하는 은행을 가리키는 forfaiter는 자신이전의 어음소지자(할인매각자)에게 사후에 소구권을 행사할 수 없으므로 어음매각자는 채권회수 불능의 위험부담 없이 수출채권을 현금화할 수 있다. 따라서, 수출업자는 수출한 후 연지급어음을 forfaiter에게 할인·매각하면 forfaiter가 수출업자에게 어음소구권을 행사할 수 없기 때문에 나중에 수입업자가 지급불능상태에 빠지더라도 대금을 반환하지 않는다.

forfaiting방식은 동구권 무역이 자리를 잡아가면서 우리나라에 도입된 것으로 1950년대에 스위스의 Credit Swisse가 이 거래를 취급하면서 본격적으로 발전한 것이다. 1960년대에 주요국간에 자본재 수출경쟁이 심해져 많은 수출신용이 필요하였으나 정부가 이를 충분히 지원하지 못하고 수출업자 자신도 자금이 충분치 못하여 본 방식이 본격적으로 사용되었다. 현재에 가장 큰 forfaiting 시장은 런던으로 30여 개의 회사가 이 업무를 취급하고 있으며 그 수는 점차 늘어나는 추세이다.

ㄹ. 대금결제별 수출입

(1) 화환신용장 결제방식에 의한 수출입

화환신용장 결제방법에 의한 수출이라 함은 취소불능화환수출신용장에 의하여 대금의 전액을 결제하는 조건으로 물품을 수출하는 거래를 말한다. 이는 신용장에 의하여 발행되는 환어음의 지급, 인수, 매입에는 반드시 선적서류의 첨부가 요구되는 것으로서 수출거래 중 가장 많이 이용되는 형태이다.

(2) 송금방식에 의한 수출

송금방식에 의한 수출은 취소불능화환수출신용장방식 또는 추심결제방식 이외의 대금결제방식으로서 수출대금을 외화로 영수하는 조건으로 수출하는 거래를 의미한다. 특성별로 단순송금방식과 대금교환도 조건으로 나누어질 수 있다.

1) 단순송금방식 수출

단순송금방식에 의한 수출은 수출대금을 물품선적 전에 외화, 수표 등 지정영수통화로 표시된 대외지급수단에 의하여 미리 영수하고 일정기일 내에 이에 상응하는 물품을 수출하는 거래를 말한다. 이 방식은 사전송금방식수출이라고 할 수 있다. 본지사간에 수출로서 계약건당 일정금액 이상 초과하는 수출대금을 한국은행에 신고해야 한다.

그림 2-3	단순송금방식 수출의 흐름도

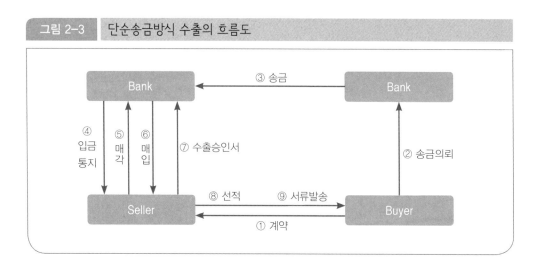

수출자의 입장에서 보면 수출대금을 미리 받기 때문에 거래조건이 상당히 유리하며 채권회수면에서 가장 완벽한 거래일 수 있으나, 수입자의 입장에서 본 수입대금을 미리 송금하기 때문에 자금면에서 부담이 크고 수입물품의 확실한 인수에 대한 보장이 어렵다는 점이 있다. 따라서 이와 같은 방식의 수출은 통상적인 거래에는 별로 활용되지 않고 소액 또는 거래상대방의 신용이 확실하다고 인정되는 경우에 많이 이용되고 있다. 이 방식은 본지사간 거래나 외국의 수입상에게 고가품 또는 소액의 상품견본을 유상으로 환매할 때 및 소액의 시험용품을 수출할 경우에 이용된다.

2) 대금교환도조건의 수출

① 현금결제방식의 수출(Cash on Delivery: COD)

현금결제방식의 수출(cash on delivery: COD)은 수출업자가 수출물품을 선적하고 선적서류를 수출자의 해외지사나 대리인 또는 거래은행에 송부하고 수출물품이 목적지에 도착하면 수입자가 직접 상품의 품질 등을 검사한 후 수출대금은 상품과 상환하여 현금으로 영수하는 거래방식으로서 국내의 일반상품 거래에서도 볼 수 있는 유형이다.

이 방식의 수출은 주로 보석 등 귀금속류와 상품가격이 고가이며, 동일상품일지라도 상품의 색상, 가공방법, 순도 등에 따라서 가격의 차이가 많이 발생하는 물품의 거래인 경우 활용되는 것으로 수입자가 대금결제 전에 물품을 충분히 검토한 후 수입 여부를 결정할 수 있는 장점이 있다.

② 서류상환방식의 수출(Cash against Documents: CAD)

서류상환방식의 수출(Cash against Documents: CAD)은 수출자가 상품을 수출하고 선적을 증명할 수 있는 선하증권, 상업송장, 포장명세서 등 주요 운송서류를 수입자에게 직접 또는 수입자의 대리점이나 거래은행에 제시하여 서류와 상환으로 대금을 지급받는 수출방식으로서 COD방식과 비교할 때 운송서류를 수취하는 입장에서는 반대되는 형태이다. 동 방식으로 거래시 선적서류를 외국 환은행을 통하여 송부하면 형식적으로는 D/P방식과 유사하다. D/P와 CAD방식의 차이점은 대금결제시 환어음을 발행하는지 여부에 따라 차이점이 있다.

이 방식에 의한 수출은 원칙적으로 수출국에 수입업자를 대신하여 대금을 결제해 줄 대리인이나 은행이 있을 경우 가능하다. 그러나 이 거래방식은 거래은행을 통하여 운송서류 등을 수입자의 거래은행에 보낸 뒤 수입업자가 거래은

그림 2-4 현금결제방식 수출의 흐름도

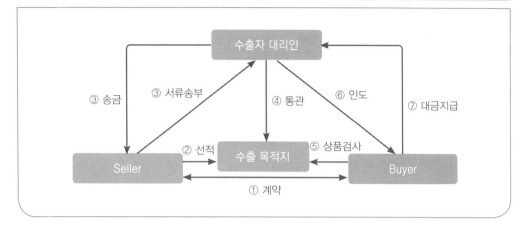

그림 2-5 서류상환방식 수출의 흐름도

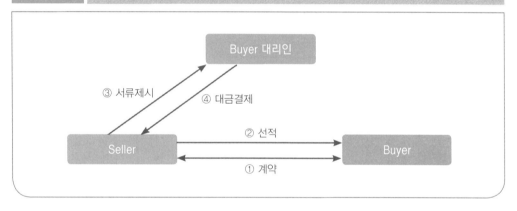

행에서 운송서류와 상환하여 대금을 결제하는 방법으로 이루어질 수 있다.

COD와 CAD방식의 구분은 거래의 대상이 되는 객체가 수출물품이면 COD로 보고 선적서류이면 CAD로 보면 된다.

(3) 추심결제방식(Bill of Collection)

추심결제방식에 의한 수출은 취소불능화환신용장 없이 무역계약에 의하여 통상적으로 수출업자가 수입업자에게 물품을 송부한 후 수출업자가 발행한 화물환어음으로 은행을 통하여 대금결제를 하는 수출이다. 따라서 이 방식에 의한 수출은 은행의 수출대금의 지급보증거래가 아닌 수출업자간의 계약에 의한 거래로 은행은 단순히 수출대금의 추심의뢰업무만 수행하는 것이다.

1) 인수도조건(Documents against Acceptance : D/A)

인수도조건(D/A)은 추심은행(수입업자 거래은행)이 수입업자에게 수출자가 발행한 기한부어음(usance bill)을 제시하면 수입업자가 어음상에 'Accept'라는 표시와 함께 서명함으로써 추심은행이 선적서류를 인도하여 주고 그 어음의 지급만기일에 어음지급인으로부터 대금을 받아 추심의뢰은행에 송금하여 주면 수출자가 대금을 영수하는 거래방식이다. 이 방식은 순수한 외상거래로서 수출자에게는 불리한 거래방식이다. D/A수출인 경우 수출환어음 일람후 360일 이내에 외국환은행을 통하여 지정영수통화가 표시된 대외지급수단으로 영수해야 한다.

그림 2-6   D/A조건의 흐름도

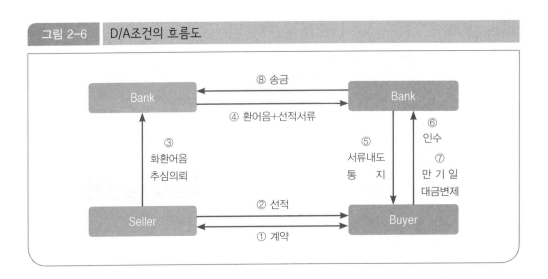

2) 지급도조건(Documents against Payment : D/P)

지급도조건(D/P)은 수출자가 수출물품을 선적한 후 선적서류와 수입업자를 지급인으로 하는 일람불어음(sight bill)을 발행하여 거래외국환은행에 추심을 의뢰하게 되면 추심의뢰를 받은 추심은행(수입업자의 거래은행)이 어음지급인에 대하여 선적서류를 대금지급과 동시에 인도하여 주고 그 대금을 추심의뢰은행(수출업자의 거래은행)에 송부하여 주면 수출자는 대금을 영수하게 되는 거래방식이다.

그림 2-7 | D/P조건의 흐름도

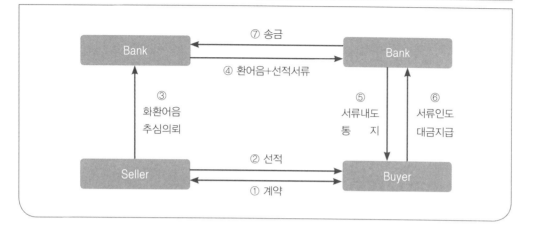

(4) 중장기연불방식에 의한 수출입

중장기연불방식에 의한 수출입이란 수출입대금의 전부나 일부를 일정한 기간에 걸쳐 분할하여 받거나 지급하는 조건부 계약에 의한 수출입을 말한다.

이 방식은 대개 금액이 큰 기계설비, 선박 및 대형 플랜트 등의 수출입에 많이 이용되는데, 수입업자는 자금의 한도 때문에 일시에 대금을 지불하지 못하므로 대개는 이와 같은 물품을 수출하는 나라의 수출입은행의 융자를 받아서 이루어진다.

약술형

- 무역관리의 목적과 방법
- 대외무역법의 목적과 주요내용
- 외국환거래법의 목적과 주요내용
- 관세법의 목적과 주요내용
- 수출입 공고와 통합 공고의 목적
- 간접무역의 종류와 목적

용 어

- HS
- HSK
- BWT
- CTS
- merchandising trade
- intermediary trade
- switch trade
- round about trade
- transit trade
- barter trade

- compensation trade
- counter purchase
- product buy-back agreement
- factoring
- forfaiting
- COD
- CAD
- D/A
- D/P

03
CHAPTER

| 무역대상자 확보와 수출마케팅 |

section 01 해외시장조사

1. 해외시장조사 개념과 조사내용

(1) 개   념

해외시장조사는 수출입절차의 최초 단계로서 특정상품에 대한 판매 또는 구매가능성을 조사하는 것을 말한다. 즉 무역업자가 물품을 수출입하기 위해 필요한 제반사실을 수집·기록·분석하는 것을 의미한다. 해외시장은 국내시장과는 달리 지역적인 격리성, 상관습 및 언어의 차이 등 여러 요인으로 인하여 그 조사방법에 있어 많은 어려움이 따른다. 그러나 외국과 무역거래를 함에 있어 비용과 위험을 최소화하고 부가가치를 극대화하기 위하여 사전에 신속·정확한 해외시장조사가 필수적이다.

최근 국제적 경쟁의 심화에 따른 높은 해외진출 위험으로 해외시장조사 기능의 중요성이 점점 더 증대되고 있다. 그러나 많은 기업들이 사전 해외시장조사 소홀로 인해 경쟁에서 실패하는 예가 많다. 따라서 성공적인 거래선 확보계획을 수립하기 위해서는 진출하고자 하는 현지시장에 대한 정확하고도 상세한 정보수집이 이루어져야 한다. 그 방법에 있어 우선 목표시장의 전반적 개황(정치, 경제, 문화, 사회, 풍토, 기후, 언어 등)을 조사한 다음 취급상품과 관련된 세부적인 내용(무역관리제도, 시장특성, 수요와 공급, 유통구조, 경쟁대상, 거래처 등)을 조사하는 일련의 단계를 거치게 된다.

(2) 조사내용

해외시장조사에 필수적으로 포함되어야 할 내용을 정리하면 〈표 3-1〉과 같다.

표 3-1	해외시장조사 내용
시장수요조사	현재 시장크기 및 잠재력, 시장성장률 예측, 시장발전단계 등에 대한 조사
소비자조사	소비자의 연령별·지역별·소득별 분포, 소비자의 구매동기, 구매행동, 구매태도, 구매능력, 자사제품과 경쟁사 제품에 대한 소비자 이미지 등에 대한 조사
경쟁사조사	경쟁구조, 경쟁업체, 경쟁자의 마케팅전략, 경쟁자의 강점과 약점 등에 대한 조사
제 품 조 사	현지국 생산량, 현지산 제품과 외국산 제품과의 품질 비교, 주요 외국산 제품의 색상, 디자인, 규격, 스타일, 포장, 성능 등에 대한 조사
가 격 조 사	가격추세와 근황, 현지산 제품과 외국산 제품과의 가격 비교, 계절 등에 따른 가격 변동 추세 등에 대한 조사
유통경로조사	유통지역 조사, 현지 유통구조 및 구성원에 대한 조사, 해당 제품의 거래관습 등에 대한 조사
촉 진 조 사	현지의 광고, 판매촉진, 홍보 등에 관한 조사, 판매원이나 대리점에 대한 판매지원의 여부, 비용, 효과 등에 대한 조사

2. 해외시장조사 과정과 조사경로

(1) 조사과정

해외시장조사는 거래선 확보 및 여러 수준의 수출마케팅 의사결정을 하는 데 이용가치가 있는 정보를 제공하기 위하여, 관련자료를 체계적으로 수집, 기록, 분석, 보급하는 활동으로서 일반적으로 회사별로 지니고 있는 문제점을 파악한 후 조사목적의 규명, 조사계획수립 및 자료수집, 자료분석 및 결과보고의 과정을 거친다.

1) 조사목적과 방향설정

시장조사목적에 따라 시장조사의 방향과 범위가 결정된다. 예컨대 조사목적이 수출거래선 발굴이냐, 신제품 개발에 관한 건이냐에 따라 해외시장조사 범위가 달라진다.

2) 조사계획 및 자료수집

시장조사의 두 번째 단계는 자료의 원천, 조사방법, 표본계획, 접촉방법 등에 관한 조사계획을 수립하는 일이다. 필요한 자료는 데스크 리서치(desk research)의 2차적 자료원과 현지조사(field research)의 1차적 자료원을 통해 획득할 수 있다.

표 3-2	조사계획의 수립
자료원천	2차 자료, 1차 자료
조사방법	관찰법, 질문조사법, 실험법
조사수단	설문지, 기계적 장치
표본계획	표본단위, 표본규모, 표본추출절차
접촉방법	전화, 우편, 면담

① 데스크 리서치(desk research)

데스크 리서치를 통해 얻을 수 있는 2차적 자료는 다른 목적을 위해 이미 발행된 자료로서 적은 비용과 시간을 들여 용이하게 입수할 수가 있다. 그러나 시장조사목적에 부합되는 자료를 데스크 리서치를 통해 입수할 수 없는 경우가 많기 때문에 일부 국가들, 특히 개발도상국들에 있어서는 2차 자료의 신뢰성에 문제가 제기되는 경우가 있다. 2차적 자료원으로 사용되는 것은 다음과 같다.

- 국제경제기구 통계자료(UN 무역통계월보, IMF 발간월보, OECD 통계월보)
- 국내외 경제단체 및 유관기관(한국무역협회, KOTRA 등) 정기간행물
- 국내외 은행, 국제광고회사 및 경영자문회사 정기간행물
- 해외공공기관(해외공관, 국제상공회의소 등) 정기간행물
- 국내외 해외정보서비스기관 데이터베이스

② 현지조사(field research)

해외진출기회를 규명하고 현지시장에 맞는 수출마케팅 프로그램을 입안하기 위해서는 현지조사가 필수적이다. 많은 기업들이 이러한 현지조사를 간과해서는 안 되며, 이는 기본적인 데스크 리서치를 종결한 후에 이루어져야 한다. 구체적으로 우선 현지유통시스템과 관련 무역통관 및 관행을 조사하고 잠재적 현지시장 대리인(에이전트, 유통업자)과 접촉을 시도해야 하며, 잠재고객과 이용자를 확인할 필요가 있다. 또한 향후 시장잠재력 평가와 시장진출계획과 관리에 유익한 추가적인 데이터 획득에 집중해야 한다.

3) 자료분석 및 결과보고

수집된 자료는 조사목적 달성에 참고될 수 있도록 최종적으로 분석하고 해석해야 한다. 분석된 자료의 보고시에는 사실적이고 객관성을 갖추어야 하고 자료의 신뢰성과 한계성에 대한 명확한 설명이 뒤따라야 한다. 자료원과 자료분석방법에 대한 설명이 있어야 하고, 조사대상자들의 신분과 자격조건을 밝혀야 한다. 마지막으로 분석 및 해석에 근거해서 대안적인 정책이나 실행방침이 제시되어야 한다.

(2) 조사경로

해외시장조사 실행은 다음과 같은 여러 경로를 통해 이루어질 수 있다. 우리나라 무역업체의 거래상대자 발굴을 위한 실체적 방법은 다음 절에 수록되어 있다.

- 본사의 시장조사 담당자를 해외시장에 파견
- 수출중간상에 의뢰
- 현지지사에 의뢰
- 현지주재공관, 유관단체 및 조합에 의뢰
- 현지거래은행에 의뢰
- 현지국의 전문시장조사기관이나 광고대행사에 의뢰
- 본국의 전문시장조사기관이나 광고대행사에 의뢰
- 다국적 전문시장조사기관이나 광고대행사에 의뢰

상기 경로 중 어느 하나를 택하거나 또는 복합적으로 사용할 수도 있는데 가장 적합한 방식의 선택은 시장조사목적의 중요성, 자사의 해외시장조사의 경험 및 예산, 필요한 시장조사기간 등에 따라 좌우된다. 사내 인적자원이나 현재 거래하고 있는 수출중간상을 활용할 경우 비교적 저렴한 조사비용과 조사내용의 비밀보장이 되며 조사기간을 단축할 수 있다는 이점이 있다. 그러나 과연 얼마나 이들의 시장조사 기술이 뛰어나고 기업제품에 대한 편협성을 배제시킬 수 있느냐가 관건이 된다.

외부 전문조사기관이나 광고대행사에 의존할 경우 전문적인 조사기법과 경험이 풍부한 인적자원을 활용할 수 있다는 이점이 있으나, 높은 조사비용과 조사내용의 외부 유출의 문제점이 예상될 수 있다. 대부분의 외부 전문조사기관이나 광고대행사를 이용할 경우 국제적 네트워크를 구축하고 있는 업체를 선정하는 것이 더욱 효율적이다. 현재 KOTRA(Korea Trade Investment Promotion Agency: 대한무역투자진흥공사)에서는 희망업체로부터 조사를 의뢰받아, 전세계 KOTRA 해외무역관을 통해 거래선 발굴조사, 신용조사, 해외시장 동향조사를 유료로 대행하고 있다.

거래선 발굴조사는 관심 바이어조사(시장성+바이어명단+수입관심도)와 관심 바이어상담(시장성+바이어명단+수입관심도+기초상담결과)의 두 가지 서비스로 구분되며 해외시장 동향조사는 수요, 수출입, 생산, 경쟁, 가격동향, 유통구조 등과 같은 내용에 대하여 이루어지고 있다. 다음은 외부 전문조사기관에 의뢰하는 것이 유리한지를 결정하는 데 도움이 되는 지침이다.

1) 외부 전문기관조사가 유리한 경우
- 면담 등으로 인해 현지조사인력이 요구될 경우
- 전문성이 필요한 조사의 경우, 예를 들어 구매동기조사 등
- 기업이 현지시장조사 경험이 없는 경우
- 언어, 문화 차이로 의사소통의 어려움이 예상되는 경우
- 제한된 시장조사차원(예산, 인력 등)
- 독립적이고 객관적인 시장분석의 필요성이 높을 경우

2) 기업 자체조사가 유리한 경우
- 조사성격이 산업분석에 국한되어 제한된 면담이 요구될 경우
- 기업이 시장조사 경험이 풍부하거나 또는 경험을 쌓고자 할 경우

- 제품의 성격상(고기술 제품) 기업과 외부조사기관간에 의사소통의 어려움이 예상될 경우
- 현지문화, 언어에 능통한 인력을 확보하고 있는 경우
- 적절한 외부 시장조사 대행기관이 없는 경우

3. 해외시장조사 방법과 주의사항

(1) 해외시장조사 방법

해외시장조사를 하는 데는 직접조사와 간접조사가 있을 수 있다. 직접조사는 무역업체가 자체적으로 1차 및 2차 자료를 이용하여 조사하는 방법이며, 간접조사는 KOTRA 또는 해외시장조사 전문기관을 통하여 필요한 정보를 입수하는 방법이다. 이 중에서 가장 용이한 방법은 이미 간행된 2차 자료를 활용한 직접조사방법이다. 해외시장조사에 필요한 2차 자료에는 한국무역협회나 KOTRA의 자료실에 비치된 각종 무역통계, 국별 또는 지역별 무역환경이나 무역동향 등이 있으며, 국내주재 외국공관의 자료실에서도 해외시장조사에 유용한 자료를 입수할 수 있다.

그러나 2차 자료는 특정시장의 시장잠재력을 알아보는 데는 도움이 되나 취급품목과 직접적으로 관련된 정보를 얻는 데는 부족한 점이 많다. 이러한 경우에는 경비문제가 있으나 현지를 직접 방문하여 조사를 실시할 필요성도 적극 검토해야 한다. 직접조사의 한계를 고려할 때 특히 중소기업들의 경우에는 KOTRA에 해외시장조사를 위탁하는 것도 현명한 방법이다. KOTRA는 세계 주요국에 한국무역관 또는 지점망을 두고 무역업체의 신청을 받아 실비로 해외시장조사를 대행해 주고 있다.

해외시장조사의 핵심은 진출할 국가에 대한 시장기회 및 판매잠재력과 시장세분화에 있다. 기업 자신의 상품에 대한 시장기회와 판매잠재력이 전제되어야 수출이 가능한 것이다. 판매잠재력의 극대화를 모색하는 시장세분화는 세계시장의 그룹화와 개별시장의 세분화로 양분된다.

1) 해외시장기회 분석절차

유망한 수출목표시장의 규명을 위해서는 잠재적 수출대상국들에 대한 시장기회분석(market opportunity analysis)이 필수적인데, 대체로 다음과 같은 심사

과정이 요구된다.

첫 번째 단계는 자사제품에 대한 각 해외시장의 현존 및 잠재적 수요, 즉 제품의 시장성을 파악해야 한다. 이를 위해서는 각국 소비자 특성에 대한 심도 있는 이해가 필수적이다. 소비자 특성은 주거지역, 소득수준, 나이, 취향, 교육수준, 생활방식 등에 의해 좌우된다. 예를 들어 세탁기의 경우 소득수준이 낮고 여성의 가사노동이 풍부한 국가들보다는 소득수준이 높고 맞벌이 부부가 많은 국가들에 있어 더 높은 시장기회가 발생된다.

두 번째 단계는 자사 제품에 대한 현지의 현존 및 잠재적 경쟁자와 아울러 동종 제품에 대한 수입의존도와 관세 및 비관세 장벽을 파악한다. 이미 경쟁이 치열한 해외시장이나 무역장벽이 높은 국가는 수출대상국에서 일단 제외시키는 것이 바람직하다.

세 번째 단계는 앞의 분석결과를 가지고 자사제품에 대한 잠재적 수출대상국들의 판매잠재력 및 시장규모를 최종 평가한다.

2) 시장규모 평가

시장규모 평가는 해외진출 기회분석의 핵심이다. 시장규모 평가는 직접적인 방법과 간접적 방법을 통해 이루어질 수 있다.

- 직접평가: 시장규모의 직접평가에 있어 $S_i = f(X_1, X_2, X_3 \cdots X_n)$와 같은 측정모델을 고려할 수 있다. 여기서 종속변수 S_i는 진출계획기간에 걸쳐 각 조사대상국에서의 진출시킬 제품에 대한 판매잠재력을 나타내며, X변수들은 S_i를 결정짓는 요인들을 나타낸다. 즉 생산량, 판매량, 소비량 또는 수입량을 가지고 해당 제품의 시장잠재력을 직접 평가할 수 있을 것이다. 그러나 시장조사단계에 있어 해당 제품에 대한 각국의 소비량 또는 생산량에 대한 정확한 통계자료를 입수한다는 것은 용이한 일이 아니다. 더욱이 각국은 해당 제품에 대하여 상이한 제품수명주기단계를 가질 것이므로, 시장조사자들은 각국의 판매잠재력 평가시에 각국의 현재 상태뿐만 아니라 과거 상태와 미래의 예측치도 고려해 넣어야 한다.
- 간접평가: 품목별 판매량에 대한 각국의 정확한 통계자료의 부족으로 조사자들은 아래에 제시된 경제적 및 사회적 지표들에 의거하여 시장잠재력을 간접적으로 평가할 수밖에 없다. 수출대상국들에 대한 경제적 및 사

회적 지표들은 비교적 쉽게 입수할 수가 있는데, 이들에 대한 통계자료는
주로 국제연합(UN), 국제통화기금(IMF), 세계은행(The World Bank) 및 여
타 국제기구의 정기간행물에 잘 나타나 있다. 가장 보편적으로 이용되는
시장규모의 간접적 지표로는 국민총생산(GNP), 일인당 국민소득, 경제성
장률 등을 들 수 있다. 그러나 국민의 부가 일부 계층에 편중되어 있는 국
가에서는 국민총생산보다 일인당 국민소득이 시장규모의 간접적 지표로
서 활용하는 것이 효과적일 수 있다.

3) 기업판매잠재력 평가

현지시장 조건하에서 자사의 마케팅 노력으로 달성될 수 있는 자사제품의
판매잠재력을 측정하는 것은 매우 중요하다.

기업판매잠재력 평가를 위한 첫 단계는 현지국 진입조건(관세 및 비관세 장
벽 등)에 대한 분석으로 수출장벽이 높을수록 판매잠재력은 낮아질 것이다.

두 번째 단계는 수출대상국의 경쟁상태에 대한 분석이다. 경쟁자가 누구이
며, 그들의 경쟁력은 어느 정도이며, 경쟁구조는 어떠한가를 알아야 신규 수출
기업은 현지시장에서의 자신의 판매잠재력을 가늠할 수 있게 된다.

세 번째 단계는 수출대상 제품에 대한 유용한 유통채널이 존재하는가를 파

표 3-3	간접평가지표
지 표	내 용
국가재정통계	국민총소득, 국민총생산, 국민순생산/총지출, 순지출/실질소득/산업별 총생산액/국민총생산 및 국민순생산 지수
인구 및 노동력	성별인구, 인구증가율, 국토면적, 인구밀도/고용인구, 노동시간 실업률/과학자, 기술자, 기술개발투자비용
생 산	농업 · 임업 · 수산업 · 광업/산업분류지수/건설(산출량, 고용인원) 제조생산(식품, 섬유, 인쇄, 고무제품, 화학, 철강, 운송장비 등) 에너지(전기, 가스, 수도 분야의 산출량과 고용인원)
국제무역	최종구매자별 수입량/산업별 수출량/국가별 수출입량/상품별 수출입량
기타 경제적 통계	수송(철도, 국제해운, 항공, 자동차, 국제여행객) 임금과 가격(제조업체 임금, 도매물가, 소매물가) 소비(개별 상품에 대한 총소비량과 일인당 소비량) 재정(국제수지, 환율, 통화공급량, 외환보유고)
사회분야	보건(병원수, 의사 및 간호사수)/교육(교사 및 학생인원수, 교육비)/ 문화(주제별 및 언어별 도서발행고, 라디오 및 TV 보급률, 소득수준)

악하는 일이다. 이를 위해서는 경쟁자의 유통망에 필적할 만한 유통망을 구축할 수 있는가와 부수적인 마케팅 노력을 요하는 유통장벽이 존재하는가에 대한 접근이 요구된다.

네 번째 단계는 수출대상 제품의 최종소비자 및 사용자 행동에 대한 조사이다. 수출기업이 자사제품의 최종 소비자 및 사용자에 대한 상세한 지식을 가지고 있을수록 정확하게 기업판매잠재력을 평가할 수 있다. 현지 소비자들은 자국의 사회, 문화(전통, 습관, 행동양식), 경제, 정치, 법률환경의 영향을 받기 때문에 독특한 구매행동을 보인다.

따라서 효과적인 시장침투를 이루기 위해서는 현지국의 소비문화, 소비성향, 거래관행 등을 숙지해 두어야 한다. 이러한 정보를 바탕으로 수출제품과 채택할 마케팅 프로그램에 대해 각국의 소비자 및 사용자들이 나타낼 수 있는 반응을 예측할 수 있다. 때에 따라서는 현지 소비자들의 호의적인 반응을 끌어내기 위해 수집된 정보를 바탕으로 해서 진출시킬 제품이나 마케팅 프로그램을 현지 소비자의 기호에 맞게 수정하는 것이 바람직하다.

4) 수출시장 세분화

첫 번째 단계는 세계시장의 세분화이고, 두 번째 단계는 국별시장의 세분화이다. 즉 세계시장을 공통된 특성(소득, 문화 등)에 기준하여 그룹화시켜야 하고, 나아가서 각 수출목표시장을 일정 기준에 의거하여 세분화시켜야 한다.

• 세계시장의 그룹화: 세계시장 그룹화의 궁극적 목적은 그룹화된 국가별로 공통된 마케팅 프로그램을 적용시키고자 하는 데 있다. 제품, 가격, 유통, 촉진에 있어 표준화된 전략을 개발, 실행하는 것이다. 세계시장의 그룹화는 광범위하게 1차적 그룹화를 시도하고 나아가 1차적 그룹에 소속된 국가들을 대상으로 한 2차적 그룹화의 과정을 거친다. 국가들을 지역별로 그룹화하는 것이 일반적이나, 사실 동일 지역 내에 속한 국가들이라 해서 표준화된 마케팅 프로그램에 대해 동일한 반응을 나타내는 것은 아니다. 반대로 다른 지역에 속한 국가들이라 해서 표준화된 마케팅 프로그램에 대해 상이한 반응을 나타낸다고 볼 수 없다. 수출마케팅 담당자는 관리적인 용이성 때문에 지역별로 국가들을 그룹화하는 것을 지양해야 한다. 한편, 특정의 경제블록에 소속된 국가들을 마케팅 관점에서 동일 그룹 내에

표 3-4	수출시장 세분화	
	시장특유지표	경제특유지표
세계시장 세분화	인구학적 특징 사회-경제적 특징 정치적 특징 문화적 특징	경제적 · 법적 제한 시장조건 제품 문화적 특징과 생활양식 특징
국별시장 세분화	인구학적 특징: 나이, 성별, 생활 주기, 종교, 국적 등 사회-경제적 특징: 수입, 직업, 교육 등 사이코그래픽스 특징: 행동양식, 가치관	행동적 특성: 구매와 소비 패턴, 태도, 충성도 패턴, 추구혜택 등

자료: G. Albaum et al., *International Marketing and Export Management*, Addison – Wesley Cp., 2002, p. 160.

국가들로 분류할 수 있는데, 이는 지리적인 밀접성보다는 역내 국가들간 자유무역정책의 채택, 자유로운 자원이전, 비슷한 수준의 경제발전단계 등과 같은 요인들에 기인하는 것이다.

• 국별시장의 세분화: 국별시장의 세분화는 현지 소비자들이 각기 상이한 욕구와 기호를 가지고 있기 때문에 특정 제품에 대한 이들의 수요 특성도 상이한 것이라는 가정에 기초한다. 진출시킬 수출제품에 대한 현지 소비자들의 욕구와 기호가 상당한 이질성을 보이고 있을 때에는 시장세분화를 통해 현지 소비자들에 적합하게 마케팅 프로그램을 입안함으로써 판매잠재력의 극대화를 기대할 수 있다.

시장세분화가 가능하기 위해서는 소비자/사용자들을 동질적 집단으로 분류할 수 있어야 하고, 이들 분류된 집단들은 특정의 제품과 마케팅정책에 대하여 각기 상이한 반응을 나타내어야만 한다.

시장세분화에 있어서 간과해서는 안 될 또 한 가지 중요한 사실은 세분된 표적시장은 적어도 투입된 일정의 마케팅비용을 합당화시킬 수 있을 정도의 판매잠재력을 지니고 있어야만 한다.

(2) 해외시장조사의 주의점

해외시장조사에 있어서는 다음과 같은 연유로 국내시장조사에서와는 달리 표본선정(sampling), 설문지 작성 및 면담 등에 있어 예상치 못한 여러 난관에 부딪히게 된다.

첫째, 일부 선진국들과 많은 개발도상국들에 있어서는 인구, 경제, 소비자 등과 관련된 통계가 존재하지 않거나, 또는 존재하더라도 부정확한 경우가 허다하다. 둘째, 일부 국가들에 있어서는 언어, 종교, 생활방식 등의 문화적 차이가 해외시장조사를 더욱 어렵게 만든다. 셋째, 국가간 산업화, 법규, 소득수준, 교육수준 등의 차이는 해외시장조사의 장애요인으로 작용한다.

해외시장조사에 있어서는 다음과 같은 오류가 예상되기 때문에 주의가 요구된다.

- 목표와 개념설정의 오류
- 조사방법의 오류
- 표본상의 오류
- 미응답 오류

section 02 무역대상자의 선정과 조회

사전 해외시장조사를 통하여 자사상품의 시장성이 있는 목표시장을 선정한 후 잠재력이 있는 적절한 거래처를 발굴하기 위해서는 다음과 같은 보다 신중하고 효과적인 방법이 동원되어야 한다.

1. 무역대상자 선정방법

(1) 무역통계

최신 수출입정보를 HS번호별로 파악하면 해당 제품에 대한 특정 시장 수요가 얼마인지 손쉽게 파악할 수 있다. 현재 KITA(Korea International Trade Association: 한국무역협회)가 제공하는 무역통계로는 한국무역통계, 미국무역통계, 일본무역통계, 세계무역통계(DOTS), 한국경제통계, 세계경제통계(IFS) 및 섬유수출정보 등이 있다.

(2) 홍 보 물

해외 배포용 카탈로그는 국내 배포용과 달리 세심한 계획하에 영문 또는 대상지역 언어로 제작되어야 한다. 특히 전문가에게 의뢰하여 제작하고 종합광고대행사나 자질이 있는 광고기획사를 이용하는 것이 바람직하다. 홍보물 내용은 되도록 상품설명에 주안점을 두고 불필요한 인사말 또는 중소기업형 회사전경 등은 삭제한다. 불필요하게 많은 분량의 인쇄는 인쇄비 지출을 늘릴 뿐이다. 특히 홍보물 제작시 발송비 추가부담을 감안, 중량 등 적정 규모의 홍보물을 제작하여야 하며 제작자의 전문성을 인정하여야 한다.

제작과 더불어 중요한 것은 홍보물을 어떤 채널을 통하여 가장 손쉽고 효과적으로 구매 가능한 자에게 전달시킬 수 있느냐 하는 것이다.

적정 구매자목록(buyer list)은 주한 외국대사관 상무관실에서 입수할 수도 있으며, 한국무역협회 등 경제관련 단체 및 유관기관에서 입수 소장하고 있는 무역업자명부(directory) 등을 이용할 수 있다.

한편 해외마케팅센터로부터 해당 지역 무역업자명부 등을 구입하여 사용하는 방법과 한국무역협회 국제협력팀, KOTRA 시장전략팀 또는 상공회의소 국제본부 등을 방문하여 필요한 자료를 수집하여 활용할 수 있다. 국내에서 발간되는「일간무역」에 게재된 거래알선란 등을 참고할 수도 있다. 배포시에는 발송료 등을 감안하여 가급적 해당 상품을 취급하는 구매자에게 배포하는 것이 효과적이다.

배포처 선정에 있어 국내 수출업자들에게 권유할 만한 방법은 해외발행 전문잡지로부터 배포목록(distribution list 또는 subscriber list)을 입수하여 활용하는 것이다. 전문잡지(예, The Music Traders: 미국) 구독자는 특정 상품(악기)에 관련된 전문상인들이기 때문에 그 잠재 수요자로 일단 판단할 수 있기 때문이다. 이외에도 국내 전시회에 참관하는 바이어에게 배포하든가 해외전시회나 무역박람회 참가시 이를 배포하는 것도 효과적이다.

(3) 매체광고

1) 국내발간 해외배포용 매체광고

국내에서 발간되는 해외배포용 매체는 Korea Export, Korea Trading Post, Buyers Guide, Korea Trade 및 기타 수출유관기관이 발간하는 유료, 무료 홍보지가 있다. 국내발간 해외홍보 매체는 거의 수출유관기관에서 제작, 배포되어 광고료가 매우 저렴하므로 중소 수출기업의 광고대상으로 적당하다. 그리고 매체의 성격, 배포부수, 배포지역, 구독층을 신중히 분석하여 적정 매체를 선정해야 하며 광고안 제작에도 신중을 기하여야 한다.

국내발간 각종 무역업자명부는 업체소개 리스트란의 게재 외에 무료 또는 약간의 실비 부담으로 수출업체를 소개하고 있다. 무역업자명부를 제외한 이러한 매체의 효율적 이용은 중소수출업체로서는 바람직하므로 사전에 관련 홍보 매체 발행처의 발간 계획을 입수하여 대응하는 것이 효과적이다.

2) 해외발간 매체광고

해외에서 배포되는 매체는 수만 가지이다. 이 중 어느 매체를 선택, 광고를 하느냐가 광고의 성공 여부를 좌우한다. 대표적으로 Global Sources가 있다.

매체의 선전은 아래의 단계를 거쳐야 하며 이때 해외광고 전문가의 조언을 받아야 예산의 낭비를 사전에 방지할 수 있다. 국내에는 해외매체에 대한 정보가 어두운바, 한국무역협회 홍보센터 상품홍보과의 자문 또는 종합광고대행사의 자문을 받는 것도 바람직하다. 기업의 규모를 감안한 광고전략을 설정하는 것이 좋으며 광고안의 제작 또는 전문가에 의뢰하여 최소한 1년 이상 사용하는 것이 바람직하다.

(4) 해외공공기관

각국의 상공회의소, WTCA(World Trade Centers Association) 및 각국의 WTC(World Trade Center) 또는 수출입관련 기관에 거래알선의 의뢰 Circular Letter를 발송하는 방법이 있다. 그들이 발행하는 기관지를 통해 업계홍보 또는 관련업자의 소개를 의뢰하는 것이다.

(5) 각종 사절단 및 전시회 참가

국제전시회는 무역대상자 발굴을 위한 최적의 조건을 갖추고 있다. 한 장소에 같은 제품에 관심 있는 사람이 모이기 때문에 광고효과가 기대된다. 무역 관련 기관에서 구성하여 파견하는 각종 투자 및 무역사절단과 박람회 및 전시회에 참가하는 업체에 대한 여러 가지 혜택 등이 부여되고 있다. 한국무역협회에서 파견하는 해외투자 및 무역사절단과 KOTRA에서 파견하는 해외박람회 및 전시회는 동기관에서 각종 경비지원 및 사전 홍보를 통한 현지 구매자와의 상담을 주선해 주는 기회를 제공하고 있다.

(6) 직접방문

해당 지역 방문시 우선 호텔에 비치된 업종별 전화번호부(Yellow Page)나 Trade Directory 등을 통해 품목별 예상거래선을 발췌한 후 전화로 시간약속을 받고 방문하는 방법이 있으며 중동지역 등 일부 개도국에는 상가를 직접 방문하여 발굴하는 방법이 있다.

경비문제를 감안하지 않는다면 직접 해당국 방문이 거래선 발굴에 가장 좋은 방법이다. 방문 세일즈시엔 충분한 샘플 준비도 중요하나 가벼운 선물을 준비하는 것도 필요하다.

우리나라 무역업계가 그간 시장개척을 한 주된 방법은 전문 세일즈 요원파견이었으며 그 다음이 외국바이어 초청, 해외지점망 활용, 국제무역박람회, 전시회 및 무역사절단 그리고 해외광고를 통하는 순이다. 결국 해외를 직접 방문하여 거래선을 발굴하는 것이 최선의 방법이다.

(7) 수탁조사

전문 마케팅 컨설팅업체와 KOTRA에 특정지역 특정아이템에 대한 바이어 조사를 의뢰하면 그 명단을 쉽게 얻을 수 있다. 특정지역을 겨냥한 무역업계 초심자에게 적절한 발굴방법이다. KOTRA 해외시장조사사업에서 제공하고 있는 서비스는 무료 해외기업 DB검색, 수출희망품목에 대한 잠재바이어 찾기, 맞춤형시장조사, 바이어 Contact Point 확인, 원부자재공급선조사 등이 있다.

2. 거래제의장(Inquiring letter) 작성과 조회

(1) 거래제의장 작성

해외 유력 Buyer List가 전술한 경로 등을 통해 발굴 작성되면 우선 상대국에 대한 일반적인 상식과 경제현황 등을 참조한 후 다음 사항에 유의하여 거래제의 서한을 보낸다.

첫째, 거래제의서를 작성할 때 유의할 점은 우선 상대방을 알게 된 동기와 경위, 거래제의 상사의 업종, 취급상품 및 거래 국가, 거래제의 상사의 자국 내에서의 지위, 경험, 생산규모, 거래조건(특히 결제 및 자격조건 등)을 명시하여 당해 시장을 상대회사를 통해 개척하고자 하는 점과 제시된 거래 조건으로 거래를 할 경우의 이익을 정중하게 기재하여 거래 상대자로 하여금 관심을 갖도록 해야 한다. 또한 자신의 신용조회처(주로 자기 거래은행명 및 주소)를 반드시 알려 주어야 한다. 예로서 가격과 같은 변동이 심한 요인의 경우에는 price라는 단적인 표현보다는 좀더 융통성 있는 quotation의 표현을 사용하는 것이 좋을 것이다.

둘째, 작성시 유의점은 간단명료한 문장으로 매 문장마다 30단어 이내로 5~6 단락(Paragraph) 정도로 쓰며, 해당 시장은 처음이므로 상대회사를 통해 개척하고자 한다는 점을 강조한다. 한국에서 제일 큰 회사라는 말 등 과장된 회사 소개는 삼가며, 회사규모를 표현할 경우 생산량이나 연간 미화(美貨)기준 매출액 등으로 표시한다. 그리고 거래의 대상인 제품품질의 우수성과 경쟁적인 가격을 제시할 수 있는 회사라고 언급한다. 처음부터 오퍼나 견품을 보내지 않으며 상대방이 관심을 표명할 때 송부한다. 또한 정중한 문체로서 거래관계의 성립에 있어 상호 이익을 바탕으로 하고자 한다는 점과 수신자의 국가, 문화, 신념 등을 존중하고 있다는 사실을 보여 줄 수 있도록 한다.

셋째, 거래제의장 송부방식은 일반적으로 서신에 의하나 경우에 따라서는 e-mail, FAX 등을 이용할 수 있다. 한편 거래제의시 한 지역에 자사를 두고 2~3개 회사로 국한하여 송부하는 것이 좋다. 거래제의 서신, e-mail, FAX를 수신자 이외에도 보냈다는 사실을 수입상이 알면 회신을 받지 못할 수도 있다는 점을 유의하여야 한다.

⑵ 거래제의장 조회

수입업자가 조회서한을 보낼 때에는 통상 수입희망 품목의 가격, 수량, 선적시기, 결제조건 등 구체적인 조건을 제시·요청하며 경우에 따라서는 Catalog나 견품 등을 원한다. 이 같은 내용의 서신을 받으면 즉시 회신을 할 수 있는 점은 지체없이 하고 시간을 요하는 사항은 언제까지 조치해 주겠다고 통보한다. 신속한 회신은 거래의 생명이다. 모든 문의는 하나도 빠짐없이 언급해 주어야 한다.

조회시 유의점은 조회에 대해 감사의 표시를 하고 조회내용의 골자를 기술함으로써 상대방의 기억을 새롭게 하며, 자기상품의 설명 또는 특징을 설명할 때에는 지나친 과장을 하지 않고 간결하게 표현한다. 또한, 조속한 주문이 유리하다면 그 점을 강조한다. Catalog나 Price List를 보낼 경우 필요한 사항이 있으면 서신으로 보충해 준다. 견품수배가 안 될 때에는 별봉으로 곧 송부한다고 언급하며, 조속한 시일 내에 주문이 되기를 바란다고 언급하고 가까운 시일 내에 직접 만나서 상담하기를 희망한다고 언급한다. 회신방법은 상대방의 조회서신에 대하여 e-mail 또는 FAX로 바로 한다. 일반적으로 가격표나 견품을 보고 구매결정을 한다고 할 경우에는 서신으로 회신한다.

3. 신용조회

(1) 신용조회 필요성

상거래를 할 경우 사전에 상대회사의 신용상태를 확인하는 것이 무역거래의 기본적인 사항이다. 국제무역이 신용을 바탕으로 이루어지고 있는 현상황에 있어 신용조회는 그 어느 때보다 중요성이 강조되고 있다.

신용이란 현재의 가치를 미래의 가능성과 교환하는 중간매개체로 이해되고 있다. 그러나 이를 성립시키기 위해서는 다음 요건을 충족시켜야 한다.

① 수신자의 지급에 관한 선의
② 수신자의 지급능력
③ 지급불능시 지급을 강제할 수 있는 자산의 보유
④ 일반 경제상태의 보장

신용조회라 함은 공급받는 자의 지급능력으로서의 지급에 대한 선의 및 일반 경제 상태의 보장 등을 사전에 조사하여 장래에 대한 지급의 확실성을 예견하는 것이다. 현재 국제무역은 현금이나 신용장거래 방식에서 점차 연불거래 또는 무신용장 방식으로 변모하고 있다. 이러한 상황에서 수입자의 신용조사는 필수적으로 선행해야 할 과제이다.

(2) 신용조회의 요건

신용조회에 있어서 필수적으로 조사내용에 포함해야 하는 것으로 보통 해당 업체의 Character와 Capital 및 Capacity 등을 들고 있는데 이를 신용도 측정요소로 'Three C'라 하는바, 구체적 내용은 다음과 같다.

1) Character(상도덕)

해당 업체의 개성, 성실성, 평판, 영업태도 및 의무(특히 채무변제) 이행열의 등 계약이행에 대한 도의심에 관련된 내용

2) Capital(지불능력)

해당 업체의 재무상태, 즉 수권자본과 납입자본, 자기자본과 타인자본, 기타 자산상태 등 지불능력과 직결되는 내용

3) Capacity(거래능력)

해당 업체의 연간 매출액, 업체의 형태(개인상사, 회사형태, 공개 여부 등), 연혁 내지 경력 및 영업권 등 영업능력에 관한 내용

Three C's 이외에 거래조건(Condition), 담보능력(Collateral), 거래통화(Currency), 소속국가(Country) 가운데 두 가지를 추가시켜 'Five C's'를 주장하는 이도 있다. 이러한 신용조회의 신뢰도 측정요소 중에 가장 중요한 것은 Character라고 지적되고 있다. 그것은 원거리간의 매매거래인 무역에 있어서는 무엇보다도 신용이 중시되어야 할 것이기 때문이다. 무역에 있어서의 질병이라 할 악질적인 Market Claim을 미연에 방지할 수 있도록 Character에 대한 면밀하고 철저한 조사가 원활한 거래의 성취에 있어서 그 요체이며 관건이 된다 하겠다.

⑶ 신용조회 의뢰

선정된 거래처에 대해서는 거래제의나 수락 및 상품조회에 앞서 신용조사를 하여야 한다. 신용조사는 일반적으로 거래은행을 통하는 예가 많으며 상대국의 거래선이나 상공회의소 등을 활용하기도 한다. 조회선이 은행일 경우 Bank Reference(은행조회)라 하며, 은행이 아닌 경우 Trade Reference(동업자조회)라 칭한다. 이는 주로 잘 아는 현지업자를 통해 요청하는 경우다. 거래의 중요성이 인정되거나 앞으로 D/A(인수도조건)거래까지도 예상될 경우 무역보험공사나 신용보증기금을 통한 신용조사가 바람직하다. 회신을 받기까지는 지역에 따라 1개월 내지 3개월까지의 기간이 소요되므로 긴급을 요할 때에는 텔렉스 조회를 요청하면 된다. 한편 앞에 언급된 이외에 해외의 국제상업흥신소 등에 직접 신용조회를 의뢰할 수도 있다. 그러나 세계 유수한 상업흥신소와 제휴관계에 있는 무역보험공사나 신용보증기금을 국내에서 활용하는 것도 바람직

할 것이다.

(4) 해외신용조사 국내위탁방법

해외신용조사를 위해 국내기관에 위탁하는 방법의 대표적인 것은 한국무역보험공사에 의뢰하는 것이다. 이러한 한국무역보험공사의 주요업무로는

| 그림 3-1 | 해외수입자 신용조사절차 |

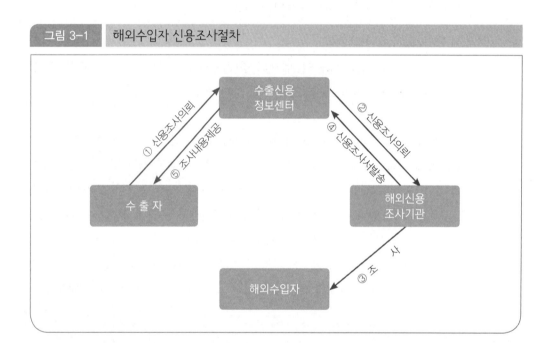

| 표 3-5 | 지역별 조사 소요일수 |

지 역	조사소요일수
미국, 캐나다	10~30일
유럽, 아시아, 대양주, 중남미	30~50일
아프리카, 기타 지역	40~60일

| 표 3-6 | 회신기간 |

내 용	처리기간
문서지시 및 회신 문서지시 및 회신, 전문 Telex 국제전화 병행 전문, Telex, 국제전화 지시, 회신	통상 15~20일

첫째, 해외수입자 및 수입국 은행에 대한 신용조사 및 수입국 정세조사,

둘째, 신용정보자료 및 무역보험 인수제한 수입자 명부 등 제공,

셋째, 채무추심기관 소개 및 알선,

넷째, 기타 해외 신용정보에 관한 상담이다.

세부적으로 한국무역보험공사가 해외신용조사에 있어 어떠한 내용을 조사하는지에 대해 살펴보면 다음과 같다.

첫째, 경영일반에 관한 사항,

둘째, 소유주, 업력, 대표자의 경영능력, 종업원수, 취급상품, 대금결제 상태, 현지평판, 은행거래 상태 및 소송기록 등,

셋째, 재무상태,

넷째, 연매출액, 이익률, 순자산, 운전자본 등 대차대조표, 손익계산서에 관한 사항이다.

4. 전자무역을 통한 거래선 확보계획

(1) 전자무역의 장점

1) 무역거래의 신속성

전자무역은 여러 측면에서 기존의 무역환경을 획기적으로 개선할 수 있다. 예로서 전자부품을 수입하는 기업의 경우 기존 무역관행에 따르면 앞에서 기술한 여러 방법을 통해 원하는 부품 규격과 재질, 내용 등을 팩스로 보내달라고 요구해야 한다. 또한 여러 번에 걸친 의사소통 끝에 매매계약을 체결한다고 해도 신용장 개설, 수출입 승인신청, 환어음서류 송부 등의 많은 절차가 남아 있다. 그러나 인터넷을 이용하면 이러한 무역거래는 신속하고 용이하게 이루어진다. 인터넷에 접속해 원하는 물품을 생산하는 회사를 찾아 이 회사의 웹 사이트에 접속하면 되기 때문이다. 화면에 나타난 원하는 규격과 재질의 부품을 선택한 뒤 신용카드로 결제하면 된다. 이는 전통적인 무역거래 메커니즘에 비해 혁명적인 변화의 단적인 예가 될 수 있다.

2) 비용의 절감

전자무역거래는 수출입관련 제반 비용을 절감할 수 있다. 이는 우리나라의 경우 '한국무역정보통신'(KTNET)이 개설한 전자자료교환(EDI)시스템을 통해 가능한데, KTNET에는 거래은행, 보험회사, 산업협회, 세관 등의 수출 유관기관들이 대부분 가입되어 있어 복잡한 서식작성 및 인허가 업무가 30분 안에 처리되는 장점을 가지고 있다. 따라서 해외 출장을 가지 않더라도 인터넷을 이용하면 해외시장에 대한 정확한 정보를 수집할 수 있다.

예를 들어 미국의 EMC(Emerging Markets Companion)사가 운영하는 웹 사이트에는 지구상의 72개 국가 및 신흥 경제시장에 대한 방대한 정보로 가득 차 있으며, 선진 경제대국 시장을 제외한 아시아, 아프리카와 중남미, 동유럽 등의 시장정보 등이 그 주요 내용이다. 또한 이 사이트에는 전세계의 경제 및 증권시장 정보가 실시간으로 제공되고 있으며 세계 증권회사들과 일류 증권분석가들에 의한 시장분석, 최고 연구기관들에 의한 지역별·시장별 조사, 보고 등의 자료가 제공된다.

3) 고객니즈에 신속한 대응

인터넷상에서 자사의 홈페이지를 개설함으로써 기업과 제품에 대한 정보를 소비자에게 시간과 공간의 제약 없이 전달할 수 있다. 또한 인터넷의 양방향성을 활용하여 고객의 니즈에 맞춘 정보를 전달할 수 있다. 즉, 자사의 홈페이지나 여러 중소기업들이 함께 전자시장을 구축함으로써 적은 비용으로 전세계에 자사의 제품을 소개할 수 있고 이를 통해 거래도 할 수 있다. 이러한 인터넷 상거래의 경쟁력의 원천은 고객과 충분한 상호 작용을 통해 고객의 관심을 높이고 고객의 정보를 수집하여 활용할 수 있다는 것이다. 인터넷의 상호 작용성을 활용하여 기업은 고객에 대한 정보를 신속하게 수집할 수 있다. 그리고 수집된 고객의 정보를 통해 고객을 차별적으로 접촉함으로써 고객의 만족도를 제고할 수 있으며 재구매율을 높일 수 있다. 고객은 인터넷을 통해 다양한 정보를 신속하게 접할 수 있는 이점을 가지게 된다.

(2) 거래처의 선정 및 계약

인터넷 무역을 하기 위해서도 가장 먼저 해야 할 일은 전통적인 무역거래와 마찬가지로 거래처를 선정하는 작업이다. 하지만 앞서 설명한 바와 같이 인

그림 3-2 기존 무역거래와 전자무역의 비교

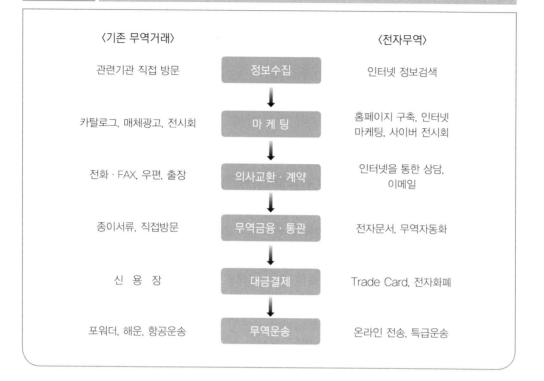

〈기존 무역거래〉 　　　　　　　　　　　　　 〈전자무역〉

관련기관 직접 방문 　　　　 **정보수집** 　　　　 인터넷 정보검색

카탈로그, 매체광고, 전시회 　　 **마 케 팅** 　　 홈페이지 구축, 인터넷
　　　　　　　　　　　　　　　　　　　　　 마케팅, 사이버 전시회

전화 · FAX, 우편, 출장 　　 **의사교환 · 계약** 　　 인터넷을 통한 상담,
　　　　　　　　　　　　　　　　　　　　　　　　 이메일

종이서류, 직접방문 　　 **무역금융 · 통관** 　　 전자문서, 무역자동화

신 용 장 　　　　　 **대금결제** 　　 Trade Card, 전자화폐

포워더, 해운, 항공운송 　　 **무역운송** 　　 온라인 전송, 특급운송

터넷을 통한 거래처의 선정은 전통적인 거래처 선정보다 시간적인 부분뿐만 아니라 비용적인 측면에 있어서도 상당한 절감효과가 존재한다. 이러한 인터넷무역이 성공하기 위해서는 기존의 전통적인 방식에 따른 거래관행을 준수하는 것도 중요하지만, 웹상에 존재하는 많은 사이트들을 거래단계에 있어 적절하게 이용하는 것도 중요한 성공요인 중 하나이다.

1) 해외시장조사

거래 담당자는 인터넷을 통해 수출을 하려는 지역에 관한 모든 자료와 정보, 예를 들어 수출입의 통제, 무역거래 관습 및 수출능력 등을 각국의 정부기관 사이트나 기업의 웹 사이트를 통해 자신의 상품을 수출하기에 가장 적합한 국가와 수요지를 물색하고 적당한 거래처들을 선정하는 작업을 해야 한다.

① 국가정보 수집

국제무역은 국가간의 거래이기 때문에 이질적인 문화와 역사, 사회, 상관습이 존재한다. 따라서 이에 대한 기본적인 이해가 있다면 시장접근이 훨씬 용

표 3-7	시장 및 산업동향관련 사이트		
구 분	사이트명	구 분	사이트명
산업일반	www. industrylink.com www.thomasnet.com	자동차산업	www.autocenter.com www.carmag.co.jp
정보통신	www.chinabyte.com	화학산업	www.chemindustry.com www.icis.com
농축산업	www.agriculture.com www.agr.ca www.moomilk.com	전기/전자	www.eia.org www.wiretech.com
섬유의류	www.apparel.net www.texi.org	바이오/의약산업	www.bil.org www.bio.com

이할 것이다. 이러한 정보의 수집에 있어서 국내의 웹 사이트로는 산업통상자원부(http://www.mke.go.kr), 한국무역협회(http://www.kotis.net), 한국무역보험공사(http://www.ksure.or.kr) 등이 있으며, 해외 사이트로는 미 상무성에서 운영하는 STAT-USA Country Commercial Guides(http://www.stat-usa.gov), 기업정보회사인 Dun & Bradstreet(http://www.dnb.com/us/) 등이 있다.

② 시장 및 산업동향 정보

과거에는 주로 동종업계 관계자, 신문, 잡지 등 직접적인 대면과 매체를 이용했으나, 최근에는 산업별로 시장동향관련 인터넷 사이트가 개설되어있다.

③ 해외기업 정보의 수집

최근의 인터넷 무역거래에 있어 대표적인 특징 중의 하나는 과거 거래 기업의 정보를 수집하기 위해서는 해당 국가의 상공회의소나 대사관을 통해 혹은 관련기관에 직접 방문함으로써 정보를 수집하였으나, 인터넷을 통해 회사의 개요, 연락처, 연간매출액, 종업원수 등 기본적인 정보를 제공받을 수 있다. 이러한 서비스를 제공하는 대표적인 웹 사이트로는 Kompass International사의 KOMPASS(http://www.kompass.com), Thomas Register사의 웹 사이트(http://www.thomasregister.com), EURO PAGES(http://www.europages.com) 등이 있다.

2) 거래처 선정방법

인터넷을 이용하여 거래처를 선정하는 것은 소극적인 방법과 적극적인 방법으로 구분할 수 있다. 소극적인 방법은 거래알선 사이트에 자사의 제품이나 자사를 홍보하는 것과 관련 유즈넷에 자사의 제품을 선전하는 방법 등이 있으며, 적극적인 방법에는 자사의 제품을 원하는 사람들을 사이트 검색을 통하여 찾아보는 방법과 유명 사이트에 배너 광고를 통해서 자사를 선전하는 방법 그리고 웹 사이트상의 박람회 등에 스폰서로 적극 참여하는 방법 등이 있다.

① 국내사이트의 이용

KOTRA와 한국전시산업진흥회에서는 공동으로 글로벌전시포털 GEP (www.gep.or.kr)을 운영하고 있으며, 해외전시회 정보를 무료로 제공하고 있다. 이 사이트는 주제별, 국가별, 품목별, 기간별 검색이 가능하며 전시회 명칭, 개최주기, 개최규모, 부스임차료, 과거 참가현황, 전시분야, 주최자, 연락처 등의 구체적인 전시회 정보를 제공하고 있다.

② 해외사이트의 이용

독일전시협회(AUMA)는 독일의 전시산업관련 대표적인 단체로 해외전시회 정보제공, 해외마케팅, 전시회 전시지원, 독일 기업의 해외전시회 참여 지원 등의 업무를 수행한다. 또한 www.auma.de 웹사이트를 통해서 박람회장, 전시장 치업체, 전시대행업체에 관한 정보 등 독일에서 개최되는 각종 박람회 및 세계 주요박람회에 관한 정보를 검색할 수 있다.

3) 거래제의 서한

거래처를 선정한 후 선정된 거래처에 구매 권유를 위한 거래제의 서한을 발송한다. 인터넷 무역의 경우 거래제의 서한 발송은 전자메일이나 인터넷, FAX 등을 이용하여 발송하게 된다. 선진국 시장을 목표로 거래제의 서한을 보내는 경우 대부분의 선진국 기업들이 전자메일 주소를 가지고 있으므로 매우 편리할 뿐만 아니라, 제의서한에 대한 답장 또한 매우 빨리 받을 수 있다는 장점이 있다. 이때, 전자메일을 보내는 경우 고려해야 할 점은 인터넷에 자사의 홈페이지가 존재한다는 것은 상대방에게 신뢰감을 줄 수 있을 것이다. 국내의 EC21, Inc.(www.ec21.com)는 무역전문인력이 부족한 중소기업의 수출을 지원하기 위해 무료로 무역서한 작성과 관련한 서비스를 제공하고 있다.

4) 조회(Inquiry)

조회를 받게 되는 경우를 대비하여 거래제의 서한을 보낼 때 자사의 웹 주소와 전자메일 주소를 기재하는 것은 필수적인 사항이다. 전자메일 주소를 가

지지 못한 경우라면 무료로 제공하는 메일 주소를 가지는 것이 좋으나, 되도록 자사명이 있는 메일 주소를 가지는 것이 바람직하다. 조회가 도착하게 되면 매매계약을 하기에 앞서 인터넷을 이용하여 해당 기업의 웹 사이트가 있는 경우 웹 사이트를 방문하여 보아야 하며, 수입업체의 신용 조사를 실시하여 거래관계를 행하는 데 있어 문제점이 없는지를 확인해야 한다.

5) 청약(Offer)과 승낙(Acceptance)

인터넷을 통한 신용조회를 마친 경우 조회에 대한 청약을 전자 메일로 하게 된다. 청약에 대하여 상대편에서 전자 메일로 승낙이 이루어지면 매매계약이 성립하게 된다. 여기까지의 과정 중에서 문제의 소지는 전자 메일에 의한 거래청약과 승낙의 법적 효력이다. 물론 인터넷 무역 성립의 전제조건은 항상 상호 신뢰라는 점이지만, 이를 악용하려는 사람에 대한 신중한 판단이 있어야 한다.

6) 사후관리과정

인터넷을 이용한 무역 매매계약은 아주 신속하게 발생하고 이루어지는 특징이 있으므로, 사후관리 또한 자사 웹 사이트의 지속적인 자료 수정 및 변경된 사항에 대한 통보 등으로 상호간 신뢰성을 구축해야 한다.

Section 03 수출마케팅

1. 수출마케팅 기초

(1) 수출마케팅 개념

수출마케팅과 국내마케팅은 목표, 방법, 또는 기능적인 측면에서는 유사하나 국제기업의 마케팅의 마케팅활동은 경제적, 문화적 그리고 경쟁환경이 서로 다른 수많은 국가에서 동시에 이루어진다는 측면에서 그 차이점을 찾아 볼 수 있다. 단일 정부보다는 서로 다른 국가이익을 추구하는 많은 정부들이 국제마케팅활동이 이루어지는 환경을 조성하고 있다. 수출마케팅 관리자의 가장 중요한 과업은 마케팅믹스, 즉 제품, 가격, 유통, 촉진전략을 서로 다른 환경을 지닌 해외시장의 다양한 요구에 어떻게 적합시켜서 효과적인 마케팅활동을 수행하는가에 있다. 급변하는 수출환경에서 자신들의 수출목표를 달성하기 위해서는 제한된 경영자원의 효율적인 사용을 통한 해외시장개발 기회의 극대화와 더불어 수출에 따른 제위험의 최소화를 이룰 수 있도록 수출마케팅 계획을 세워 그에 따라 수출 활동을 영위해 나가야 한다.

마케팅의 본질은 고객에게 가치를 전달하는 데 있다. 기업이 최종고객들(소비자들)에게 가능한 한 최대한의 경쟁적 비교우위를 갖는 가치를 제공해 주기 위해 내부적 고객들(임직원) 및 외부적 고객들(유통업체 등)에게 가치 있는 기업으로 인식되도록 운영하는 활동이라고 할 수 있다. 미국 마케팅학회(American Marketing Association: AMA)는 "마케팅이란 개인적이거나 조직적인 목표를 충족시키기 위한 교환을 창출하기 위해 아이디어, 제품 그리고 서비스의 개념 정립, 가격결정, 촉진 그리고 유통 등을 고려하여 회사경영 실적을 향상시켜 이익을 최대화하는 것을 계획하고 집행하는 과정"이라고 정의한다.

이를 토대로 할 때 수출마케팅의 개념은 "해외시장에 있어서 기업의 장기적 성과를 목표로 하여 경쟁적 가격으로 현지 고객들에게 지속적인 혜택을 제공하여 기업 이익을 최대화하는 것"으로 정의할 수 있다. 따라서 이러한 수출마케팅 개념을 적용하기 위해 수출기업의 마케팅 담당자는 현지 고객의 요구와 필요가 무엇인지를 규명해야 하고, 기존제품의 수정이나 개발을 통하여 현지 고객들의 욕구와 필요에 부응해야 하고, 현지 고객들의 욕구와 필요를 최대한 만족시켜 줄 수 있는 마케팅 정책을 수립해서 실행 및 통제해 나가야 한다.

수출마케팅 담당자는 본국시장 중심적인 사고방식에서 탈피하여 해외시장의 특성을 중요시 여기는 태도와 사고방식으로 전환해야 한다. 즉 국내시장에서 통용되는 마케팅 정책을 해외시장에 그대로 적용시켜서는 안 된다. 수출제품은 현지 고객의 욕구와 기호, 현지시장의 법적·기술적 요구에 맞게 수정되어야 한다. 수출가격도 현지시장의 경쟁상태와 소득수준, 운송, 환율, 보험, 관세 등의 제요인을 고려하여 결정해야 한다. 물론 촉진과 유통전략도 현지시장의 실정에 맞게 짜여야 한다.

최근 들어 인터넷 보급의 확산과 정보통신기술의 눈부신 발전 등으로 수출무역의 패러다임에도 많은 변화가 야기되고 있다. 이에 따라 기존의 오프라인 수출마케팅의 개념은 가상공간(Cyberspace)에서 이루어지는 거래에까지 미치는 것으로 보다 확장될 수 있다. 이러한 변화를 컴퓨터 네트워크 구축으로 생겨난 사이버 스페이스라는 가상공간 속에서 이국간의 기업과 소비자가 쌍방향 커뮤니케이션을 통해 광고, 이벤트, 정보제공 등의 마케팅 활동을 수행하는 사이버

무역마케팅이라는 새로운 개념으로 정의할 수 있을 것이다.

(2) 수출마케팅 범위

수출마케팅은 제품의 국가간 이동과 관련된 마케팅활동에 초점을 두는 것으로 본국에서 해외에 이르기 전까지의 활동을 주 대상으로 삼는다. 그러나 국내시장의 개방이 제품뿐만 아니라 서비스에도 확산되고 있는 시점에서 국내마케팅과 수출마케팅의 구분이 점차 없어지고 있다고 할 수 있을 정도로 국경이 없는 경제교류가 확대되고 있다.

우리나라뿐만 아니라 시장규모가 적은 나라들은 특히 산업재 제품에 있어 강한 해외시장 지향적인 경향을 보이고 있다. 이러한 국가의 기업들에 있어서는 국내마케팅과 수출마케팅의 차이는 별로 없다고 할 수 있다. 그러나 미국과 같은 대형시장을 가지고 있는 나라에서는 대부분의 기업들이 수출마케팅이란 개념을 구분하여 전략을 수립하지 않고 있다. 그렇기 때문에 미국 정부는 상공정책 중 높은 우선권을 수출활동의 촉진에 두고 있다. 그러나 국내시장의 경쟁상태가 심화됨에 따라 이들 기업들도 국제시장을 기업성장의 유지를 위한 하나의 대안으로 생각하고 있다.

또한 최근의 정보통신기술의 발전과 전자상거래의 확산에 따른 변화를 감안할 때 수출마케팅의 범위는 개방형 네트워크와 폐쇄형 네트워크를 포함한 사이버공간으로까지 보다 확대될 수 있을 것이다.

2. 수출마케팅 믹스

(1) 수출제품전략

제품에 대한 올바른 이해가 제품정책 수립의 선결조건이다. 제품의 개념에 대한 이해는 보통 세 가지 차원에서 이루어져야 한다.

첫째, 소비자 욕구를 충족시켜 주는 용도나 편익 측면만을 고려하는 핵심제품(core product) 개념 차원이다. 예를 들어, 핵심제품 차원에서의 자동차의 개념은 사람이나 물건을 수송하는 하나의 물리적인 실체인 것이다.

둘째, 핵심제품 개념에다 품질, 특장(特長), 스타일, 상표명, 포장 등의 요인이 부가된 유형제품(tangible product) 개념 차원이다.

셋째, 유형제품 개념에다 추가적 서비스와 혜택이 고려된 포괄제품 (aug-mented product) 개념 차원이다. 판매후 서비스, 보증, 배달, 신용 등도 제품의 특성을 결정짓는다는 관점이다.

제품하면 단편적으로 핵심제품 개념 차원만을 생각하기 쉬운데, 사실 유형 제품 및 포괄제품 개념 모두를 포함하는 총체적 차원에 입각해서 제품정책을 수립해야만 한다.

국가간 소비자의 기호가 상이하므로 동일 제품이라도 핵심제품 차원에서 그 용도가 달리 인식되기도 한다. 이를테면 일부 국가들에서는 자전거가 레크 레이션의 용도로서 인식되어지나 다른 국가들에서는 기본적인 교통수단으로서 인식된다. 또한 선호되는 제품의 색상, 스타일, 크기, 품질수준 등이 각국마다 차이를 보이므로, 진출시킬 수출제품의 유형화시에는 각국의 사회, 문화적 배 경이 반영되어야 한다. 한편 해외시장에 있어서는 지리적 거리차이로 인해 판 매 후 서비스, 신용, 배달, 보증 등의 포괄적 서비스에 어려움이 따른다. 따라서 수출시에는 제품의 모든 범주에 걸쳐 현지 고객의 욕구를 최대한 만족시켜 줄 수 있도록 노력해야 한다.

제품전략과 관련하여 다음과 같은 세 가지 방안을 고려해 볼 수 있다.

① 제품정책을 각 현지시장의 특성에 맞추는 현지적응전략(local adaption strategy), ② 진출하고 있는 모든 해외시장에 대하여 표준화된 제품정책을 채택 하는 글로벌표준화전략(global standardization strategy), 그리고 ③ 이 두 가지 방 안의 절충형태라 할 수 있는 글로컬(glocal＝global＋local)전략방안이다.

(2) 수출가격전략

수출목표(시장점유율, 판매량, 성장률)를 달성하고 일정의 수익률을 보장하는 수출가격정책의 수립 또한 수출마케팅의 중요한 전략 중의 하나이다. 수출가격 의 결정에 있어 보통 마케팅 담당자들은 다음과 같은 문제에 부딪힌다.

• 수출가격의 결정권한은 누구에게 있는가?(기업 자신 또는 바이어)
• 표적국 시장에 있어서 진출시킬 제품의 판매량은 가격에 얼마만큼 민감 하게 반응할 것인가?
• 가격 외에 현지소비자의 구매결정에 중요한 영향을 미치는 다른 요인은 무엇이며, 이들의 영향력은 어느 정도인가?

- 표적국 시장에 있어서 경쟁사들은 어떠한 가격정책을 사용하고 있으며 표적국 시장에 있어서 자사의 가격 선택폭은 어느 정도인가?
- 자사의 수출마케팅 계획에 있어서 가격의 역할은 어떠해야 하며, 적극적 또는 소극적이어야만 하는가?
- 제품, 촉진, 유통, 물류 등에 대한 계획과 가장 부합되는 가격전략은 무엇이며, 자사의 가격목표는 무엇인가?
- 표적국 시장에 진출시킬 제품의 수명주기는 어느 단계에 있으며, 수출계획 전기간에 걸쳐 자사는 어떠한 가격정책을 유지할 것인가?
- 표적국 시장에 있어서 중간상들에 대해 어떠한 가격정책을 사용할 것이며, 최종구매자 가격의 통제 여부와 방법은 어떻게 할 것인가?
- 전술적으로 가격을 어떻게 신축적으로 조절할 것인가?
- 표적국 시장에 대한 자사의 가격정책은 과연 합리적이며, 자사의 가격정책이 현지국 정부의 규제를 유발시킬 가능성은 없는가?

현재 우리나라 수출기업들은 수출가격전략의 미흡으로 인한 잦은 가격변동의 빈도가 높아 수입업체의 연간 판매전략에 차질을 초래케 함으로써 바이어의 불평을 사는 경우가 많다. 또 가격인상에 상응하는 만큼의 품질개선이 수반되지 않아 바이어 이탈을 초래케 한다. 일부 기업들은 시장독점을 목적으로 덤핑판매를 함으로써 관련 국내업체에 피해를 입히고 있는 실정이다.

수출가격의 산정에 있어서는 생산비용과 제품에 대한 수요가 단위원가 산정의 기초가 된다. 그러나 수출가격 결정은 생산비용과 수요조건 외에도 환율, 인플레이션, 세금, 관세, 보험, 수송비용, 현지국 경쟁자 및 국제경쟁자의 가격, 중간상의 마진, 정부의 가격규제, 국가이미지 등 제요인에 의해 영향을 받는다. 수출가격 결정시에 염두해 두어야 할 것은 제품에 맞추어 가격을 결정하기보다는 현지시장에 맞는 전략가격을 설정한 후 제품을 생산해 낼 수 있어야 한다는 사실이다. 즉 생산원가와 구매자가 느끼는 제품의 가치에 대한 차이, 시장진입시기, 제품의 시장적 위치, 경쟁상태 등에 따라 수출가격의 전술적 유연성이 요구된다. 예컨대, 현지 시장구조가 비경쟁적 상황일 경우에는 차별가격전략이 가능하며, 반면 현지 시장구조가 매우 경쟁적일 경우에는 침투가격 또는 프리미엄가격전략이 효과가 높다.

(3) 수출촉진전략

촉진은 그 의의가 구매자들에게 흥미있는 정보를 제공하는 것이지만 궁극적인 목적은 고객들로 하여금 현재 또는 미래에 자사제품을 구매토록 하는 데 있다. 구체적으로 촉진의 임무는 구매자에게 자사의 제품에 대하여 알리고(inform), 설득하고(persuade), 자사제품에 대한 긍정적인 태도(positive attitude)를 갖게 하고, 결국은 자사제품을 구매토록 하는 데 있다.

따라서 성공적인 수출촉진을 이루기 위해서는 이문화간 의사소통이 필수적이다. 그러나 이문화간 의사소통에 있어서 거리, 시간, 언어, 사고방식 등의 차이로 인해 많은 어려움이 따른다. 이 중에서도 언어차이가 이문화간 의사소통의 최대 장애요인으로 작용한다. 이러한 촉진의 수단으로는 인적판매, 광고, 판매촉진, 홍보 등이 있다.

효과적인 수출촉진을 이루기 위해서는 다음과 같은 종합적이고 체계적인 과정이 요구된다.

- 제1단계: 마케팅 목표 규명과 촉진 역할의 이해
- 제2단계: 목표청중 규명
- 제3단계: 구체적인 촉진목표 규명
- 제4단계: 촉진 메시지 결정
- 제5단계: 촉진경로 결정

(4) 수출경로전략

수출업자가 자사의 제품을 해외시장에 유통시키는 데 있어서 국내시장에 있어서 보다 더 많은 유통단계를 거치는 것이 보통이다. 특히 각국은 본국과는 상이한 유통구조를 가지고 있으므로 외국기업이 현지시장의 유통경로를 통제한다는 것은 힘든 과제이다. 수출물품의 유통과 관련해서는 두 단계의 경로, 즉 본국에서 현지시장까지의 수출경로와 현지시장 내에서의 유통경로가 고려되어야 한다.

수출경로는 크게 간접경로(indirect channel)와 직접경로(direct channel)로 대별되는데, 소비재 또는 산업재냐에 따라 그 경로를 약간 달리한다.

간접수출경로란 국내외 수출입 중간상을 통하여 상품을 수출하는 것이다.

대표적으로 국내 수출대리점(domestic export agent)과 국내 수출상(domestic export merchant)을 들 수 있다. 한편 바이어는 대표적인 외국수입중간상이 된다. 이에 반하여 직접수출경로란 현지 에이전트나 도매유통업자, 소매상 또는 현지 판매지사나 법인을 통해 직접 수출하는 것을 일컫는다. 비정기적이지만 우편주문수출이나 무역시찰단의 방법을 통해 제조업자와 외국의 구매업자가 직접거래를 성사시킬 수 있다.

(5) 수출마케팅 믹스

수출마케팅믹스의 개념 및 부분에서 제시된 수출제품, 가격, 촉진, 경로에 대한 요인들을 종합적으로 고려하여 해외시장 기회를 자사의 이익을 최대화하는 데 도움이 될 수 있는 의사결정과정이라고 설명할 수 있다. 이를 위하여 마케팅 믹스전략을 〈그림 3-3〉과 같이 수립할 수 있다.

| 그림 3-3 | 수출마케팅 믹스 |

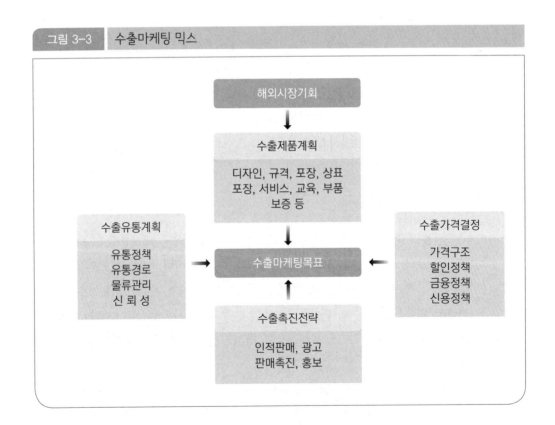

3. 수출촉진전략과 커뮤니케이션

(1) 수출촉진 의의

1) 수출촉진 개념

한 기업이 능동적인 자세를 갖는 진취적인 기업이 되기 위해서는 포괄적이면서도 효과적인 커뮤니케이션과 촉진프로그램을 개발, 수행해야 한다. 그러나 기업 활동은 대부분의 측면에서 촉진잠재력을 가지고 있기 때문에 이러한 촉진(promotion)을 정의하는 것에는 어려움이 따르게 된다.

사전적으로 볼 때, 촉진이라는 용어는 '앞으로 나아가다'(to move forward)라는 의미를 가진 라틴어 promovere로부터 유래하고 있으나, 현재는 다른 사람에게 사고나 의미를 전달하고 그것을 수용하도록 설득하기 위한 활동을 일컫고 있다.[1] 사고의 전달이라는 측면에서 고려해 볼 때, 촉진은 개념전달활동만으로 이해되는 경우가 많지만, 촉진믹스 각각의 구성요소는 시간적, 장소적, 소유적, 지각적, 가치적 거래장애와 관계 있는 운영활동이라는 개념을 갖는다. 촉진활동이란 앞서 언급하였듯이 제품의 개념전달활동을 효과적으로 도울 뿐만 아니라 교환시 발생하는 거래장애요소들을 효과적으로 제거하기 위한 커뮤니케이션 수단들의 총합을 의미한다.[2]

본질적으로 사고나 의미(아이디어)를 전달하고 설득하는 기능(communicational)을 갖는 마케팅 도구의 사용만을 촉진이라고 하며, 촉진활동을 위하여 기업이 사용하는 도구는 통상 마케팅 믹스(4P's)의 촉진을 구성하는 광고, 인적판매, 홍보, 판매촉진 등을 말하는 것이다.[3] 촉진 혹은 커뮤니케이션이란 기업의 제품이나 서비스를 소비자들이 구매하도록 유도할 목적으로 해당 제품이나 서비스의 성능에 대해서 실제 및 잠재고객을 대상으로 정보를 제공하거나 설득하는 마케팅 노력의 일체를 의미하는 것이다.[4]

촉진(promotion)은 구매자들에게 흥미 있는 정보를 제공하는 것이지만 궁극적인 목적은 고객들로 하여금 현재 또는 장래에 자사제품을 구매토록 하는 데 있다고 말할 수 있다. 촉진은 국제마케팅 활동의 중요한 일부로서 제품이나

---

1) David B. Guralnik ed., *Webster's New World Dictionary of the American Language*, Koreaone Press, 1988, p. 1137.
2) 박충환·오세조,「시장지향적 마케팅 관리」, 박영사, 2007, p. 291.
3) P. Kotler, *Marketing Management*, NJ: Prentice Hall, Inc., 1988, pp. 598 – 600.
4) 채서일,「마케팅」, 비·엔·엠·북스, 2006, p. 351.

서비스를 생산하고 이를 가용할 수 있게끔 하는 것만으로는 충분치 않으며 구매자가 구매의사결정을 하는 데 필요한 정보를 제공하는 데에 필요한 것으로 파악할 수도 있다. 특히 수출마케팅 촉진은 문화간 커뮤니케이션(communication)으로서 한 문화권에 있는 특정인과 다른 문화권에 있는 특정인과의 커뮤니케이션을 의미하는 것으로 파악되고 있다.

수출마케팅에서 촉진은 그 근본적인 원리면에서는 국내마케팅 촉진과는 별다른 차이가 없다. 다만 수출기업의 마케팅 활동이 전개되는 수출시장과, 그 수출기업이 이제까지 전개해 왔던 국내시장과는 여러 가지 면에서 판이한 특색상 차이가 있게 마련이어서 촉진전략의 수행시 국내시장과는 다른 사고방식과 수법을 사용해야 할 것이다.[5]

2) 수출촉진 목적

경제이론과 관련시켜 생각할 때 수출촉진의 기본적인 목적은 자사의 제품에 대한 매출액을 증대시키거나(〈그림 3-4〉의 (a)), 수요를 가격인상시에는 비탄력적이 되고 가격인하시에는 탄력적이 되도록 수요탄력성을 변경시키는(〈그림 3-4〉의 (b)) 것이다.

그러나 경제이론의 가정이 항상 유지될 수는 없으므로 촉진의 기본적인 목적은 정보제공(informing), 설득(persuading), 회상(reminding)과 같은 보다 현실

| 그림 3-4 | 수출촉진을 통한 수요곡선의 변화 |

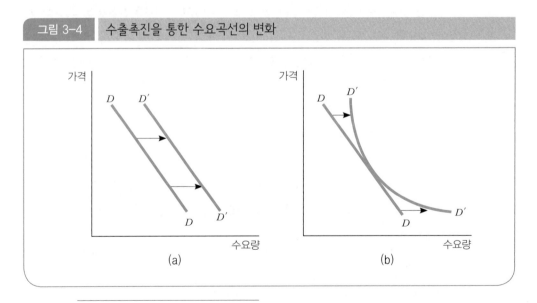

---

5) A. E. Branch, Export Practice and Management, Thomson, 2006, pp. 429 – 530.

적인 방향에서 파악해야 한다.

① 정보제공(informing)

기업의 촉진활동은 광고, 인적판매, 판매촉진, 홍보 등 정보의 유포를 주목적으로 하고 있으며, 이러한 일은 커뮤니케이션의 기본적인 원리에 따라 수행된다. 따라서 촉진활동은 근본적으로 커뮤니케이션의 기능을 갖는다. 특히 제품수명주기의 초기단계에서는 기업의 마케팅 믹스에 관하여 잠재고객들에게 알리기 위한 정보제공적 측면이 널리 실시되는데, 이는 정보제공적 촉진이 수요를 증대시키기 때문이다.

② 설득(persuading)

촉진활동은 소비자들의 행동이나 사고를 수정하거나, 현재의 행동을 강화시키는 역할을 한다. 대부분의 촉진활동은 설득을 목적으로 구매와 관련된 행동의 변화를 자극하기 위하여 설계된다. 설득은 대체적으로 제품이 수명주기상의 성장기에 들어갈 때 기본적인 촉진목적이 된다.

③ 회상(reminding)

회상적 촉진은 자사의 상표를 소비자들의 마음 속에 유지시키기 위한 것으로서 수명주기상의 성숙기 동안 널리 실시된다. 이것은 이미 소비자들이 제품

그림 3-5 촉진의 기본적인 목적

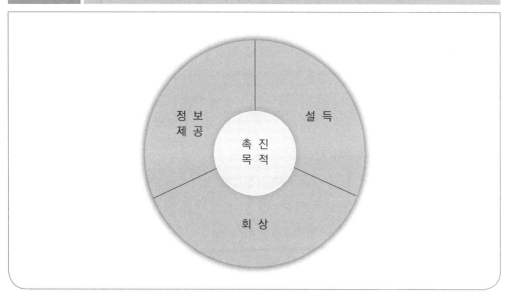

효익에 대하여 인지하고 있다는 가정하에 단순히 기억만을 강화시키는 기능을 한다.

(2) 수출촉진전략

1) 범위 결정

수출촉진전략 결정의 시발점은 수출계획기간에 걸쳐 달성하고자 하는 마케팅 목표에 대한 규명에 있다. 마케팅 목표를 달성하는 데 얼마만큼의 노력이 요구될 것인가를 판단해야 한다. 수출촉진전략의 결정은 feedback 고리로 연결되는 일련의 계획절차를 필요로 하고 있으며 다음과 같은 문제점에 주의해야 한다.

① 적절한 메시지 전달과 구매태도 변화

먼저 촉진경로가 목표청중에게 이르고 있지 않기 때문에 메시지가 목표 청중에게 전달되지 않거나, 구매제안에 있어서 부적합한 내용이나 또는 문화적 차이를 고려하지 않았기 때문에 비록 메시지가 목표청중에게 전달되더라도 잘못 이해될 수 있다. 따라서 메시지가 목표청중에 의해 이해가 되었더라도 미약한 호소력, 또는 구매력 등의 외적인 요인들 때문에 목표청중의 구매태도를 변화시키는 데 실패하게 된다.

② 소비재와 산업재에 적용되는 촉진전략의 차이

일반적으로 소비재의 구매자들은 지리적으로 널리 분포되어 있기 때문에, 산업재보다 소비재에 있어서 더 많은 촉진노력을 필요로 한다.

소비재의 경우에는 소비자들로 하여금 제품에 대한 심리적 혜택(Psychological benefits)을 느끼게 하는 방향으로 촉진전략을 수행해야 하고, 산업재의 경우에는 제품의 디자인, 성능, 가격 등에 대한 정보의 전달과 같은 구매자의 합리적인 구매동기에 호소하는 방향으로 촉진전략을 수행해야 한다.

③ 제품 자체의 특성도 중요하게 고려

제품의 특성상 특정의 세분시장만을 표적으로 하는 제품들에 대해서는 전체시장을 대상으로 하는 제품들에 비해 더 적은 촉진노력을 가지고서도 계획된 시장목표를 달성할 수 있다.

④ 국제촉진전략의 수립시 고려되어야 할 사항

현지국 시장규모, 제품수명주기 단계, 경쟁상태, 수출방식 등도 수출촉진전략 입안시에 중요하게 고려해야 할 요인이다. 촉진전략계획의 첫 단계에서는 시장규모, 제품특성, 소비자행동, 구매태도, 유통경로, 경쟁상태의 분석을 통해 마케팅 목표의 규명과 그에 따른 촉진역할에 대한 명확한 이해를 갖추어야 한다.

2) 대상과 매체결정

① 목표집단 규명의 중요성

자사 경로 구성원에게 메시지를 전달하여 판매증진을 유도하거나, 최종소비자 및 사용자들에게 메시지를 전달하여 구매활동을 확대 유도할 수 있다. 일반적으로 일반인에게 메시지가 전달되게 되면 자사 또는 자사제품에 대한 호의(good will)적인 이미지를 부각시킬 수 있다.

② 촉진목표

구체적인 촉진목표는 마케팅 목표에 부합되어야 한다. 촉진목표로는 신제품 소개, Brand image 개발, 경로구성원 지원, 새로운 경로구성원 확보, 효율적인 판매증진, 경쟁사의 촉진에의 대응, 기업 또는 제품에 대한 호의 구축 등을 들 수 있다. 또한 목표청중에 대한 이해가 높으면 더 바람직한 촉진전략을 수립할 수 있다.

③ 광고매체 선정 및 믹스

광고매체를 결정하는 데 있어서는 효과성(커버리지, 대상청중, 빈도 및 노출 횟수 등)과 비용의 상충관계가 문제가 될 수 있다. 비용효과(Cost-Effectiveness)의 측면에서 볼 때 소비재 위주 기업은 라디오와 TV를, 산업재 위주의 기업은 DM(Direct Mail)과 무역저널(Trade Journals), 그리고 커버리지가 상대적으로 낮은 전문적 인쇄매체를 선정하는 것이 적절할 것이다. 수출광고의 매체로는 전파광고 매체인 TV/라디오/CATV, 활자광고 매체인 신문/잡지, 프로모션광고 매체인 전시, 이벤트, 네온사인, 옥외광고, DM(Direct Mail), 판촉물 등을 들 수 있다.

이러한 광고매체들 중에 하나를 예를 들어보면, 잡지는 크게 대중잡지와 전문잡지로 구별되는데 소비재는 대중잡지, 산업재는 전문잡지에 광고하는 것이 효과적이다. 일반적으로 발행부수 및 횟수의 제약과 넓은 독자층으로 인해 전체 수출업자의 이용도는 비교적 소극적이다. 한편 광고믹스를 정책을 적용하는 데 있어서는 각국의 시장이 광고매체 사용가능성, 질적 수준, 커버리지, 비용 측면에서 서로 상이하기 때문에 국내에서 사용하던 것을 그대로 적용하기에는 많은 어려움이 따른다.

3) 전달방식

진출기업은 목표집단에게 전달하고자 하는 메시지의 주제 및 의사전달방식에 대한 결정을 내려야 한다. 이러한 구매제안은 촉진메시지 내용에 관한 아이디어라고 할 수 있으며 촉진경로의 형태에 따라 달라진다. 구매제안이 현지국 목표집단의 욕구와 동기를 대변하는 것이라면 구매제안의 표현은 현지국 문화에 대한 이해와 적응의 문제가 된다.

4) 의사소통경로

촉진경로 선정의 문제로서 촉진을 위한 의사소통 경로는 근본적으로 인적(人的) 및 비인적(非人的) 촉진의 두 형태를 띤다. 예를 들어 광고와 홍보는 매체를 통하여 메시지를 전달하는 대표적인 비인적 촉진형태이고 판매촉진은 인적 및 비인적 경로 모두에 의존하며 인적 판매는 판매원의 개별적인 접촉을 통해 거래가 이루어지는 대표적인 인적 촉진형태라 할 수 있다. 이러한 구매제안의 효과적인 표현(presentation)은 현지국의 목표집단들에 대한 완전한 이해를 통해서만 가능하다.

5) 문화적 영향

각국 시장의 독특한 사회, 문화적 배경(전통, 관습, 종교 등)으로 인해 광고주제 슬로건, 모델, 문안, 심벌 등의 제작시에는 특별한 주의가 요구된다. 해외광고에 있어서 현지국의 문화와 사회관습에 대한 지식이 부족하게 되면 이로 인해 실수를 범하여 직접적인 수출성과에 악영향을 끼칠 수 있다.

6) 수출광고전략

제품전략과 마찬가지로 크게 세 가지로 구분할 수 있다. 현지실정에 맞는 광고정책을 수립하고자 하는 현지화전략(localization), 전세계적으로 표준화된 광고정책을 수립하는 글로벌전략(globalization), 그리고 두 전략방안의 절충형태라고 할 수 있는 글로컬전략(glocalization)으로 구분할 수 있다.

① 현지화전략

현지화전략은 각 현지시장의 특성에 맞는 광고정책을 수립할 수 있다는 장점을 지닌다. 그러나 수많은 해외시장에 진출하고 있는 수출기업인 경우 현지화전략을 택할 경우 광고활동이 중복되므로 그만큼 광고비용이 높아진다.

표 3-8	표준화된 글로벌광고전략의 장애요인
시장적 요인	경쟁, 소비자구조, 유통구조, 선진화수준
문화적 요인	문화적 터부, 종교적 배타성, 국수주의(國粹主義)
미디어 요인	상이한 미디어와 그 유용성
기타요인	가격경쟁력, 광고인지도

② 글로벌표준화전략

현지화전략과는 반대로 표준화된 광고정책을 채택하는 방안이다. 따라서 거시적 차원에서 광고비용을 줄일 수 있으며, 또한 전세계적으로 자사와 자사 제품에 대한 글로벌한 이미지를 심을 수 있다는 장점을 지닌다. 그러나 표준화된 광고정책은 각기 특성이 다른 각국 시장에 적용시키기에는 무리가 따른다. 이는 일반적으로 각국 시장이 다음 〈표 3-8〉과 같은 네 가지 요인에 걸쳐 상이성을 가지므로 표준화된 글로벌광고전략의 장애요인으로 작용한다.

③ 글로컬전략

현지화전략과 글로벌전략의 절충형태의 개념으로서 진출하고 있는 모든 해외시장의 공통되는 동질성을 규명하여 일단 표준화된 글로벌광고정책의 수립 후, 실제로 각 현지시장에 적용할 시에는 각국 시장의 특성에 맞게끔 부분 수정을 가하는 방안이다.

(3) 수출촉진믹스

1) 마케팅목표와 수출촉진믹스간의 관계

촉진이란 마케팅믹스의 기본적인 구성요소에 불과하다. 마케팅믹스란 "환경(통제불가능한 요소)에 적응하면서 소비자의 욕구와 필요를 충족시켜 기업의 목표를 달성하기 위하여, 특정시점에서 통제가능한 요소(4P)를 조합하여 만들어진 하나의 프로그램"이라고 정의할 수 있는데 이러한 마케팅믹스의 네 가지 요소들은 서로 관련성을 갖고 있으며 고객의 만족을 초점으로 하고 있다. 그러나 통제가능한 제품, 가격, 경로, 촉진 등의 네 가지 의사결정 분야는 각기 여러 가지의 하위의사결정(sub-decisions)으로 구성되므로 그 자체를 믹스로 볼 수 있다. 즉 마케팅믹스의 각 구성요소는 다시 제품믹스, 가격믹스, 경로믹스, 촉진 믹스의 개념으로 파악될 수 있으며, 이들은 전체 마케팅믹스에 대하여 하위믹

그림 3-6　마케팅믹스에서 촉진의 역할

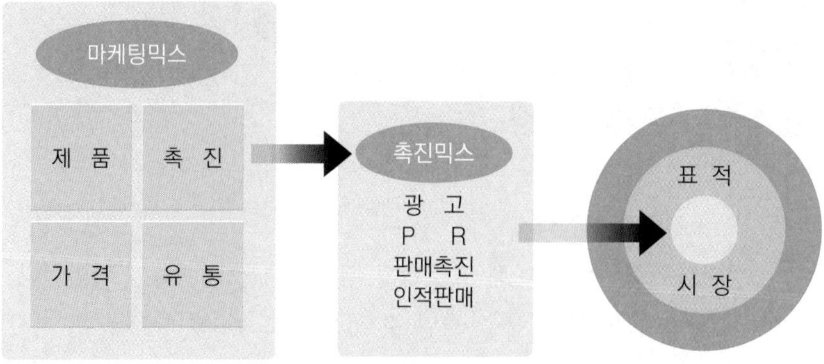

스인 것이다.

　최적의 마케팅 믹스를 구성하기 위해서는 이들 하위믹스들이 적절하게 결합되어야 하므로, 촉진믹스에 관한 의사결정은 마케팅믹스의 다른 요소들에게 영향을 미치며 그 반대도 성립한다.

　결국 촉진믹스 또는 마케팅 커뮤니케이션믹스란 기업의 제품이나 서비스 구매를 유도할 목적으로 해당 제품이나 서비스의 성능에 대해서 실제 및 잠재 고객을 대상으로 정보를 제공하거나 설득하는 마케팅노력의 일체를 말한다. 그러므로 촉진믹스는 상호 의존적이며 마케팅목표를 달성하기 위하여 조화를 이루어야 하는데, 마케팅전략의 일부로서 촉진프로그램을 보면 〈그림 3-6〉과 같다.

2) 수출촉진믹스 구성요소

　촉진활동을 위해 마케터가 구사할 수 있는 촉진믹스의 구성요소는 대체로 광고, 인적판매, 홍보, 판매촉진의 네 가지가 있으며, 통상적으로 촉진도구(promotool＝promotion＋tool)라고 부른다.

　이러한 촉진활동은 즉각적인 수요 유발이나 제품 및 기업에 대한 긍정적인 이미지를 창출할 목적으로 판매자가 최종 소비자, 유통경로 구성원, 일반대중과 가지는 모든 의사소통수단을 나타내며, 개별 촉진도구들은 각각 장단점을 함께 가지므로 한 가지의 도구에만 의존하기보다는 그들을 조합하여 사용함으로써 최적의 촉진믹스를 구성할 수 있다. 그리고 촉진수단의 유형은 〈표 3-9〉, 특성은 〈표 3-10〉에 정리하였다.

표 3-9	일반적인 촉진수단 유형
	유 형
광 고	프린트와 방송, 외부포장, 포장내 삽입물, 우편, 카탈로그, 영화, 잡지, 팜플릿, 포스터 및 전단, 안내서, 광고복사물, 옥외게시판, 전시판, 시청각용 도구, 심벌과 로고
판매촉진	경연, 게임, 추첨, 복권, 경품권, 견본, 품평회, 박람회, 전시회, 전람(설명)회, 쿠폰, 환불금, 저리융자, 오락, 상품교환, 상표권, 특별할인, 프리미엄
홍 보	신문자료, 연설, 세미나, 연차보고서, 자선기부금, PR(Public Relations)
인적판매	판매제안, 판매회의, 원거리판매(telemarketing), 유인프로그램, 판매원

표 3-10	촉진도구의 특성				
	범 위	비 용	장 점	단 점
광 고	대 중	보 통	신속/메시지 통제 가능	효과측정의 어려움, 정보량 제한
인적판매	개별고객	고 가	정보의 양과 질 즉각적인 피드백	높은 비용, 느린 촉진속도
홍 보	대 중	무 료	신뢰도가 높음	통제가 곤란, 간접적 효과
판매촉진	대 중	고 가	주의 집중/즉시적 효과	모방이 쉬움

① 광고(advertising)

광고란 특정한 기업이 돈을 지불하고 제품, 서비스, 아이디어를 비인적 매체를 통해 널리 알리고 촉진하는 모든 형태의 커뮤니케이션을 말한다. 광고는 소비자들로 하여금 제품 개념을 가장 손쉽게 이해하도록 만드는 요소이며, 고객과 기업간의 지각적, 가치적 장애를 감소시키며 다수의 대중을 대상으로 짧은 시간에 접근할 수 있고 고객 1인당 비용도 비교적 저렴하다는 장점이 있다. 그러나 고객에게 전달할 수 있는 정보의 양이 제한되고 동일한 문안이 제시되므로 고객에 따라 개별화할 수는 없다. 따라서 광고를 통해서 받는 정보는 고객 모두에게 정보의 양과 종류 면에서 만족을 시킬 수 없을 가능성이 있다.

② 인적판매(personal selling)

인적판매란 판매원이 잠재고객을 직접 만나 대화를 통해 자사의 상품을 구매하도록 권유하는 활동을 말한다. 판매원을 매개로 하는 촉진수단을 의미한다. 인적판매는 촉진의 속도가 대단히 느리며 고객 1인당 촉진비용이 고가이기 때문에 많은 대중을 상대로 하는 제품에는 적합치 않다. 그러나 고객에게 필요한 정보를 정확히 제공할 수 있고 융통성 있는 대응이 가능하므로, 특히 산업재 판촉이나 중간상 판촉에 적합하다. 또한 인적판매는 구매과정상 일정 단계 이후 구매자의 선호, 확신 및 행동을 유발시키는 데 가장 효과적인 수단이다. 그 이유는 인적판매가 인적대면, 유대관계 형성, 즉각적 반응 등의 특징이 있기 때문이다.

전통적으로 현지 판매원은 본국적인으로 충당하였으나 점차 현지국적인이나 제3국적인으로 바뀌고 있다.

③ 홍보(PR)

홍보란 비인적 매체로 하여금 제품, 서비스, 기업 등을 뉴스나 논설의 형태로 다루게 함으로써 수요를 자극하는 것을 말하며 대중관계(public relations)의 핵심을 이룬다. 홍보의 특징은 다른 촉진수단과는 달리 기업이 비용을 부담하지 않고, 기업이 아닌 독립적인 제3자 입장인 신문, 방송에 의해 시행되므로 높은 신뢰성을 갖는다. 이러한 높은 신뢰도 때문에 촉진효과가 매우 크나 기업이 통제하기가 어렵다는 단점이 있다.

마케팅 관리자들은 홍보를 과소평가하여 다른 촉진도구의 보조수단으로 사용하기 쉬우나 비용이 들지 않고 신뢰성이 높기 때문에 보다 많은 관심이 필요하다.

④ 판매촉진(sales promotion)

판매촉진이란 기업이 제품이나 서비스의 판매를 증가시키기 위해 단기간에 중간상이나 최종소비자를 대상으로 벌이는 광고, 인적판매, 홍보 이외의 모든 촉진활동을 말한다. 판매촉진은 인적, 비인적 수단이며 구체적으로 샘플의 제공, 점포진열, 경품제공, 할인권 제공, 상품전시회 개최 등을 포함한다. 판촉의 가장 중요한 특징은 구매시점에서 구매를 유도하기 위하여 사용되며, 단기적이고 직접적인 촉진수단이라는 점이다. 특히 구매시점 촉진은 충동구매를 유발시키는 역할을 한다. 일반적으로 마케팅 관리자들은 강하고 신속한 반응을 유도하기 위하여 판매촉진을 사용한다. 그러나 판촉의 효과는 단기적이어서 장기적인 상표충성도(brand royalty)를 증진시키는 데에는 부적절하다.

04 전자무역마케팅

1. 전자무역마케팅 개념

(1) 전자무역마케팅의 의의

전자무역마케팅의 전자거래알선은 무역업체가 인터넷을 이용하여 자사의 회사정보 및 상품정보를 전세계 바이어에게 홍보하는 동시에 웹 사이트에 등록되어 있는 오퍼정보를 검색 또는 열람을 통하여 거래처를 발굴하는 것을 의미한다. 이러한 기능을 지원하는 웹 사이트를 거래알선사이트라고 칭하며 최근 무역유관기관 및 개별업체에서 다양한 사이트가 개발, 운영되고 있어 무역업체는 웹 사이트의 취사선택을 통하여 회원으로 가입 후 활용할 수 있다.

국내 무역업체가 전자무역마케팅사이트를 활용하기 위해서는 회원으로 가입한 후 자사의 홈페이지 및 상품 카탈로그, 오퍼 등을 작성하여 사이트에 등록하면 된다. 한편, 해외의 무역업체도 국내 무역업체와 마찬가지로 회원가입, 카탈로그 및 오퍼등록을 할 수 있다. 따라서 국내외 무역업체는 거래알선사이트를 통해 자사의 회사정보 및 상품정보를 해외 바이어에게 홍보하는 동시에 웹 사이트에 등록되어 있는 오퍼정보를 검색 또는 열람을 통하여 거래처를 발굴할 수 있다.

(2) 전자무역마케팅의 특징과 장점

전자무역마케팅은 다양한 특징을 가지고 있다. 먼저 시간적, 공간적인 제약이 없어 사용이 가능하고 쌍방향 통신이 가능하여 실시간의 정보를 공유할 뿐만 아니라 멀티미디어 정보의 유통도 가능하다. 이러한 특징으로 인하여 무역업체는 최신정보를 신속하게 획득하여 업무처리시간을 단축할 수 있고, 시간과 공간을 초월한 거래처 발굴이 가능하다. 또한 수출 부대비용이라고 할 수 있는 통신비, 사무비 등 행정비용의 절감을 가져오고 해외 바이어의 욕구에 신속한 대응을 꾀할 수 있다. 한편 생산자와 소비자간의 직거래를 실현하며 양방향 매체 특성을 활용한 신규사업의 창출도 가능하다.

2. 전자무역마케팅 방법

인터넷을 통한 거래처를 발굴하려면 무역업체는 우선 전자메일과 홈페이지를 보유하여야 한다. 이는 거래처를 발굴하는 데 필수적인 요소이기 때문에 많은 웹 사이트에서 무료로 제공하고 있다. 이러한 요소를 구비한 후 홈페이지 또는 웹 사이트의 구축을 통한 상품홍보를 해야 하고, 전자메일을 통한 거래제의 서신을 발송해야 한다. 또한 뉴스그룹 등 동호인집단에 대하여 집중적으로 홍보할 뿐만 아니라 해외유명 검색엔진에 홈페이지 주소를 등록하여 바이어를 유인하여야 한다. 한편 전자 카탈로그의 제작을 통한 홍보와 웹 사이트의 상호 링크를 통한 홍보, 해외 유력사이트와의 교류를 추진하고 해외거래알선사이트도 활용해야 한다.

인터넷을 통한 전자무역마케팅이 전통적인 거래알선에 비하여 시간과 비용 측면에서 유리한 것은 사실이나, 현재 중소기업들이 많이 참가하고 있는 시장개척단과 전시회 등 전통적인 거래알선 방법을 완전히 배제하는 것은 아니라 온라인과 오프라인을 병행하여 추진하는 것이 더욱 효과적이다.

표 3-11	전통적인 거래알선과 전자무역 거래알선 비교	
전통적 거래알선		**전자무역 거래알선**
디렉토리 간행물 활용 CD-ROM 정보검색		전자무역마케팅사이트 검색 웹 비즈니스 디렉토리 검색
해외홍보매체 광고 카탈로그 제작 및 배포		전자 카탈로그 제작 및 홍보 홈페이지 제작 및 홍보
시장개척단 및 전시회 참가		가상전시회 참가

3. 전자무역마케팅사이트(e-marketplace)의 주요기능

(1) 오퍼정보 열람

일반적으로 오퍼정보는 세 가지로 구성되어 있다. 첫째, Offers to Buy는 무역업체가 수입을 원하는 품목의 오퍼이고 둘째, Offers to Sell은 무역업체가 수출을 원하는 품목의 오퍼이며, 마지막으로 Biz Offers는 합작투자, 기술이전 등 국제협력을 원하는 업체의 오퍼이다. 오퍼정보를 열람하고자 할 경우 단순히 오퍼유형을 Offers to Buy(수입), Offers to Sell(수출) 및 Biz Offers(국제협력) 중에서 선택하면 검색할 수 있다. 검색결과는 해당 유형의 모든 오퍼가 최근에 등록된 순서대로 나열되고 게시된 오퍼 중 제품이미지를 포함하고 있는 경우도 있다. 오퍼의 세부내용은 품목을 클릭하면 열람할 수 있고 즉시 전자우편으로 오퍼의 조회 또는 회신이 가능하다.

(2) 오퍼정보 검색

오퍼정보 검색은 특정품목의 오퍼를 키워드로 검색하는 경우를 의미한다. 검색을 위한 키워드를 입력해야 원하는 오퍼가 검색되는데, 검색하고자 하는 오퍼에 포함되었을 가능성이 높은 단어들(예: 상품명)을 키워드로 입력해야 한다. 너무 많은 단어를 입력하거나 상품규격과 같은 세부사항을 입력하면 검색에 실패할 가능성이 높다. 따라서 일반적으로 통용되는 단어(예: camera, laser printer 등)를 입력하고 검색결과를 점검 후 구체적인 단어를 선택하는 것이 좋다. 또한 사이트에 따라서 검색에 관한 옵션을 다양하게 구사하여 보다 정확한 정보를 검색할 수 있도록 지원하고 있다.

검색결과는 입력된 키워드와 일치하는 단어를 가진 총 오퍼가 나열되는데 각 오퍼의 세부내용을 열람하고자 할 경우 제목을 클릭하면 되고 세부 오퍼내용 조회 후 해당업체와 거래를 원할 경우 전자우편으로 즉시 회신할 수 있다.

(3) 오퍼등록

상대방이 등록한 오퍼를 검색하는 것뿐만 아니라 무역업체 스스로 자기의 오퍼를 등록할 수 있는데 이를 오퍼등록이라 한다. 웹 사이트의 회원만이 가능하고, 회원가입시 회사정보가 이미 입력되어 있으므로 상품정보 입력만으로 오퍼등록이 가능하고 상품이미지를 오퍼에 첨부할 수 있는 Visual Offer의 이용이 가능하다.

오퍼내용의 입력시 신뢰성 제고를 위해 가급적 상세하고 성실하게 입력하는 것이 필요하고 오퍼 입력시 거래상대방이 접근할 수 있는 단어를 망라하여 입력함으로써 검색이 용이하게 이루어지도록 해야 한다.

(4) 상품 카탈로그 정보의 검색

상기한 오퍼정보는 문자정보라면 상품 카탈로그는 이미지 정보라고 할 수 있다. 이는 사용자가 구축한 홈페이지와 홈페이지 내의 전자 카탈로그는 제품 카테고리별로 분류되어 있어 키워드 검색과 카테고리별 검색이 가능하다.

검색요령은 오퍼정보의 검색과 유사하고 검색결과 화면에 해당키워드를 포함하고 있는 정보가 나타나며, 제품이미지를 등록한 경우 리스트에 작은 크기의 이미지와 함께 제품명과 업체명 및 제품설명이 나타난다. 세부내용을 조회하려면 제품이미지나 제품명을 클릭하면 해당제품의 카탈로그 내용이 나타나고 업체명을 클릭하면 해당업체의 회사정보가 나타난다.

(5) 주문형 오퍼정보 수신

주문형 오퍼수신은 매일 새로이 발생되는 오퍼정보 중 회원이 등록한 키워드에 해당하는 오퍼자료를 자동 검색하여 회원의 E-mail 주소로 송신하는 기능을 말한다. 따라서 회원은 검색기능을 통해 검색하지 않아도 관심품목의 오퍼정보의 검색이 가능하다. 또한 등록된 주제어를 클릭하여 오퍼자료를 검색할 수 있다. 키워드 입력시 관심품목의 해당 자료에 들어있을 단어를 짐작해서 입력하면 되는데 지나치게 자세한 사항을 입력하면 검색이 되지 않을 경우가 많다. 또한 복수형과 같이 끝이 다르게 끝나는 단어를 모두 찾을 경우 와일드카드를 사용할 수 있다. 오퍼종류는 Buy, Sell, All 중 하나를 선택해야 하는데 수출인 경우 Buy를 선택하면 되고, 수입을 원하면 Sell을 선택하면 된다.

(6) 거래오퍼 관리시스템

전송한 오퍼를 사후에 관리하는 기능으로서 사용자가 게재한 오퍼의 제목과 건수가 나타나며 Repost, Delete 기능을 이용할 수 있다. Repost는 오퍼리스트에 나타난 이미 게재된 오퍼의 내용을 수정하여 다시 전송할 때 사용하며 Delete는 오퍼의 내용이 더 이상 유효하지 않을 경우 삭제하는 기능이다.

(7) 홈페이지 자동작성 시스템

전자무역마케팅사이트에서 특수하게 제공하는 기능으로서 사용자 스스로 전자 카탈로그 또는 홈페이지를 등록하거나 제작할 수 있다. 사용자는 스스로 이미지 파일을 준비하여 웹 사이트에서 제공하는 메뉴에 따라 입력하면 홈페이지가 정해진 원칙에 따라 자동으로 제작된다.

4. 기업정보(Web Business Directory) 검색

　기업정보는 크게 동향정보와 기업현황 및 영업실적에 대한 정보로 구분할 수 있다. 동향정보가 실시간 정보검색을 요구하는 반면에 기업현황은 축적된 정보의 검색을 필요로 한다. 이러한 분류는 정보의 질에 따라 접촉 포인트, 일반현황, 재무정보 등으로 세분할 수 있다. 접촉 포인트는 전화번호부에서 찾을 수 있는 주소, 전화번호, 연락처, 전자우편 주소 등을 검색대상으로 하며, 이는 현재 웹 비즈니스 디렉토리를 통하여 다양하게 검색할 수 있다.

　기업일반 현황정보에는 접촉 포인트를 비롯하여 매출액 규모, 회계연도, 대표자명, 종업원수, 자회사 현황, 주요 생산품, 회사연혁 등을 포함하고 있다. 한편 기업의 금융 및 재정현황을 알 수 있는 재무정보는 기업정보의 핵심이 되는 것으로 공식적인 경로로 입수 가능한 기업정보 가운데 가장 깊이 있는 정보이자 정밀한 분석이 가능하다. 일반적으로 재무제표를 검색하는 것을 의미하지만 대차대조표, 손익계산서와 같은 일부 보고서만을 제공하는 경우도 있다.

(1) 접촉 포인트 검색

　해외기업의 접촉 포인트 검색은 일반적으로 알려진 검색엔진보다는 개별국가 또는 도시의 Yellow Page, 즉 인터넷으로 제공되는 기업명 전화번호부를 검색하는 것이 바람직하다. 만약 특정국가의 상호 전화번호부 데이터베이스가 있는 곳으로 이동한다면 특정기업에 대한 정보검색이 가능하다.

　인터넷을 통한 기업 접촉 포인트 검색의 한계는 전화번호부 데이터베이스와 같은 전문 데이터베이스의 필요성이 대두된다는 점이다. 이러한 점은 단지 접촉 포인트뿐만 아니라 재무정보 등 전문분야의 정보를 제공하는 데이터베이스가 구축되어야 한다.

　국가별로 운영하는 Yellow Page를 찾아내려면 우선 Yahoo와 같은 검색엔진을 활용하여 주제어를 해당국가명과 Directory 또는 Yellow Page로 입력하여 검색하면 쉽게 얻을 수 있고, 각 웹 페이지로 이동하면 상세한 기업 접촉 포인트를 검색할 수 있다. 대표적인 전화번호부 웹 사이트는 미국의 Bigyellow로서 가장 많은 데이터를 수록하고 있다.

(2) 해외기업 정보검색

해외기업의 일반현황에 대한 정보를 제공하는 웹 사이트는 전세계적으로 매우 다양한데 대표적인 사이트로 Kompass(http://www.kompass.com)를 들 수 있다. 전세계 국가에 위치한 기업체의 일반현황과 상품정보를 제공하고 있다. 기업의 프로필 및 상품정보를 제공하는 인터넷 데이터베이스 중 가장 규모가 크며 대상국가수도 가장 많은 것으로 유명하다. 또는 이는 CD-ROM의 형태로 출간하여 판매하고 있으나 대륙별로 분리하여 발행하고 갱신주기는 대륙별로 약간 상이하다.

(3) 국내기업 정보검색

외국기업의 한국의 무역업체를 발굴하기 위해서는 한국무역협회에서 회원 업체의 정보를 영문으로 제공하는 웹 사이트(http://tradekorea.com)를 이용하면 손쉽게 검색할 수 있다. 각 기업체의 간단한 프로필과 수출입 품목을 일목요연 하게 검색할 수 있다. 기업체명이나 품목에 대한 간단한 주제어로 검색할 수 있으며 회원제로 운영하고 있어 회원 가입 후에 사용하여야 한다.

한편 대한상공회의소에서 제공하는 Korcham.net은 국내 기업체 총람 데이터베이스로 산업별 검색과 기업명, 품목을 이용한 검색이 가능하다. 업종구분은 표준산업분류에 기초하여 구분하고 있다. 최종 자료는 각 업체에 대한 대표자명, 전화번호, 설립일 및 종업원수에 대한 정보가 포함되어 있다. 한편 상공회의소에서는 전국 도소매업체의 정보도 제공하고 있는데 주로 전국의 백화점, 쇼핑센터, 대형점, 도소매업 등의 업태별 주요현황을 수록하고 있어 유통업체를 검색하는 데 매우 유용하다.

5. 전자무역마케팅 주요내용

인터넷이 'Mass Communication'과 'Personal Communication'의 양면성을 동시에 지니고 있기에 때문에 인터넷을 마케팅믹스상의 취약부문을 보완, 강화하는 인터렉티브 매체로 포지셔닝해야 한다. 이를 위해서는 다음과 같은 전자무역마케팅 요소들이 필요하다.

⑴ 홈페이지 제작

전자무역마케팅을 시작하는 첫 단계라고 할 수 있다. 인터넷의 상업적 이용이 급격히 증가되면서 각 기업들은 자사의 이미지에 적합한 고유 인터넷 주소, 즉 도메인(domain)을 확보하려고 노력하고 있으며, 상업적 도메인의 수가 급속히 증가하는 추세이다.

⑵ 홈페이지 홍보

홈페이지를 통하여 마케팅을 할 경우 무엇보다 먼저 고려할 점은 보다 많은 잠재고객에게 홈페이지를 알리고 접속을 유도하는 것이다. 아무리 훌륭한 홈페이지라 하더라도 고객이 모르는 사이트는 그 존재가치를 상실할 것이다. 홈페이지 홍보방법은 크게 여섯 가지로 나누어볼 수 있다.

첫 번째는 자사 홈페이지를 검색엔진에 등록하는 것이다. 현재 다수의 전 세계 유명 검색엔진 사이트에 홈페이지를 유·무료로 등록할 수 있다.

두 번째는 국내외 무역사이트에 오퍼등록하는 것이다. 기업들은 누구나 수출입 게시판에 기업들의 수출입 오퍼를 등록할 수 있다. 국내외 주요 무역 사이트로는 www.ec21.com, www.alibaba.com, www.buykorea.org, www.tradekorea.com, www.gobizkorea.com 등이 있다.

세 번째는 타깃 배너 광고로서 현재까지 인터넷에서 가장 많이 사용되고 있는 광고형태이다. Tradepost-chat의 상단부에 광고가 배너 형태로 위치하여 이용자의 클릭으로 광고주의 홈페이지로 연결되는 형태를 말한다. 이와 같이 타깃 배너 광고를 통해서 해당 업체 홈페이지의 방문객수를 증가시킴으로써 매출을 증대시킬 수 있다.

네 번째는 해외거래선 검색으로 기업들의 적극적인 해외시장 개척을 위해 제품의 해외 신규 바이어 발굴을 통해 수출증대를 이룰 수 있다.

다섯 번째는 무역관련 메일링 리스트에 등록하는 것으로서 메일링 리스트는 뉴스그룹과 마찬가지로 주제별로 형성되어 있으며 다른 것과는 달리 쌍방향 커뮤니케이션이 가능하다는 많은 장점이 있다.

인터넷이 기하급수적으로 성장한 이유는 기업체들이 인터넷의 경제적 가치를 인식했기 때문이라고 할 수 있다. 이러한 전자무역마케팅으로 얻을 수 있는 이익으로는 다음과 같은 것을 들 수 있다. 첫째, 전자무역마케팅은 수출기업의 마케팅 활동에 소요되는 비용을 절감시켜 준다. 전자 카탈로그나 온라인 브로슈어 등을 인쇄와 발송의 과정 없이 바로 해외소비자들에게 전달하여 줄 수 있으므로 인쇄와 발송에 소비되는 비용을 절감할 수 있을 뿐 아니라 소비자가 그것을 필요로 하는 시간에 볼 수 있으므로 소비자에게 적절한 시간에 발송하기 위한 프로그램이나 담당인력이 별도로 요청되지 않는다. 그리고 사이버공간 내에서 변경되는 사항을 온라인으로 수정하기만 하면 비용절감효과가 매우 크다. 둘째, 전자무역마케팅은 마케팅과정에 소요되는 시간 및 단계들을 단축할 수 있다. 전자무역마케팅은 소비자가 필요로 하는 정보를 빠른 시간에 제공할 수 있으며, 전자메일을 통한 피드백이 가능하므로 즉각적인 기업의 반응을 보여 줄 수 있다. 셋째, 전자무역마케팅은 소비자가 구매과정을 조절할 수 있는 새로운 방법을 제시한다. 현명한 마케터들은 온라인상에서 소비자들의 구매결정과정에 핵심적인 정보를 즉각적으로 제공할 수 있고, 소비자들은 이를 통해 합리적인 구매의사결정을 하게 될 것이다. 넷째, 전자무역마케팅은 기업의 비즈니스를 즉각 국제적으로 발전시켜 준다. 인터넷과 같은 온라인네트워크는 세계를 사이버 스페이스라는 가상공간으로 통합시켜 주며, 전자무역마케팅은 이러한 공간 속에서 기업에게 시간과 공간적인 제약을 극복하여 그들의 비즈니스를 국제적으로 가능하게 만들어 준다. 여섯째, 전자무역마케팅은 특정 산업의 진입장벽을 낮추어 주고 동등한 기회를 제공한다. 소비자는 사이버공간 내에서 기업의 크기를 인식하기 어렵기 때문에 기업들은 그곳에서 모두 동등한 기회를 가지고 경쟁하게 되는 것이다. 일곱째, 전자무역마케팅은 언제나 이용이 가능하다. 온라인 서비스의 큰 장점 중 하나는 24시간 동안, 365일 이용할 수 있다는 것이다.[6]

---

6) 전자무역마케팅 성공사례(DEC社): 인터넷은 고객과의 다양한 커뮤니케이션을 가능케 하고 있다. 그러나 인터넷을 통해 마케팅(marketing) 활동을 하는 것은 단순한 커뮤니케이션의 차원을 넘는 것이다. 따라서 인터넷의 기본 속성을 파악하는 일이 중요하다. 인터넷은 의사소통의 중심매체이자 동시에 무료정보의 집산지다. 전자무역마케팅의 출발점은 바로 무료정보를 제공하는 데서 시작한다고 볼 수 있다. 컴퓨터시스템 판매업체인 DEC사는 인터넷 정보망인 전자우편(e-mail), 광역정보서버(Wide Area Information Servers, WAIS), 뉴스그룹 같은 다양한 종류의 네트워크를 마케팅에 이용하고 있다.

  ① 전자우편: DEC사는 회사의 일반 정보를 외부에 전달하고 질문에 응답하는 일반 e-메일 주소(info@digital.com)와 회사 내 특정 부서의 메시지 송수신을 위한 별도의 주소(help@digital.com)를 각각 두고 개인고객, 하청업자, 프로젝트 동업자 등을 상대로 의사소통을 한다. DEC사는 또 신상품 및 새 고객프로그램 소개에도 전자우편 네트워크를 이용하고 있다.

  ② 뉴스그룹: DEC사는 comp.sys.dec라는 뉴스그룹을 운영하고 있는데 현재까지 약 10만명의 고객이 접속한 것으로 집계되고 있다. 이 뉴스그룹을 통해 접수된 외부의 문의사항은 담당직원이 정기적으로 체크해 답변 메시지를 띄우고 있다.

6. 전자무역마케팅 전략

(1) 전자무역마케팅 전략의 특징

전통적 마케팅 이론에 의한 4P는 전자무역마케팅의 수단으로서 제공될 수 있음에 따라 종전 마케팅의 틀을 경쟁우위별로 다음과 같이 확장시킬 수 있다.

첫째, 종전에는 제한된 경쟁을 통하여 물리적인 판매극대화를 통해 어느 정도 경쟁우위로서 제품차별화를 기할 수 있었으나 사이버무역에서는 개방형, 온라인형 거래구조로 인하여 경쟁범위가 확대되어 제품차별화의 경쟁우위요소를 획득하기가 상대적으로 어려워졌다.

둘째, 실세계의 제한된 경쟁은 일정 부분 가격 또는 이미지 차별화가 가능하여 이들을 상황에 따라 경쟁우위 요소로 확보할 수 있었다. 그러나 사이버무역은 양방향적 매체의 특성에 따라 폭발적으로 정보를 수용하여 가격 또는 이미지의 상호 비교 측정을 용이하게 하여 이를 경쟁우위 요소로서 획득하는 데 많은 제약을 가하고 있다.

셋째, 대개의 경우 전자무역마케팅의 목표는 고객점유율의 꾸준한 증대를 통해 장기적 이익 극대화에 초점이 맞추어져 있어 판매극대화를 통한 시장점유율을 마케팅의 근간으로 하였던 전통적인 마케팅 목표와는 달리 지속적이고도 양방향적인 마케팅의 적용을 요구하고 있다.

따라서 전자무역마케팅은 그 시각을 종전의 기업중심에서 고객중심으로, 영역에 초점을 맞춘 집중적 접근에서 프로세스 접근으로, 계층별 전개에서 통합적인 전개 구도로 전환하고 있다. 결론적으로 전자무역마케팅의 틀은 개별 마케팅, 온라인 마케팅을 기반으로 하는 구조로서 이를 적절히 혼합한 연결 데이터로서의 특징이 있다.

---

③ FTP 아카이브즈: DEC사가 활용하는 또 하나의 정보망인 FTP 아카이브즈(File Transfer Protocol archives)는 제품소개서, 구매안내문 등을 전송이 가능한 파일로 만들어 보관하는 곳으로 고객이 원하는 정보를 파일형태로 공급한다.

④ 광역정보서버(WAIS): WAIS는 일종의 데이터베이스로 고객이 주제어를 입력해 각종 상품에 대한 정보를 손쉽게 검색할 수 있도록 만들어 놓았다.

⑤ 월드와이드웹(WWW): 인터넷 정보서비스의 대표라 할 수 있는 월드와이드웹은 DEC의 주요 마케팅 도구 중 하나로 활용되고 있다. DEC사의 홈페이지에는 시청각 효과를 내는 인터렉티브 카탈로그가 들어 있으며 고객의 건의나 질문을 받는 난이 마련돼 있다. DEC사의 홈페이지 주소는 http://www.dec.com이다.

(2) 전자무역마케팅 전략의 요소

전자무역마케팅 전략의 요소는 1998년 초 포털서비스가 등장하면서 제시된 4C, 즉 contents, community, commerce, communication을 기반으로 하고 있다. 또한 4C에 connection, customization을 추가하여 6C라고도 하고 있다.

모든 인터넷 업체들의 지향점은 4C에서 벗어나지 않고 있다고 할 수 있는데 사이트 운영업체는 고객에게 보다 나은 4C의 제공을, 솔루션 업체들은 보다 나은 4C를 가능케 하는 기술개발을 목표로 하고 있다. 4C는 포털서비스가 반드시 갖추어야 할 요건에서 출발하여 전자무역마케팅요소로서 각 분야를 나타내는 의미로 발전하고 있다.

현재 콘텐츠는 텍스트에서 멀티미디어로, 종합형에서 개인화된 맞춤형으로 발전하는 추세다. 이는 정보의 홍수 속에서 필요한 정보와 콘텐츠를 찾아 주는 서비스를 요구하는 고객의 다양한 욕구가 반영된 결과라고 할 수 있다. 4C는 그 출발이 포털서비스였다는 사실에서 알 수 있듯이 서로 독립적이고 객체지향적인 성격의 것이 아니라 전통적인 마케팅의 전략적 요소인 4P의 그것과도 같이 상호 유기적이고 보완적인 관계이다.

콘텐츠와 커뮤니케이션은 커뮤니티를 형성하고 커머스로 이어진다. 커머스는 콘텐츠와 커뮤니티를 강화하고 콘텐츠는 직접 커머스로 이어지기도 한다.

| 그림 3-7 | 전자무역마케팅 전략의 구성요소 |

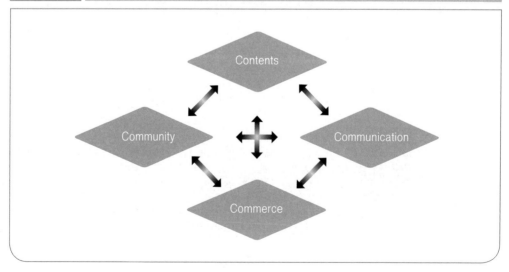

즉 4C는 서로 보완하고 협력해가며 조화로운 발전을 도모하면서 전자무역마케팅의 효율 극대화를 목표로 하고 있는 것이다. 따라서 이 흐름을 잘 파악하는 것이 전자무역마케팅 성공의 관건이라고 할 수 있다.

(3) 전자무역마케팅 전략의 실행

전자무역마케팅전략의 실행은 단계별로 〈그림 3-8〉과 같은 특징을 갖는다.

첫 번째 단계는 시장을 세분화하고 고객을 특정하는 단계로서 전체 시장에서 기업이 특화한 제품과 서비스를 제공할 고객군을 특정하고 확인하는 단계이다. 시장세분화란 보다 효과적인 마케팅믹스의 개발을 위해서 전체 시장을 상품에 대한 욕구가 비슷하거나 또는 영업활동에 의미 있는 동질적 부분시장으로 나누는 작업이라고 정의할 수 있다. 이는 전체 시장 중에서 하나 또는 그 이상의 세분시장을 선정하고 각 시장의 고객에 대하여 전통적 마케팅의 방법과도 같은 기업이미지와 마케팅믹스를 제공하는 방법을 말한다. 즉 시장세분화를 통해 기업은 고객을 특정하고 특정된 고객에게 제품과 서비스를 확인시키는 것이다.

표적시장 선정에서는 시장구조를 분석하고 대상고객과 시장을 명확하게 선정하는 것이 중요하다. 이는 사이트 운영목적에 따라 그 운영사이트가 특화하고 있는 상품의 다양성, 정보, 새로운 제공방식 등 고객이 요구하는 잠재적 이익을 적극적으로 부각시켜야 한다.

두 번째 단계는 광고촉진전략의 수립단계이다. 기업의 이미지 또는 특화한

그림 3-8   전자무역마케팅의 단계별 특징

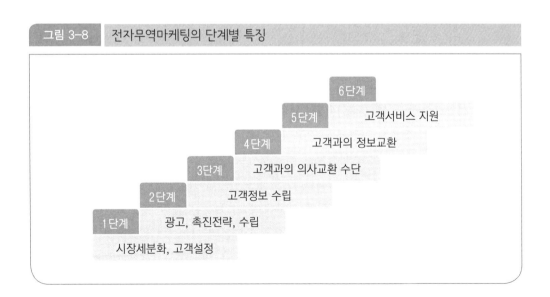

그림 3-9   온라인 광고의 유형과 형태

Push		정보송출형광고 Intercast, Pointcast
	Keyword 이용자 학습형	배너광고 목표지향형광고 Hypernet, Mapquest Chatworld
		E-mail
애니메이션 광고		Newsgroup
인센티브제공형 광고 Cybergoid, Coupon, Gift		목표지향형 이벤트/정보제공 Heineken, Ragu, Toyota
홈페이지 경품/이벤트		정보내용과 광고일체형 웹 사이트 스폰서십 광고
Pull		
무차별적		선택적

제품 및 서비스에 부합하는 도메인명의 개발과 관리는 홍보수단의 기초가 될수 있음에 따라 이를 기반으로 광고의 내용 또한 명확한 방향성과 차별성을 가지고 적절한 매체를 선택하여 온라인 매체의 특성을 최대한으로 살려 이를 부각시키는 것이 중요하다. 온라인 광고는 그 유형과 특성에 따라 여러 가지로 구분될 수 있다(〈그림 3-9〉 참조).

　세 번째 단계는 광고를 통해 사이트를 방문한 고객의 다양한 정보를 수집하는 것이다. 네트워크상에서의 고객정보 수집은 사이버마케팅의 가장 중요한성공요소라고 할 수 있다. 즉 장기적이고 지속적인 고객관계를 형성하고 이를추구하는 것은 수익구조를 견고히 할 수 있는 첩경인데 이의 기반이 곧 고객정보에 있는 것이다. 구체적으로 전문사이트의 장점과 단점을 시의적절하게 파악하고 모든 기회를 활용하여 방문을 유도하거나 배너교환 또는 검색엔진 등에등록하여 그 채널을 다양하게 확보하여 이와 같은 제반 프로모션을 통해 잠재고객의 정보를 획득할 수 있는 접점을 만드는 것이 중요하다.

　네 번째 단계는 고객참여와 상호 작용을 활성화하는 단계이다. 이 경우에는 능동적으로 고객이 참여할 수 있는 동기부여가 중요하다. 연결고리를 다양화하여 친숙도를 제고시키는 것은 재방문의 동기부여를 제공할 수 있는 수단으로서뿐만 아니라 진정한 의미에서 고객의 참여를 유도하는 무형의 가치라 할 수 있다.

다섯 번째는 고객과의 상호 작용을 통해 고객과의 정보교환을 지속하는 단계인데 이와 같은 고객과의 정보교환을 통해 기업은 고객의 구매형태, 기호나 요구하는 제품 또는 서비스의 질이나 종류를 파악할 수 있어 고객과의 일대일 대응을 통한 총체적인 고객만족에 기여할 수 있고 이를 향상시킬 수 있을 뿐 아니라 브랜드나 기업이미지에 대한 고객충성도를 제고시킬 수 있다.

마지막으로 고객서비스를 지원하는 단계인데 이상의 각 단계를 거쳐 파악된 고객개별화의 수준과 고려사항을 끊임없이 마케팅전략에 반영하여 기업의 경쟁우위 요소 및 핵심역량으로 내부화하여야 한다.

주·요·학·습·내·용

Global Trade Practice and Management

약술형

- 해외시장 조사방법과 주의점
- 수출마케팅 믹스전략과 특성
- 무역대상자 선정방법
- 수출촉진전략의 주요내용과 특성
- 전자무역마케팅의 단계별 특성
- 전자무역을 통한 거래선 확보의 장단점 비교
- 해외시장 간접평가지표
- 신용조사절차와 주요내용

용 어

- 거래제의장
- 신용조사의 5C 개념
- 수출경로
- 전자무역의 6C 개념
- 수출시장 세분화
- glocalization의 개념
- 전자무역마케팅 구성요소
- KOTRA
- desk research
- field research
- KITA
- e-marketplace

O4
CHAPTER

수출입절차

수출관리절차

1. 수출절차의 개념

　　수출절차란 수출행위를 할 수 있는 자격을 획득한 자가 수출이 허용된 물품을 외국의 수입업자와 수출계약을 체결하고 물품의 수출에 관한 기본사항을 관리하는 대외무역법과 수출대금의 결제방법을 정한 외국환거래법에 따라 수출승인을 받은 후 통관절차 등을 규정한 관세법에 따른 세관통관절차를 거쳐 선박이나 항공기 등에 적재하고 최종적으로는 물품대금을 회수하게 되기까지의 일련의 행정적, 법규적, 상관습적 흐름의 단계를 의미한다. 이러한 수출절차는 대외무역법, 외국환거래법, 관세법 등의 국내무역관련 법규와 국제상관습과 연관하여 이루어진다.

　　본 장에서는 보편적인 거래형태인 화환신용장 거래방식을 중심으로 일반적인 수출절차를 설명하고자 한다. 물품을 수출하려면 수출행위를 할 수 있는 자격을 취득하여야 하고 수출하고자 하는 물품이 수출이 허용되는 품목인지를 사전에 검토하여야 한다.

과거에는 무역업 또는 무역대리업을 하고자 하는 자는 대외무역법 제10조에 따른 무역업 신고요건을 갖추어 산업통상자원부 장관에게 신고하고, 무역업신고필증 또는 무역대리업신고필증을 교부받도록 되어 있었으나 2000년 12월 29일 개정시 이 조항은 삭제됨으로써 완전자유화되었다. 수출입제한품목인지의 여부는 수출입의 제한(대외무역법 제11조)과 통합공고(대외무역법 제12조) 등을 통해 확인할 수 있다.

산업통상자원부 장관은 헌법에 의하여 체결·공포된 조약과 일반적으로 승인된 국제법규에 의한 의무의 이행, 생물자원의 보호 등을 위하여 필요하다고 인정되는 경우에는 물품의 수출 또는 수입을 제한할 수 있다. 또한 이러한 제한

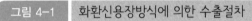

그림 4-1 ┃ 화환신용장방식에 의한 수출절차

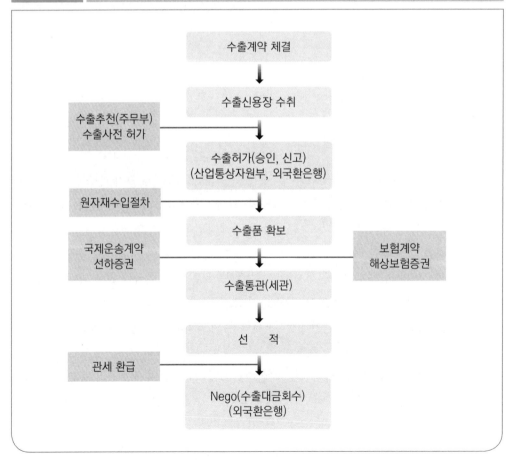

품목 및 무역의 균형화를 촉진하기 위하여 대통령령이 정하는 기준에 따라 지정하는 물품을 수출 또는 수입하고자 하는 자는 산업통상자원부 장관의 승인을 얻어야 한다. 다만, 긴급을 요하는 물품, 기타 수출 또는 수입절차를 간소화하기 위한 물품으로서 대통령령이 정하는 기준에 해당하는 물품의 수출 또는 수입에 대해서는 적용되지 아니한다. 이러한 규정에 의하여 승인을 얻은 사항을 변경하고자 하는 자는 산업통상자원부 장관의 변경승인을 얻어야 하고, 그 외의 경미한 사항을 변경하고자 하는 자는 산업통상자원부 장관에게 신고하여야 한다.

관계행정기관의 장은 물품 등의 수출입을 제한하는 법령이나 훈령, 고시 등을 제정 및 개정하려면 미리 산업통상자원부 장관과 협의하여야 한다. 이러한 경우 산업통상자원부 장관은 관계 행정기관의 장에게 그 수출입요령의 조정을 요청할 수 있다.

2. 수출단계별 세부절차

(1) 수출계약

수출을 하고자 하는 자는 취급하고자 하는 물품에 대해 국내무역관련 법규에 의해 수출이 허용되는 물품인지 여부를 확인한 다음, 거래시장을 탐색하여 이를 결정하고 시장조사단계를 거쳐 그 시장에서 가장 적절한 거래선을 물색한 후, 그와의 거래를 제의하여 거래선의 동의를 얻게 되면 수출계약을 체결하게 된다.

수출계약이란 국제적 매매계약으로 수출업자가 외국의 수입업자에게 물품의 소유권을 양도하여 물품을 인도할 것을 약속하고, 수입업자는 이를 받아들이고 그에 상응하는 대금을 지급할 것을 약정하는 계약을 말하는 것이다.

1) 해외시장조사

해외시장조사란 앞 장에서 살펴보았듯이 수출하고자 하는 물품에 대한 판매 또는 구매 가능성을 조사하는 것으로 수출물품을 가장 효율적으로 수출하기 위해 가장 좋은 여건을 갖춘 국가나 대상을 선정하기 위한 절차이다.

즉, 수출업자는 자신이 수출하고자 하는 물품의 판매가능성, 수요와 전망, 수출입현황, 수입규제 여부, 유통경로 등 여러 가지 정보를 수집·분석하여 가장 여건이 좋은 국가를 선택하게 된다.

2) 수출계약의 체결

시장조사를 통해 거래대상국을 결정하고 현지 거래선을 발굴하고 그에 대한 신용상태를 조사한 후 적절하다고 판단되면 상대업체에게 거래제의를 하게 된다. 거래제의를 할 때에는 수출업자의 거래의뢰품목과 영업상태 및 신용상태, 거래조건, 신용조회서 등을 기재하게 되며, 거래선이 결정되면 양 당사자간에 매매계약을 체결하게 된다.

(2) 수출신용장 수취

수출물품에 대해 수출계약이 체결되고 동계약에 따라 수출신용장을 수취한 자는 다음의 사항을 확인하여야 한다.

1) 수출계약 내용과 대조

수출신용장은 수출입 당사자간에 합의한 계약서의 조건에 따라 외국환은행을 통하여 개설하는 것이므로 계약물품의 규격, 단가, 선적기일, 보험조건, 대금결제조건 등에 계약조건과 상이한 점이 있는가를 상세히 검토하여야 하며, 상이한 내용이 있는 경우 즉시 신용장조건을 변경하도록 그 신용장 개설의뢰인에게 요구하여야 한다.

2) 취소불능 여부에 대한 확인

신용장의 종류에는 개설자가 사전통고를 하지 않고 언제든지 임의로 신용장을 취소할 수 있는 취소가능신용장과 관계당사자간의 합의에 의해서만 취소가 가능한 취소불능신용장이 있는데, 취소가능신용장은 외국환거래규정상 정상결제방법에 해당되지 아니할 뿐만 아니라, 사전통보 없이도 취소할 수 있으므로 이 신용장을 믿고 수출하기는 곤란하다. 신용장에 취소가능(revocable)이라는 표시가 있으면 취소가능신용장이고, 취소불능((irrevocable)이라는 표시가 있거나 아무런 표시가 없으면 취소불능신용장이다.

3) 양도가능 여부에 대한 확인

무역업의 고유번호를 부여받지 아니한 자는 자기명의로 신용장을 수취하더라도 자기명의로 직접 수출할 수 없으며, 신용장상에 양도가능(transferable)이라는 문언이 없는 경우 양도가능하도록 그 조건변경을 수입자에게 요청하여야 한다.

4) 매입은행의 제한 여부에 대한 확인

매입은행(negotiating bank)이 특정은행으로 제한되어 있는 경우에는 여러 가지 문제를 야기시킬 수 있으므로 제한되지 않은 Open L/C인가, 제한되는 Restricted L/C인가를 확인하여야 한다.

5) 기타 조건에 대한 확인

신용장 문구에 분할선적 또는 환적이 금지되어 있는 경우, 선적기일 내에 수출물품의 전량 생산이 어렵거나 직항선이 없으면 신용장상의 조건이행이 불가능하다. 따라서 신용장의 조건에 불가능한 사항이나 계약에 없는 사항을 요구하고 있는지 등을 검토하여야 한다. 만일 신용장을 검토하여 신용장상의 내용이 계약내용과 상이하면 지체 없이 거래선 및 통지은행에 신용장의 조건 변경을 의뢰하며 또한 신용장 문맥이나 용어가 특이한 경우에는 거래선에 문의하여 차후 야기될 문제를 예방하여야 한다.

⑶ 수출제한과 수출승인요건

수출계약을 체결한 자가 물품을 수출하기 위해서는 우선 수출하고자 하는 품목이 수출입공고나 통합공고 등에서 수출이 제한되는 품목인지의 여부를 파악해야 한다. 그런데 우리나라의 수출입품목관리체계는 〈그림 4-2〉에서 보듯이 크게 대외무역법에 근거하여 동법시행령하에 각 기관별 수출입 추천요령에 의해 만들어진 수출입공고와 통합공고에 의한 관리로 대별된다. 수출입제한은 대외무역법 시행령 제11조에 의거하여 이루어진다.

1) 수출제한

산업통상자원부 장관은 헌법에 따라 체결·공포된 조약과 일반적으로 승인된 국제법규에 따른 의무의 이행, 생물자원의 보호 등을 위하여 필요하다고 인정하면 물품등의 수출 또는 수입을 제한하거나 금지할 수 있다. 또한 상술한 물품등을 수출하거나 수입하려는 자는 산업통상자원부 장관의 승인을 받아야 한다. 다만, 긴급히 처리하여야 하는 물품등과 그 밖에 수출 또는 수입 절차를 간소화하기 위한 물품등으로서 대통령령으로 정하는 기준에 해당하는 물품의 수출 또는 수입은 그렇지 않다. 산업통상자원부 장관은 필요하다고 인정하면 제

그림 4-2　수출입품목관리체계

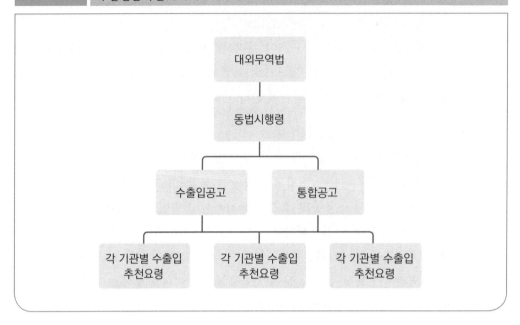

1항과 제2항에 따른 승인 대상 물품등의 품목별 수량·금액·규격 및 수출 또는
수입지역 등을 한정할 수 있으며 이를 정한 경우에는 공고하여야 한다. 마지막
으로 제19조 또는 제32조에 따라 수출허가를 받거나 수출승인을 받은 자는 제2
항에 따른 수출승인을 받은 것으로 본다.

2) 수출승인요건

수출입승인요건에 따라 수출승인기관의 장은 수출의 승인을 하고자 할 경
우 다음 요건에 합당한지의 여부를 확인하여야 한다.

- 수출하려는 자가 승인을 받을 수 있는 자격이 있는 자일 것
- 수출하려는 물품등이 수출입공고 및 이 규정에 따른 승인요건을 충족한
  물품등일 것
- 수출하려는 물품등의 품목분류번호(HS)의 적용이 적정할 것

수출승인물품은 제17조에 따라 "산업통상자원부 장관이 수출 또는 수입승
인 대상 물품등으로 지정·고시한 물품등"이란 수출입공고에서 정한 물품등(다
만, 중계무역 물품, 외국인수수입 물품, 외국인도수출 물품, 선용품은 제외한다)을 말하

며 수출입승인기관은 제91조 제7항의 "산업통상자원부 장관이 지정하여 고시하는 관계 행정기관 또는 단체의 장"은 수출입공고에서 산업통상자원부 장관이 지정·고시한 기관·단체(이하 "승인기관"이라 한다)의 장을 말한다.

3) 수출승인신청 구비서류

수출승인신청시 필요한 구비서류는 제18조에 따라 별지 제3호[수출승인(신청)서]: Export License(Application)와 별지 제5호의 서식[수출입승인(신청)서]: Export-Import License(Application)에 의한 수출입승인 신청서[업체용, 세관용, 승인기관용(산업통상자원부용) 및 사본(신청자가 신청한 경우만 해당한다)]에 다음 각 호의 서류를 첨부하여 수출입 승인기관의 장에게 신청하여야 한다.

- 수출신용장, 수출계약서 또는 주문서(수출의 경우만 해당한다)
- 수출 대행계약서(공급자와 수출자가 다른 경우 및 실수요자와 수입자가 다른 경우만 해당한다)
- 수출입공고에서 규정한 요건을 충족하는 서류(다만, 해당 승인기관에서 승인요건의 충족 여부를 확인할 수 있는 경우를 제외한다)

(4) 수출통관

물품을 외국으로 수출하기 위해서는 국내의 각종 법령이 정하는 바에 따라 소정의 절차를 거쳐야 하는데, 이 절차 중에서 최종적으로 거쳐야 할 단계가 수출통관절차이다. 수출통관이란 내국물품을 외국으로 반출하는 것을 허용하는 세관장의 처분을 말한다. 현재 수출통관은 EDI방식에 의해 이루어지고 있다.

| 그림 4-3 | 수출통관의 흐름도 |

보세구역 반입 → 장치신고 및 반입 → 수출신고 → 서류심사

선 적 ← 수출면허 ← 분 석 ← 수출검사 ← 서류심사

1) 보세구역 반입

보세구역이라는 것은 외국물품을 장치하거나 수출에 따른 통관절차를 이행하기 위하여 수출물품을 일정기간 장치하거나 또는 외국물품을 가공·제조·전시 등을 하기 위한 세관장이 지정하거나 특허한 구역을 말한다. 보세구역은 관세법 제154조 규정에 의해 지정보세구역, 특허보세구역 및 종합보세구역으로 구분할 수 있다. 지정보세구역은 지정장치장 및 세관검사장으로 구분할 수 있으며, 특허보세구역은 보세창고, 보세공장, 보세전시장, 보세건설장, 보세판매장으로 구분할 수 있다. 수출하려는 물품은 보세구역이나 보세장치장 등에 반입하는 것을 원칙으로 하고 예외로 보세구역외 장치허가는 인정하고 있다.

지정보세구역(지정장치장)은 통관하기 위한 물품을 장치 또는 검사하기 위하여 세관이 지정한 구역을 말하며, 보세장치장이란 세관장치장 시설의 보충으로 개인이 설치하며 세관장의 허가를 받아 통관하기 위한 물품을 장치하는 곳이다.

이와 같이 수출신고 전에 일정한 장소에 물품을 반입하게 하는 것은 물품 반출입시에 관리를 철저히 하고 세관이 필요한 수출검사를 효율적으로 하려는 데 있다.

2) 수출신고

물품을 수출하고자 하는 자는 당해 물품의 적재 전까지 당해 물품이 장치된 물품소재지를 관할하는 세관장에게 수출신고를 하고 신고필증을 교부받아야 한다. 수출신고는 선박 또는 항공기의 적재단위(B/L 또는 AWB 등)별로 해야 하며 수출신고를 하고자 하는 자는 전자문서로 작성된 신고자료를 통관시스템에 전송해야 한다. 다만 아래에 해당하는 물품은 신고자료를 통관시스템에 전송한 후 수출신고서 및 해당 구비서류를 세관장에게 제출해야 하며 수출화주가 직접 신고를 원해 세관장으로부터 수출신고필증을 발급받고자 할 경우 수출신고서를 세관장에게 제출할 수 있고 사업장 관할 세관장으로부터 신고자부호(ID)를 부여받아야 한다.

- 해당 법령에 의해 수출신고수리 전에 요건구비의 증명이 필요한 물품
- 계약내용과 상이한 물품의 재수출 또는 재수출 조건부로 수입통관된 물품의 수출

- 수출자가 재수입시 관세 등의 감면, 환급, 사후관리 등을 위해 서류제출로 신고하거나 세관검사를 요청하는 물품
- 수출통관시스템에서 서류제출대상으로 통보된 물품

또한 선적한 후 공인검정기관이 정하는 검정서(surveyor reports)에 의하여 수출물품의 수량을 확인하는 물품(예: 산물 및 광산물), 물품의 신선도를 유지하기 위하여 필요한 경우의 물품(예: 활선어, 어패류) 및 자동차운반 전용 선박에 적재하여 수출하는 신품 자동차의 경우 선적한 후 선상에서 수출신고를 할 수 있다.

수출신고의 효력발생 시점은 통관시스템에서 신고번호가 부여된 시점이며 신고인은 전송한 신고자료에 대하여 오류사항을 전산통보 받은 경우, 오류를 수정하여 당초 제출번호에 의하여 다시 전송하여야 한다.

수출신고는 소정의 서류를 첨부하여 세관에 제출함으로써 행한다. 수출신고시 첨부서류는 다음과 같다.

- 수출신고서(EDI 신고)
- 수출승인서(해당되는 경우)
- 상업송장 및 포장명세서
- 기타 수출통관에 필요한 서류

3) 수출검사(현품 확인필요시)

수출신고 물품에 대한 검사는 원칙적으로 생략하나 현품을 확인할 필요가 있는 경우 현품검사를 할 수 있다. 현품확인이 필요한 경우는 다음과 같다.

- 수출신고시 서류제출 대상물품
- 분석을 요하는 물품
- 위조상품 등 지적재산권 침해 우려시
- 관세환급과 관련 위장수출 우려시
- 기타 불법수출에 대한 우범성 정보가 있는 경우

4) 수출신고 수리

수출신고된 물품에 대한 신고서의 수리방법은 세 가지로 구분할 수 있다.

자동수리는 서류제출 대상이 아닌 물품을 대상으로 수리되며 즉시수리는 자동수리대상이 아닌 물품 중 검사가 생략되는 물품을 대상으로 하고 있으며 마지막으로 검사 후 수리는 현품확인이 필요한 경우나 우범물품으로 선별된 물품 중 세관장이 검사가 필요하다고 판단한 물품을 수리하는 방법이다. 전자서류에 의한 수출신고건이 신고수리된 때에는 신고인은 신고수리여부를 전산 확인한 후 전산으로 확인한 내용과 일치하는 수출신고필증을 발행하여 당해물품의 수출신고를 의뢰한 화주에게 교부할 수 있다.

5) 수출신고필증교부

세관장은 신고서류가 직접 제출된 경우 신고를 수리할 경우는 수출신고 수리인과 신고서처리 담당자의 인장을 날인한 수출신고필증을 신고인에게 교부한다.

(5) 선적(Shipment)

세관의 수출신고필증을 얻은 수출화물은 선적되어 목적지에 운송되어야 한다. 선적이란 수출화물을 본선상에 적재하는 것을 말한다. 선적절차를 살펴보면 다음과 같다.

1) 보세구역으로부터의 반출

이때에는 물품반출신고서에 수출신고필증을 첨부하여 세관장에게 신고하고 반출사실에 대한 확인을 받아 물품을 보세구역으로 선적하기 위하여 반출하는 것을 말한다.

2) 선복(ship space)의 확보

선박으로 물품을 해외에 운송하는 경우에는 모든 절차를 마친 다음 물품을 적재할 선복(ship space)을 확보하여야 한다. 매도인은 적당한 선박을 발견하면 선복사용신청서(shipping inquiry)를 제시하게 된다. 매도인이 제시한 선복사용신청서를 선박회사가 접수하여 혹은 컴퓨터에 입력 확인하면 매도인과 선박회사간에 운송계약이 성립되는 것이다.

3) 선적지시

선복사용신청서의 접수로 해상운송계약이 체결되면 선박회사는 선적지시서(shipping order)를 발행하고 지정된 화물을 선박에 선적하기 전 화물의 검

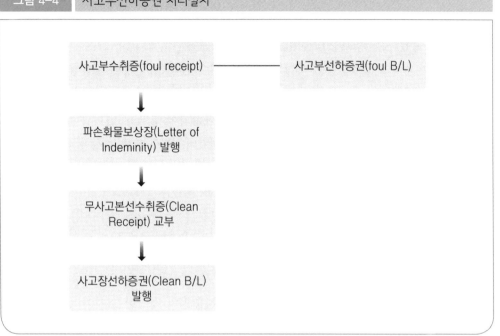

그림 4-4 사고부선하증권 처리절차

수·검량을 실시하여 운임산정의 기준이 되는 용적중량증명서를 발급하여 선적지시서와 비교하여 수량 및 상태를 확인한 후, 계약화물을 선박에 적재하여 목적지까지 운송할 것을 본선선장에게 지시하게 된다.

선적지시서에는 선박회사가 화물의 명세, 송하인의 성명, 선적항 및 양륙항 등을 기재하여 본선의 선장이 그 물품을 본선에 적재하게 한다.

4) 본선적재

화주와 선박회사가 화물의 포장상태, 적재수량, 화물의 파손 여부를 확인한 뒤, 화물이 본선에 반입되면 일등항해사는 선박회사에서 발행한 선적지시서와 대조하면서 화물을 수취하여 선창에 적부시키고 화물수령에 대한 증거로서 본선수취증(Mate Receipt: M/R)을 발급한다. 이때 선적지시서에 기재된 사항과 실제로 적부된 화물의 내용이 일치하지 않을 때 유보사항으로 M/R면에 해당 사항이 기재된다. 이상유무사항이 remarks란에 기재된 M/R을 사고부수취증(foul receipt)이라고 하며, 이상유무사항이 첨가되지 않은 것을 무사고수취증(clean receipt)이라고 한다. 사고부수취증의 경우의 선하증권은 사고부가 된다.

사고부선하증권이 발행되고 이러한 불완전한 선하증권을 담보로 하여 화환어음을 발행하는 경우에는 은행에서 각종의 불리한 조건을 제시한다. 그러므로 화주는 선박회사에 파손화물보상장(Letter of Indemnity: L/I)을 제공하고 무사고선하증권을 발급받아야 한다.

파손화물보상장은 사고부선하증권이 발행된 화물에서 후일에 문제가 발생하여도 선박회사에 책임을 전가시키지 않는다는 화주의 서약을 담고 있다. 선박회사는 이 파손화물보상장만 있으면 파손화물에 대해 면책되며, 보험회사도 해당 파손물에 대해서는 책임을 지지 않으며, 결국 최종 보상은 파손화물보상장을 발행한 화주의 책임이 된다.

5) 선하증권 발행

화주는 선박회사측에 화물을 인도하고 본선수취증을 입수하여 지체 없이 선박회사나 그 대리점에 가면 선박회사는 선하증권을 작성하여 화주에게 교부한다. 선하증권이란 선주가 본선에 화주로부터 의뢰받은 운송화물을 적재한 사실을 증명하고 이것을 목적지항에서 선하증권의 정당한 소지인(수하인 또는 그 지시인, bona fide holder)에게 인도할 것을 약정한 물권증권을 말한다.

(6) 관세환급

관세환급이라 함은 세관에서 징수했거나 징수할 '관세 등' 수입제세를 특정한 요인에 해당하는 경우에 그 전부 또는 일부를 되돌려 받게 되는 것을 말한다. 현행법상 관세환급제도는 납세의무의 형평과 징수행정의 공정을 위한 「관세법상의 환급」(일반적으로 과오납금의 환급이라 지칭함)과 수출지원을 위한 「수출용 원재료에 대한 관세 등 환급에 관한 특례법」(환급특례법이라 약칭함)상의 환급의 두 가지가 있는바, 일반적으로 후자를 관세환급제도라고 한다.

이러한 관세환급에 해당하는 물품은 다음과 같다.

- 수출물품을 제조, 가공하기 위한 원재료
- 기획재정부령이 정하는 바에 의하여 국내에서 외화로 판매하는 물품이나 이를 제조, 가공하기 위한 원재료
- 외화를 받는 공사에 사용하는 물품

관세환급제도에서는 모든 물품에 대하여 수입시에 과세하였기 때문에 사

전면세제도에서의 면세수입된 원재료에 대한 복잡한 사후관리절차가 필요없게 되어 세관과 수출업계의 행정절차가 대폭 간소화되고 부대비용이 절약되게 되었다.

관세환급제도는 비록 수출용원재료라 하더라도 수입시에 관세 등을 징수하고 수출 후에 환급함으로써 원재료의 수입시부터 수출 후 환급을 받을 때까지는 관세부담을 갖게 된다. 이 경우 기초원재료를 수입하여 수출하는 경우에는 기초원재료의 관세율이 낮고, 가격 또한 저가이므로 납부한 관세 등이 적어 관세부담이 적은 반면에, 완제품에 가까운 고가공원재료를 수입하는 경우에는 관세율 및 가격이 높기 때문에 납부한 관세 등이 많아 관세부담이 큼으로써 관세부담이 적은 기초원재료의 수입을 유발하게 되어 원재료의 국산화를 촉진하게 된다.

(7) 수출대금 회수절차

물품을 수출한 자는 승인된 결제방법에 의하여 유효기간 내에 당해 물품의 수출대금 전액을 회수하여야 한다.

송금방식수출이나 수출대금을 선취할 수 있는 전대신용장(red clause L/C)의 경우는 대응수출이행기간(통상 수출대금 영수일로부터 180일) 내에 수출이행을 하면 되지만, 신용장방식의 수출, 무신용장방식인 추심방식에 의한 수출(D/A, D/P) 등은 물품의 선적 후 동수출허가의 유효기간 내에 수출대금 전액을 회수해야 한다.

수출대금을 회수하기 위하여는 거래하는 외국환은행과 화환어음거래약정을 체결하고 선적을 이행한 후 수출신용장 또는 계약서의 조건에 따라 환어음과 제선적서류를 작성하여 매입(negotiation) 또는 추심을 외국환거래은행에 의뢰하게 된다.

1) 화환어음거래약정의 체결

화환어음을 수출상으로부터 매입하기 전에 화환어음의 매입으로 인하여 발생할 수 있는 여러 문제의 처리방법 등에 관하여 매입의뢰자(수출자)와 약정을 체결하는데, 이는 매입행위가 일종의 여신행위이므로 매입에 따른 담보, 책임 등의 한계를 명확히 하기 위한 수출자와 외국환은행간의 계약이다.

그 체결방법은 외국환은행이 작성한 일정한 서식(약정서)에 수출업자가 서명날인함으로써 성립된다.

2) 환어음의 작성

환어음(Bill of Exchange)은 국제거래상 채권자가 채무자에게 그 채권전액을 지명인 또는 소지인에게 일정한 기일 및 장소에서 무조건지급할 것을 위탁하는 요식의 유가증권이다. 따라서 환어음은 일반적으로 은행에서 비치하고 있는 요식증권이며 기재사항은 필수기재사항과 임의기재사항으로 구분하는데 필수기재사항은 한 가지라도 그 기재가 누락되면 환어음으로서의 법적 효력이나 구속력을 갖지 못하므로 주의하여 기재하여야 한다.

필수기재사항은 다음과 같다.

- 환어음의 표시
- 무조건지급위탁문언(unconditional order in writing)
- 지급인(drawee)의 표시
- 지급기일
- 수취인
- 지급지
- 발행일 및 발행지
- 발행인의 서명날인

3) 선적서류 작성

선적서류란 화물의 선적을 증명하는 선하증권 등의 제반서류를 말하며 일반적으로 수입자로부터 요구되는 선적서류에는 기본서류인 선하증권(Bill of Lading), 보험증권(Insurance Policy), 상업송장(Commercial Invoice) 이외에 영사송장(Consular invoice), 포장명세서(Packing list), 원산지증명서(Certificate of Origin), 세관용송장(Customs Invoice), 검사증명서(Certificate of Inspection), 중량용적증명서(List of Weight and Measurement) 등이 있다.

상업송장은 송하인(Consignor)이 수하인(Consignee) 앞으로 발행하는 서류이며, 선적물품의 명세를 나타내는 선적안내로서 물품의 가격에 대한 계산서(Statement of account)와 물품대금의 청구서 기능을 가진다. 그러므로 선적서류(Shipping documents)에는 반드시 상업송장이 포함되어 있어야만 하며 후술하게 될 선하증권 및 보험증권과 함께 일조의 선적서류를 이룬다.

02 수입관리절차

1. 수입절차의 개요

수입절차라 함은 수입상이 수출상과 수입계약을 체결하고 수입계약서인 물품매도확약서에 의하여 수입승인을 받고 외국환은행에 수입신용장을 개설한 후 수입화물과 선적서류가 신용장개설은행에 내도되면 수입화물을 통관하는 일련의 절차를 말한다. 〈그림 4-5〉와 같이 수입계약이 완료되면 정부의 무역 관리규정에 근거하여 수입허가에서부터 물품인수시까지 일정한 절차에 따라야 한다.

| 그림 4-5 | 일반수입절차 순서 |

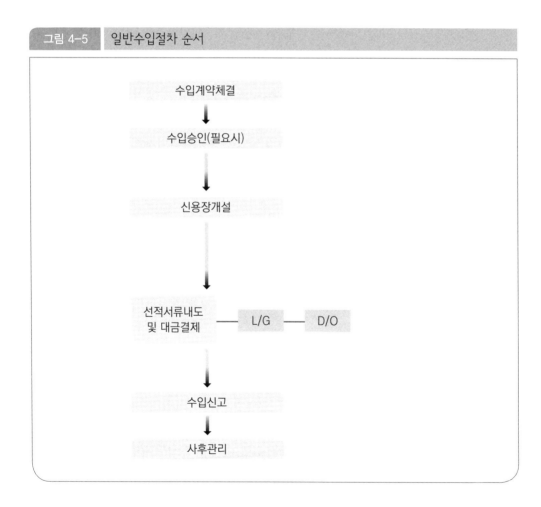

ㄹ. 수입단계별 세부절차

(1) 상품수입의 예비절차

먼저 해외시장의 선정에서부터 매매계약의 체결까지의 모든 절차는 수출절차와 상대적인 표리관계로 볼 수 있으므로 매매계약이 성립되기까지는 수출절차를 상기하면 된다.

(2) 수입의 본절차

1) 수입승인 및 사전허가

수입물품이 수출입공고상의 수입자동승인품목인 경우 수입에 대한 각종 법규로 규제하지 않으며, 수입제한승인품목인 경우에는 제한조치에 따라 주무관서장의 수입승인을 받아야 된다. 수입품목이 약사법, 마약법 및 식품위생법 등 특별법의 규제를 받는 품목일 경우에는 주무관서로부터 사전허가를 받는다.

2) 물품매도확약서의 수령

수입승인을 받기 위해서는 외국수출업자로부터 수입물품의 오퍼발행권의 위임을 받고 있는 국내의 수입대리업자로부터 오퍼를 받거나, 외국의 수출업자로부터 수입물품의 오퍼발행권을 위임받는 수입대리업자가 없는 경우에는 외국의 수출업자로부터 국외발행 물품매도확약서를 발급받아야 한다.

3) 수입승인

대외무역법시행령에 의거하여 수출입승인품목으로 지정된 품목은 산업통상자원부 장관이 지정한 기관, 단체(종전의 추천기관)의 수입승인을 받아야 수입을 할 수 있다.

대외무역법시행령 제16조에 규정된 수출입을 제한하거나 금지할 수 있는 물품들은 다음과 같다.

- 헌법에 의하여 체결·공포된 조약이나 일반적으로 승인된 국제법규상의 협정의무이행을 위하여 지정·고시된 물품
- 생물자원보호를 위하여 지정·고시된 물품
- 교역상대국과 경제협력증진을 위하여 지정·고시된 물품
- 방위산업용 원료, 기자재, 항공기 및 부분품 기타 원활한 물자수급·과학

기술의 발전 및 통상산업 정책상 필요하다고 인정하여 지정·고시된 물품

4) 수입승인기관

수입승인기관은 종전의 외국환은행에서 "산업통상자원부 장관이 지정하여 고시하는 관계 행정기관 또는 단체의 장"으로 개편되었다. 특정거래의 수출입도 일부의 승인 및 이행사항을 확인하는 권한은 산업통상자원부 장관에게 위탁되어 있다.

5) 신용장의 개설

수입승인을 받은 자는 외국환은행을 통하여 수입신용장을 개설하여야 한다. 신용장 개설이란 수입업자인 개설의뢰인의 요청과 지시에 따라 개설은행이 수출업자를 수익자(beneficiary)로 하여 ① 수입업자인 개설의뢰인의 요청과 지시에 따라 행동하는 개설은행이, ② 수출업자를 수익자로 하여, ③ 조건부 지급·인수를 하기로 약정하거나 타은행에서 지급·인수·매입하도록 수권하는 증서인 신용장을 개설하는 행위이다.

신용장의 조건은 수입승인의 조건과 일치하여야 하며 수입업자는 신용장 개설의뢰서에 필요한 사항을 기입하고 수입승인서와 물품매도확약서 등을 첨부하여 외국환은행에 제출하면 은행은 소정의 개설수수료와 전보료 등을 징수하고 신용장을 개설한다. 신용장이 개설되면 수입업자는 즉시 해외의 수출업자에게 신용장의 번호, 금액, 선적기일, 유효기일 등을 알려 주고 기일 내 선적을 요구한다.

신용장 개설은행은 신용장의 수혜자에게 대금지급을 확약하고 있으므로 신용장 개설은행은 수입업자와 신용장 개설에 관한 전반적인 사항을 규제하는 화환신용장약정서에 의한 약정을 맺는다. 이 약정서의 주요 내용은 신용장조건과 관련된 일체의 채무와 제비용을 개설의뢰인이 부담한다는 것과 신용장에 의하여 발행된 어음이 결제될 때까지 관계수입화물은 개설은행의 담보로서 그 은행의 소유로 한다는 점이다.

6) 선적서류의 인수

수출국에서 선적이 완료되면 수출업자로부터 선적의 중요사항과 선적서류의 사본이 송부되어 온다. 수입업자는 선박의 도착예정일(Expected Time of Arrival: ETA)이 알려지면 사전에 하역계약 등의 조치를 취해 두어야 한다.

한편 선적서류의 원본은 수출업자의 거래은행을 통하여 신용장개설은행(수입업자의 거래은행) 앞으로 송부되어 오는데, 이때 수입업자는 선적서류가 개설된 신용장의 조건과 일치하는지의 여부를 검토한 후 수입대금결제를 한다. 수입대금의 결제가 이루어지면 수입업자는 선하증권 및 부대서류를 인수하고 선박회사에 이를 제시하여 수입화물을 인수한다. 만약 수입상이 수입대금을 결제하기 어려운 경우 수입상은 신용장 개설은행으로부터 선적서류에 제시된 수입대금을 지불하기 전에 은행으로부터 서류를 받을 수 있는데 이것을 대도(Trust Receipt: T/R)라 한다. 한편 수입화물이 이미 도착하였으나 선적서류가 아직 도착하지 않은 경우 거래은행으로부터 일정한 조건하의 수입화물선취보증장(Letter of Guarantee: L/G)을 발급받아 선박회사에 제시하면 수입화물을 미리 받을 수 있다.

7) 수입통관 및 수입신고

수입업자가 수입화물을 선박 또는 항공기로부터 국내에 반입하면 그때부터 그 물품들은 관세법의 구속하에 일련의 수입통관절차를 거치게 된다.

우선 수입업자는 수입물품을 보세구역에 반입한 후 수입통관을 위한 수입신고서를 세관장에게 제출한다. 수입신고(import declaration)를 받은 세관장은 구비서류상의 기재사항 누락 여부 등을 심사하고 동물품이 수입승인서에 명시된 물품과 일치하는지의 여부를 검사한 후(검사생략물품도 있음) 당해 물품에 대한 과세가격을 평가하여 관세 등을 부과징수한다(물품반입→수입신고→심사→검사감정→관세부과→관세납부→물품반출). 부과된 관세 등을 납부하면 수입면장이 나온다. 이때부터 수입물품은 보세구역으로부터 인도되어 자유로운 국내유통이 가능하게 된다.

외국물품은 반입시부터 관세법의 구속을 받게 되나 수입면장이 교부된 후에는 내국물품이 되어 관세법의 구속에서 벗어나게 된다. 그러므로 수입면허된 물품은 세관장에게 신고만으로 언제든지 보세구역에서 반출될 수 있다.

단, 수입화물 가운데 수입면허 전이라도 사전반출이 가능한 경우가 있다. 수입품을 면허 전에 반출하고자 하는 자는 납부하여야 할 관세의 담보를 제공하고 세관장의 승인을 얻어서 할 수 있다(관세법 제143조).

전자무역방식에 의한 수출입절차

1. 수출절차

(1) 수출절차 흐름도

| 그림 4-6 | 전자무역방식에 의한 수출절차 |

무역업 고유 번호신청 → 홈페이지 구 축 → 무역알선사이트 및 검색엔진 → 수출시장조사 및 수출마케팅

수출신용장 수 취 ← 수출계약 체 결 ← 수출상담/ 협 상 ← 거래처 신청

운송 및 보험 계약체결 → 수출통관 → 수출대금 결 제

(2) 수출절차 해설

1) 무역업 고유번호 신청

무역업 신고제도가 폐지됨에 따라 무역업을 하고자 하는 자는 한국무역협회장으로부터 무역업 고유번호를 부여받아야 한다.

2) 홈페이지 구축

KOTRA, 한국무역협회 및 중소기업진흥공단에서 중소업체의 홈페이지 구축을 지원하고 있으며, 자사 특성에 맞는 홈페이지를 직접 구축할 수도 있다.

3) 국내외 무역거래알선 사이트 및 검색엔진 등록

국내외 무역거래알선 사이트에 등록하여 해외의 바이어들이 홈페이지를 방문하여 수출조건을 조회하도록 한다.

4) 수출시장조사와 수출마케팅

인터넷을 통하여 해외시장을 쉽게 조사할 수 있으며, 수출대상국의 수출입통계, 무역관리제도, 통관절차 등의 정보 역시 상대국의 알선사이트를 통하여 알 수 있다.

또한 전세계를 대상으로 한 광고 및 마케팅을 최소한의 비용으로 수행할 수 있으며, 동영상이나 음성 등을 통하여 자사 또는 제품을 소개할 수 있다.

5) 수출상품 및 거래처의 선정

전자무역에서는 저렴하고 신속하게 수출상품 및 거래처를 선정할 수 있다. 정부, 무역관계기관, 개별기업의 웹 사이트 등을 방문하면 수출상품과 거래처를 쉽게 선정할 수 있다.

6) 수출상담/협상

자사의 홈페이지를 방문한 거래처에서 조회를 보내오면 청약을 하고, 상대방이 승낙하면 무역계약이 성립된다. 해외의 거래선이 홈페이지를 방문하여 수입하고자 하는 상품을 주문하면 수출자가 이를 승낙함으로써 무역계약이 성립된다.

7) 수출계약 체결

무역계약이 성립되면 수출계약서를 작성하여 수출계약을 체결한다. 수출계약서 이면에는 일반거래조건협정서가 인쇄되어 이를 적용하게 된다.

8) 수출신용장의 수취

전자신용장결제방식에 의한 수출의 경우 수출자는 수입자가 개설한 전자신용장을 인터넷상에서 통지받고 수출계약서와 일치하는지 그 여부를 확인한다.

9) 운송 및 보험계약의 체결

CFR이나 CIF조건 등은 수출자가 운송계약을 체결하고, FOB조건의 경우에는 수입자가 운송계약을 체결하는 등 거래조건에 따라 일방 당사자가 운송계약을 체결한다.

또한 보험계약 역시 거래조건에 따라 한 당사자가 보험계약을 체결한다. CFR이나 FOB조건의 경우에는 수입자가, CIF조건의 경우에는 수출자가 체결한다. 전자무역에서의 소량화물은 국제특송업자에게 운송을 의뢰한다.

10) 수출통관

국제특송업자가 운송하는 경우 간이통관절차를 밟게 되며, 일반화물의 경우 관세사나 자신이 직접 EDI로 수출통관을 의뢰한다. 수출통관의 경우 100% 전자무역에 의한 전자통관이 이루어지고 있다.

11) 수출대금의 결제

수출대금의 결제는 송금결제방식, 추심방식 및 신용장방식 등을 사용한다. 전자신용장 결제방법의 경우 선적서류를 첨부한 환어음을 매입은행에 매입을 의뢰한다. 전자무역에서 수입절차는 수출절차를 역으로 생각하면 쉽게 이해할 수 있다.

2. 수입절차

(1) 수입절차 흐름도

| 그림 4-7 | 전자무역방식에 의한 수입절차 |

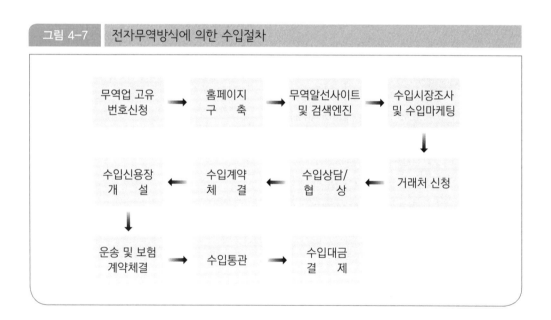

(2) 수입절차 해설

전자무역에서 수입절차는 수출절차를 역으로 생각하면 쉽게 이해할 수 있다.

주·요·학·습·내·용

Global Trade Practice and Management

약술형

- 수출절차의 주요내용과 특성
- 수입절차의 주요내용과 특성
- 보세구역의 특성과 종류
- 전자무역방식의 수출입절차
- 선적요건과 절차상 고려사항
- 선적서류의 의의와 종류

용 어

- 보세구역(Bonded Area)
- 관세환급제도
- 선하증권(B/L)
- 파손화물보상장(L/I)
- 수입화물선취보증장(L/G)
- 통합공고제도
- 선복(Ship space)
- ETA
- surveyor report
- EDI
- 신용장(L/C)
- packing list
- 대도(T/R)
- consignee

05
CHAPTER

무역계약

무역계약의 특성과 절차

1. 무역계약의 개념과 특성

(1) 무역계약의 개념

대외무역이 우리나라 경제에서 매우 큰 비중을 차지함에 따라 국제거래의 법적 측면에 대한 정확한 이해의 필요성도 더욱 커지고 있다. 특히 당사자간의 거래의 내용을 법적으로 명확히 함으로써 해석상 이견이 생길 가능성을 제거하고, 계약 위반시 부담할 책임의 소재와 내용을 계약을 체결할 때 미리 양당사자에게 숙지시킴으로써 분쟁의 발생을 사전에 예방할 수 있다는 예방적인 견지에서 더욱 그러하다.

국제거래도 국내거래와 마찬가지로 계약에 의하여 이루어진다. 대륙법을 수용한 우리나라의 경우 거래당사자간 계약서는 간단히 형식적으로 작성하고, 거래 내용 중 중요한 사항만 간략하게 기재함이 보통이다. 추후 계약서의 내용에 대한 당사자간의 의견이 서로 다르거나 계약서에 기재되어 있지 않은 사항을 어떻게 처리할지 여부 등이 문제된 경우, 일단 당사자간에 그들간의 우위관계를 앞세워 적당히 해결하려고 하며, 그렇게 해결되지 않을 때에는 법률규정에 따르거나 법원의 결정에 맡기고 있다. 이는 모든 법적인 사항을 가능한 한 명시적으로 법규정화함과 동시에 2차적인 조정자 기능보다는 주재자적인 기능을 법원의 주된 기능으로 하는 대륙법계의 특성에서 기인한다.

그러나 영국과 미국이 19, 20세기의 국제상거래를 주도하여 온 관계로, 무역거래와 관련하여 체결되는 계약은 영미의 계약관행에 따르고 그 성립과 해석 및 효력발생 등에 관한 준거법도 영미법으로 정하는 것이 일반적이다. 영미의 계약관행은 당사자간에 합의된 내용을 가능한 한 자세히 그리고 명확하게 기재한 정형화된 계약서를 작성한다. 다시 말하면 대륙법계의 입장이 계약의 개요만을 정하고 구체적 사항은 법의 해석에 맡기려는 자세임에 비하여, 영미법계의 입장은 장래에 발생할 가능성이 있는 모든 문제점을 철저히 파악하고 그에 대한 당사자의 입장을 명확히 한 후 이를 상세히 계약서에 규정하고자 한다. 물론, 현재 미국의 대다수의 주와 영국이 상거래 관련법에 있어서는 법률규정을 갖추고 있지만, 이전에는 성문의 법규가 없어 법률규정 등에 의한 계약내용의 보충이 용이하지 않았으며, 법원도 계약서의 내용을 보충하거나 확대하여 해석하지 않고, 가능한 한 당사자의 의사, 즉 합의한 내용에 따르고자 노력하는 데에 그 원인이 있다. 무역거래는 법률과 제도가 상이하고 경제, 사회, 문화적인 관습이 서로 다른 나라의 당사자간에 이루어지므로 그만큼 서로 생각하고 이해하는 바가 다를 가능성이 많다. 또한, 분쟁을 해결하는 데도 국내거래에 비하여 훨씬 더 많은 시간과 비용 및 노력이 요구된다. 따라서 무역거래에 있어서 계약서를 제대로 이해하고 작성한다는 것은 국내거래에 있어서 보다 훨씬 절실히 요구된다.

무역계약은 국제간 무역거래와 관련하여 체결하는 계약으로서 물품 및 용역의 수출입을 위하여 계약당사자들간에 물품의 소유권 양도와 같은 법률적 행위를 수반하는 약정을 의미한다. 따라서 무역계약은 물품양도에 따라 대금을 지급한다는 측면에서 유상계약(remunerative contract)이며 이러한 수출업자와 수입업자의 양 당사자간의 계약이란 측면에서 쌍무계약(bilateral contract)이다. 수출업자의 청약(offer) 또는 수입업자의 주문(order)에 대한 상대방의 승낙(acceptance)이 있어야 계약이 성립된다는 측면에서 합의계약(consensual contract)의 법률적 성격을 지니고 있다. 따라서 계약당사자는 계약조건의 이행에 대하여 권리와 의무를 동시에 갖는다. 또한, 무역계약은 특별한 서식을 요하지 않아 불요식계약(informal contract)의 성격을 지닌다.

무역계약은 사적자치의 원칙(the principle of party autonomy)에 의거 체결되며 다음과 같은 흐름을 거쳐 무역계약이 체결된다. 거래상대방의 선정과정에서부터 청약의 승낙에 의한 계약이 성립되기까지 과정을 보면 다음과 같다.

거래상대방 후보선정과정 → 신용조회 → 거래상대방 확정 → 사업제의 → 상대방의 자사에 대한 신용조회 → 거래관계 개설동의 → 일반거래조건협정서 체결 → 포괄적 거래관계 개설 → 개별거래제의(circular letter, sales announcement 등) → 거래제의 → 청약(offer) 제시요청 → 청약(offer) → 반대청약(counter offer…) → 승낙(acceptance) → 최종확인(final confirmation) → 계약성립

주문은 청약이 인수되면 당사자가 서한이나 기타 통신방식으로 이를 확인하여 계약에 이르게 된다.

계약서에는 상품의 명세와 품질, 수량, 가격, 선적시기와 장소 및 목적항 또는 인도장소, 대금결제방법과 조건 특히 신용장 개설약관, 하인과 포장조건, 보험조건 및 분쟁처리 내지 상사중재조항(arbitration clause) 등 무역계약의 기준조건(general terms and conditions of business)을 명확하게 기재해야 함은 물론이다.

(2) 무역계약의 법적 성격

국제매매계약의 뜻을 음미하여 볼 때 이는 합의계약이며 쌍무계약이면서 유상계약과 불요식계약인 다음과 같은 법적 성격을 가지고 있다.

1) 합의계약

합의계약(consensual contract)이란 일방의 청약에 대하여 상대방이 승낙함으로써 성립되는 계약을 말하며 낙성계약이라고도 한다. 따라서 매매당사자의 합의가 있으면 그 자체로 계약이 성립되는 것으로 물품의 점유이전, 소유이전이나 문서작성 및 교부하는 사실이 계약성립의 요건이 되는 것은 아니다. 이런 점에서 분명히 요물(要物)계약[1]과 구별되며 보통 이행미필인 상태에서 무역계약이 성립된다.

---

1) 요물계약이란 낙성계약과 대립된 개념으로 합의 이외에 물건의 인도, 소유권의 이전과 같은 법률사실이 없으면 성립되지 않는 계약을 말하며 소비대차, 사용대차, 임차와 같은 것이 이에 속한다.

2) 쌍무계약

쌍무계약(bilateral contract)이란 계약의 성립에 의하여 계약당사자는 상호 채무를 부담하는 계약을 말한다. 다시 말하면 매도인은 물품인도 의무를 부담하고 매수인은 대금지급 의무를 부담하는 것을 의미한다. 여기에서 채무를 부담한다는 것은 즉, A가 채무를 부담하는 것은 B가 채무를 부담하기 때문이라는 교환적 원인관계에 서는 것이며 채무이행 문제와 위험부담 문제를 수반하게 된다.[2]

3) 유상계약

유상계약(remunerative contract)이란 계약당사자가 서로 대가적 관계에 있는 급부를 할 것을 목적으로 하는 계약을 말한다. 물품매매계약에서는 우선 쌍방의 채무를 발생케 하고 급부도 서로 대가를 이루어 그 대가의 보상으로서 금전지급을 원칙으로 하여야 한다.

4) 불요식계약

불요식계약(informal contract)이란 요식에 의하지 아니하고 문서나 구두(oral)에 의한 명시계약(express contract)이나 묵시계약(implied contract)도 계약이 성립된다는 것이다. 물품매매계약에 있어서는 청약과 승낙 자체는 반드시 서면으로 입증하지 않고 증인에 의해 입증해도 된다.[3] 무거래의 방법이 합법적(legality of object)이어야 하며, 매매당사자의 행위능력(capacity of the parties)이 있을 것 등이 요구된다.[4] 합의는 보통 청약(offer)과 승낙(acceptance)을 통하여 이뤄지며, 약인(consideration)이론은 영·미법에서 비롯되고 있지만 무역계약서에서는 보통 계약을 체결한다든가 합의한다는 등의 표현으로 약인 문제를 해결된 것으로 보고 있으며 동 이론은 수정 및 완화되어 가는 경향이 있다.

(3) 무역계약의 성립단계와 효과

무역계약은 매매당사자간에 여러 단계를 거쳐 체결될 수도 있지만 보통 실무상으로는 거래의 권유(circular) 단계에서 비롯하여 조회(inquiry)에 따른 회신과 아울러 청약자(offeror)의 청약과 피청약자(offeree)의 승낙의 단계를 거쳐 매

---

2) 이에 반하여 증여와 같은 것은 일방적인 의무부담이므로 편무계약이다.
3) United Nations Convertion on Contract for the International Sale of Goods[이하 금지에 관한 법률관계의 변동 등을 말하며 '대가의 상호교환'(bargained for exchange)]이라 할 수 있다.
4) C. Murray, Schmitthoff's Export Trade, Thomson Reuters(11edition), 2010, pp.1 – 5.

매계약을 성립시킬 뜻에 대한 의사 표시의 합치점에서 성립된다.

거래의 권유를 하기 위해서는 국제마케팅에 대한 전략을 수립하고 해외시장조사를 통하여 목적시장을 결정한 다음 동시장에서의 거래처를 물색한다. 거래처를 발굴하는 방법으로는 무역업자명부(directory)나 해외광고, 국내외 공공기관을 통하거나 현지에 직접출장을 가거나 무역관련 기관에서 주선하는 박람회 등 각종 행사를 이용할 수 있다. 발굴된 거래처에 대해서는 신용상태(credit standing)를 확인하여야 한다. 관심있는 고객으로부터 조회가 있을 경우에는 감사의 표시와 함께 신속하게 회신을 하여야 한다. 이때는 청약자가 청약을 보통 서면이나 전신 등으로 하게 되는데 대부분은 가격을 흥정하거나 거래조건의 수정을 요청하는 피청약자의 반대청약(counter offer)이 있을 경우가 많다. 이에 대하여 청약자가 다시 확정청약(firm offer)을 하면 피청약자가 승낙함으로써 계약이 성립된다. 이는 무역계약이 성립되는 최초의 시기라고 할 수 있다. 또한 매수인의 주문(order)에 따른 매도인의 주문승낙(acknowledgement)도 계약이 성립되는 것으로 본다.

여기에서 실무적으로 주의를 하여야 할 사항은 청약과 승낙의 합치된 의사표시로서 교환된 문서나 전신 또는 쌍방이 합의한 물품매도확약서(offer sheet)만으로는 완전한 계약이라고 할 수 없다. 그 합의내용이 단순하여 만일 후일에 분쟁이 야기될 경우에는 매매당사자의 책임소재를 명확하게 구분하기가 매우 어렵기 때문이다. 이에 대비하기 위해서는 청약과 승낙이 있더라도 항상 매도인과 매수인 사이에 구체적인 거래조건을 망라하여 서면으로 작성된 계약서(contract sheet)를 교부하여 각각 1부씩 보관하여 두는 습관이 중요하다.

2. 청약(offer)

(1) 청약의 의미

청약이라 함은 청약자(offeror)가 피청약자(offeree)와 일정한 조건으로 계약을 체결하고 싶다는 의사표시를 말한다.

무역계약의 당사자는 물품의 매도인이거나 매수인이므로 청약에는 매도청약(selling offer)과 매수청약(buying offer)이 있으며 이론적으로 계약의 체결을 희망하는 의사만 분명하면 offer라는 용어를 사용할 필요는 없다. 그러나 실무상으로는 단순한 가격의 통지(quotation of price)와의 오해를 피하기 위하여 모두가 "We offer…"라고 offer라는 단어를 사용하는 편이 바람직할 것이다.

(2) 청약의 효력 발생시기와 유효기간

청약은 일반적으로 피청약자 즉, 상대방에 도달할 때에 그 효력이 발생한다. 즉, 도달주의를 원칙으로 하고 있다.

청약에는 보통 유효기간이 정해져 있는데 이 유효기한부 청약을 확정청약(firm offer)이라 한다. 유효기간 내에 피청약자는 승낙(acceptance)의 의사를 청약자에게 도달시켜야 계약이 성립되는 것이다.

청약에는 유효기한이 없는 것도 있는데 이는 불확정청약(free offer) 또는 철회가능청약이라 한다. 상당한 기간 효력을 가지며 피청약자가 승낙의 통지를 발송하기 전까지는 청약자가 일방적으로 철회할 수 있다.

(3) 청약의 효력소멸

청약의 효력은 다음의 경우 소멸한다.

1) 거   절

피청약자가 청약을 수취하고 이를 전면적으로 거절하면 청약은 소멸된다.

2) 반대청약(Counter offer)

피청약자가 수취한 청약에 대하여 조건을 붙이거나 일부 내용을 변경하여 승낙한 것을 반대청약(counter offer)이라고 한다.

counter offer는 승낙은 아니므로 계약은 성립되지 아니한다. counter offer가 있게 되면 본래의 청약은 소멸하고 counter offer가 새로운 청약(new offer)이 된다.

3) 철   회

유효기간이 정해져 있는 청약을 무역실무상 확정청약이라 함은 상술한 대로지만 여기에서 'firm'이라는 형용사가 사용된 것은 '유효기간까지는 철회할 수 없다'라는 의미로 해석되고 있다.

그러나 영미 법계에서는 확정청약이라 하더라도 철회가 가능한 경우가 있으며, 이와 같이 확정청약이라 하더라도 철회가 가능한 경우, 철회시 그 청약의 효력은 소멸한다. 또한 확정청약의 경우에는 피청약자가 승낙의 통지를 발송하기 전에 철회하면 그 청약의 효력은 소멸한다.

영국의 경우 청약은 승낙에 의하여 계약이 성립되기 이전이면 언제나 철회가능하다.[5] 또한 미국의 통일상법전(UCC)에서는 확정청약의 철회 불능요건을 첫째, 청약이 서명된 문서로 행하여진 경우, 둘째, 상인에 의한 청약인 경우, 셋째, 유효기간이 3개월 이내인 경우로 제시하고 있다.

4) 승낙기간의 만료

승낙의 기간을 정하여 청약을 한 경우 유효기간 내에 승낙의 통지를 받지 아니한 때에는 그 효력은 소멸한다.

(4) 청약의 종류

청약은 크게 유효기한이 확정되어 있는 firm offer와 유효기한이 불확정되어 있는 free offer로 구분할 수 있다.

1) 확정청약

확정청약(firm offer)이란 청약의 유효기간을 정하고 그 기간 내에 피청약자가 승낙하면 계약이 성립되는 청약이다. 이 청약은 유효기간 내에는 취소되지 않을 것을 청약자가 보장하는 청약이며, 그러한 기간 내에 피청약자가 무조건적으로 승낙하면 청약자는 offer 내용대로 계약을 이행할 법적 의무를 진다. 대부분의 확정청약은 유효기간이 있지만 유효기간이 없는 경우라도 그 청약이 확정적(firm) 또는 취소불능(irrevocable)이라는 표시가 있으면 확정청약으로 간주한다.

2) 불확정청약

불확정청약(free offer)이란 청약의 유효기간이 없거나 확정적이라는 표시가 없는 청약을 말한다. 그러므로 피청약자가 승낙하기 이전에는 언제라도 청약을 취소하거나 그 내용을 변경할 수 있으며 또한 청약을 승낙하더라도 청약자의 최종확인(final confirmation)이 있어야 하는 청약이다.

불확정청약은 유사청약과 성격상 청약에 갖가지 조건을 단 조건부청약(conditional offer)으로 구분할 수 있는데 청약과 유사한 형태로 보는 유사청약

---

5) Payne V. Cave, 1780.

Messrs. Base Line Inc.   October 20, 2014.
2300 Arapahoe, Boulder
CO., USA

Dear Sirs,
We are pleased to offer you as follows :

SUPPLIER   : Samsung Corporation
ORIGIN   : Republic of Korea
PACKING   : Export Standard Packing
SHIPMENT   : Within 2 months after the date of contract sheet
INSPECTION : Seller's inspection to be final
PAYMENT   : By an irrevocable L/C at sight in our favor
VALIDITY   : By the end of December, 2014
REMARKS   : Subject to our final confirmation

H.S.	Item No.	Description	Quantity	Unit Price	Amount
8525.80	CCD-TRV 32	VIDEO CAMERA RECORDER	1,000	FOB Busan @USD650	USD650,000

Yours very truly,

Samsung Corporation

_____

Managing Director

에는 경매 및 입찰공고, 견적, 가격표, 카탈로그, 비행기표 및 배표에 있는 조건 등이 있으며, 무역계약에서의 불확정청약은 대개 조건부청약으로 청약자가 청약내용에 어떤 조건이나 단서를 붙여 피청약자의 승낙만으로 계약이 성립되지 아니하고 다시 청약자의 최종확인이 있어야만 계약이 성립된다. 조건부 청약은 형식상 불확정청약이지만 엄밀한 의미에서는 청약으로 볼 수 없고 청약의 유인이라고 할 수 있다. 대표적인 조건부 청약은 다음과 같은 것들이 있다.

3) 반대청약

반대청약(counter offer)은 청약자의 청약에 대하여 피청약자가 청약내용을 일부 변경하거나 새로운 조건을 제의하는 청약이다. 반대청약은 원청약에 대한 거절임과 동시에 새로운 청약이 되는 특성을 지니고 있다.

4) 교차청약

매도인과 매수인이 동일한 내용을 동시에 청약한 경우 교차청약(cross offer)이라고 한다. 교차청약의 경우에 청약자와 피청약자를 명백하게 구분하기는 힘들지만 우리나라는 민법 제533조 규정에 의해 계약이 성립한 것으로 인정한다.

5) 조건부청약

청약자가 청약내용에 조건이나 단서를 부가한 청약을 조건부 청약(conditional offer)이라고 한다. 조건부 청약은 피청약자의 승낙만으로는 계약이 성립되지 않고, 다시 청약자의 최종확인이 있어야만 법적인 구속력을 갖추게 되어 계약이 성립된다. 엄밀한 의미에서 청약의 유인에 해당한다고 할 수 있으며, 승낙하기 전에 청약의 내용을 변경하거나 철회할 수 있다.

① Offer subject to final confirmation(확인조건부 청약)

이것은 청약이 아니라 청약의 권유(invitation to offer)이다. 그 이유는 상대방이 승낙하여도 청약자가 확인하지 않으면 계약이 성립하지 않기 때문이다.

표 5-1   확인조건부청약의 법적 의미

구 분	무역실무상의 용어	법적 의미
Offeror	확인조건부 Offer	Invitation to offer
Offeree	Acceptance	Offer
Offeror	Final confirmation	Acceptance

그림 5-1 | 확인조건부청약의 흐름도

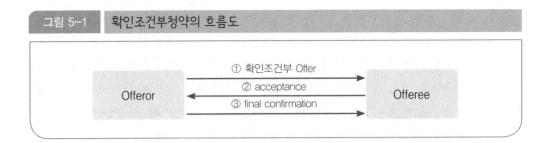

② Offer subject to prior sale(선착순 매도조건부 청약)

이것은 판매수량이 한정되어 있는 경우에 사용되는데 청약을 받은 자가 모두 승낙하면 수량이 부족하므로 선착순으로 매도할 것을 조건으로 하는 청약이다. 그러나 이것은 엄밀하게 말하면 청약의 권유라고 할 수 있다. "Offer subject to being unsold"라고 쓰기도 한다.

③ Offer subject to market fluctuation(시황조건부청약)

이는 시장 상황의 변동에 따라 청약 내용을 변경할 수 있다는 조건을 부여하고 있는 청약이다. "Offer without engagement"라고 쓰기도 한다.

④ Offer on approval(점검부 청약)

청약과 동시에 현품을 보내서 상대방이 사용 후 만족하면 승낙하도록 하는 청약이다. 신제품 출시나 해외시장 개척의 경우에 많이 사용되는 방식이다.

⑤ Offer on sale or return

위탁판매방식에 의해 무환으로 물품을 송부한 후 약정기간 동안 판매된 물품에 대해서만 대금지급을 하고 나머지는 반품이 가능하다는 조건의 청약이다.

3. 승낙(acceptance)

(1) 승낙의 의미

승낙이라 함은 피청약자가 청약자의 청약을 수락하여 계약을 성립시키고자 하는 의사표시이다. 청약에 대하여 승낙이 있어야 비로소 하나의 계약이 성립한다.

승낙은 청약의 모든 조건에 대하여 동의를 하는 무조건 승낙만이 승낙이며 조건부승낙은 counter offer가 되어 버린다.

그림 5-2 청약과 승낙의 관계

(2) 승낙의 효력 발생시기

청약자와 청약에 대해 피청약자가 승낙을 하게 되면 계약은 성립된다. 그런데 청약자와 피청약자는 공간적으로 상당히 떨어져 있는 것이 무역거래에서는 일반적으로 승낙의 의사표시가 피청약자로부터 발송되어 청약자에게 도착하기까지의 어느 시점에서 계약이 성립하는가라는 문제가 제기된다. 이 점에 관해서는 이론적으로 다음의 세 가지 입법주의가 있다.

1) 발신주의

피청약자가 승낙의 의사표시를 발송한 때에 계약이 성립한다고 하는 주의이다.

2) 도달주의

피청약자의 승낙의 의사표시가 청약자에게 도달한 때에 계약의 성립을 인정하는 주의이다.

3) 요지주의

승낙의 의사표시가 물리적으로 청약자에게 도달할 뿐만 아니라 현실적으로 청약자가 그 내용을 인지할 때에 계약의 성립을 인정하는 주의를 말한다.

격지자간의 승낙의 효력발생시기에 대해서는 영미법은 발신주의를 채택하고 있는 반면 유럽에서는 도달주의를 채택하고 있는 국가가 대부분이다. 따라서 이와 같이 승낙의 효력발생시기가 국가에 따라서 다르므로 주의하여야 할 것이다. 격지자간의 승낙이 발신주의인 경우는 피청약자에게는 유리하지만 청약자에게는 불리하다. 청약자에게는 도달주의가 유리하므로 무역실무상 청약시 offer subject to acceptance arriving here by (date)와 같이 승낙의 통지가 몇

표 5-2 승낙의 효력발생시기

통신수단 \ 준거법			한국법	일본법	영미법	독일법	CISG
의사표시에 관한 일반법칙			도달주의	도달주의	도달주의	도달주의	도달주의
승낙의 의사 표시	대화자간	대화	도달주의	도달주의	도달주의	도달주의	도달주의
		전화	도달주의	도달주의	도달주의	도달주의	도달주의
		텔렉스	도달주의	도달주의	도달주의	도달주의	도달주의
	격지자	우편	발신주의	발신주의	발신주의	도달주의	도달주의
		전보	발신주의	발신주의	발신주의	도달주의	도달주의

월 며칠까지 도달할 것을 조건으로 명시해 두면 좋을 것이다. 한편 청약자와 피청약자가 격지간에 있지 아니하고 상호 대면하여 청약과 승낙이 이루어지는 경우는 그 계약은 그 장소에서 성립한다.

우리나라는 민법 제531조의 규정에서 격지자간의 계약성립시기를 승낙의 통지를 발송한 때라고 하여 발신주의 채택하고 있다.

4. 전자무역계약

(1) 전자무역계약의 개념

정보통신기술의 발달에 따른 정보화의 물결을 타고 거래환경에 전자적인 방식이 도입되었다. 이에 따라 새로운 계약유형으로서 전자계약이 나타나게 되었다. 전자거래란 정보통신기술을 바탕으로 컴퓨터와 같은 정보처리장치와 네트워크를 통하여 전자적인 방식으로 이루어지는 거래를 의미한다.

법적인 측면에서 정의하면, 전자계약이란 "일정한 법률효과의 발생을 목적으로 하는 2인 이상의 당사자의 전자적 의사표시의 합치에 의하여 성립하는 법률행위"이다.

전자계약과 관련하여 제기되는 법적인 문제점은 전자계약의 성립시기를 어느 때로 볼 것인가의 문제, 전자계약의 체결준비단계에서 발생한 손해에 대한 책임문제, 무능력자와 무권한자에 의해 체결된 전자계약의 효력문제 등이다.

(2) 무능력자에 의한 전자계약

전자계약이 무능력자에 의해 체결된 경우에 민법상의 무능력자에 관한 규정을 적용하여야 할 것인가의 문제가 있다. 전자계약은 당사자간의 강한 신뢰를 바탕으로 행해지기 때문에 객관적인 거래의 안전을 강하게 보호하여야 할 필요가 있다. 그런데 현행 민법은 무능력자를 강하게 보호하고 있으며, 무능력자와 거래한 상대방을 보호하기 위한 조치는 제한적으로 규정되어 있다. 따라서 거래의 안전과 무능력자의 보호라는 상충되는 이상을 고려하여 조화롭게 해석할 것이 요구된다. 원칙적으로는 무능력자를 강하게 보호하려는 민법의 취지에 따라 무능력자의 보호에 관한 규정을 적용하여 무능력자에게 취소권을 주는 것이 현행법의 해석상 타당하다.

다만, 전자계약의 경우에 무능력자와 거래한 상대방의 보호가 현행법상 매우 어렵기 때문에, 전자계약의 당사자가 능력자인 본인임을 확인케 하는 방법이 강구되어야 할 것이다. 예컨대, 제3의 기관에서 발행한 디지털서명을 이용하여 성년 및 본인임을 확인케 하는 방법이나 전자계약의 체결을 위한 회원가입계약을 먼저 체결하여 본인확인을 거친 후에 개별적인 전자계약을 체결하는 방법 등이 있다.

(3) 무권한자에 의한 전자계약

1) 전자계약과 무권대리

아무런 권한이 없는 제3자가 타인의 정보를 이용하여 전자계약을 무권대리계약이라 하는데, 대리에 관한 민법의 규정을 적용하여 대리권의 증명도 하지 못하고 본인의 추인도 받지 못할 경우에는 그 제3자는 상대방의 선택에 따라 이행을 하거나 손해배상을 하여야 한다(민법 제135조).

2) 전자계약과 표현대리

네트워크상에서 거래의 상대방 또는 제3자에게 타인에 대한 대리권수여의 표시를 한 경우 또는 네트워크상에서 타인에게 명의를 빌려 준 경우에는 민법 제125조에 의하여 그 대리권범위 내에서 그 타인과 제3자가 행한 법률행위에 대하여 본인이 책임을 져야 한다. 또한 네트워크상에서 대리인이 그 권한 외의 행위를 한 경우에는 제3자가 그 권한이 있다고 믿을 만한 정당한 이유가 있는 때에 한하여 본인은 책임을 져야 하며(민법 제126조), 대리권의 소멸을 알지 못한 선의의 제3자에게도 본인은 책임을 져야 한다(민법 제129조).

권한이 없는 자에 의한 전자계약의 체결을 방지하기 위한 개선방안으로서, 전자계약에 관한 정보를 암호화하여 제3자가 쉽게 타인의 정보를 열람하지 못하도록 하는 방법과 제3자 신용기관에 의해 거래하려는 당사자가 진정한 권한을 가진 본인임을 확인케 하는 방법 등이 현재 강구되고 있다. 이러한 보안시스템은 신속하고 안전한 전자거래를 위한 필수적인 요건이다.

무역계약의 기본조건

수입거래에서 필수적으로 약정해야 할 거래조건(약관)을 '무역거래의 기본조건'(terms and conditions of foreign trade)이라 하는데, 이른바 ① 품질조건(terms of quality), ② 수량조건(terms of quantity), ③ 가격조건(terms of price), ④ 인도조건(terms of delivery), ⑤ 결제조건(terms of payment), ⑥ 보험조건(terms of insurance) 등을 들 수 있고, 이 밖에 포장조건이나 무역분쟁(claim)의 해결을 위한 중재조항(arbitration clause), 그리고 불가항력(force majeure)에 의한 선적의 지연(delayed shipment), 기타 계약불이행에 대한 처리 약관 등도 계약조건에 포함시켜야 할 사항들이다.

1. 품질조건(terms of quality)

거래대상 물품의 품질수준에 관하여는 먼저 품질결정의 방법을 계약에서 특정해야 할 것이고, 다음으로 품질검사의 기준시점, 즉 검품의 기준시기를 역시 계약에서 정해 두어야 한다.

(1) 품질결정의 방법

어떠한 품질수준의 물품을 거래의 대상으로 할 것인가 하는 품질약정의 방법에는 대체로 다음과 같은 것들을 들 수 있겠다.

1) 견본매매(sale by sample)

견본매매란 거래상품의 품질을 견본에 의하여 약정하는 방법으로서 매매

당사자가 제시한 견본과 같은 품질의 물품을 인도하도록 약정하는 방법을 의미하며 오늘날의 무역거래에서 가장 널리 이용되고 있는 방법이다. 견본은 원칙적으로 실물견본(straight sample)이어야 하며 설명견본(illustrative sample)은 인정되지 아니한다.

견본매매는 원칙적으로 수출업자가 제시하는 견본과 수입업자에게 인도되는 물품의 품질, 상태 등이 일치하여야 한다.

2) 상표매매(sale by trade mark)

세계적으로 널리 품질이 알려진 상품의 경우에는 구태여 견본을 제시할 필요가 없이 상표(trade mark)나 브랜드(brand)에 의하여 품질수준을 표시하여 거래하는 경우를 상표매매(sales by trade mark) 또는 브랜드매매(sales by brand)라 한다.

예컨대 만년필의 Parker, 화장품의 Revelon, 넥타이의 Wembly 등의 매매에 활용될 수 있는 것이 곧 상표(통명)매매이다.

3) 명세서매매(sale by specification)

선박, 철도차량, 발전기 등 거대한 기계류 따위는 전술한 견본매매나 상표매매에 부적합하므로, 그 재료와 구조, 성능, 규격 등을 상세히 알려 주는 설명서나 명세서, 도해목록, 설계도 또는 청사진(blueprint) 등을 제시하여 이로써 품질을 약정하는 설명 매매방법을 택하게 된다.

4) 표준품매매(sale on standard)

수확예정의 농산물이나 수산물과 철물, 제조예정상품의 경우에는 공산품과 달리 일정한 규격이 있을 수 없고 유명한 상표도 없으며 견본제시도 곤란하다.

이처럼 동종이지만 이질적인 개품이 혼합되어 한 가지 종류의 상품을 이루는 천연산물은 등급을 정하여 거래하는 것이 일반적인바, 이러한 품질약정방법을 표준품매매라 한다.

표준품이란 동종이질상품의 품질을 대표하는 상품의 소량을 말하는 것으로서, 표준품질매매방식에는 다음과 같은 두 가지가 관용되고 있다.

① 평균중등품질조건(Fair Average Quality: FAQ)

이 조건은 곡물, 과물, 면화, 차 등 농산물의 거래에서 주로 이용되며, 거래목적물의 품질을 당해 선적 내지 출하의 지역과 시기에 있어서 그 계절의 출하품 가운데 평균적인 중등품질(fair average quality for the season shipments at time and place of shipment)의 것으로 하는 품질조건을 말한다.

② 판매적격품질조건(Good Merchantable Quality: GMQ)

이는 목재나 냉동수산물 또는 광석류 등에 주로 적용되는 조건으로 수출업자가 인도한 상품이 수입지에서 양하되어 검사한 후 현지시장에서 보증하는 조건의 매매조건이다. 즉, 상품판매적합성(merchantability)을 지녀야 하며 이들 물품은 내부의 부패나 기타의 잠재하자가 외관상으로는 확인하기가 곤란하므로 수입지에서 인수한 현물에 내부의 하자가 발견되어 판매가 불가능한 부분에 대하여는 수입업자가 수출업자에게 배상을 요구할 수 있는 거래조건이다.

5) 규격매매(sale by grade)

국제적으로 특정되어 있거나 수출국의 공적규정으로 특정되어 있는 규격물품의 경우에는 견본에 의할 필요가 없으며 규격으로서 거래가 이루어지는 것이 일반적이다.

예컨대 'KS'(Korean Standard), 'JIS'(Japan Industrial Standard) 표시 등이 그 것이다.

6) 점검매매(sale by inspection)

수출지에 매수인 혹은 수입업자의 대리인이 상주하여 현품을 살펴보고 계약 체결하는 경우이다.

(2) 품질의 기준시기

무역상품은 장거리의 운송과정으로 인하여 선적시의 품질과 양륙시의 품질이 차이가 발생될 수 있으므로 당해 물품이 약정된 품질수준을 충족하는가의 여부를 어느 시점의 품질상태에 의하여 판정할 것인가 하는 품질검사를 행하는 기준시점을 약정해 둘 필요성이 있다.

1) 선적품질조건(shipped quality terms)

품질검사의 기준시기를 선적완료시점으로 하는 조건을 선적품질 조건이라 하며, FOB와 CIF 조건에 의한 거래에서는 선적품질조건이 적용되는 것으로 간주된다.

London 곡물시장을 중심으로 확립되어 곡물류의 거래에 흔히 쓰여지는

T.Q.(Tale Quale, Tel Quel)는 'Such as it is' 또는 'Just as it comes'의 뜻을 지니고 있어 선적품질조건의 한 예라 할 수 있다.

S.D.(Sea Damaged)는 원칙적으로 선적품질조건이나 해상운송 중에 발생한 품질손해에 대하여는 매도인이 부담하는 선적품질조건과 양륙품질조건을 절충한 조건부 선적품질조건의 대표적인 예이다.

2) 양륙품질조건(landed quality terms)

이는 상품품질을 양륙지에서 결정하는 조건으로서 이 조건에 의하면 수출업자는 운송도중의 상품의 변질에 대해서 모든 책임을 지고 배상하여야 한다. 양륙품질조건으로 R.T(Rye Term)가 있는데, 호밀거래에 이용된 조건이며 광산물 및 곡물류거래에 활용되고 있다.

2. 수량조건(terms of quantity)

(1) 수량약정의 방법

수량약정(표시) 방법에서는 수량의 단위(unit)와 산물(bulk products)의 경우 수량 표현에 있어서 유의해야 할 과부족용인약정 및 개산수량조건 등이 주요한 사항이 된다.

1) 수량의 단위

수량의 단위에는 상품의 성질과 관습에 따라 중량(weight), 용적(measurement), 개수(number)나 대수, 포장(package), 길이(length)가 주로 활용되고 있다. 이러한 수량단위는 상품의 성질과 각국의 계산기준에 따라 차이가 있으므로 명확히 하여야 한다.

① 중량에는 lb(pound), Kg, Ton 등이 광범하게 사용되는데 Ton에는 다음의 3종이 있다.
- Long Ton(Engligh Ton; Gross Ton) = 2,240lbs
- Short Ton(American Ton; Net Ton) = 2,000lbs
- Metric Ton(French Ton; Kilo Ton) = 2,204lbs
  그리고 M/T는 용적(부피)을 나타내는 용적톤(measurement ton)의 약어로 공용되고 있으므로 metric ton인지 measurement ton인지를 구별해서 사용해야 할 것이다.

② 용적을 단위로 하는 경우에는 Cubic Meter(m#), Cubic Feet(cft), Barrel(31.5 American Galon), Bushel(8 English Galon; 36.637 Liters)이 사용되고 있는데, 목재에는 m#와 cft가 그리고 석유에는 Barrel, 곡물에는 Bushel이 거래단위로 사용되고 있다.

③ 개수는 잡화 및 기계류 거래의 수량단위로서 사용된다. Piece(1개), Dozen(12개), Gross(144개), Great Gross(12개×12 ×12＝1,728개), Small Gross(12개 ×10＝120개) 등의 단위가 있다.

④ 포장단위가 거래단위로 되는 상품이 있다. 면화, 소맥분, 시멘트 등은 그 대표적인 상품이 된다. 포장물로서는 Keg(각), Bag(대), Case(상자), Bale(곤), Bundle(속), Drum(드럼) 등이 사용된다.

⑤ 길이는 섬유류, 전선, 강관 등이 사용된다.

⑥ 면적은 유리, 합판, 타일 등에 사용되며, sft(square foot)가 수량기준이 된다.

2) 수량표현의 방법

포장단위상품(packing units)이나 개체물품(individual items)의 경우에는 정확히 그 수량을 표시하여 그대로 인도(선적)하면 되지만 비포장상태로 거래하는 품목, 즉 산화물의 경우에는 가령 100M/T라 했다 해도 정확히 100M/T를 인도하는 것은 사실상 불가능하며, 인도수량에 다소의 오차가 생기는 것이 일반적이다.

따라서 이러한 산화물의 거래에 있어서는 약간의 수량부족이나 수량초과를 인정(허가)해 주지 않으면 계약이행이 매우 어렵게 된다. 그러므로 분쟁의 방지를 위해 이러한 경우에는 다소의 과부족을 인정하는 약관(clause)을 설정하거나 또는 개략적 표현방법을 쓰는 것이 현명할 것이다. 전자가 과부족용인약관이며, 후자가 개산수량조건이다.

3) 과부족용인약관(More or less clause)

과부족용인약관이란 일정한 수량의 과부족 한도는 정해 두고 그 범위 내에서 상품이 인도되면 계약불이행으로 보지 않고 따라서 수량에 대한 분쟁을 제기하지 않도록 인도수량에 신축성을 부여하는 수량조건이다.

일반적으로 과부족 용인제도는 특약에 의한 과부족 용인조항 설정과 신용장 거래방식에서의 과부족 용인조항으로 구분할 수 있다. 특약에 의한 과부족 용인조항 설정의 경우에는 어느 한도까지 과부족을 허용하며, 과부족 선택권자는 누구인지를 계약서에 명확하게 기재해 두어야 한다. 신용장 거래의 경우 신용장상에 별도의 명시가 없으면 5%의 범위 내에서 과부족을 용인한다. 신용장 거래방식에 의한 경우 "약"에 해당하는 "about, approximately"와 유사한 표현이 사용된 경우 10% 범위에서 과부족을 용인하며 이와 같은 경우를 개산수량조건이라고 한다. UCP600(신용장통일규칙)에서는 제30조 a항에 개산수량조건을 명시하고 있으며, b항에 과부족용인조항을 명시하고 있다.

(2) 검량의 기준시기

품질조건에서 설명한 바와 같이 수량조건에서도 구체적으로 어느 시점의 수량을 검사·확인하여 계약수량에의 해당성 여부를 판정할 것인가의 문제에 있어서 통상 검량의 기준시기로 다음과 같이 두 가지 중의 하나의 방법이 선택되고 있다.

1) 선적수량조건(shipped quantity terms)

선적수량조건은 선적수량의 계약에서 정한 바에 합당한가를 선적시점에서 검량한 결과로써 판정하는 조건이다. 따라서 이 조건에 의하면 선적시에 약정수량에 해당하는 한 운송도중의 감량에 대해서는 매도인은 아무런 책임을 지지 않는다.

거래가 FOB나 CIF로 이루어지는 경우에는 별도의 특약이 없는 한 성질상 선적수량조건에 의하게 된다.

2) 양륙수량조건(landed quantity terms)

양륙수량조건은 목적지항에서 상품을 양륙하는 시점에서 검량을 하여 인도수량이 계약에 합당한가의 여부를 판정하는 조건, 즉 양륙시의 수량을 최종적인 것으로 하는 조건이다.

(3) 계량의 방법

상품의 수량 특히 중량을 측정함에 있어서는 포장을 포함시켜서 계량할 것인가의 여부가 문제가 되는바, 이러한 관점에서 계량의 방법을 구분하면 총중량(gross weight), 순중량(net weight), 정미중량(net net weight) 등으로 세분될 수 있다.

1) 총중량조건

이 건은 외포장과 내포장, 내부충전물 및 물품의 순수한 자중까지를 모두 합하여 계량하는 조건이다. 이러한 총중량조건은 일부 액체물품이나 밀가루(소맥분) 또는 목화 등 특수품목의 경우에만 채택될 뿐 그다지 많이 이용되는 계량방법은 아니다.

2) 순중량조건

순중량조건은 총중량에서 외포장인 부대의 무게를 제외한 중량으로 계량하는 방법이다. 이 조건은 비누나 화장품류와 같이 소매할 때 포장된 채로 판매되는 상품에 적용되며, 가장 보편적으로 채용되는 계량방법이다.

3) 정미중량조건

물품내용물만의 순수한 중량, 즉 중량에서 내포장과 충전물 등을 제외한 중량으로 계량하는 방법을 정미중량조건이라 한다. 순순중량조건이라고도 하는 이 조건은 상품을 구성하는 원료의 순무게를 의미하는 것으로 예를 들면 화장품로션에서 병을 제외한 순수한 로션의 무게 등을 의미한다.

3. 가격조건(terms of price)

무역거래에서 무엇보다도 중요한 것은 물품에 대한 가격의 산정이며 이러한 가격의 산정에 있어서는 수출입에 수반되는 각종 비용을 물품의 원가와 이윤에 추가적으로 삽입하여야 한다.

매매가격은 계약화물의 인도장소와 매도자의 비용부담 범위에 따라서 결정되며 이에 따라서 위험 또는 소유권의 이전시점이 확정된다.

현대의 국제무역거래에 있어서 매매가격은 무역거래관습상 형성된 여러 가지 형태의 정형거래조건에 따라 산정된다.

물품의 수출입에서 소요되는 수출입요소비용으로는 제조원가, 포장비, 희망이익, 각종 검사 및 증명료와 인허가비용, 선적항(port of shipment)까지의 수출(적출)국에서의 내륙수송비, 창고료 또는 보관료, 수출통관비용 및 수출세,

보험료, 양하비용, 항구세와 부두사용료, 수입통관비 및 관세, 수입국 내에서의 창고료와 보관료 및 각종 행정비용, 그 밖에 수출입에 수반되는 이자, 환비용, 수수료, cable 또는 telex 비용을 포함한 여러 가지 영업비용 또는 잡비 등을 열거할 수 있겠는데, 이들 제비용 가운데 어느 것들을 매도인의 부담으로 하고, 어느 것들을 매수인의 부담으로 하는가에 따라 상품의 단가가 달라져야 한다는 것이다.

가격조건이란 바로 이러한 단가채산, 즉 가격제시에 관련한 수출입요소비용의 부담귀속을 나타내는 여러 가지 관용적 조건을 일컫는다. 이러한 가격조건은 후술할 무역조건의 해석에 관한 국제규칙(Incoterms)의 약어로 사용하는 것이 일반적이다. 가격조건에 대한 설명은 비용부담에 관한 한 중복될 것이기 때문에 상세한 것은 'Incoterms'에서 다루도록 한다.

4. 인도조건(terms of delivery)

물품인도의무의 원만한 이행을 위해서는 당사자간에 인도시기(time of delivery)와 인도장소(place of delivery) 및 인도방법의 세 가지 요소에 대한 약정이 필요한 것인바, 인도시기는 소유권이전 효력의 시기가 되는 것이 일반적이고, 인도방법은 현물도(actual delivery)냐 서류도(symbolic delivery)냐 하는 문제이며, 또한 인도시기와 인도장소는 물품에 대한 위험(책임)부담의 분기를 나타내는 시간과 장소가 되기도 하므로 무역거래에서 대단히 중요하다.

(1) 선적시기의 약정

선적시기를 약정하는 방법으로는 선적의 기간이나 최종선적기한을 정하는 특정조건과 막연히 조속 선적하라는 즉시선적조건 등의 두 가지 형태가 있다.

1) 특정선적조건

선적시기를 일정한 기간 또는 기일로 약정하는 방법으로서 'July shipment,' 'Shipment shall be made from June to July, 1991'으로 정하는 것과 같은 예이다.

또한 선적조항에 있어서 특정월의 first half 또는 second half와 같은 문헌이 있는 경우가 있다. 이것은 1일부터 15일, 그리고 16일부터 말일까지를 의미하는 것인데(신용장통일규칙 제3조 참조) beginning, middle 또는 end와 같은 문언은 1~10일, 11~20일, 21~월말까지를 의미하는 것으로 해석된다(신용장통일규칙 제3조 참조).

선적기한(기일)이나 선적일자에 관하여 'on or about' 또는 이와 유사한 표현이 사용되었을 때에는 지정된 기준일을 전후하여 5일간의 기간 내에 선적되도록 요구하고 있으므로(신용장통일규칙 제3조 참조) 총기간은 양쪽의 5일째 되는 일자를 포함하여 11일이 된다.

2) 즉시선적조건

선적시기를 특정 월, 일 또는 며칠 이내 등으로 명확하게 약정하지 않고 막연하게 즉시 또는 신속히 선적하도록 하게 하려는 목적으로 "prompt," "immediately," "as soon as possible" 등의 용어로 선적을 요구하는 형식이 바로 그것이다.

이에 대하여 「신용장통일규칙」은 이러한 표현이 쓰여진 경우에는 무시하도록 규정되어 있다(신용장통일규칙 제3조).

(2) 분할선적(partial shipment)

분할선적은 그 횟수와 매회 또는 각 회의 분할수량을 약정함으로써 이루어지는 것으로 예컨대 선적시기를 shipment during May/June/July 1991와 같은 특정 월이 계속적으로 표시되어 있는 경우가 있다. 이때에는 5월 초일에서부터 7월말까지의 3개월간에 선적으로 완료할 것을 의미하고 있는 것이다. 또한 계약에서 이러한 분할 선적약관이 정해지지 않은 경우에 분할선적이 인정되는가에 대한 의문이 제기될 수 있는데 「신용장통일규칙」에서는 명시적인 분할선적 금지약관이 없는 한 분할선적은 인정되는 것으로 하고 있다(동규칙 제31조 a항).

또한 물품의 집하장소가 상이하여 여러 횟수에 걸쳐 각각 다른 항구에서 선적함으로써 발행일자와 장소(항구)가 각각 상이한 선하증권(B/L)이 발행되는 경우라 할지라도 동일항로의 동일선박에 선적한 경우 이들을 분할선적으로 보지 않고 1회 선적으로 간주한다(동규칙 제31조 a항).

(3) 환적(transhipment)

환적(transhipment)은 신용장통일규칙 제6차 개정(UCP600)에 따르면 복합운송조항(제19조)과 선하증권조항(제20조)으로 구분하여 정의해볼 수 있다. 복합운송조항에서는 신용장에 규정된 상품의 발송, 수탁, 또는 선적장소에서 최종목적지까지 운송 중 하나의 운송수단으로부터 하역하여 다른 운송수단(운송수단의 형태는 불문)으로 재선적하는 것으로 규정하고 있다. 선하증권에 대하여 규정하고 있는 제20조 b항을 보면 환적은 신용장에 나타난 선적항에서 양륙항까지 운송 중 하나의 선박에서 하역하여 다른 선박으로 재선적하는 것을 의미한다고 규정하고 있다. 상술한 신용장통일규칙의 조항을 종합할 때 "환적은 운송과정 중 하나의 운송수단에서 하역하여 다른 운송수단에 적재하는 것"으로 정의할 수 있다.

해상운송이나 복합운송에서 환적은 일반적으로 예상되는 것으로 신용장에서 환적을 금지하고 있더라도 환적이 되거나 될 수 있다는 내용을 표시한 운송서류는 수리될 수 있으며(신용장통일규칙 제19조 c항), 선하증권에서 전체 운송이 단일의 동일한 선하증권에 의해 수행되는 한 동 상품이 환적될 수 있다는 표시를 할 수 있다고 규정하고 있다(신용장통일규칙 제20조 b항).

(4) 선적지연과 선적일의 증명

선적지연은 약정된 선적기한 내에 선적을 이행하지 않는 것을 말하는바, 수출업자의 고의 또는 과실에 의한 선적지연은 명백한 계약위반(계약불이행)이므로 수출업자가 책임을 져야 한다.

그러나 선적지연이 천재지변(Acts of God)이나 전쟁, 동맹파업, 기타 불가항력(force majeure)으로 인한 때에는 수출업자의 귀책사유가 아니므로 면책된다. 이러한 경우 불가항력 사유를 입증할 수 있는 서류를 수입업자에게 지체 없이 송부함으로써 그 사실을 통지해야 하는데 이러한 입증서류는 수출국주재 수입국 영사 또는 상공회의소나 국가기관 혹은 공공기관이 발행 또는 확인한 것이어야 한다는 것이 통례이다. 이렇게 할 경우에는 일반적으로 3주 내지 1개월 정도의 선적유예(연장)기간을 얼마로 할 것인가 또는 계약 자체를 취소할 것인가의 여부를 미리 정해 주어야 한다.

5. 결제조건(terms of payment)

무역상품매매계약에서 상품의 소유권 이전의 대가로 그 대금의 지급을 확약하는 것은 불가결의 요건이라 할 수 있다. 매수인이 구매상품에 대하여 그 대금을 지급하지 아니하고 그 대신에 다른 의무(물물교환에서와 같이 다른 물품을 제공)를 이행하도록 약정되어 있는 경우에는 매매계약으로 간주되지 않으므로 상품매매의 범위에서 제외되는 것이다. 그러므로 상품대금의 지급에 관한 조건(terms of payment)은 매매계약에서 반드시 약정되어야 하는 것이다.

대금결제방식의 자세한 내용은 제7장에서 후술하기로 하고 본 계약조건에서는 기초적인 내용을 중심으로 살펴보기로 한다.

(1) 결제시기

1) 선지급(advance payment)조건

물품이 선적 또는 인도되기 전에 미리 그 대금을 지급하는 선지급조건으로 상품의 구매를 위한 주문과 동시에 현금결제가 이루어지는 CWO(cash with order) 방식과 주문과 함께 전신송금(Telegraphic Transfer: T/T) 등에 의해 송금하는 이른바 단순 송금방식(remittance base) 및 전대신용장(red clause L/C)에 의해 신용장통지도착, 즉 수익자의 신용장수취와 더불어 미리 대금부터 결제되는 전대신용장방식 등을 들 수 있다.

2) 동시지급(concurrent payment)조건

물품의 선적 또는 인도나 운송서류의 인도와 동시에 대금결제가 이루어지는 동시지급조건으로는 선적서류상환도지급(Cash Against Documents), 물품상환도지급(Cash On Delivery), 일람출급신용장(Sight Payment L/C), 지급인도방식(Documents against Payment) 등이 있다.

선적서류상환도지급(Cash Against Documents: CAD)은 선적완료시 발행되는 선적서류를 선적지 소재 수입업자의 지점이나 대리인으로부터 현금 또는 지급지시서와 상환하는 방식이다. 무역거래에서는 은행을 개입시켜 화환어음(Documentary Bill of Exchange)에 의하여 지급이 이루어지는 것이 일반적이다. 이와 유사한 지급방식으로 물품상환도지급(Cash On Delivery: COD)조건이 있다. 이 방식은 물품이 목적지에 도착하였을 때 매수인이 직접 물품을 검사하고 대금을 지급하는 방식이다. 일람출급신용장(Sight L/C)은 신용장 거래에서 매도인(어음발행인, Drawer)이 발행한 어음이 매수인(어음지급인, Drawee)에게 제시되면 매수인이 일람(at sight)함과 동시에 어음대금을 지급하는 일람출급환어음으로 결제되는 방식이다. 마지막으로 지급인도방식(Documents against Payment: D/P)은 추심(Collection)방식으로 환어음이 매수인에게 제시될 때 대금을 지급하면 선적서류가 인도되는 방식이다.

3) 후지급(혹은 연지급, Deferred payment)조건

물품의 선적 또는 인도와 선적서류의 인도가 있은 후 일정한 기간이 경과되어야 대금결제가 이루어지는 것으로 외상거래에 해당하는 것이 후지급조건이며, 단기연지급과 중장기연지급의 두 가지로 구분할 수 있다.

단기연지급조건에 속하는 것은, 신용장방식의 거래에서 어음이 수입업자에게 제시된 후 일정기간이 경과해야 어음대금이 지급되는 기한부어음에 의한 기한부방식(usance base)과 무신용장거래에서 어음을 추심할 때 어음제시가 있어도 수입업자는 대금지급을 하지 않고 어음인수만을 하면 선적서류가 인도되어 어음만기일에 대금지급을 하게 되는 인수인도방식(Documents against Acceptance: D/A)이 있다.

중장기연불조건(deferred payment on long or mid−terms basis)은 물품의 선적 또는 인도 후 대체로 1년 이상 10년 이내에 결제가 완료되는 조건으로 플랜트, 선박, 철도차량 등 거래의 단위가 큰 중공업제품의 거래에 쓰여진다.

이러한 중장기연불수출은 대금회수기간이 길기 때문에 대금회수 위험이 크며, 그 가액도 몹시 거액이며 중장기연불무역보험에 부보해야 하는 것 같은 여러 가지 융자조건상의 제약이 있으므로 그 활용에 유의해야 한다.

또한 수출입대금을 매회 직접 수수하지 않고 장부에 대차관계의 내용을 그때그때 기장해 두었다가 일정기일에 이를 마감하여 대차의 차액만으로 정산하는 이른바 청산결제(open account)방법 역시 일종의 후지급조건이라 할 수 있다.

(2) 결제수단

결제수단 여하에 따라 분류하면 현금결제, 어음결제, 송금환결제 등이 있다.

1) 현금결제조건

현금으로 수출입대금을 직접결제하는 방식으로는 CWO, COD, CAD 등이 있고, 이 밖에 수취증상환지급신용장(payment on receipt L/C)에 의한 결제에도 서로 어음의 발행 없이 바로 현금결제방식을 취한다. 격지간의 거래인 수출입 거래에서는 수출업자의 지점이나 대리인이 수입국 내에 있거나, 수입업자의 지점이나 대리인이 수출국 내에 상주하고 있는 경우 등 제한된 범위 내에서만 이러한 결제조건이 채택될 수 있다.

2) 어음결제조건

무역거래에서 사용되는 어음은 신용장거래에 의한 어음과 무신용장거래에 의한 어음으로 구분할 수 있다. 즉 신용장방식에 의한 거래에서 쓰여지는 어음은 일람지급어음(sight bill)과 기한부어음(usance bill)이며, 무신용장거래인 추심결제방법에 의한 수출입에서 발생되는 어음은 D/P어음과 D/A어음이다.

오늘날의 무역결제는 화환어음에 의하는 것이 가장 보편적이다.

무역거래에서 쓰여지는 어음은 화환어음(documentary bill/draft)이 원칙이고 드물게는 무담보어음(clean bill/draft)에 의하는 경우도 있다. 전자는 어음에 선하증권이나 보험증권 등 선적서류가 담보물로 첨부되어 당해 어음의 지급불능(default)이나 지급거절(unpaid)과 같은 어음사고가 발생하였을 경우 선하증권으로 물품을 찾아 이를 매각하거나 보험증권으로 보험금을 찾아 담보를 받을 수 있는 완전한 어음이다. 후자는 선적서류를 첨부하지 않고 어음만 발행함으로써 담보물이 첨부되지 않는 불안전한 어음이다. 따라서 전자는 은행에의 매각, 즉 은행의 어음매입이 자유롭고 후자의 경우는 은행이 매입에 선뜻 응하지 않기 때문에 유의할 필요가 있다.

3) 송금결제조건

전신환(T/T)이나 우편환(M/T)에 의하여 송금함으로써 대금을 결제하는 조건으로는 단순송금방식에 의한 수출입거래를 가장 대표적인 것으로 들 수 있다. 뿐만 아니라 누진지급(progressive payment) 또는 분할지급방식의 경우에도 이러한 전신환(T/T)이나 우편환(Mail Transfer: M/T)이 활용되며 중장기연불수출입에서도 순수한 연불부분을 제외한 선수금부분과 공정별 지급부분은 일반적으로 송금환에 의해 지불된다.

6. 보험조건(terms of insurance)

　「Incoterms」상 수출업자가 수입업자를 위하여 해상적하보험에 부보해야 하는 CIF조건이나 해상보험이 아닌 운송보험에 부보해야 하는 CIP조건과 같은 경우에는 수출업자는 어떠한 보험약관에 의해 부보해야 하는가에 따라 수출업자가 지불해야 하는 보험료(insurance premium)도 각기 상이하며 수출업자의 비용부담도 달라진다.

　해상적하보험(marine cargo insurance)의 경우에는 「런던 보험업자협회」(The Institute of London Underwriters)가 제정한 정형적인 보험약관들이 있는데 이를 ICC(Institute Cargo Clauses: 협회적하약관)라 부른다. 이러한 ICC들에는 기본적인 약관으로 FPA(Free from Particular Average: 단독손해부담보약관 또는 분손부담보약관)와 WA(With Average: 분손담보약관) 및 A/R(All Risks: 전위험담보약관)이 있고 이밖에 추가약관(addtional or marginal clauses)이 있다. 한편 1981년에 전면 개편되어 FPA와 유사한 ICC(C), W/A와 유사한 ICC(B), A/R과 유사한 ICC(A) 등의 신약관이 등장했다. 1982년 1월 1일부터 신약관을 전면적으로 실시하겠다던 당초의 의도는 그대로 관철되지 못하여 현재로서는 구약관인 FPA, WA, A/R과 신약관 ICC(C), ICC(B), ICC(A)가 혼용되고 있으나 신약관의 사용이 확대되고 있다. 자세한 내용은 제10장에서 다루기로 한다.

7. 포장조건(terms of packing)

　곡물류나 광물류 등의 살화물(Bulk Goods)이나 자동차나 선박 등의 일부 비포장개체 물품(Unpacked Individual Items)을 제외하고 대부분의 물품은 포장을 요한다.

　물품의 포장(Packing)은 '화물꾸밈'은 물론 '화물만들기', 즉 화조(Package)를 포함하는 개념이다. 그것은 물품의 운송이나 보관 또는 거래 기타 유통함에 있어 물품의 내용이나 외형의 보호, 즉 질적 보호와 양적 보호를 통하여 그 가치를 보존하게 함과 아울러 그 물품이 당해 거래 또는 수송의 목적물임을 외관상으로 쉽게 판별할 수 있게 하기 위하여 행해지는 공정을 뜻한다.

　따라서 포장은 그 본래의 목적을 달성할 수 있도록 적절한 포장재의 선택과 알맞은 포장단위의 선정을 전제로 해야 하며 또한 물품식별이 용이하도록 적절한 하인을 가하여야 한다. 이러한 일련의 포장조건은 당연히 무역계약의 한 내용으로 명확히 규정되어야 한다.

(1) 포장재 선택

포장은 다음과 같은 몇 가지로 대별할 수 있다.

① 소매(Retail)의 단위가 되는 물품개개의 포장으로서 상자(Case), 포 (Bale)
② Dozen, Gross 등의 몇몇을 최소단위로 하여 개별적으로 포장하는 개장 (Unitary Packing)
③ 개장물품의 수송이나 화물취급(Cargo Dealing)에 편리하도록 수개의 개 장을 합하여 포장하는 내장(Interior Packing, Inner Protection)
④ 수송중에 일어날 수 있는 변질이나 파손 또는 유실이나 도난 따위를 미 연에 방지하고 화물취급을 편리하게 할 수 있도록 매내장별로 또는 수 개의 내장을 합쳐서 보다 큰 단위로 포장하는 외장(Outer packing) 등이다.

따라서 포장재는 개장, 내장 또는 외장에 따라 각각 상이하다. 일반적으로 개장은 Trade Mark나 Brand, 제조자, 제품의 성분과 용량 등이 표시되고 적절 하게 Design된 제조자 고유의 포장재(용지 등)가 사용되므로 크게 문제가 되지 않으나, 내장과 외장은 골판지, 송판, 철강재, 단열재, 충격방지재 따위가 사용 되므로 당해 물품의 성질이나 운송수단과 그 거리 등을 고려하여 계약시 어떠 한 소재를 택할 것인가에 대하여 미리 정해 두어야 한다.

(2) 포장단위 선정

내장과 외장에 있어서는 물품수량의 어느 정도를 하나로 묶어 포장할 것인 가 하는 포장단위가 문제가 될 수 있다.

거래 목적물의 계량을 총중량(Gross Weight)으로 할 경우 외장의 무게는 중 요하다. 물품운송에 따른 운임계산에 있어서도 총중량이나 외장을 포함한 부피 를 기준으로 하게 되므로 역시 외장의 단위선정은 충분한 고려하에서 이루어져 야 한다. 다시 말하면 물품의 성질, 운송수단과 거리 및 환적(Transhipment)의 여부, 포장장비와 운임, 기후조건, 당사국의 포장규정이나 상관습 등을 감안하여 포장재와 포장단위를 약정하되, 과대포장(Over Packing)이 되지 않도록 각별히 유의해야 한다.

(3) 포장의 종류

수출품의 포장은 의류, 완구 등 가벼운 일반잡화인 경우에는 종이상자(carton)를 이용한다. 이처럼 포장의 종류에 따라 상자, 베일(bale), 부대(bag), 통, 특수용기와 같은 유포장과 살화물(bulk cargo)과 같은 무포장이 있다. 포장의 종류별로 어떤 물품에 사용되는지는 다음의 〈표 5-3〉을 참조하여 포장종류를 약정하여야 한다.

| 표 5-3 | | | 포장의 종류 | | |

구분	포장종류	재 질	포 장 명	略 號	포장대상 물품
용 기 포 장	상자	나 무 종 이 금 속 지 투시상자	wooden box; case; chest carton tin-lined case crate; skelton case	W/B; C/S CST C/;CTN C/S CRT	식료품, 손상하기 쉬운 잡화, 홍차 가벼운 일반잡화 통조림 자동차
	베일(bale)	마 압축베일 가 마 니	burlaphessian cloth pressed bale straw mat	– BL –	면사, 원모 원면 쌀
	부대 (bag)	마 대 면 대 지 대 폴리에틸렌	gunny bag sack paper made bag polyethylene bag	BG SK BT BG	미곡, 잡곡 소맥 시멘트, 석회 소금, 사료, 분말약품
	통	나무통(大) 나무통(中) 나무통(小)	barrel cask keg	BRL CSK KG	술, 간장 염료 못, 볼트
	특수용기	드럼, 관 양 철 관 옹기, 유리 대 나 무 철제원통	drum tin; can jar; pot; carboy basket; hamper cylinder; iron flask	DR – – BKT –	화공약품, 유지 석유, 통조림 유산, 음료수 과일 탄소
무 용 기 포 장	두루마리 다 발 궤		roll; coil bundle ingot	RL; CL BDL –	철판, 신문지, 철사 철근 철강, 알루미늄

"Packing and Marking: Packing of the products shall be made in the manner usually effected by the seller in its export in its export of such kind of the products. Shipping marks shall be as follows…"

(4) 하   인

하인(Shipping Mark, Cargo Mark)이란 구매자(Buyer) 또는 운송관계인이 당해거래목적물임을 쉽게 확인할 수 있도록 하고 화물의 운송목적지 판별과 화물취급을 정확하고 용이하게 할 수 있게 하기 위하여 수출품 매포장의 외장에 특정의 기호, 포장번호, 목적항이나 문자 따위를 표기하는 것을 말한다.

무역계약을 체결할 경우에 하인은 보통 매수인이 요청하게 되는데 이 경우에는 그 지시대로 이행하여야 하겠지만, 매수인이 별도 요청이 없을 경우에는 매도인의 임의로 하인을 하면 된다. 이러한 하인의 내용을 구성하고 있는 일반적 내용은 다음과 같은바, 이에 대한 사항은 포장조건으로 계약에 명시해야 한다.

1) 주하인(Main Mark)

다른 화물과의 식별을 용이하게 하기 위하여 특정한 기호(Symbol)를 표시하고 그 안에 상호 등의 약자를 삽입한다.

※ 참고

Symbol: Triangle, Double Triangles, Crossed Triangles, Square(Box), Rectangle, Diamond, Upright Diamond, Circle, Concentric Circles, Crossed Circles, Zoned Circle, Triangle in Circle, Crossed in Circle, Oval, Hexagon, Star, Cross, Heart, Spade, Diamond with Crossed Ends, Three Diamonds, Diamond with Looped Ends, Hourglass(Touching Triangles), etc.

---

2) 부하인(Counter Mark)

Main mark만으로 타화물과의 구별이 어려울 때 생산자 또는 공급자의 약자를 보조적으로 표시한다(Main mark 아래에 표시).

3) 포장상자번호(Case Number)

각 화물을 송장(Invoice)이나 적하목록(Manifest: MF) 또는 기타 운송서류(Transport Documents)와 대조하여 식별, 확인하기 위하여 매외장에 표시하는 일련번호이다.

4) 착항표시(Port Mark)

화물의 Loading이나 Unloading(Discharge)을 명확히 하고 오송을 사전에

PACKING LIST

①Seller 　Gil Dong Trading Co., Ltd.	⑦Invoice No. and date 　8905 HC 3108 Aug. 15, 2014 .
②Consignee 　TO ORDER OF xyz BANK	⑧Buyer(if other than consignee) 　Monarch Products Co., Ltd. 　P.O.Box 208 　Bulawayo, Zimbabwe
	⑨Other references 　Country of Origin: 　Republic of Korea
③Departure date 　　　Aug. 20, 2014 .	
④Vessel/flight　⑤From 　Phoenix　　　BUSAN, KOREA	
⑥To 　　Bulawayo, Zimbabwe	

⑩Shipping Marks	⑪No.&kind of packages	⑫Goods description	⑬Quantity or net weight	⑭Gross Weight	⑮Measurement
MON/T Bulawayo LOT NO C/NO.1-53 MADE IN KOREA	4200DX420D Material, As per Monarch Products Indent No T.858	Nylon Oxford	60,000M 1208.06Kgs.	1,317kgs	24.5CBM

//

Signed by 　⑯

방지할 수 있게 하기 위하여 목적항 및 목적지를 표시한다.

> ※ 참고
>
> 복수항로의 경우 착항표시 방법:「New York via Panama」,「Long beach via Seattle」, etc.

5) 중량표시(Weight Mark)

운임계산, 통관, 하역작업 등을 용이하게 할 수 있도록 순중량(Net Weight)과 총중량(Gross Weight)을 표시한다.

6) 원산지표시(Origin Mark)

당해 물품의 생산국을 외장의 맨 아래에 표시한다.

7) 주의표시(Care Mark, Side Mark, Caution Mark)

Cargo Dealing(Cargo Handling)에 있어서의 특히 주의할 점을 경계적으로 표시하는 것으로 외장의 측면에 표시하는 것이 일반적이다.

> ※ 참고
>
> Care Mark:「This Side Up」,「Stand on End」,「Do not Turn Over」,「Keep Flat」, 「Keep Dry」,「Keep Cool」,「No Hooks」,「Fragile」,「Wigh Care」,「Perishable Goods」,「Liquid」,「Inflammable」,「Explosive」, etc.

8) 기타의 표시

화물분류의 편의 등을 위하여 Buyer의 요청에 따라 표시하는 주문번호(Order No.)인 지시 표시(Attention Mark), 물품의 등급(Grade) 또는 품질수준이나 공인기관의 품질검사 합격 등을 표시하는 물품표시(Quality Mark) 등이다.

이상에서 열거한 하인의 내용은 모두 표시해야 하는 것은 아니지만 이들 가운데 Main Mark와 Port Mark 및 Case Number는 반드시 표시해야 하는 필수적인 것들이다. 특히, Port Mark가 누락된 화물을 무인화물(No Mark Cargo: NM)이라 한다. 이 경우는 화주에게 커다란 손해를 가져다 주는 사례가 허다하다.

영문무역계약서

1. 영문무역계약서의 형식

영미법을 준거법으로 하여 체결되는 영문무역계약도 우리법에서의 계약과 마찬가지로 불요식계약이며, 특별한 형식을 그 유효요건으로 하지 아니한다. 따라서 영미계약법상 원칙적으로 구두에 의한 계약도 유효하지만 관례상 무역계약을 체결할 때에는 정형화된 형식을 갖춘 계약서를 작성하는 것이 일반적이다.

이러한 계약서의 형식은 크게 편지식(letter agreement)과 표준식(form agreement)으로 구분된다. 편지식은 두 당사자간에 간단한 내용의 계약을 체결할 경우에 많이 이용되며, 표준식은 대부분의 계약서가 취하는 형식으로 계약당사자의 수가 많은 경우나 계약내용이 복잡한 경우에도 불편 없이 사용될 수 있는 형식이다.

영문국제계약서가 'contract', 'agreement', 'memorandum', 'letter of intent', 또는 'side letter' 등 어떠한 표제를 취하든, 서명 등에 의하여 그 내용에 관한 당사자간 합의가 인정되고 약인의 존재가 증명되면 구속력 있는 유효한 계약이 성립됨이 원칙이다. 다만, 영미법을 계약의 효력의 준거법으로 정하는 때에는 계약서의 형식과 관련하여 예외적으로 두 가지 사항, 즉 사기방지법 (Statute of Fraud)상 일정한 계약은 반드시 서면으로 작성되어야 한다는 '서면형식' 요건과 '날인증서(deeds, sealed instruments)'에 관하여 주의하여야 한다.

(1) 서면계약

사기방지법(Statute of Fraud)은 중요한 계약임을 이유로, 또는 계약의 성격상 쉽게 허위로 계약의 체결을 주장할 수 있는 사안에 대하여 그러한 허위 계약 성립의 주장을 방지하기 위하여, 또는 허위의 증언(perjury)을 하는 것을 막기 위하여 일정유형의 계약은 반드시 이행의무자의 서명이 있는 서면으로 체결하도록 정하고 있는 법률이며 1677년 영국에서 처음 제정되었다.

이 법에 의하면 토지임대차계약, 토지양도계약 같은 토지상의 권리나 이익을 그 목적으로 하는 계약과 보증계약, 그리고 혼인을 약인으로 하는 계약 및 1

년 이내에 이행기가 도래하지 않는 계약 등은 서면으로 체결하지 않으면 그 이행을 강제할 수 없다고 규정하고 있다. 다른 법에서도 같은 취지에서 일정한 법률행위나 계약은 반드시 서면에 의할 것을 요구하고 있는데, 예를 들면 1837년에 제정된 유언법(Wills Act)에서는 토지신탁의 설정행위나, 신탁된 재산의 양도행위는 반드시 서면에 의하여 이루어져야만 유효한 것으로 규정한다. 1893년에 제정된 상품매매법(Sales of Goods Act)도 가격이 10파운드 이상인 상품의 매매계약은 그 상품의 전부 또는 일부를 매수인이 인수하였거나 매도인에게 그 대금의 전부 또는 일부를 지급하지 아니하는 한, 의무를 부담할 자나 그 대리인의 서명이 있는 서면으로 증명되지 아니하면 그 이행을 강제할 수 없다고 규정하고 있다(제26조). 사기방지법은 1828년 enterdent's Act와 1832년의 Prescription Act에 의하여 개정되었는데, 이 개정법에서는 소멸시효가 완성된 채무의 이행을 재약속하는 약정 등 몇 가지 경우를 사기방지법의 적용을 받는 계약으로 추가하고 있다.

미국의 각 주도 영국의 사기방지법과 유사한 법을 제정하여 시행하고 있다. 그 예로 뉴욕주의 사기방지법은 자기의 이익이 주된 목적이 아닌 보증계약과, 토지의 매매나 임대차 또는 토지상의 수목이나 광물채취권과 같은 토지상의 이익이나 권리의 창설을 목적으로 하는 계약, 체결 후 1년 내에 그 이행기가 도래하지 않는 계약, 그리고 결혼을 약인으로 하는 계약 등은 그 계약상 채무를 부담하는 자의 서명이 있는 서면으로 증명되지 아니하면 강제할 수 없다고 규정한다. 또한 통일상법전(Uniform Commercial Code: U.C.C.)은 가격이 500달러 이상인 상품의 매매계약도 여기에 포함시키고 있다. 다만, 영국과 마찬가지로 이미 인도되었거나 상품의 대금이 지급된 경우와, 특별히 주문 제작된 상품인 경우에는 서면에 의한 증명이 없이도 그 이행이 이루어진 것으로 보고 있다.

(2) 날인증서

날인증서는 정형계약(formal contract)의 일종으로서 단순계약(simple contract)에 대비된다. 영미법상 계약이 유효하기 위하여는 당사자간의 합의 이외에 약인이 있어야 함이 원칙인데 날인증서의 경우에는 그 정형화된 형식에 의미를 부여하여 약인이 없어도 증서를 날인하여 교부(delivery)한 때에는 유효한 계약으로 취급하여 왔다. 'common law'상 많은 법률행위가 반드시 날인증서에 의하여 이루어질 것이 요구되었으나, 현재 특히 미국 각주의 경우, 날인증서의 특별한 효력을 거의 인정하지 아니한다. U.C.C.도 날인증서의 존재 여부가 당사자 간의 법률관계에 전혀 영향이 없다고 규정하고 있다(제2조 203항). 다만, 몇 개의 주에서 날인증서에 의한 계약인 때에는 일반계약의 경우보다 더 장기의, 우리나라 법상의 소멸시효기간에 상당하는 출소기간을 부여하기도 한다. 날인방법은 전통적으로 밀납 위에 또는 인주를 찍어 압날하는 것이 보통이었으나, 현재는 서면에 'seal'이나 'L.S.'(LOCUS SIGILLI; place of the seal)라고 씀으로써 충분하다.

영국의 경우 날인증서가 광범위하게 사용되지는 않으나 그 효용이 아직 어느 정도 남아 있으며, 서면에 날인하여 교부함으로써 유효한 날인증서에 의한 계약이 성립하는 것으로 본다. 특히, 회사(corporation)가 대외적인 법률행위를 함에 있어서는 일상적인 영업활동과 같은 예외적 사항을 제외하고는 회사인 (common seal)을 압날하여야 한다. 날인증서로 체결된 계약은 단순계약보다 강력한 증거법상의 효력이 인정되며, 단순계약에서는 6년으로 종료하는 출소기간이 12년까지 연장된다. 또한 단순계약과 동일한 사항을 날인증서로 작성하면 단순계약은 날인증서에 통합 혼동되어 효력을 잃는 것으로 보고 있다.

2. 영문무역계약서의 구조

계약서의 표제와 두서 그리고 전문으로 구성되는 서두부분과 계약서의 주된 내용인 당사자의 권리, 의무에 관한 사항과 계약 자체의 관리에 관한 사항을 규정하는 계약서 본문, 그리고 맺음말과 당사자의 서명 및 날인(seal)을 포함하는 말미부분의 세 부분으로 나누어진다. 계약서의 본문은 각 조항의 내용에 따라 유사한 내용이 모든 계약서에 거의 공통적으로 들어가는 일반공통조항과 각 계약서 특유의 특수조항으로 구분할 수도 있다.

영미법에 기한 영문 계약서는 통상 다음과 같이 구성한다.
(1) 표제(Title)
(2) 전문(Nonoperative Part)
　　일자(date)
　　당자(parties)
　　설명조항(recitals, whereas clause)

(3) 본문(Operative Part)

　　정의조항(definition)

　　주된 계약 내용에 관한 조항

　　기타 계약상 일반조항

　　계약기간(period of agreement, duration, term)

　　계약의 종료(termination)

　　불가항력(force majeure)

　　중재(arbitration)

　　준거법(applicable law, governing law)

　　재판관할(jurisdiction)

　　통지(notice)

　　다른 계약과의 관계(integration), 즉 완전조항(entire agreement)

　　조문표제(headings)

　　기타 조항

(4) 최부

　　말미문언(testimonium clauses)

　　서명(signature)

　　날인(seal)

(수출계약서 예시)

ABC CO., LTD

Hompage :
Tel :
Fax :
email :

Address

SALES CONTRACT

ABC CO., LTD., as seller, hereby confirms having concluded the sales contract with you(your company), as Buyer, to sell following goods on the date and on the terms and conditions hereinafter set forth. The Buyer is hereby requested to sign and return the original attached.

MESSRS	CONTRACT DATE		CONTRACT NO.
COMMODITY DESCRIPTION	QUANTITY	UNIT PRICE	AMOUNT

Time of Shipment :
Port of Shipment :
Port of Destination :
Payment :
Insurance :
Packing :

Marking

Special Terms & Conditions :
Subject to the general terms and conditions set forth on back hereof :

Accepted by   ABC CO., LTD.
(Buyer)   (Seller)

(Signature)   (Signature)

(Name & Title)   (Name & Title)

Date   Date

SALES CONTRACT

[   ], as Seller, hereby confirms having sold to [   ]
as Buyer, the following goods by this sales contract made on the above date
and on the terms and conditions hereinafter set forth.

	ITEM NO.	COMMODITY & SPECIFICATION	QUANTITY	UNIT PRICE	AMOUNT
◎					
◎					
◎					
◎					
◎					
	TOTAL AMOUNT				

□ Time of Shipment : [DATE   MONTH   YEAR]
□ Port of Shipment : [   ]
□ Port of Destination : [   ]
□ Payment

◎	AT SIGHT L/C	By an irrevocable letter of credit payable at sight
◎	USANCE	By an irrevocable, confirmed and unconditional letter of credit
◎	DP	By documents against payment
◎	DA	By bill(s) of exchange drawn on Buyer due [60] days from B/L date
◎	DD	By a D/D(Demand Draft) within [10] days after the date of B/L
◎	TT	By a T/T(Telegraph Transfer) within [10] days after the date of B/L
◎	MT	By a M/T(Mail Transfer) within [10] days after the date of B/L

□ Insurance : Seller to cover the [CIF] price plus [   ]% against Al
Risking War and SRCC Risks
□ Packing : [Export standard packing]
□ Marking : [   ]

▢ Special Terms & Conditions :

▢ This Contract is subject to the general and conditions set forth on back hereof :

	Seller	Buyer
By	[　　　　　　]	[　　　　　　]
Address	[　　　　　　]	[　　　　　　]
Title	[　　　　　　]	[　　　　　　]
Name	[　　　　　　]	[　　　　　　]

<GENERAL TERMS AND CONDITIONS>

Article 1. Quantity : Quantity set forth in this Contract is subject to a variation of ten [　　　] percent more or less at Seller's option.

Article 2. Shipment : Date of bill of lading shall be accepted as a conclusive date of shipment. [　　　] days grace in shipping shall be allowed. Partial shipment and/or transshipment shall be permitted unless otherwise stated in this Contract. Seller shall not be responsible for any delay of shipment, should Buyer fail to provide timely letter of credit in conformity with this Contract or in case the sailing of the steamer designated by Buyer be deferred beyond the prearranged date of shipment.

Article 3. Packing : Packing shall be at Seller's option. In case special instructions are necessary, Buyer should notify Seller thereof in time to enable Seller to comply with the same and all additional cost thereby incurred shall be borne by Buyer. Shipping Mark shall be made as shown in the oblong of the front page of this Contract.

Article 4. Insurance : In case of CIF or CIP basis, [　　　] % of the invoice amount shall be insured, unless otherwise agreed; any additional insurance required by Buyer to be at his own expense; unless otherwise stated, insurance to be covered for marine insurance only FPA or ICC (C) Clause. Seller may, if he deems it necessary, insure against additional risks at Buyer's expense.

Article 5. Increased costs : If Seller's costs of performance are increased after the date of this Contract by reason of increased freight rates, taxes or other governmental charges or insurance rates, or if any variation in rates of exchange increases Seller's costs or reduces Seller's return, Buyer agrees to compensate Seller for such increased cost or loss of income. Further, if at any time Buyer requests shipment later than agreed and Seller agrees thereto, Seller may, upon completion of manufacture, store the Goods and charge all expenses thereby incurred to Buyer, plus reasonable storage charges when Seller stores the Goods in its own facilities.

Article 6. Payment

◎	AT SIGHT L/C

An irrevocable letter of credit, without recourse, available against Seller's sight drafts shall be established through a prime bank satisfactory to Seller within [15] days after the date of this Contract and be kept valid at least [15] days after the date of last shipment. The amount of such letter of credit shall be sufficient to cover the Contract amount and additional charges and/or expenses to be borne by Buyer.

◎	USANCE

For the payment of the Contract Price specified hereof the Buyer shall provide the Seller with the irrevocable, confirmed and unconditional letter of credit (hereinafter called "L/C") in the amount of USD [   ] at
[   ] months usance basis(after the date of draft issued by the Seller or bill of lading) in favor of the Seller to be opened within [   ] days from the signing date of the Contract under the agreed terms and conditions by the Seller and Buyer.

◎	DP

After shipment, the Seller shall deliver a sight bill(s) of exchange drawn on the Buyer together with the required documents to the Buyer through a bank. The Buyer shall effect the payment immediately upon the first presentation of the bill(s) of exchange and the required documents, i.e. D/P.

◎	DA

After shipment, the Seller shall deliver bill(s) of exchange drawn on the Buyer, payable [   ] days after [   ], together with the required documents to the Buyer through a bank for acceptance. The Buyer shall accept the bill(s) of exchange immediately upon the first presentation of the bill of exchange and the required documents and shall effect the payment on the maturity date of the bill(s) of exchange.

◎	DD

The Buyer shall pay the invoice value of the goods by means of D/D(Demand

Draft) within [   ] days after the receipt of the required documents; within [   ] days after the date of the Bill of Lading.

◎	TT

The Buyer shall pay the invoice value of the goods to the Seller's account with the bank designated by the Seller by means of T/T(Telegraph Transfer) within [   ] days after the receipt of the required documents; within [   ] days after the date of the Bill of Lading.

◎	MT

The Buyer shall pay the invoice value of the goods by the Seller by means of M/T(Mail Transfer) within [   ] days after the receipt of the required documents; within [   ] days after the date of the Bill of Lading

Article 7. Inspection : The inspection of the Goods shall be done according to the export regulation of the Republic of Korea and/or by the manufacturer(s) which shall be considered as final. Should any specific inspector be designated by Buyer, all additional charges incurred thereby shall be at Buyer's account and shall be added to the invoice amount, for which the letter of credit shall be amended accordingly.

Article 8. Warranty : The Goods shall conform to the specification set forth in this Contract and free from defects in material and workmanship for [   ] months from the date of shipment. The extent of Seller's liability under this warranty shall be limited to the repair or replacement as herein provided of any defective Goods or parts thereof. Provided, however, this warranty does not extend to any of the said Goods which have been : (a) subjected to misuse, neglect, accident or abuse, (b) improperly repaired, installed, transported, altered or modified in any way by any other party than Seller or (c) used in violation of instructions furnished by Seller. Except for the express limited warranties set forth in this article, seller makes no other warranty to buyer, express or implied, and herby expressly disclaims any warranty of merchantability or fitness for a particular purpose. In no event shall Seller be liable to Buyer under this Contract or otherwise for any lost profits or for indirect, incidental or consequential damages for any reason.

Article 9. Claims : Any claim by Buyer of whatever nature arising under this Contract shall be made by facsimile or cable within [   ] days after arrival of the Goods at the destination specified in the bills of lading. Full particulars of such claim shall be made in writing, and forwarded by registered mail to Seller within [   ] days after such fax or cabling. Buyer must submit with particulars the inspection report sworn by a reputable surveyor acceptable to the Seller when the quality or quantity of the

Goods delivered is in dispute. Failure to make such claim within such period shall constitute acceptance of shipment and agreement of Buyer that such shipment fully complies with applicable terms and conditions.

Article 10. Remedy : Buyer shall, without limitation, be in default of this Contract, if Buyer shall become insolvent, bankrupt or fail to make any payment to Seller including the establishment of the letter of credit within the due period. In the event of Buyer's default, Seller may without prior notice thereof to Buyer exercise any of the following remedies among others :

(a) terminate this Contract;

(b) terminate this Contract as to the portion of the Goods in default only and resell them and recover from Buyer the difference between the price set forth in this Contract and the price obtained upon resale, plus any incidental loss or expense; or

(c) terminate the Contract as to any unshipped balance and recover from Buyer as liquidated damages, a sum of five (5) percent of the price of the unshipped balance. Further, it is agreed that the rights and remedies herein reserved to Seller shall be cumulative and in addition to any other or further rights and remedies available at law.

Article 11. Force Majeure : Neither party shall be liable for its failure to perform its obligations hereunder if such failure is the direct result of circumstances beyond that party's reasonable control, including but not limited to, prohibition of exportation, suspension of issuance of export license or other government restriction, act of God, war, blockade, revolution, insurrection, mobilization, strike, lockout or any labor dispute, civil commotion, riot, plague or other epidemic, fire, typhoon, flood.

Article 12. Patents, Trade Marks, Designs, etc. : Buyer is to hold Seller harmless from liability for any infringement with regard to patent, trade mark, copyright, design, pattern, etc., originated or chosen by Buyer.

Article 13. Governing Law : This Contract shall be governed under the laws of Korea.

Article 14. Arbitration : Any dispute arising out of or in connection with this contract shall be finally settled by arbitration in Seoul in accordance with the Arbitration Rules of the Korean Commercial Arbitration Board.

Article 15. Language : This Agreement may be executed in English and in other languages (including Korean). In the event of any difference or inconsistency among different versions of this Agreement, the English version shall prevail over in all respect.

Article 16. Trade Terms : All trade terms provided in the Contract shall be interpreted in accordance with the latest INCOTERMS 2010 of International Chamber of Commerce.

자료: 대한상사중재원 표준계약서

주·요·학·습·내·용

Global Trade Practice and Management

약술형

- offer에 포함된 주요내용
- 무역계약의 기본조건과 주요내용
- 무역결제 시기와 수단
- 품질결정 시기와 방법
- 물품인도 조건과 방법
- packing list의 주요내용

용 어

- 환적(Transhipment)
- Sight Bill
- MOL Clause
- Shipping Marks
- GMQ
- Deferred Payment
- FAQ
- ICC(A)
- Force majeure
- TQ
- SD
- Arbitration
- RT

06 CHAPTER

| 무역조건의 국제해석규칙 |

Incoterms 제정과 개정

1. Incoterms 제정의의

무역조건은 국제무역계약에서 중요한 요소이다. 세계의 상인들은 매도인에서 매수인에게로 물품이 이전되는 것과 관련하여 기능, 비용 그리고 위험의 분배를 규정하기 위한 짧은 표현들로 무역거래조건을 사용해 왔다. 그러나 FOB, CIF 등 간단히 약어로 표시하는 무역조건에 대한 해석이 각국마다 다르고 타국의 교역당사자와 거래상의 오해 및 분쟁을 야기하여 국제무역의 원활화와 활성화에 장애가 되어 왔다. 이러한 문제점을 제거하고 각각의 용어와 거래당사자간의 비용 및 위험부담의 범위를 명확히 제시하기 위하여 국제상업회의소(International Chamber of Commerce: ICC)는 정형거래조건위원회(Trade Terms Committee)를 설치하고 거래조건들을 조사하여 1936년 「정형거래조건의 해석에 관한 국제규칙」(International Rules for the Interpretation of Trade Terms: Incoterms)을 제정하였다.

Incoterms 1936에는 공장인도조건(Ex Works), 철도인도조건(FOR 또는 FOT), 지정선적항반입인도조건(Free), 선측인도조건(FAS), 본선인도조건(FOB), 운임·보험료포함조건(CIF), 운임포함조건(C&F), 소송비지불조건(Freight Paid to 또는 Carriage Paid to), 지정목적지반입인도조건(Free or Free Delivered), 착선인도조건(Ex Ship), 부두인도조건(Ex Quay)의 11개 종류의 무역조건에 매도인과 매수인의 최소한의 의무를 정형화하여 기술하였다.

이러한 무역계약조건의 정형화는 민간수준의 국제기관이나 무역업이 관련된 기구나 협회 등에 의하여 계속적으로 추진되어 전술한 Incoterms외에도 1932년 Warsaw-Oxford Rules for CIF Contract와 1941년 개정미국무역정의(Revised American Foreign Trade Definition) 등을 탄생시켰다. 그러나 현재 전세계의 무역업자들이 주로 사용하는 것은 Incoterms 규칙이다.

2010년 9월 ICC에서는 개정 Incoterms 2010을 발표하였는데, 국내·국제거래조건의 사용에 관한 ICC규칙(ICC rules for the use of domestic and international trade terms)이라는 공식부제를 채택함으로써, EU 등에서 국경의 중요성이 점차 감소하여 국내거래와 국제거래의 차이가 소멸되고 있고 실무상 순수한 국내매매계약에서도 흔히 Incoterms가 사용되고 있는 현실을 반영함과 아울러 Incoterms도 신용장통일규칙(Uniform Customs and Practice for Documentary Credits; UCP) 등과 같이 ICC의 '규칙'(rules)으로 의도되어 있음을 강조하고 있다. 또한 ICC의 상표등록에 따라 「Incoterms 2010」이 등록상표가 됨에 따라 'incoterms'로 'i'를 소문자로 표기하거나 개별 정형거래조건을 지칭하기 위해 'incoterm'이라는 단수형을 사용하는 것은 옳지 않게 되었다.[1][2]

개정된 규칙의 세부적인 내용은 제2절에서 상세히 다뤘다.

2. Incoterms의 개정

(1) 제1차 개정(Incoterms 1953)

제2차 세계대전 이후 국제정세 및 경제환경이 새로이 변화되면서 많은 무역업자들에 의하여 이러한 변화에 대응하기 위한 Incoterms 개정의 필요성이 제기되었다. 이에 따라 ICC는 각국의 의견을 종합하여 제14차 빈(Vienna, AUSTRIA)

---

1) http://www.iccwbo.org/incoterms/
2) 대한상공회의소, 「인코텀즈(Incoterms) 2010」, 대한상공회의소.

총회에 Incoterms 1953 초안을 제출하여 정식으로 채택되었다.

전술한 바와 같이 Incoterms 1936에는 11개의 정형거래조건이 규정되어 있었는데, 1953년 개정규칙에는 지정선적항반입인도조건(Free)과 지정목적지 반입인도조건(Free or Free Delivered)의 2종류가 삭제되었다. 그 이유는 첫째, 두 개의 거래조건을 나타내는 조건의 용어가 흡사하여 착각하기 쉽다는 점과 둘째, 당사자의 의무에 대한 각국의 해석이 너무 차이가 나서 통일기준의 설정이 어렵고, 셋째, 실제 무역거래에서 이 두 개의 조건이 거의 사용되지 않았기 때문이다.

(2) 제2·3차 개정(Incoterms 1967, 1976)

1950년대 중반부터 세계가 냉전시대에 돌입하면서 동서간의 무역에서 새로운 경향이 나타났다. 물품을 상대국의 국경에서 인도하는 계약방식인 국경인도조건(Delivered at Frontier.... named place of delivery at Frontier: DAF)과 매도인이 수입국 내의 지정목적지까지 약정품을 통관·반입하여 매수인에게 제공하는 통관인도조건(Delivered Duty Paid.... named place of destination in the country of importation: DDP)이 빈번히 사용되었다. 따라서 ICC는 1967년 상기 두 가지 조건을 Incoterms 1953에 추가하여 몬트리올(Montreal, CANADA)에서 Incoterms 1967을 발표하였다.

제3차 개정은 항공운송관련 무역조건인 FOB Airport(.... named airport of departure)을 추가시켜, 12종류의 거래조건으로 Incoterms 1976을 구성하였다.

(3) 제4차 개정(Incoterms 1980)

1970년대에 접어들면서 국제운송에는 컨테이너(Container)나 팔레트(Pallet)에 의해 화물을 단위화(Unitization)하고 RoRo(Roll-on/Roll-off)방식에 의한 하역이 보급되면서 운송의 궁극적 목표라고 할 수 있는 '문전에서 문전까지'(Door to Door)의 일괄운송체제인 복합운송(Multimodal Transport or Combined Transport)이 등장하여 새로운 거래조건의 정립이 필요로 하게 되었다.

이러한 요구에 부응하기 위해서 ICC는 1980년 FRC(Free Carrier.... named point), CIP(Freight or Carriage and Insurance Paid to)를 새로이 제정하는 한편, 내륙운송에만 사용되던 Freight or Carriage Paid to 조건을 복합운송에도 적용할 수 있도록 수정하였다.

(4) 제5차 개정(Incoterms 1990)

Incoterms 1980 이후에도 통신수단의 발전, 운송시스템의 발전 등 무역거래에 많은 변화가 발생하였다. 이러한 변화는 새로운 정형무역거래조건을 요구하였고 그 변화의 필요성은 다음과 같다.

첫째, 전자자료교환방식(Electronic Data Interchange: EDI) 사용의 증대이다. EDI란 표준화된 기업간 거래서식(주문서, 송장 등) 또는 기업과 행정관청 사이의 행정서식(수출·입 신고서, 원산지증명서 등)을 합의된 통신표준에 따라 서류없이(Paperless) 컴퓨터간에 자료를 교환하는 전자식자료교환시스템이다. 둘째, Incoterms 1980에서 복합운송 등 새로운 운송형태의 발전을 수용했음에도 불구하고 보다 급속한 운송기술의 발전에 부응해야 할 필요성이 나타났다. 즉 컨테이너화에 의한 화물의 단위화, RoRo운송의 급속한 발전 등으로 인해 다양한 운송방식에 적용할 수 있는 무역조건의 통합과 신설이 요구되었다. 마지막으로 각 거래조건의 세부조건이 불명확하여 빈번히 발생하는 분쟁을 방지하고 이를 개선하여 거래조건에 대한 이해도를 제공해야 할 필요성이 제기되었다.

Incoterms 1990은 1990년 7월부터 사용되었다. 13종류의 각 거래조건은 4개 그룹으로 분류되었고 현장인도에서 도착지 지정장소까지의 비용 및 위험부담의 범위, 매도인의 최소의무와 최대의무까지 순서에 따라 표시되었다. 표제어를 각 조문마다 부여하고 매도인의 의무와 매수인의 의무를 대조적으로 배열하여서 조문의 내용 이해를 용이하게 하였다. 전자식자료교환(EDI)방식에 적합하도록 거래조건의 약어표시를 변경하고 운송서류에 상응하는 전자메시지를 수용하여 정식서류로서 인정하였다. 또한 운송형태의 다양화에 따라서 단일 운송형태의 무역조건을 축소하고 모든 운송형태에 포괄적으로 적용할 수 있는 조건으로 확대함으로써 FCA는 종전의 FOR-FOT, FRC를 통합하고 FAS, FOB, CFR, CIF, DES, DEQ는 해상운송뿐만 아니라 내수로운송(Inland waterway trasnport)에도 사용할 수 있게 되었다.

(5) 제6차 개정(Incoterms 2000)

Incoterms를 계속적으로 개정하는 주된 이유는 그 시대의 상관행에 적합하게 인코텀즈를 적용시킬 필요가 있기 때문이다. 예를 들어 1980년 개정에서의 복합운송방식을 수용하기 위해 FCA조건을 새로이 도입하였고, 1990년 개정에서는 EDI방식을 수용하기 위해 양당사자간(송하인; Consignor-수하인; Consignee)에 합의한 경우 인도의 증거물로서 EDI문서에 의한 대체 인정 등이 그것이다.

Incoterms 2000은 Incoterms 1990과 비교할 때 큰 틀의 변경은 없으나, 무역거래에서 빈번하게 사용되는 언어표현과 실질적인 무역관행이 반영되고 있다는 것을 확실하게 하기 위하여 노력하였다. 구체적인 변경사항은 다음과 같다. 첫째, 각 조건에 대한 규정문구를 보다 분명한 내용으로 개정하였으며 둘째, FAS와 DEQ조건의 통관의무와 관세지급의무가 현실적으로 변경되었다. 셋째, FCA조건에서 적재와 양륙에 대한 당사자의 의무를 명백하게 규정하였다.

(6) 제7차 개정(Incoterms 2010)

전술한 바와 같이 2010년 9월 ICC에서는 개정 Incoterms 2010을 발표하였는데, 국내·국제거래조건의 사용에 관한 ICC규칙(ICC rules for the use of domestic and international trade terms)이라는 공식부제를 채택하였으며, 신용장통일규칙(Uniform Customs and Practice for Documentary Credits: UCP) 등과 같이 Incoterms도 ICC의 '규칙'(rules)으로 의도되어 있음을 강조하고 있다.

개정 Incoterms 2010이 실무에서 환영받는 이유는 최근 국제무역의 경향인 국가간 자유무역협정(Free Trade Agreement: FTA)과 EU, NAFTA를 비롯한 지역무역협정(Regional Trade Agreement) 등 점차 국경(Frontier)의 중요성[3]이 감소되는 정치·경제환경의 변화, 컨테이너를 활용한 무역운송의 보편성과 용이성 및 글로벌물류전문기업을 통한 일관운송 등 복합적인 무역환경의 변화를 규칙에 과감하게 적용하였다는 점이라고 할 수 있다.

---

3) 국제무역에서 국경(Frontier)의 중요성은 단순한 국가의 경계구분차원을 넘어, 세관·출입국관리·검역(Customs, Immigration and Quarantine: CIQ)기관의 설치를 통해 자국으로 유입되는 화물 및 입국자의 엄격한 관리로서 자국민의 생명과 안전을 지키며, 인적·물적 교류의 발전에 공헌하고 있다는 점이다. 그러나 최근에는 국가 및 지역간 교역증진을 위해 자유무역협정(FTA or RTA)을 체결하여 협정국(지역)간 교역의 원활화를 위해 이들 국가(지역)에 한하여는 CIQ관련업무를 원활화하는 세부협정문항(세관: 관세 및 무역원활화, 출입국관리: 인력과 관련된 서비스, 검역: 위생 및 식물위행조치 등)을 삽입하기도 한다.

Incoterms 2010의 특성

1. Incoterms 2010의 사용법

Incoterms 규칙은 물품매매계약에서 당사자간 거래실무를 반영하는 일체의 정형거래조건 등이 수록되어 있으며, 매도인(Seller)과 매수인(Buyer) 사이에서 물품인도에 관한 업무와 비용 및 위험 등을 기술하고 있으며, 주요내용은 다음과 같다.

첫째, 물품매매계약에서 Incoterms 2010을 적용하고자 하는 경우, 해당계약에서 반드시 Incoterms 2010이란 문구(文句)를 기재하여야 한다.

둘째, 거래당사자가 모두 적합하다고 생각되는 조건을 선택해야 한다. 양당사자가 합의된 방식으로 결정한 무역조건은 거래하고자 하는 물품 및 그에 적합한 운송방법이 합당해야 하고, 운송계약이나 보험계약 체결에 관한 의무와 같은 추가적 의무를 매도인과 매수인 중에서 누가 어떻게 할 것인가에 적합하도록 사용되어야 한다.

셋째, 당해장소나 항구를 가급적 정확하게 명시해야 한다. 선택된 무역조건은 당사자들이 그에 관한 장소나 항구를 지정하는 때에만 영향을 미칠 수 있고, 당사자들이 그러한 장소나 항구를 가급적 정확하게 명시하는 경우에 가장 효과적으로 영향을 미칠 수 있다. 예를 들면, 다음과 같이 정확하게 명시하는 것이 좋다.

「FOB Busan Newport, Busan, Republic of Korea Incoterms 2010」

넷째, Incoterms는 물품매매계약시 매도인과 매수인의 각종 의무(운송·보험계약 체결, 물품의 인도, 비용의 부담 등)는 규정하고 있으나, 매매계약과 관련된 매매대금, 지급방법, 물품의 소유권이전 및 계약위반의 효과에 대해서는 일절 언급하고 있지 않다. 이는 매매계약당시 양당사자는 명시된 조건 또는 준거법(Governing Law)에 따르며, 이는 Incoterms가 실무상에서 나타날 수 있는 무역계약의 사적자치의 원칙(The principle of party's autonomy)과 상충되는 결과로서 야기되는 부작용을 초래하지 않으려는 것이다.

2. Incoterms 2010의 주요특징

(1) 신설(DAT, DAP) 및 폐지규칙(DAF, DES, DEQ, DDU)

Incoterms 2010에서는 무역조건이 2000년 규칙 13개에서 11개로 2개 조건이 감소되었으며, 새롭게 제정된 규칙은 합의된 운송방식의 종류에 관계없이 사용될 수 있는 도착터미널인도(Delivered at Terminal: DAT)와 도착장소인도(Delivered at Place: DAP) 조건 등 두 가지가 신설되었다. 신설된 두 가지 규칙의 인도(Delivery)는 지정목적지(named at place)에서 발생하나, DAT에서는 폐지된 DEQ조건과 같이 도착차량으로부터 양하된 상태로 '매수인의 처분하에 놓인 때(by placing the goods at the disposal of the buyer)'이며, DAP에서는 폐지된 DAF, DES, DDU조건 등과 같이 매수인의 처분하에 놓인 때이나 '합의된 지점에서 도착운송수단에 실어 둔 채로 양하준비가 이루어진 때(on the arriving means of transport ready for unloading at the agreed point)' 인도(Delivery)가 발생한다.

(2) Incoterms 2010의 11가지 규칙

개정된 Incoterms 2010은 두 부문으로 구분되어 있다.

첫 번째 부문인 '어떠한 단일 또는 복수의 운송방식에 사용가능한 규칙(Rules for any Mode or Modes of Transport)'은 선택된 운송방식이 어떤 것인지를 불문하며 운송방식 또한 단일운송인지 복합운송인지를 구분하지 않고 사용가능하며, 7개 조건(EXW, FCA, CPT, CIP, DAT, DAP, DDP)이 이에 해당한다.

두 번째 부문인 '해상운송과 내수로운송에 사용가능한 규칙(Rules for Sea and Inland Waterway Transport)'은 매매계약 대상물품의 인도 및 도착장소가 모두 항만으로서 4개 조건(FAS, FOB, CFR, CIF)이 이에 해당하며, 이중 FOB, CFR, CIF조건에서는 과거 규칙에서 사용되었던 '선측난간(Ship's rail)'이라는 모호한 의미가 삭제되었다. 즉, 매도인의 인도의무의 완료되는 지점이 Incoterms 2000에서는 '지정선적항에서 본선의 선측난간을 통과한 때(when the goods pass the ship's rail at the named port of shipment)'라는 표현이 Incoterms 2010에서는 '물품이 본선에 '적재'된 때(the goods being delivered when they are 'on board' the vessel)'로 좀더 명확하게 규정되었다.

표 6-1	Incoterms 2010		
어떠한 단일 또는 복수의 운송방식에 사용가능한 규칙 (Rules for any Mode or Modes of Transport)		해상운송과 내수로운송에 사용가능한 규칙 (Rules for Sea and Inland Waterway Transport)	
영문약어	국문	영문약어	국문
EXW FCA CPT CIP DAT DAP DDP	공장인도 운송인인도 운송비지급인도 운송비 · 보험료지급인도 도착터미널인도 도착장소인도 관세지급인도	FAS FOB CFR CIF	선측인도 본선인도 운임포함인도 운임 · 보험료포함인도

(3) 국내거래 및 국제거래에 사용가능한 규칙

Incoterms은 전통적으로 물품이 국경을 넘어가는 국제매매계약에 사용되어 왔다. 그러나 세계 각처에서 유럽연합과 같은 경제 공동체의 등장으로 국제거래에서 국경의 의미가 퇴색되었다. Incoterms 2010은 그 부제(副題)에서 이 규칙이 국제매매계약 및 국내매매계약에 모두 사용가능하다고 공식적으로 인정한다. Incoterms 2010은 여러 곳에서 수출/수입통관을 이행할 의무는 '해당되는 경우에(where applicable)' 한하여 존재함을 명시한다.

ICC가 이러한 방향선회를 시의적절하다고 본 것은 다음 두 가지의 변화 때문이다. 첫째, 거래당사자들은 순수한 국내매매계약에서도 Incoterms를 통상적으로 사용한다. 둘째, 국내거래에서 종래의 통일상법전(Uniform Commercial Code: UCC)의 선적조건과 인도조건 대신에 Incoterms을 사용하고자 하는 미국의 강한 의지 때문이다.

(4) 사용지침

Incoterms 2010의 각 무역규칙을 설명하는 사용지침(Guidance Note)이 있다. 어떠한 경우에 당해 규칙이 사용되어야 하는지, 위험은 언제 이전하는지, 매도인과 매수인 사이에서 비용은 어떻게 분담되는지 등을 수록하고 있다. 사용지침은 Incoterms 2010의 사용자들로 하여금 당해 거래에 적합하고 정확하며 효율적으로 사용할 수 있도록 한다.

그림 6-1 INCOTERMS 2010

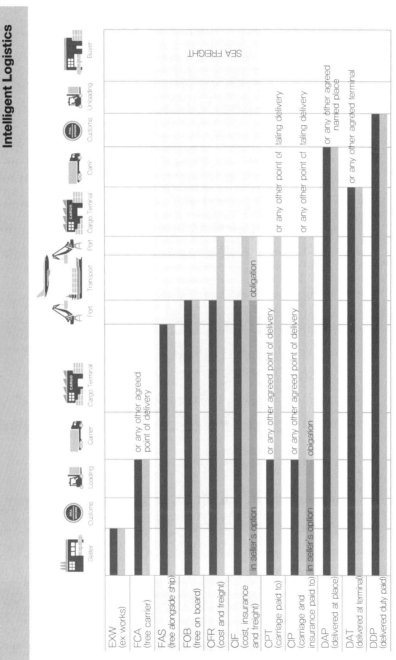

DACHSER
Intelligent Logistics

	Seller	Customs	Loading	Carrier	Cargo Terminal	Port	Transport	Port	Cargo Terminal	Carrier	Customs	Unloading	Buyer

EXW
(ex works)

FCA
(free carrier)
or any other agreed point of delivery

FAS
(free alongside ship)

FOB
(free on board)

CFR
(cost and freight)

CIF
(cost, insurance and freight)
in seller's option · obligation

CPT
(carriage paid to)
or any other agreed point of delivery

CIP
(carriage and insurance paid to)
in seller's option · obligation · or any other agreed point of delivery

DAP
(delivered at place)
or any other agreed named place · or any other point of taking delivery

DAT
(delivered at terminal)
or any other agreed terminal · or any other point of taking delivery

DDP
(delivered duty paid)

SEA FREIGHT

■ Risk ■ Cost ■ Insurance   All information without guarantee For details see Incoterms 2010. Basically, their wording applies.

(5) 전자적 통신

이전의 Incoterms에서는 EDI 메시지에 의하여 대체가능한 서류를 명시하였다. 그러나 Incoterms 2010의 각 무역조건 A1/B1에서는 당사자간에 합의되었거나 관습이 있는 범위 내에서 전자적 수단에 의한 통신에 대하여 종이에 의한 통신과 동일한 효력을 부여한다. 이러한 개정은 Incoterms 2010의 시행기간 중에 새로운 전자적 절차의 개발을 활성화한다.

(6) 부보

Incoterms 2010은 협회적하약관(Institute Cargo Clauses)의 개정 이후 새로 도입된 것이기 때문에 약관의 개정사항을 반영하였다. Incoterms 2010 규칙은 운송계약과 보험계약의무를 A3/B3에 수록되어 있다. 보험에 관하여 A3/B3에 사용된 문구는 매매 당사자들의 의무를 명확히 하기 위하여 변경되었다.

(7) 보안관련 통관과 필요한 정보

물류거래상 보안의 중요성이 증대됨에 따라 물품이 그 고유한 성격 외의 이유로 생명이나 재산에 위협이 되지 않는다는 확인이 요구되었다. 따라서 Incoterms 2010 규칙에서는 각 무역조건의 A2/B2와 A10/B10 규정에서 매도인과 매수인 사이에 보관사슬정보(chain-of-custody information)를 입수하는 것과 같이 보안관련 통관을 완료하거나 그 완료에 협조할 의무를 할당하였다.

(8) THC(Terminal Handling Charge)

Incoterms의 CPT·CIP·CFR·CIF·DAT·DAP·DDP 조건에서 매도인은 약정된 목적지까지 물품을 운송하는 계약을 체결하여야 한다. 그 운임은 매도인이 부담하지만, 그러한 운송비용은 통상 매도인의 총 매매가격에 산입되어 있기 때문에, 실제로는 매수인이 부담하게 된다. 운송비용은 간혹 항구나 컨테이너터미널 내에서 물품을 취급하고 운반하는 데 드는 비용을 포함하며, 운송인과 터미널운영자는 이러한 비용을 물품을 수령하는 매수인에게 청구한다. 이러한 상황에서, 매수인은 동일한 서비스에 대한 이중지급, 즉 총 매매가격의 일부로서 매도인에게 한번 지급하고 그와 별도로 운송인이나 터미널운영자에게 또다시 지급하게 되는 것을 피하고자 한다. Incoterms 2010 규칙은 A6/B6의 관련 Incoterms 규칙에서 그러한 비용을 명확히 할당함으로써 이중지급이 발생하지 않도록 도모한다.

(9) 연속매매

제조물매매에 대립되는 일차산품매매(sale of commodity)의 경우에, 흔히 화물은 운송중에 "연속적으로"(down a string) 수차 전매(轉賣)된다. 연속매매의 경우에, 그 연속거래의 중간에 있는 매도인은 물품을 "선적"하지 않는다. 물품은 이미 그 연속거래상의 최초의 매도인에 의하여 선적되었기 때문이다. 연속거래의 중간에 있는 매도인은 물품을 선적하는 대신에 그렇게 선적된 물품을 "조달"(procure)함으로써 매수인에 대한 의무를 이행한다. 이에 대해 명확하게 할 목적으로 Incoterms 2010 규칙에서는 관련 무역조건에 따라 물품을 선적할 의무에 대신하는 의무로서 "선적된 물품을 조달"할 의무를 신설 했다.

3. Incoterms 2010에 사용된 용어의 설명

Incoterms 2000과 마찬가지로, 매도인과 매수인의 의무는 대칭적으로 규정되어 있으며, A 항목은 매도인의 의무를, B 항목은 매수인의 의무를 다룬다. 각각의 의무는 매도인이나 매수인이 손수 이행하거나 당해 계약조건이나 준거법의 제한하에, 운송인이나 운송주선업자 기타 매도인이나 매수인이 특별한 목적으로 지정하는 자와 같은 중간행위자를 통하여 이행할 수 있다.

Incoterms 2010의 전문(全文)에 동규칙의 목적이 수록되어 있다. 그러나 사용상 편의를 위하여 동규칙에 사용된 일부 용어의 의미에 관하여 다음과 같이 설명되고 있다.

- 운송인: 운송계약을 체결한 당사자이다.
- 통관절차: 통관절차에 요구되는 사항으로 서류나 보안, 정보, 물리적 검사에 관한 의무사항 등이다.
- 인도: 이 개념은 거래법과 실무에서 여러 의미를 갖지만, 동규칙에서 이 용어는 물품의 멸실 또는 손상의 위험이 어디에서 매도인에게서 매수인에게로 이전하는지를 표시하는 목적으로 사용되어 있다.

- 인도서류: 이는 인도가 이루어진 사실을 증명하는 용도의 서류를 의미한다. 다수의 Incoterms 2010 규칙에서, 인도서류는 운송서류나 그에 상당하는 전자기록이다. 그러나 EXW·FCA·FAS·FOB의 경우에, 인도서류는 단순한 영수증일 수도 있다. 또한, 지급메커니즘의 일부로서 다른 기능을 수행하기도 한다.
- 전자적 기록 또는 절차: 하나 또는 그 이상의 전자메시지로 이루어지고, 경우에 따라서는, 종이서류에 상당하는 기능을 하는 일체의 정보를 말한다.
- 포장: 이 용어는 다음과 같은 다양한 목적으로 사용된다.

첫째, 매매계약의 일정한 조건을 충족시키기 위하여 물품을 포장하는 것, 둘째, 물품이 운송에 적합하도록 포장하는 것, 셋째, 포장된 물품을 컨테이너 기타 운송수단에 적입하는 것

Incoterms 2010에서의 포장은 첫 번째와 두 번째를 의미하며 컨테이너에 적입할 당사자의 의무는 다루지 않기 때문에 이러한 의무는 당사자들이 매매계약에서 다루어야 한다.

Section 03 Incoterms 2010의 주요내용

1. 단일 또는 복수의 운송방식에 사용가능한 규칙

(1) 공장인도: EXW(Ex Works)

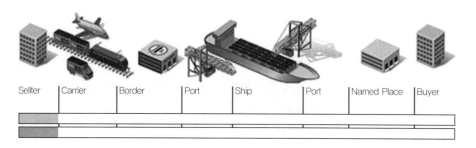

| Sellter | Carrier | Border | Port | Ship | Port | Named Place | Buyer |

EXW는 선택된 운송방식을 가리지 않고 사용될 수 있으며 둘 이상의 운송방식이 채택된 경우에도 사용될 수 있다. 이 규칙은 국내거래에 적합하고, 국제

거래에서는 통상 FCA가 보다 적절하다.

"공장인도"는 매도인이 그의 영업구내 또는 기타 지정장소(예컨대, 작업장, 공장, 창고 등)에서 물품을 매수인의 처분하에 두는 때에 매도인이 인도한 것으로 되는 것을 의미한다. 매도인은 물품을 수취용 차량에 적재하지 않아도 되고, 물품의 수출통관이 요구되더라도 이를 수행할 의무가 없다.

당사자들은 지정장소 내의 지점을 가급적 명확하게 명시하는 것이 바람직하다. 그러한 지점까지 비용과 위험을 매도인이 부담하기 때문이다. 매수인은 지정인도장소에 합의된 지점이 있는 때에는 그 지점부터 물품의 수령에 수반되는 모든 비용과 위험을 부담한다.

EXW는 매도인의 최소의무를 표방한다. 이 규칙은 다음과 같이 주의하여 사용하여야 한다.

a) 매도인은 매수인에 대하여 물품적재의무가 없으며, 이는 실제로 물품을 적재하는 데 매도인이 보다 나은 지위에 있더라도 마찬가지다. 매도인이 물품을 적재하는 경우에 매도인으로서는 매수인의 위험과 비용으로 그렇게 한다. 물품을 적재하기에 매도인이 보다 나은 지위에 있는 경우에, 매도인이 자신의 위험과 비용으로 물품적재의무를 부담하는 FCA가 통상적으로 보다 적절하다.

b) 수출을 목적으로 매도인으로부터 EXW조건으로 구매하는 매수인은 매도인으로서는 수출을 실행하는 매수인의 요청에 따라 단지 협조를 제공할 의무를 부담할 뿐이고 수출통관을 주도할 의무가 없다는 것을 유의하여야 한다. 따라서 매수인이 직접 또는 간접으로 수출통관을 수행할 수 없는 경우에는 EXW를 사용하지 않는 것이 좋다.

c) 매수인은 물품의 수출에 관한 정보를 매도인에게 제공할 한정적 의무를 부담한다. 그러나 매도인은 예컨대 조세 또는 보고의 목적으로 그러한 정보가 필요할 수 있다.

(2) 운송인인도: FCA(Free Carrier)

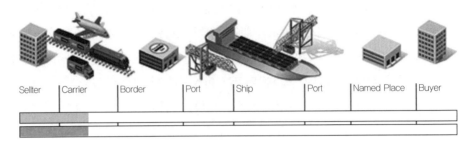

FCA는 선택된 운송방식을 가리지 않고 사용될 수 있으며 둘 이상의 운송방식이 채택된 경우에도 사용될 수 있다.

"운송인인도"는 매도인이 물품을 그의 영업구내 또는 기타 지정장소에서 매수인이 지정한 운송인이나 제3자에게 인도하는 것을 의미한다. 당사자들은 지정인도장소 내의 지점을 가급적 명확하게 명시하는 것이 바람직하다. 그러한 지점에서 위험이 매수인에게 이전되기 때문이다.

매도인의 영업구내에서 물품을 인도하고자 하는 경우에, 당사자들은 영업장의 주소를 지정인도장소로 명시하여야 한다. 그러나 다른 어떤 장소에서 물품을 인도하고자 하는 경우에 당사자들은 그러한 다른 인도장소를 명시하여야 한다.

FCA에서 해당되는 경우에 물품의 수출통관은 매도인이 하여야 한다. 그러나 매도인은 물품을 수입통관하거나, 수입관세를 지급하거나 수입통관절차를 수행할 의무가 없다.

(3) 운송비지급인도: CPT(Carriage Paid to)

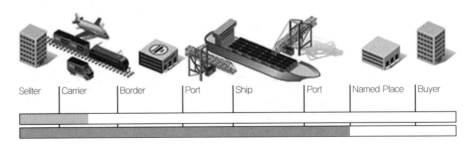

CPT는 선택된 운송방식을 가리지 않고 사용될 수 있으며 둘 이상의 운송방식이 채택된 경우에도 사용될 수 있다.

"운송비지급인도"는 매도인이 합의된 장소(당사자간에 이러한 장소의 합의가 있는 경우)에서 물품을 자신이 지정한 운송인이나 제3자에게 인도하고 매도인이 물품을 지정목적지까지 운송하는 데 필요한 계약을 체결하고 그 운송비용을 부담하여야 하는 것을 의미한다.

CPT, CIP, CFR 또는 CIF가 사용되는 경우에, 매도인은 물품이 목적지에 도착한 때가 아니라 운송인에게 물품을 교부하는 때에 그의 인도의무를 이행한 것으로 된다.

이 조건은 위험과 비용이 상이한 장소에서 이전되기 때문에 두 가지 분기점을 갖는다. 당사자들은 위험이 매수인에게 이전되는 장소인 인도장소 및 매도인이 체결하는 운송계약의 목적지인 지정목적지를 계약에서 가급적 정확하게 지정하는 것이 좋다. 합의된 목적지까지 운송하는 데 여러 운송인이 사용되고 당사자들이 특정한 인도지점에 관하여 합의하지 않은 경우에, 물품이 최초 운송인에게 인도되는 때에 이전되는 것이 기본원칙이다. 그 후의 어느 단계(예컨대, 항구 또는 공항)에서 위험이 이전하기를 원하는 경우에, 당사자들은 이를 매매계약에 명시하여야 한다.

또한 당사자들은 합의된 목적지 내의 지점을 가급적 정확하게 특정하는 것이 바람직하다. 그러한 지점까지의 비용은 매도인이 부담하기 때문이다. 매도인은 이러한 선택을 정확하게 만족하는 내용으로 운송계약을 체결하는 것이 좋다. 매도인이 그의 운송계약에 따라 지정목적지에서 양하와 관련한 비용을 지출한 경우에, 당사자간에 달리 합의되지 않았다면 매도인은 그러한 비용을 매수인에게 구상할 수 없다.

CPT에서 매도인은 해당되는 경우에 물품의 수출통관을 하여야 한다. 그러나 매도인은 물품을 수입통관하거나 수입관세를 부담하거나 수입통관절차를 수행할 의무가 없다.

(4) 운송비·보험료지급인도: CIP(Carriage and Insurance Paid to)

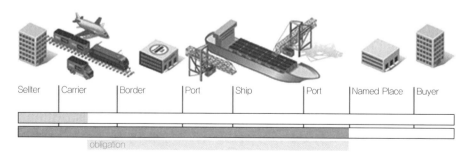

| Sellter | Carrier | Border | Port | Ship | Port | Named Place | Buyer |

obligation

CIP는 선택된 운송방식을 가리지 않고 사용될 수 있으며 둘 이상의 운송방식이 채택된 경우에도 사용될 수 있다.

"운송비·보험료지급인도"는 매도인이 합의된 장소(당사자간에 이러한 장소의 합의가 있는 경우)에서 물품을 자신이 지정한 운송인이나 제3자에게 인도하고 매도인이 물품을 지정목적지까지 운송하는 데 필요한 계약을 체결하고 그 운송비용을 부담하여야 하는 것을 의미한다.

매도인은 또한 운송중 매수인의 물품의 멸실 또는 손상의 위험에 대비하여 보험계약을 체결한다. 매수인이 유의할 것으로, CIP에서 매도인은 단지 최소조건으로 부보하도록 요구될 뿐이다. 보다 넓은 보험의 보호를 원한다면 매수인은 매도인과 명시적으로 그렇게 합의하든지 아니면 스스로 자신의 추가보험을 들어야 한다.

CPT, CIP, CFR 또는 CIF가 사용되는 경우에, 매도인은 물품이 목적지에 도착한 때가 아니라 운송인에게 물품을 인도하는 때에 그의 의무를 이행한 것으로 된다.

위험과 비용이 상이한 장소에서 이전되기 때문에 동조건 역시 두 가지의 분기점을 갖는다. 당사자들은 위험이 매수인에게 이전되는 장소인 인도장소 및 매도인이 체결하는 운송계약의 목적지인 지정목적지를 계약 내에서 가급적 정확하게 지정하는 것이 좋다. 합의된 목적지까지 운송하는 데 여러 운송인이 사용되고 당사자들이 특정한 인도지점에 관하여 합의하지 않은 경우에, 위험은 전적으로 매도인에 의하여 선택되어 매수인으로서는 아무런 통제도 할 수 없는 지점에서 물품이 최초운송인에게 인도되는 때에 이전되는 것이 기본규칙이다. 그 후의 어느 단계(예컨대, 항구 또는 공항)에서 위험이 이전하기를 원하는 경우에, 당사자들은 이를 매매계약에 명시하여야 한다.

또한 당사자들은 합의된 목적지 내의 지점을 가급적 정확하게 특정하는 것이 바람직하다. 그러한 지점까지의 비용은 매도인이 부담하기 때문이다. 매도인은 이러한 선택을 정확하게 만족하는 내용으로 운송계약을 체결하는 것이 좋다. 매도인이 그의 운송계약에 따라 지정목적지에서 양하와 관련한 비용을 지출한 경우에, 당사자간에 달리 합의되지 않았다면 매도인은 그러한 비용을 매수인에게 구상할 수 없다.

CPT에서 매도인은 해당되는 경우에 물품의 수출통관을 하여야 한다. 그러나 매도인은 물품을 수입통관하거나 수입관세를 부담하거나 수입통관절차를 수행할 의무가 없다.

(5) 도착터미널인도: DAT(Delivered At Terminal)

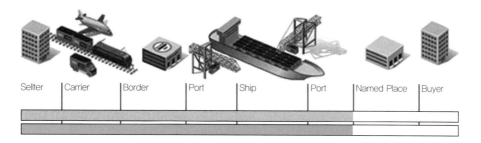

| Sellter | Carrier | Border | Port | Ship | Port | Named Place | Buyer |

DAT는 선택된 운송방식을 가리지 않고 사용될 수 있으며 둘 이상의 운송방식이 채택된 경우에도 사용될 수 있다.

"도착터미널인도"란 물품이 도착운송수단으로부터 양하된 상태로 지정목적항이나 지정목적지의 지정터미널에서 매수인의 처분하에 놓이는 때에 매도인이 인도한 것으로 되는 것을 말한다. "터미널"은 부두, 창고, 컨테이너장치장(CY) 또는 도로·철도·항공화물의 터미널과 같은 장소를 포함하며, 지붕의 유무를 불문한다. 매도인은 지정목적항이나 지정목적지까지 물품을 운송하고 거기서 양하하는 데 수반하는 모든 위험을 부담한다.

당사자들은 터미널 및 가능하다면, 합의된 목적항이나 목적지의 터미널 내의 지점을 가급적 명확하게 명시하는 것이 바람직하다. 그러한 지점까지의 위험은 매도인이 부담하기 때문이다. 매도인은 이러한 선택을 정확하게 만족하는 내용으로 운송계약을 체결하는 것이 좋다.

더욱이, 당사자들이 터미널에서 다른 장소까지 물품을 운송하고 취급하는 데 수반하는 위험과 비용을 매도인이 부담하도록 의도하는 때에는, DAP 또는 DDP가 사용되어야 한다.

DAT에서 매도인은 해당되는 경우에 물품의 수출통관을 하여야 한다. 그러나 매도인은 물품을 수입통관하거나 수입관세를 부담하거나 수입통관절차를 수행할 의무가 없다.

(6) 도착장소인도: DAP(Delivered At Place)

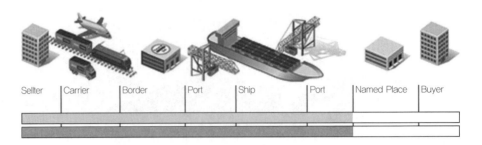

DAP는 선택된 운송방식을 가리지 않고 사용될 수 있으며 둘 이상의 운송방식이 채택된 경우에도 사용될 수 있다.

"도착장소인도"란 물품이 지정목적지에서 도착운송수단에 실린 채 양하준비된 상태로 매수인의 처분하에 놓이는 때에 매도인이 인도한 것으로 되는 것을 말한다. 매도인은 그러한 지정장소까지 물품을 운송하는 데 수반하는 모든 위험을 부담한다.

당사자들은 합의된 목적지 내의 지점을 가급적 명확하게 명시하는 것이 바람직하다. 그러한 지점까지의 위험은 매도인이 부담하기 때문이다. 매도인은 이러한 선택을 정확하게 만족하는 내용으로 운송계약을 체결하는 것이 좋다. 매도인이 그의 운송계약에 따라 목적지에서 양하에 관한 비용을 지출한 경우에, 당사자간에 달리 합의되지 않았다면 매도인은 이를 매수인에게 구상할 수 없다.

DAP에서 매도인은 해당되는 경우에 물품의 수출통관을 하여야 한다. 그러나 매도인은 물품을 수입통관하거나 수입관세를 부담하거나 수입통관절차를 수행할 의무가 없다. 당사자간에 매도인이 물품을 수입통관하고 수입관세를 부담하며 수입통관절차를 수행하도록 원하는 때에는, DDP가 사용되어야 한다.

(7) 관세지급인도: DDP(Delivered Duty Paid)

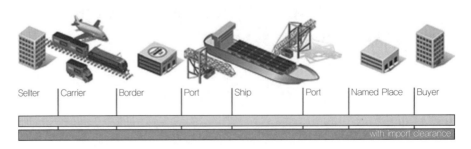

DDP는 선택된 운송방식을 가리지 않고 사용될 수 있으며 둘 이상의 운송방식이 채택된 경우에도 사용될 수 있다.

"관세지급인도"는 수출통관된 물품이 지정목적지에서 도착운송수단에 실린 채 양하준비된 상태로 매수인의 처분하에 놓이는 때에 매도인이 인도한 것으로 되는 것을 말한다. 매도인은 그러한 목적지까지 물품을 운송하는 데 수반하는 모든 위험을 부담하고, 또한 물품의 수출통관 및 수입통관을 모두 하여야 하고, 수출관세 및 수입관세를 모두 부담하여야 하며, 모든 통관절차를 수행하여야 하는 의무를 부담한다.

DDP는 매도인의 최대의무를 표방한다.

당사자들은 합의된 목적지 내의 지점을 가급적 명확하게 명시하는 것이 바람직하다. 그러한 지점까지의 위험은 매도인이 부담하기 때문이다. 매도인은 이러한 선택을 정확하게 만족하는 내용으로 운송계약을 체결하는 것이 좋다. 매도인이 그의 운송계약에 따라 목적지에서 양하에 관한 비용을 지출한 경우에, 당사자간에 달리 합의되지 않았다면 매도인은 이를 매수인에게 구상할 수 없다.

매도인이 직접 또는 간접으로 수입통관을 수행할 수 없는 경우에는 DDP를 사용하지 않는 것이 좋다.

만약 당사자들이 수입통관에 관한 모든 비용과 위험을 매수인이 부담하기를 원하는 때에는 DAP 규칙이 사용되어야 한다.

수입시에 부과되는 부가가치세 기타 세금은 매도인이 부담하되, 다만 매매계약에서 명시적으로 달리 합의된 때에는 그에 따른다.

2. 해상운송과 내수로운송에 사용가능한 규칙

(1) 선측인도: FAS(Free Alongside Ship)

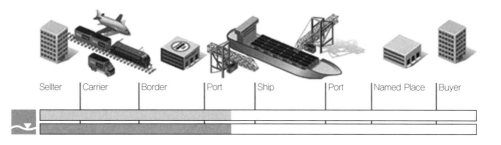

| Sellter | Carrier | Border | Port | Ship | Port | Named Place | Buyer |

FAS는 오직 해상운송이나 내수로운송의 경우에만 사용되어야 한다.

"선측인도"는 물품이 지정선적항에서 매수인에 의하여 지정된 본선의 선측 (예컨대, 부두 혹은 바지선)에 놓이는 때에 매도인이 인도한 것으로 되는 것을 의미한다. 물품의 멸실 또는 손상의 위험은 물품이 선측에 놓인 때에 이전하며 매수인은 그러한 시점 이후의 모든 비용을 부담한다.

당사자들은 지정선적항 내의 적재지점을 가급적 명확하게 명시하는 것이 바람직하다. 그러한 지점까지 비용과 위험을 매도인이 부담하고 또한 그러한 비용 및 관련 화물취급비용이 그 항구의 관행에 따라 다양하기 때문이다.

매도인은 물품을 선측에 인도하거나 이미 선적을 위하여 그렇게 인도된 물품을 조달하여야 한다. 여기에 "조달"(procure)을 규정한 것은 특히 일차산품거래(commodity trade)에서 보편적인 복수의 연속적 매매("연속매매")에 대응하기 위함이다.

물품이 컨테이너에 적재되는 경우에는 매도인이 물품을 선측이 아니라 터미널에서 운송인에게 교부하는 것이 전형적이다. 이러한 경우에, FAS 규칙은 부적절하며, FCA 규칙이 사용되어야 한다.

FAS에서 매도인은 해당되는 경우에 물품의 수출통관을 하여야 한다. 그러나 매도인은 물품의 수입통관을 하거나 수입관세를 부담하거나 수입통관절차를 수행할 의무가 없다.

(2) 본선인도: FOB(Free On Board)

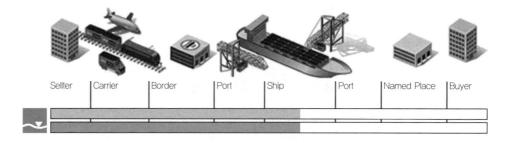

| Sellter | Carrier | Border | Port | Ship | Port | Named Place | Buyer |

FOB는 오직 해상운송이나 내수로운송의 경우에만 사용되어야 한다.

"본선인도"는 매도인이 물품을 지정선적항에서 매수인에 의하여 지정된 본선에 적재하여 인도하거나 이미 그렇게 인도된 물품을 조달하는 것을 의미한다. 물품의 멸실 또는 손상의 위험은 물품이 본선에 적재된 때에 이전하며, 매수인은 그러한 시점 이후의 모든 비용을 부담한다.

매도인은 물품을 본선에 적재하여 인도하거나 이미 선적을 위하여 그렇게 인도된 물품을 조달하여야 한다. 여기에 "조달"(procure)을 규정한 것은 특히 일차산품거래(commodity trade)에서 보편적인 복수의 연속적 매매("연속매매")에 대응하기 위함이다.

FOB는 예컨대 전형적으로 터미널에서 인도되는 컨테이너화물과 같이 물품이 본선에 적재되기 전에 운송인에게 교부되는 경우에는 적절하지 않다. 이러한 경우에는 FCA 규칙이 사용되어야 한다.

FOB에서 매도인은 해당되는 경우에 물품의 수출통관을 하여야 한다. 그러나 매도인은 물품을 수입통관하거나 수입관세를 부담하거나 수입통관절차를 수행할 의무가 없다.

(3) 운임포함인도: CFR(Cost and Freight)

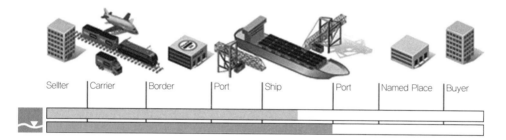

CFR은 오직 해상운송이나 내수로운송의 경우에만 사용되어야 한다.

"운임포함인도"는 매도인이 물품을 본선에 적재하여 인도하거나 이미 그렇게 인도된 물품을 조달하는 것을 의미한다. 물품의 멸실 또는 손상의 위험은 물품이 본선에 적재된 때에 이전한다. 매도인은 물품을 지정목적항까지 운송하는 데 필요한 계약을 체결하고 그에 따른 비용과 운임을 부담하여야 한다.

CPT, CIP, CFR 또는 CIF가 사용되는 경우에, 매도인은 물품이 목적지에 도착한 때가 아니라 선택된 당해 규칙에 명시된 방법으로 운송인에게 물품을 교부하는 때에 그의 인도의무를 이행한 것으로 된다.

동조건은 두 가지의 분기점을 갖는다. 왜냐하면 위험과 비용이 상이한 장소에서 이전되기 때문이다. 계약에서 항상 목적항을 명시하면서도 선적항은 명시하지 않지만, 위험은 선적항에서 매수인에게 이전한다. 선적항에 대하여 매수인이 특별한 이해관계를 갖는 경우에, 당사자들은 계약에서 이를 가급적 정확하게 특정하는 것이 바람직하다.

당사자들은 합의된 목적항 내의 지점을 가급적 정확하게 특정하는 것이 바람직하다. 그러한 지점까지의 비용은 매도인이 부담하기 때문이다. 매도인은 이러한 선택을 정확하게 만족하는 내용으로 운송계약을 체결하는 것이 좋다. 매도인이 그의 운송계약에 따라 목적항 내의 명시된 지점에서 양륙비용을 지출한 경우에, 당사자간에 달리 합의되지 않았다면 매도인은 이를 매수인에게 구상할 수 없다.

매도인은 물품을 본선에 적재하여 인도하거나 이미 목적항까지 선적을 위하여 그렇게 인도된 물품을 조달하여야 한다. 또한 매도인은 운송계약을 체결하거나 그러한 계약을 조달하여야 한다. 여기에 "조달"(procure)을 규정한 것은 특히 일차산품거래(commodity trade)에서 보편적인 복수의 연속적 매매("연속매매")에 대응하기 위함이다.

CFR은 예컨대 전형적으로 터미널에서 인도되는 컨테이너화물과 같이 물품이 본선에 적재되기 전에 운송인에게 교부되는 경우에는 적절하지 않다. 이러한 경우에는 CPT 규칙이 사용되어야 한다.

CFR에서 매도인은 해당되는 경우에 물품의 수출통관을 하여야 한다. 그러나 매도인은 물품을 수입통관하거나 수입관세를 부담하거나 수입통관절차를 수행할 의무가 없다.

(4) 운임·보험료인도 : CIF(Cost Insurance and Freight)

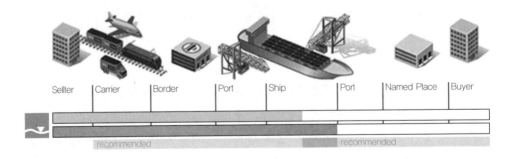

CIF는 오직 해상운송이나 내수로운송의 경우에만 사용되어야 한다.

"운임·보험료포함인도"는 매도인이 물품을 본선에 적재하여 인도하거나 이미 그렇게 인도된 물품을 조달하는 것을 의미한다. 물품의 멸실 또는 손상의 위험은 물품이 본선에 적재된 때에 이전한다. 매도인은 물품을 지정목적항까지 운송하는 데 필요한 계약을 체결하고 그에 따른 비용과 운임을 부담하여야 한다.

매도인은 또한 운송중 매수인의 물품의 멸실 또는 손상의 위험에 대비하여 보험계약을 체결한다. 매수인이 유의할 것으로, CIF에서 매도인은 단지 최소조건으로 부보하도록 요구될 뿐이다. 보다 넓은 보험의 보호를 원한다면 매수인은 매도인과 명시적으로 그렇게 합의하든지 아니면 스스로 자신의 추가보험을 들어야 한다.

CPT, CIP, CFR 또는 CIF가 사용되는 경우에, 매도인은 물품이 목적지에 도착한 때가 아니라 선택된 당해 규칙에 명시된 방법으로 운송인에게 물품을 교부하는 때에 그의 인도의무를 이행한 것으로 된다.

동조건은 2개의 분기점을 갖는다. 왜냐하면 위험과 비용이 상이한 장소에서 이전되기 때문이다. 계약에서 항상 목적항을 명시하면서도 선적항은 명시하지 않지만, 위험은 선적항에서 매수인에게 이전한다. 선적항에 대하여 매수인이 특별한 이해관계를 갖는 경우에, 당사자들은 계약에서 이를 가급적 정확하게 특정하는 것이 바람직하다.

당사자들은 합의된 목적항 내의 지점을 가급적 정확하게 특정하는 것이 바람직하다. 합의된 지점까지의 비용은 매도인이 부담하기 때문이다. 매도인은 이러한 선택을 정확하게 만족하는 내용으로 운송계약을 체결하는 것이 좋다. 매도인이 그의 운송계약에 따라 목적항 내의 명시된 지점에서 양륙비용을 지출한 경우에, 당사자간에 달리 합의되지 않았다면 매도인은 이를 매수인에게 구상할 수 없다.

매도인은 물품을 본선에 적재하여 인도하거나, 지정된 목적항까지 선적된 물품을 조달하여야 한다. 또한 매도인은 운송계약을 체결하거나 그러한 계약을 조달하여야 한다. 여기에 "조달"(procure)을 규정한 것은 특히 일차산품거래에서 보편적인 복수의 연속적 매매("연속매매")에 대응하기 위함이다.

CIF는 예컨대 전형적으로 터미널에서 인도되는 컨테이너화물과 같이 물품이 본선에 적재되기 전에 운송인에게 교부되는 경우에는 적절하지 않다. 이러한 경우에는 CIP 규칙이 사용되어야 한다.

CIF에서 매도인은 해당되는 경우에 물품의 수출통관을 하여야 한다. 그러나 매도인은 물품을 수입통관하거나 수입관세를 부담하거나 수입통관절차를 수행할 의무가 없다.

3. CIF 가격 결정사례

수출업자가 수출가액을 결정할 때 CIF조건으로 할 경우 다음과 같은 가격 구성요인을 고려해야 한다. 수출업자는 수출판매가격을 결정할 때 가격조건에 따라 비용이 상이하겠지만 제조원가, 수출관련 수수료(Export Commission), Freight Forwarder 수수료, 수출업체 창고나 공장에서 국내 항만까지 운송료, 영사송장수수료, 포장비, 해상운임 및 해상보험료, 하역비 등을 고려할 수 있다.

〈표 6-2〉는 CIF 가격결정 내용이 포함되어 있다.

표 6-2	Examples of Cost Elements		
Terms of Sale: CIF			
Export		Import	
Cost elements	Cost	Cost elements	Cost
Factory cost of 100 units @$100/unit	$10,000	Landed cost CIF	$14,105
Expenses:		Duty @ 5.5%	$776
Brokerage costs	$100	Tax(IRS or other)	$150
Export packing	$150	Brokerage clearance fees	$50
Freight to port	$500	Reforwarding from broker	$100
Consular invoice	$50	Banking charges	$50
Freight forwarder fee	$150	Letter of credit @ 1/4%	$75
*Export agent commission @ 15% of cost	$1,500	Total landed cost	$15,306
**Export agent commission @ 5% of cost	$500	Expenses	$2,210
Total	$12,950	Warehouse	–
		Replacing	$100
		Freight out	$100
		Advertising	$500
		*Salary	$1,410
		Interest	–
Marine insurance($12,950 @$1.20 per $100 value	$155	Postage	$100
		Total landed plus expenses	$17,516
Transportation(ocean)	$1,000	Unit cost	$175.16
Landed cost(CIF)	$14,105	Suggested selling price @ 100%	$350.32
		markup	$17,516
		Profit on 100 units	

* Only if an export middleman or import agent is used.
** Calculated at a commission of 10% of buying price: Markup(%) = Sell cost \ Cost × 100

단위당 제조원가(Factory cost)가 $100인 제품을 100개 수출할 경우 총 제조원가는 $10,000이다. 공장에서 제조된 상기 제품의 수출을 수행할 대행업체를 연결해주는 브로커의 수수료(Brokerage Costs, 중개수수료)가 $100 발생하며, 수출을 위한 포장비용(Export Packing)은 $150 발생한다. 수출준비가 완료된 상기 제품을 수출항까지 운송하는 국내내륙운송비용(Freight to Port)이 $500 정도 발생하게 되며, 수입국 영사로부터 관세포탈을 방지하고자 발급받는 영사송장(Consular Invoice) 발급 수수료가 $50 발생한다. 상기 수출절차에서 수출물품의 수량은 100개로 단일 컨테이너를 활용할 정도로 많지 않다. 이러한 화물을 LCL Cargo(Less than Container Load Cargo)라고 하는데 LCL Cargo는 집화하여 CFS(Container Freight Station)에서 혼재(Consolidation)하는 작업이 수행되어야 한다. 집화 및 혼재작업을 수행하는 주선업자를 국내법에서는 국제물류주선업자(Freight Forwarder)라고 하며 대행 대가(Freight Forwarder Fee)로 $150를 부담하게 된다.

수출업자가 수출 대행업체를 활용하여 상기 절차를 이행할 경우 단가의 15% 정도($1,500)를 수출대행업체의 대행수수료(Export agent commission)로 부담을 하게 되며, 해외대행수수료(Foreign agent commission)로 단가의 5%($500)를 제공한다. CIF는 Incoterms 2010상 매도인이 수출통관 및 해상운임과 해상보험을 담보하는 조건이므로 수출업자는 해상운임 및 해상보험료를 부담해야 한다. 해상보험은 당사자간의 특약이 없는 한 통상 ICC(C) 또는 FPA 조건과 같이 최소담보조건으로 부보한다. $100당 $1.2의 부담액으로 현재까지 발생한 금액 $12,950을 부보할 경우 $155가 보험료로 책정된다. 또한 해상운송료로 $1,000가 지출된다. 상기의 모든 과정을 거쳐서 수입항에 도착한 양륙비용은 $14,105로 제조원가 $10,000에 부대비용 $4,105가 발생하였음을 알 수 있다.

수입국에서 추가적으로 발생하는 비용을 고려해야 하는데 우선 수입관세(Duty) $776와 내국소비세(Tax) $150가 발생한다. 통관업무를 관세사가 대행하는 경우가 많기 때문에 통관수수료로 관세사에게 $50를 부담하고, 수입항 CFS에서 분류를 하여 개별화주에게 배송될 수 있도록 하는 작업을 수행하는 포워더에게 대행 대가(Reforwarding from Broker)로 $100를 부담하며, 수입서류와 관련된 업무를 대행하는 은행에게 부담하는 은행수수료(Banking Charges) $50, 신용장수리비용 $75 등이 발생하여 수입국에서 $15,306으로 양륙비용에 $1,201이 추가 발생하게 된다.

양륙지에서의 분류가 끝난 후 최종적으로 판매를 위하여 재포장(Repacking)을 실시하고 반출작업(Freight Out), 광고(Advertising), 판매업자 임금(Salary), 우편요금(Postage) 등이 발생하게 된다. 재포장 비용 $100, 반출비용 $100, 광고비용 $500, 임금 $1,410, 우편요금 $100가 발생하여 $2,210의 추가지출 후의 가격은 $17,516가 된다.

100개의 물품이기 때문에 단가를 $175.16으로 책정하고 100%의 이윤을 발생시킬 가격으로 판매가격을 책정하여 판매단가를 $350.32로 결정하였다. 판매가 완료될 경우 100개당 발생하는 이윤은 수입가격과 동일한 $17,516가 된다.

상기의 메커니즘을 살펴보면서 주목할 사항은 CIF조건으로 수출입 업무를 수행할 경우 제조원가 $10,000의 물품에 대하여 수출업자는 제조원가를 포함하여 $14,105를 부담하고 수입업자는 양륙항에서 수입통관을 거쳐 최종판매까지 발생하는 $3,411를 부담하게 되는 구조이다. 상술한 내용들은 일반적으로 수출입과정을 설명한 것으로 Incoterms 2010상의 타 조건에서 발생하는 가액을 파악할 경우 해당 항목의 위치를 수출에서 수입으로 혹은 수입에서 수출로 옮기면 될 것이다. 예를 들어 FOB의 경우 운송비용을 매수인이 부담하기 때문에 해상운송료와 보험료 부담인 $1,155가 수입업자 부담항목으로 옮겨가게 되며, DDP 조건으로 부담할 경우 최종 광고활동, 재포장, 판매임금, 우편요금 등($2,210)을 제외한 모든 항목을 수출업자 부담항목으로 옮기면 가액을 산정할 수 있을 것이다.

약술형

- Incoterms의 개정 필요성과 내용
- 정형무역거래조건의 종류와 내용
- FOB와 CIP조건의 차이점 비교
- CIF계약의 위험이전시기
- FCA조건의 특성과 화물인도시기
- FOB조건의 매수인과 매도인의 비용부담관계
- Incoterms 2010의 개정내용
- CIF 가격 결정 구성과 내용

용 어

- Appropriation
- ICC
- Carrier
- Ship's rail
- actual delivery
- Symbolic delivery
- wharfage
- lighterage
- Seaworthy Packing
- THC
- EXW
- DDP
- procurement

CHAPTER

07

무역대금결제방식

section 01 대금결제방법과 특성

1. 대금결제방식의 종류

(1) Consignment(위탁판매방식)

물품을 무환(clean draft)으로 수출하여 당해 물품이 판매된 범위에서 수출대금을 회수하는 결제방식으로 매수인 또는 수입업자에게 유리한 조건이다. 그렇기 때문에 물품의 소유권은 실제적으로 수출업자에게 귀속되어 있으며 물품의 대금은 판매될 때까지 지급되지 않음은 물론이거니와 판매되지 않는 물품은 언제든지 수입업자나 대리인이 아무런 책임을 부담하지 않는 조건으로 반송해 갈 것을 약정하고 있는 것이 특징이다.

위탁판매방식에 의한 대금결제는 위탁물품에 대한 법적 소유권이 명확하지 않고, 원거리의 경우 매도인이 위탁된 물품을 관리하기 어려우며, 외환관리가 어렵기 때문에 상당히 위험스러운 결제방식이다. 주로 수출업자가 자금능력이 있고 적극적인 수출시장 개척전략을 사용할 경우 이용되는 방식이다.

(2) Open Account(상호계산방식 또는 장부결제방식)

일정기간 동안 장부상으로 기록하여 두었다가 미리 결정된 미래의 어느 시점에서 물품대금을 지급할 것을 약정하는 결제방식이다. 선적서류는 직접 수입업자에게 송부되며 수입업자는 물품을 인수하여 처분할 수 있다. 그러나 이 방식을 사용하기 위해서는 정부의 간섭이 없어야 하고 수입업자의 자금능력과 신용도가 높아야 한다.

(3) Documentary Bills(화환어음결제방식)

화환어음결제방식은 수출업자가 물품을 발송하여 약정된 운송서류를 발급받고 수입업자를 지급인으로 하는 환어음을 첨부한 서류를 거래은행을 통하여 수입업자에게 제시하여 수출대금을 결제하는 방식이다.

D/P결제방식은 수출업자가 수출물품을 선적하고 나서 선적서류와 수입업자를 지급인으로 하는 일람불(at sight)어음을 발행하여 거래은행에 추심을 의뢰하게 되며 추심은행(수입업자의 거래은행)이 어음지급인(수입업자)에 대하여 선적서류를 대금지급과 동시에 인도하여 주고 그 대금을 추심의뢰은행(수출업자의 거래은행)에 송금하여 대금을 결제하는 방식이다.

D/A결제방식은 추심은행(수입업자 거래은행)이 수입업자에게 수출업자 발행 기한부어음을 제시하면 수입업자가 어음상에 'ACCEPT'라는 표시와 함께 서명함으로써 추심은행이 선적서류를 인도하여 주고 어음의 지급만기일에 대금을 받아 추심의뢰은행에 송금하여 수출업자가 대금을 결제받는 방식이다.

D/P, D/A방식으로 결제할 경우 추심은행은 대금결제에 대한 책임을 지지 않으므로 수출업자는 자신과 오랜 거래관계를 유지해 온 수입업자가 아니면 사전에 철저한 신용조사를 하여야 한다.

(4) 신용장(Letter of Credit)

신용장은 수입업자의 요구에 의하여 은행이 수입업자가 지정한 바의 물품에 대한 서류의 제시를 조건으로 수출업자에게 지급을 이행할 것이라는 조건부 지급확약서이다.

거래절차는 수출업자와 수입업자의 매매계약 체결 → 수입업자 자신의 거래은행(개설은행)에 신용장 개설의뢰 → 수출업자의 거래은행(통지은행)을 통하여 수출업자에게 신용장 도착통지 → 수출업자 물품선적후 선적서류 및 기타 필요서류를 첨부하여 신용장 매입의뢰 → 매입은행은 서류가 신용장 조건과 일치할 경우 대금지급 → 매입은행은 매입서류를 수입업자에게 송부 및 매입대금 결제 등으로 이루어진다.

(5) COD(Cash On Delivery)

COD(Cash On Delivery: 화물인도대금결제방식)는 수출업자가 수출품을 선적하고 선적서류를 수출업자의 해외지사나 대리인 또는 거래은행에 송부하고 수출품이 목적지에 도착하면 수입자가 직접 상품의 품질 등을 검사한 후 수출대금을 상품과 교환하여 현금으로 영수하는 결제방식으로 수입업자가 대금지급 전에 품질검사가 가능하므로 특히 고가품의 경우 많이 사용된다.

(6) CWO(Cash With Order)

CWO(Cash With Order: 주문시 현금지급)는 수출업자에게 가장 유리한 대금결제방식으로 수입업자의 수입계약체결과 함께 대금결제가 이루어지는 결제방식이다. 대금회수에 특별한 잠재위험이 있는 경우로서 일부 현금지급이나 운송비 지급이 이루어지기도 한다.

지금까지 살펴본 여러 가지 대금결제방식의 주요 특징을 비교하여 보면 다음 〈표 7-1〉과 같다.

표 7-1	대금결제방식의 주요 특징 비교			
결제방식	대 금 지급시기	매수인의 물품인수 시기	매도인의 위험	매수인의 위험
Consignment	물품판매시	매도인 인도시	매수인에 대한 완전한 신뢰(매도인소유권)	없음
Open Account	송장금액 지급시	매도인 인도시	매수인에 대한 완전한 신뢰(매도인소유권)	없음
D/A	만기시	환어음 인수시	매수인 신뢰 (소유권 매수인)	품질에 관계없이 물품 인수(소유권 확보)
D/P	환어음 제시시	대금지급 후	상업적 또는 정치적 위험으로 인한 불지급	서류상의 물품선적 여부
Usance L/C	만기시	서류인수시	상업적 또는 정치적 위험으로 인한 불지급	품질에 관계없이 물품 인수(소유권 확보)
Sight L/C	선적서류 제시시	서류인수시	조건불일치로 인한 불지급	서류상의 물품선적 여부
Cash In Advance	선적 전	대금지급 후	없음	주문물품 선적시까지 수출업자 신뢰

자료: Gerald Albaum 외 3인, *International Marketing and Export Management*, p. 346.

2. 대금결제종류별 절차

수출입 대금의 결제는 앞서 살펴본 바와 같이 송금방식과 추심방식, 신용장 방식으로 크게 나눌 수 있다.

송금방식

수입자가 물품의 입수 전에 수출자에게 선수금을 전액 송금해 주는 사전송금방식(단순송금방식)과 수입물품 또는 선적서류를 입수한 후에 송금해 주는 COD(Cash on Delivery), CAD(Cash against Documents)방식이 있다.

추심방식

수출자가 무역계약에서 요구된 선적서류를 갖춘 후 수입자를 지급인으로 한 환어음(Bill of Exchange)을 발행하여 거래은행을 통하여 수출대금을 추심(Collection)하는 방법으로 지급인도조건(Documents against Payment: D/P)과 인수인도조건(Documents against Acceptance: D/A)이 있다.

▌ 신용장방식

송금방식이나 추심방식(D/P, D/A)은 수출입대금의 결제를 수출입 당사자 간의 신용에 전적으로 의존하므로 사전송금방식은 수입자의 상품입수 불안, 기타의 송금 및 추심방식은 수출자의 대금회수 불안으로 이어진다.

이러한 국제무역의 불안을 제거하기 위하여 수입자의 거래은행이 수입자의 의뢰에 의하여 신용장을 개설하여 수출자에게 대금의 지급을 확약하는 것이 신용장 결제이다. 신용장거래에서 대금지급의 주체는 신용장 개설은행이 되므로 환어음을 발행할 때 이의 지급인은 신용장 개설은행이나 개설은행이 위임한 지정은행이 되며 수입자는 환어음의 지급인이 될 수 없다(D/P, D/A 방식에서는 대금지급의 주체가 수입자이므로 환어음의 지급인은 수입자가 된다).

(1) 지급인도(Documents against Payment: D/P)조건의 흐름

① 무역계약의 체결: 수출자와 수입자가 대금결제를 D/P방식으로 하는 무역계약을 체결한다.

② 추심(매입)의뢰: 수출자는 무역계약에서 요구하는 B/L 등 서류를 갖춘 후 수입자 앞으로 일람출급환어음(Sight Bill)을 발행하여 자기가 거래하

| 그림 7-1 | 지급인도조건의 흐름도 |

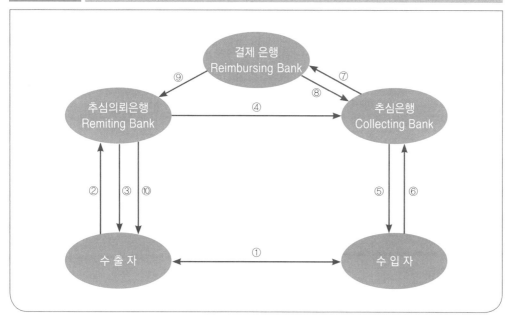

는 외환은행에 추심(매입)을 의뢰한다.

③ 추심 전 지급(Bill Purchased): 수출자가 추심의뢰하자마자 은행이 수출대금을 선지급(Payment in Advance), 즉 은행이 환어음을 매입하고 수출자에게 수출대전을 지급한다. 추심서류에 하자가 없어야 하며 부도의 경우에 대비하여 수출자는 담보를 제공하여야 한다.

은행이 매입한 환어음을 자금화하려면 추심은행에 송부하여 수입자로부터 대금이 입금되어야 하므로 수출자에게 추심 전 지급을 할 경우 환가료(환어음의 우편송달기간에 대한 이자)를 공제한 환율, 즉 일람출급 환어음 매입률에 수출환어음의 외화금액을 곱한 금액을 수출자에게 지급한다.

추심 후 지급(Bill Collection): 수입자로부터 대금이 추심된 후 수출자에게 지급하는 경우이며 수출자가 수령할 금액은 환어음의 외화금액에 전신환 매입률(T.T.B)을 곱한 금액이 된다.

④ 추심지시(선적서류 송부): 수출자로부터 환어음이 첨부된 선적서류를 추심의뢰 받거나 매입한 은행은 수입자가 거주하는 지역의 추심은행에 서류를 송부하여 추심을 의뢰하고 자행의 예치환거래은행을 지정하여 동 은행에 입금시켜 주도록 지시한다.

⑤ 추심은행은 추심의뢰은행으로부터 받은 서류를 수입자에게 제시한다.

⑥ 수입자는 선적서류에 이상이 없으면 첨부된 환어음을 일람후 즉시(At sight) 수입대금을 지급하고 선적서류를 인도받는다.

지급금액 = 환어음의 외화금액 × 전신환 매도율(T.T.S)

⑦ 추심은행은 추심의뢰은행이 지정한 은행에 자기의 계좌에서 차기(debit entry)하여 추심의뢰은행의 계좌에 대기(credit entry)하여 줄 것을 지시한다.

⑧~⑨ 결제은행은 추심은행의 계좌에서 차기하여 추심의뢰은행의 계좌에 대기한 후 각 은행에 ⑧ 차기통보(debit advice)하고, ⑨ 대기통보(credit advice)를 한다.

⑩ 추심 후 지급(Bill Collection)일 경우 추심의뢰은행은 입금된 수출대금을 수출자에게 지급한다.

(2) 인수인도(Documents against Acceptance: D/A)조건의 흐름

① 무역계약의 체결: 수출자와 수입자가 대금결제를 D/A방식으로 하는 무역계약을 체결한다.

② 추심(매입)의뢰: 수출자는 무역계약에서 요구하는 B/L 등 서류를 갖춘 후 수입자 앞으로 기한부 환어음(Usance Bill)을 발행하여 자기가 거래하는 외환은행에 추심(매입)을 의뢰한다.

③ 추심 전 지급(Bill Purchased): 수출자가 추심의뢰하자마자 은행이 수출대금을 선지급(Payment in Advance), 즉 은행이 환어음을 매입하고 수출자에게 지급한다. 추심서류에 하자가 없어야 하며 부도의 경우에 대비하여 수출자는 담보를 제공하여야 한다.

매입한 환어음을 자금화하려면 추심은행에 송부하여 수입자로부터 대금이 입금되어야 하므로 수출자에게 추심 전 지급을 할 경우 환가료(환어음의 우편송달기간 및 Usance기간에 대한 이자)를 공제한 환율, 즉 기한부어음 매입률에 수출환 어음의 외화금액을 곱한 금액을 수출자에게 지급한다.

그림 7-2　　**인수인도조건의 흐름도**

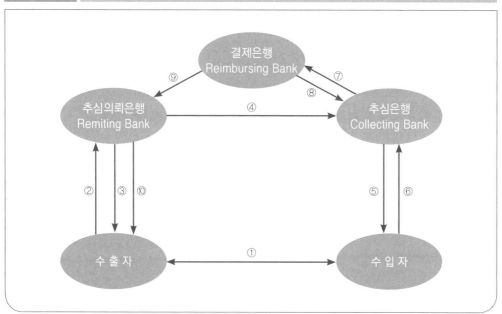

추심 후 지급(Bill Collection): 수입자로부터 대금이 추심된 후 수출자에게 지급하는 경우이며 수출자가 수령할 금액은 환어음의 외화금액에 전신환 매입률(T.T.B)을 곱한 금액이 된다.

④ 추심지시(선적서류 송부): 수출자로부터 환어음이 첨부된 선적서류를 추심의뢰 받거나 매입한 은행은 수입자가 거주하는 지역의 추심은행에 서류를 송부하고 자행의 예치환거래은행을 지정하여 동 은행에 입금시켜 주도록 지시한다.

⑤ 추심은행은 추심의뢰은행으로부터 받은 서류를 수입자에게 제시한다.

⑥ 수입자는 선적서류에 이상이 없으면 첨부된 환어음에 인수표시를 하고 은행으로부터 선적서류를 인도받는다. Usance기간 이후에 수입대금을 지급한다.

지급금액＝환어음의 외화금액×전신환매도율(T.T.S)

⑦ 추심은행은 추심의뢰은행이 지정한 은행에 자기의 계좌에서 차기(debit entry)하여 추심의뢰은행의 계좌에 대기(credit entry)하여 줄 것을 지시한다.

⑧~⑨ 결제은행은 추심은행의 계좌에서 차기하여 추심의뢰은행의 계좌에 대기한 후 각 은행에 ⑧ 차기통보(debit advice)하고, ⑨ 대기통보(credit advice)를 한다.

⑩ 추심 후 지급(Bill Collection)일 경우 추심의뢰은행은 입금된 수출대금을 수출자에게 지급한다.

3. 무역업체의 대금결제방식별 사례

(1) D/A 조건 결제사례

1) 일반현황

네덜란드에 본사를 두고 있는 A사는 공업용 컨베이어벨트를 수입하여 국내에 150여 공장에 공급하는 안양에 있는 한국지사이다.

2) 대금결제조건관련 업무

모든 거래가 기본적으로 ABN AMRO BANK(서울지점)를 통하여 D/A 60일 조건으로 거래되고 있는데, 이는 본사와 지사간의 거래에서 흔히 볼 수 있는 결제조건이다. 결제조건은 관례처럼 결정되고 있으며 조건결정권자는 본사의 수출업무 담당자이다. 그러나 매 수출입시마다 거래조건을 결정하는 것이 아니고 일괄적으로 D/A조건으로 계약체결이 이루어진다.

D/A조건을 선택하는 이유는 첫째, 본사가 원했기 때문이다. 상기 회사의 거래는 본사와 지사간의 거래이기 때문에 기본적인 신용도를 바탕으로 수입업자로부터 지급거절이란 있을 수 없기 때문이다.

둘째, 수입업자의 입장에서 수입품의 품질에 대한 안정성 확보이다. 대금을 결제하기 전에 품질검사를 통하여 인수거절을 할 수 있으며, 이에 따른 클레임을 제기할 수 있기 때문이다. 그러나 물품검사를 통하여 품질불량품에 대하여 수출업자에게 통보하고 이에 대한 수출업자의 승인하에 Credit Note를 발행하여 품질불량금액만큼 차감하고 대금결제를 하게 된다.

셋째, 저렴한 비용이다. L/C를 통한 대금결제보다는 D/A조건이 수수료 등 기타 금융비용이 저렴하기 때문이다.

3) 결제조건에 따른 자금관리

일반적으로 D/A 60일 조건으로 결제되기 때문에 60일간의 유예기간을 최대한 활용하고 있다. 가장 선호하는 방식은 수입물품에 대한 판매대금을 통하여 결제하는 것이고, 이 방식을 활용할 수 없는 경우에는 자금사정이 악화된 경우로서 국내 매수인의 어음을 할인하는 방식을 활용하고 있다. 그리고 결제환율에 있어서 기준환율을 정하거나 예상환율을 설정하기에는 업무상 비효율적이기 때문에 결제당일의 환율을 적용하고 있다.

4) 거래상 애로사항

포장불량으로 인한 물품 일부를 분실하는 사례가 빈번하게 발생하는 편이다. 컨베이어 벨트가 Roll-Wooden 포장된 상태로 상품카탈로그와 함께 선적되는데 별개 포장으로 인하여 카탈로그를 자주 분실하고 있는 상황이다.

대금결제와 관련하여 수입업자로서 결제지연이나 미결제의 사례는 없다. 그러나 기타 다른 나라의 경우에서 보면 대금미결제가 발생하면 다음 수입품 선적이 지연되게 된다.

5) 기　　타

일반적으로 선적서류라고 하면 선하증권, 송장, 보험증권으로서 필수적인

서류로 알고 있으나 보험증권은 본사와 지사간의 거래라는 이유로 종종 생략되는 사례가 많다.

그리고 D/P조건을 통하여 수입하는 경우도 있었는바, 이 또한 본사와 지사간의 거래로서 미국지사로부터 수입했을 때 상대방의 신용도가 약하고, 자금력이 미약하며, 거래량이 적었기 때문에 D/P조건으로 결제해 주는 경우가 있었다.

6) 시 사 점

D/A와 D/P조건을 사용하는 무역업체는 대부분 본사와 지사간의 수출입거래와 세계적인 지명도를 가지고 있는 업체와의 거래에서 주로 활용되고 있는 거래방식이다. 특히 본사와 지사간의 내부거래(예: 삼성 본사와 삼성 미국지사의 수출입)에서 대부분 활용되고 있기 때문에 본 거래조건을 활용하여 대금결제가 이루어지는 경우 수출업자의 대금결제와 관련한 문제는 크지 않은 것으로 판단된다.

(2) Local L/C 조건 결제사례

1) 일반현황

중국을 주요 수출시장으로 하여 B사는 연간 5천 5백만달러(총생산의 30%)를 수출하고 있는 회사이다.

2) 대금결제조건관련 업무

중국시장의 수출은 국내 주요 무역업체(당시 '종합상사'였음)와 Local L/C조건을 통하여 이루어지고 있다. 상기 업체는 수출 초기에는 L/C를 통하여 대금결제를 했으나 현재 L/C결제조건은 전혀 활용하고 있지 않다. 대금결제조건은 제조메이커인 B사(최고 경영자의 의지)가 결정하고 있으며 특별히 L/C조건을 활용하지 않고 Local L/C조건을 사용하는 주요 이유는 다음과 같다.

첫째, 대금회수에 대한 위험을 회피하여 종합상사에게 전가시키려 하고 있다. 종합상사를 통하여 수출하는 것이 직접 수출방식을 활용하는 것보다 수익은 적으나 중국시장은 아직도 경제후진국시장이고 은행이 지급보증한 신용장이라 할지라도 대금결제가 안 되는 경우가 자주 발생하기 때문에 지급보증상 어려움을 많이 겪기 때문이다.

둘째, 중국시장을 겨냥한 업체 내부의 조직과 이와 관련 부대비용문제이다. 대금회수가 확실하지 않은 시장에 직접 수출하기 위해서는 이에 상응하는 수출 전담조직이 갖추어져야 하나 아직 미비한 형편이다. 또한 이와 관련 부대비용 등과 Local L/C를 통한 수익을 비교해 볼 때 후자가 유리하기 때문이다.

향후 수출확대를 통하여 중국에 지사나 대리점이 있는 경우에만 L/C방식을 활용할 예정이다.

3) 결제조건에 따른 자금관리

Local L/C를 통한 생산자금 등의 무역금융 활용을 하지 않는다. 가장 큰 이유는 수출금융을 신청하기 위한 절차의 복잡과 담보 요구, 은행의 일방적 여신결정 등 조건의 까다로움이었다. B사는 제지제품의 수출을 위한 수출금융을 활용하지 않고 자체적으로 해결하고 있다.

결제환율에 있어서 환차손의 위험을 최대한 줄이기 위하여 원화 결제를 하지 않고 달러 결제를 하고 있는데 이는 제지의 주원료인 펄프를 대량으로 수입하는 수입대금을 결제하기 위함이었다(총매출의 70% 원자재).

4) 거래상 애로사항

대금회수와 관련 가장 큰 문제점은 수입업자의 마켓클레임이다. 이는 중국시장에서의 제지가격의 급격한 하락으로 인한 손해를 경감시키기 위하여 의도적으로 품질불량이나 서류상의 하자를 클레임 원인으로 제시하고 있다. 특히엄밀일치의 원칙에 준하고 있는 신용장은 상당일치의 조건에도 불구하고 중국시장에서는 아직도 엄밀일치를 요구하고 있는 실정이다. 실제적으로 대금결제와는 관계가 없는 신용장의 문구와 관련하여 은행측에서 은행내규상 자신의 책임을 회피하기 위한 대금지급 거절을 경험했다. B사의 경우 매입서류상 하자문제가 발생하였을 경우 그동안의 은행과의 거래관계 등을 고려하여 3일간의 서류유예기간을 활용하고 있다. 은행이 3일 동안 서류를 보관할 수 있는 권리가있기 때문에 하자 있는 서류를 일단 접수하고 1일 이내에 서류보완을 하고 있는 상황이다.

은행의 역할과 관련하여 실제적인 예로 필리핀과의 수출입거래에서 신용장방식으로 거래가 체결되어 수입업자의 신용을 문제로 서방은행의 확인을 받은 신용장으로 선적을 하고 선적서류를 제시하여 매입을 의뢰하자 확인은행은 수입업자로부터 대금을 결제받고서도 서류상의 하자를 이유로 수출업자에게 대금을 지급하지 않고 확인은행이 자금을 유용하는 경우도 있었다. 이 경우에서 수출업자는 자신의 거래은행을 통하여 수출대금 회수에 대한 촉구를 하였으나 개입하기를 거절하여 당사자, 즉 수출업자와 수입업자가 하자서류에 대한 인수를 확약하고 대금회수를 했던 사례도 있었다.

B사 수출팀장의 '신용장을 믿지 말라'라는 말에서 강하게 느낄 수 있는 것은 신용장이 신용이 부족한 수입업자를 대신하여 은행이 지급보증하는 절대적이 방법이 아니라는 것이다. 특히 후진국과의 거래에 있어서 애매한 신용장조항을 포함시켜 대금회수의 어려움을 만들지 말라는 교훈을 얻을 수 있다. 특히 수출을 반드시 해야겠다는 사고방식에서 품질이나 기타 거래조건상 혼란의 여지가 있는 애매모호한 문구를 사용하지 않는 것이 바람직한 것으로 나타나고 있다.

5) 기   타

분쟁이 발생했을 경우에 신용장 조건상 특정국 상사중재원의 중재에 따르도록 합의하였음에도 불구하고 수입국의 신용장통일규칙이나 상사중재법의 입법화가 이루어지지 않았다는 이유로 일방적 계약해제를 요구하는 경우도 있다.

현재 B사의 경우 품질불량으로 인한 문제도 종합상사에게 전가시키고 있으나 문제발생시 고정거래처의 장기적인 고객확보를 위해서 품질불량금액만큼 차기 선적분에서 감액(수출단가 조정)하는 방식으로 해결하고 있다.

이외에 수출 초기에 시장특성을 제대로 파악하지 못하여 고객의 니즈를 충족시키지 못하는 경우가 없도록 충고하고 있다(문화적 차이 이해 필요함).

6) 시 사 점

B사의 수출업무와 관련하여 L/C결제조건을 활용하다가 여러 가지 문제점이 드러나 Local L/C조건을 사용하고 있기 때문에 몇 가지 시사점이 있다.

첫째, 후진국과의 수출거래시 대금결제상 우려가 있는 경우 대금회수위험을 최대한 회피할 수 있는 방식으로 대금결제를 하도록 한다.

둘째, 마켓클레임이나 은행의 서류하자 문제로 인한 대금지급 거절을 방지하기 위하여 완벽한 매입서류를 준비하도록 하고, 신용장조항에 문제의 소지가 있는 애매모호한 조건을 삽입하지 않도록 한다.

셋째, 무역금융과 관련 수출업체가 무역금융을 쉽게 활용할 수 있도록 제도적 뒷받침이 있어야 한다.

넷째, 신용장은 은행이 대금지급을 확약하는 절대적 방식은 아니라는 사실이다.

(3) L/C 조건 결제사례

1) 일반현황

C사는 수출을 대부분 대행하고 있으며, 일본으로 케미컬제품, 텅스텐 등의 중석제품 등으로 연간 1억 달러의 수출실적을 올리고 있다.

2) 대금결제관련 업무

대금결제조건은 L/C조건을 활용하고 있으며, 그 이유는 은행의 지급보증으로 인한 대금회수의 안정성 때문이다. sight L/C와 usance L/C(보통 90일)의 비율은 각각 50%이며, 수입업체의 요청과 거래관행, 고객의 신뢰성 등에 따라 상호 협의하여 결정하며, 기타 거래관례는 통상적 방법에 따른다.

3) 결제조건에 따른 자금관리

B사와 마찬가지로 신용장에 근거한 무역금융을 활용하고 있지 않은데 이는 이용절차의 복잡성과 은행의 여신 등 조건의 까다로움 때문이다.

결제환율은 특별한 계획적인 환위험에 대한 관리 없이 결제당일 환율에 따라 결제한다.

4) 거래상 애로사항

C사의 주요 수출대상은 일본이기 때문에 선진국의 신뢰성을 바탕으로 대금회수상 별다른 어려움이 없다. 10년 이상 수출업무를 했던 담당자의 경험에 의하면 품질조건만 맞으면 대금회수에는 문제가 없다고 한다.

수출업자가 가장 조심해야 할 점은 품질조건이다. 특히 식품과 관련한 기준이 기타 다른 국가에 비하여 상당히 까다롭기 때문에 계약체결시 감당하지 못할 품질조건을 제시하지 않는 것이 바람직하다. 수량부족이나 다른 조건상 하자는 해결의 방법을 협상할 수 있으나 식품관련 품질조건은 전량 인수거절 및 클레임 청구가 뒤따른다.

중석제품의 품질불량이나 수량부족 문제에 대해서는 L/C가격을 할인하거나 차후 선적분의 단가를 낮추거나 수량을 더하는 방식으로 해결한다. 그러나 원활한 대금회수를 위해서는 품질, 수량, 기타 조건의 완벽한 이행이 가장 중요하다.

5) 시 사 점

수출대상국이 선진국이기 때문에 은행의 지급보증에 대한 신뢰도가 높으며 후진국에서 흔히 발생하는 클레임의 제기가 드물다. 그렇기 때문에 무역업체는 철저한 계약의 이행이 무엇보다도 중요하며, 까다로운 품질조항에 대한 철저한 준비가 필요하다.

상기 A, B, C사의 대금결제방식은 다음 〈표 7-2〉와 같이 비교할 수 있다.

표 7-2   업체별 비교

구 분	A 社	B 社	C 社
주요 거래국가	네덜란드	중 국	일 본
품 목	컨베이어벨트	제 지	케미컬제품
대금결제조건	D/A	Local L/C	L/C
결제조건결정권자	수출업자(본사)	제조업체 (최고경영자의 의지)	상호협의(관례)
결제조건선택 이유	- 본 · 지사거래 - 안정성(품질)	대금회수에 대한 위험 회피	은행의 지급보증
결제기준환율	결제일 기준	달러 결제	결제일 기준
수출금융 이용 여부		이용 안 함	이용 안 함
운송수단	해상운송 (긴급화물 항공운송)	해상운송	해상운송
대금회수상 애로요인	문제 없음	수입업자의 의도적인 지급거절(마켓클레임)	문제 없음
기 타	본 · 지사간의 거래에서 주로 사용되는 결제방식으로 대금결제 회피나 부당한 클레임 등의 문제가 발생하지 않음	- 수입업자가 후진국일 경우 대금회수나 부당한 클레임의 위험을 전가시키기 위해 활용 - 은행의 지급보증에 대한 신뢰성 미약 - 분쟁의 여지가 있는 계약조항 회피	- 선진국과의 거래에서 부당한 지급거절이 거의 없기 때문에 계약의 철저한 이행으로 분쟁 여지 불식

02

환어음(Bill of Exchange)과 은행의 대금지급

1. 환 어 음

(1) 환어음의 개념

환어음은 외환을 결제하기 위한 지급위탁의 수단으로서 국제무역거래에서 가장 많이 이용되고 있다. 국제간의 환어음 거래는 1882년에 영국에서 제정된 환어음법(Bill of Exchange Act, 1882)과 1995년에 국제상업회의소에 의해서 개정된 추심에 관한 통일규칙(Uniform Rules for Collection, 1995)에 의해 처리되는데, 환어음이란 국제거래상의 채권자가 채무자에게 대하여 그 채권금액을 지명인 또는 소지자에게 일정한 시일 및 장소에서 지불할 것을 무조건 위탁하는 요식유가증권이다. 환어음 외에 국제거래에서 주로 이용되는 외환결제수단으로서는 송금환의 결제에 사용되는 지급지시서(payment order) 및 송금환 수표(demand draft), 기타 개인적으로 널리 이용되고 있는 여행자수표(traveler's check)와 신용카드(credit card) 등이 있다. 한편 우리나라의 외국환거래법에서는 대외지급수단을 외국통화, 외국통화로 표시된 지급수단 그리고 그 밖에 표시통화에 관계없이 외국에서 사용할 수 있는 지급수단을 말한다. 정부지폐, 은행권, 주화, 수표, 환어음, 약속어음, 우편환, 신용장, 기타의 지급지시증표 및 플라스틱 카드로 규정하고 있다.

환어음의 유통에는 적어도 2개국이 개입되며 각 나라마다 어음 유통력 강화와 공신력 유지를 위해 강력한 규정을 정하고 있는데 환어음의 효력은 원칙적으로 행위지의 법률에 의하여 처리되게 되어있다.

예를 들어 한국에서 어음을 발행하고, 미국에서 배서(endorsement)를 하고, 일본에서 인수를 하였다면 발행에 관하여는 한국법, 배서는 미국법, 인수는 일본법에 의하여 결정된다. 만일 한국에서 발행한 어음이 한국법에서는 무효일지라도 미국에서 합법적으로 배서되고 일본에서 유통될 수 있으면 그 어음은 유효한 것이 된다.

환어음은 별첨형식과 같이 보통 2통(two bills)으로 발행되어 하나가 결제되면 나머지는 자동적으로 무효가 되는 것이다. 환어음의 주요 당사자는 다음과 같이 구별할 수 있다.

① 발행인(Drawer): 환어음을 발행하고 서명하는 자, 즉 수출업자인 채권자를 말한다.

② 지불인(Drawee): 환어음의 지급을 위탁받는 채무자로서 통상 신용장 개설은행 또는 수입상(Accountee)이 된다.

③ 수취인(Payee): 환어음의 지급을 받는 자로서 발행인이 될 수도 있고 발행인이 지정하는 제3자도 될 수 있다.

(2) 환어음의 구분

국가간의 대금결제에서 사용되고 있는 환어음은 그 성격에 따라서 다음과 같이 구분된다.

1) 화환어음과 무담보어음

만약 환어음이 다른 운송서류와 함께 발행되면 화환어음(documentary bill of exchange)이라고 하며, 반면 운송서류가 첨부되지 않고 환어음 단독으로도 결제가 가능할 경우에는 무담보어음(clean bill of exchange)이라고 한다.

대부분의 상품대금결제에는 상품을 대표하는 선하증권 등을 비롯한 부대서류가 첨부되기 때문에 이때 발행되는 어음은 화환어음이 된다. 그러나 수수료, 보험료, 운임 등의 지급에는 이러한 운송서류를 필요로 하지 않기 때문에 환어음 하나만 가지고도 결제가 가능한 무담보어음이 이용된다.

2) 일람불어음과 기한부어음

환어음은 어음상에 기재된 만기일(tenor)에 따라서 일람불어음(sight draft, demand draft)과 기한부어음(usance bill, time draft, after sight bill)으로 구별되는데, 전자는 어음이 제시되면 즉시 지불되는 조건이며, 후자는 제시된 후 일정기간 후에 지불되는 어음을 말하는데 기한부어음은 다시 다음과 같이 구별될 수 있다.

① 일람후 정기불(After Sight): 어음이 수입업자에게 제시되고 난 후 일정기간 후, 즉 30일 또는 60일 후에 지급되는 것인데, 보통 30days after sight(30d/s), 60days after sight(60d/s)로 표시된다.

② 일부후 정기불(After Date): 어음이 발행되고 난 후 일정기일이 경과된 후 지불되는 어음으로, 예를 들면 30days after date(30d/d), 60days after date(60d/d)라고 표기되며, 여기서 date라고 하는 것은 어음발행 일자를 말한다. 그러므로 같은 30일 기한부어음이라도 After Sight기준이 After Date 기준보다 우편일수만큼 늦어진다.

엄격히 따지면 After Date어음은 After Sight어음보다 선적서류가 전달되는 데 소요되는 우편일수만큼 빨리 결제된다고 볼 수 있다. 다시 말해서 일부후어음은 어음 발행시에 이미 결제일이 확정되어버리나, 일람후 어음은 당해 어음이 수입업자에게 제시된 후에야 비로소 결제일이 확정될 수 있다.

기한부어음에서는 어음의 인수행위가 수반되는데, 어음의 인수는 곧 기한부어음이 지급인에게 제시되었을 때 만기일에 지급할 것을 약속하는 서명행위이다. 대부분의 경우 인수인은 만기일에 가서 지급인이 된다.

3) 은행어음과 개인어음

환어음상에 기재된 지급인(drawee)이 누구냐에 따른 구분이다. 지급인이 은행명으로 기재되어 있는 어음을 은행어음(bank bill)이라고 하며, 반면 수입업자를 비롯한 일반개인이 지급인으로 되어 있으면 개인어음(private bill)이라고 한다.

지급인은 환어음에 대한 지급을 위탁받은 자로서 어음의 부도 여부는 이 지급인에 의해 전적으로 좌우된다. 통상적으로 은행어음이 일반개인어음보다 안전성이 높기 때문에 금융할인시장에서 우대를 받는다.

4) 상환청구가능어음과 상환청구불능어음

환어음에 대한 지급거절이 있을 경우, 환어음을 매입한 선의의 소지인(bona fide holder)이 어음발행인에게 대금의 상환을 청구할 수 있느냐 없느냐에 따라 환어음은 상환청구가능(with recourse)어음과 상환청구불능(without recourse)어음으로 구분된다.

우리나라의 경우는 환어음법상 모든 환어음은 상환청구가 가능하도록 되어 있어 외국에서 발행된 상환청구불능어음은 우리나라에서 그 효력을 발휘하지 못하도록 되어 있다.

(3) 기재사항과 내용

어음은 요식증권이므로 그 형식은 기재사항에 의하여 결정되며 기재사항도 필수기재사항과 임의기재사항으로 구분할 수 있는데 필수기재사항의 어느 하나가 누락되어도 환어음으로서의 법적 효력이나 구속력을 갖지 못하게 된다.

1) 필수기재사항

① 환어음 표시: 어음문언 중에 '환어음'(bill of exchange)이라고 표시가 있어야 한다.

② 무조건 위탁문언: 일정한 금액을 지급하라는 조건 없는 위탁문언(unconditional order in writing)이 표시되어야 한다. 즉 지급하는 데 무슨 조건을 붙이거나 지급자금이나 지급방법을 한정시키는 문언이 기재되어서는 안 된다는 뜻이며, 금액은 문자와 숫자를 병기하는 경우 양자간에 차이가 나면 문자로 표시된 금액을 어음금액으로 간주하며, 문자 또는 숫자로 중복하여 기재할 경우 그 금액의 차이가 있을 시는 최소 금액을 어음금액으로 한다. 또한 이는 외환어음이므로 반드시 화폐의 종류를 명시하여야 한다. 그리고 일정한 화폐단위로 인쇄된 환어음을 지워서(혹은 cross out) 다른 화폐단위로 기재하면 무효가 된다.

③ 지급인(Drawee): 어음 문언중의 Drawee라는 것은 지급을 위탁받은 자, 즉 'the person to whom the bill is addressed'로서 대개는 신용장 개설은행이 되나, 경우에 따라서는 개설의뢰인인 수입업자가 될 수 있다.

④ 지급기일의 표시: ① 일람출급(at sight), ② 일람후 정기출급(at ××days or months after sight), ③ 일부후 정기출급(at ××days or months after date), ④ 확정일출급(on a fixed date) 등 만기일을 표시하여야 한다. 단, 만기일의 표시가 없는 것은 일람출급으로 간주하며, 어음금액의 분할지급은 우리나라에서는 무효이나 지급지에서 허용하고 있으면 유효하다(추심에 관한 통일 규칙 제19조). 또한 영국과 아일랜드(Ireland)가 지급지로 되는 경우는 만기일에 3일간의 유예기간(grace period)이 인정되고 있다.

⑤ 수취인(Payee)의 표시: 어음금액의 지급을 받을 사람의 표시인데 ① 기명식(payable to specified person), ② 지시식(payable to the order of a specified person or payable to order),③ 무기명식(payable to bearer) 등으로 표시될 수 있다.

⑥ 지급지의 표시: 추심에 관한 통일규칙 제4조에 지급인의 주소가 정확히

기재되어야 한다고 되어 있는데, 신용장에 별도 명시가 없는 한 도시명
의 표시만으로도 충분하다.

⑦ 발행일 및 발행지의 표시: 화환어음의 발행일은 신용장의 유효기일 이내
라야 하며 발행지의 표시는 어음의 적용법을 정하는 기초가 된다.

⑧ 발행인의 기명날인: 환어음을 발행하는 자(drawer)는 신용장상의 수익자
가 되며 보통은 수취인과 같은 자가 된다.

영국 환어음법 제55조에 Nego은행은 발행인에 대해서 상환청구권을 갖는
다(bank has recourse against the drawer of the bill)고 되어 있어 발행인은 만일 그
발행어음이 지급거절(dishonored)되면 그 어음 소지자나 배서자에게 보상해 주어
어야 한다.

2) 임의기재사항

임의기재사항은 어음 자체의 효력에는 아무 영향을 미치지 않으나, 이를
기재함으로써 어음의 성격이나 내용을 좀더 명확히 표시하게 된다.

① 어음번호: 특별한 뜻은 없고 화환어음이므로 관계신용장의 번호, 개설
은행 및 개설일자를 다음과 같이 표시한다.

"Drawn under L/C No ××× issued by ××× bank dated ×××"

② 어음 발행시 표시: 어음이 한 Set, 즉 둘이나 셋으로 발행되었을 경우 이
중지급을 방지하기 위해서 'Second(First of the same tenor and date being
unpaid)'와 같이 표시되어 하나에 의해서 지급되면 다른 것은 자동적으
로 무효가 된다는 것을 표시한다.

③ Valuation Clause: 문자로써 어음금액을 표시한 바로 다음에 'Value re-
ceived'란 문언이 있는데 이는 법률상에 가치 있는 약인, 즉 보통 유통
되는 증권이 아니라 어떤 상업거래의 가치에 대한 결제임을 표시하는
문언이 된다.

④ 환율조항(Exchange Clauses): 관계된 두 나라 통화의 교환비율에 이의가
생기지 않게 환어음에 적용될 환율을 어음상에 기재하는 것이다. 이것
은 특히 어음발행자가 지급지의 통화로 지급받는 것을 꺼려서 발행국의
통화로 지급받기를 원할 때 기재하는 문언인데 이 중에도 특히 'Payable

with exchange and stamps as per endorsement'와 같은 문언이면 En-dorsement에 표시된 환율에 의해서 교환되는데, 이 경우 그 금액이 어음상에 표시된 어음발행국의 통화로 표시된 어음금액과 같이 된다는 것이다.

예를 들면 영국에서 발행한 환어음이 'Exchange as per endorse-ment' 조건으로 오스트레일리아 수입상 앞으로 발행되면 환어음 금액이 Australia Dollar로 표시되고, 다시 지정된 환율에 의해서 영국 파운드로 표시가 되며 이 거래에 필요한 모든 수수료, 즉 수입인지(stamp)도 수입상이 부담하게 된다.

만일 이 환어음이 Usance Bill이면 수입상은 이자도 지불해야 하기 때문에 모든 부담이 수입상에게 돌아가고 수출상은 환위험이나 특별한 은행경비의 지출이 없으므로 수출상에게는 유리하나 수입상은 꺼리는 문언이다.

⑤ 이자조항(Interest Clauses): 확정일출급 또는 일부후정기출급에는 사전에 이자를 계산해서 어음금액을 정하기 때문에 이자문언의 기재가 필요 없고, 다만 일람출급이나 일람후 정기출급의 경우에만 이자문언이 기재되며, 어음상에 기산일이 없으면 어음발행일을 기산일로 간주하여 기산일로부터 지급일간에 일정률에 따라 이자를 지급인으로 하여금 지급하게 하고 이자문언이 기재된 어음을 Interest Bill이라고 한다. 영국에서는 이 문언을 'Eastern Clause'라고도 하며, 특히 인도 및 파키스탄과의 거래에 많이 사용되는데 보통 다음과 같이 표시된다.

Payable with interest at × ×% per annum from the date hereof un-til he approximate date of arrival of remittance in London

⑥ Without Recourse: 미국이나 영국에서는 어음상에 지급 무담보문을 기재하면 발행인은 그 어음이 지급거절을 당해도 상환의무를 지지 않으나 우리나라 어음법에서는 하등의 효력이 없다.

⑦ D/A, D/P표시: 어음상에 D/A 혹은 D/P의 표시는 어음 자체의 효력에는 하등의 영향이 없으나 이를 기재함으로써 부속화물의 인도조건이 달라지므로 거래당사자로서는 대단히 중요하다. D/A와 D/P의 특별한 구별이 되어 있지 않으면 은행은 D/P로 간주한다(추심에 관한 통일규칙 제7조).

BILL OF EXCHANGE

①NO.   123456   BILL OF EXCHANGE, ② SEOUL. ③ MAY 2000

④FOR   US$53,200.—

⑤AT   ××××   SIGHT OF THIS FIRST BILL OF EXCHANGE(SECOND OF THE SAME TENOR AND DATE BEING UNPAID)

PAY TO ⑥ THE COMMERCIAL BANK OF KOREA, LTD. OR ORDER THE SUM OF

⑦ SAY US DOLLARS FIFTY THREE THOUSAND TWO HUNDRED ONLY ;

VALUE RECEIVED AND CHARGE THE SAME TO ACCOUNT OF   ⑧ TOKYO SUPPLY LTD .

⑨DRAWN UNDER THE MITSUBISHI BANK, LTD. HEADOFFICE TOKYO, JAPAN

⑩L/C NO. U-104509   ⑪DATE APRIL 17, 2000

⑫TO   THE MITSUBISHI BANK, LTD.
      HEADOFFICE, TOKYO

                                                ⑬ K. K. TRADING   CO.

⑧ 기타: 이 외에 환어음 금액의 전액을 수출상이 아무런 손해 없이 지급받기 위하여 ① Payable without loss in exchange, ② Payable with approved banker check on London(or New York) for full face value, ③ Payable at the collecting bank selling rate for sight draft on London(or New York) at the date of maturity 등과 같은 문언을 삽입하기도 한다.

그러나 이러한 까다로운 조항들은 지급인인 수입업자에게는 유리하지 못한 문언들이므로 될 수 있으면 피하는 것이 좋다.

2. 은행매입과 대금지급

(1) 개 요

매입은행이 서류심사를 한 결과는 둘 중의 하나로 귀결된다. 첫째는 서류에 하자사항이 발견되는 경우이고, 둘째는 하자사항을 발견하지 못하는 경우이다.

하자사항이 발견되는 경우는 후술하는 하자서류의 취급에서 다루게 되나 하자사항이 발견되지 않은 경우에는 그 즉시 매입금액을 계산하여 수출상에게 선지급하게 되는바, 이것을 Clean Nego라 한다.

(2) 매입대금의 산출

매입은행은 먼저 환율과 관련한 계산을 하여야 하는바, 이는 신용장 전체 금액계산에 앞서 외국화폐 한 단위당(예: 1$) 원화로 얼마를 지급하여야 하는가의 문제이다.

환율은 먼저 고시된 당일자 전신환매입률을 적용하는바, 전신환매입률은 시장평균환율에서 일정률을 차감하는 방식으로 계산된다(각 은행에서 매일 매일 고시하고 있음).

전신환매입률이 결정되면 그 금액에서 또다시 환가료를 차감하게 되는데 이 환가료는 선이자를 말하는 것이다.

선이자는 매입은행이 먼저 당일자로 수출상에게 자기자금을 지급하고 자신은 선지급한 돈을 서류송부 후 개설은행으로부터 받아야 하기 때문에 그동안의 이자를 수출상에게 부담시켜야 한다는 논리이다. 선이자 계산을 위해서는 기간과 이율이 결정되어야 하는바, 이 기간과 이율은 정부에서 결정하게 된다.

현재 우리나라에서는 환가료 기간을 기준 10일(동남아지역인 경우는 9일, 재매입시에는 12일)로 운영하고 이율은 당일자 LIBO Rate를 적용하고 있다.

※ 환가료 계산공식

① (연율)에 1% 가산한 이율×장부가격＝환가료

② 장부가격은 기준율(시장평균환율)에서 원단위 미만을 절삭한 금액임

환가료계산이 끝나면 1$당 원화의 금액계산이 가능하게 되는바, 이 금액을 일람출급환어음매입률이라 한다.

위의 논리에 따라 신용장 매입대금은 다음과 같이 산출할 수 있다.

1) 일람출급신용장(at sight L/C)인 경우

① 전신환매입률(TT Buying rate) $- \dfrac{\text{지역일수(10일, 9일, 12일)}}{360\text{일}} \times$ 연환가요율

$\times$ 장부가격 ＝ 일람출급환어음매입률

② 일람출급환어음매입률×신용장 액면금액＝원화의 총액

③ 원화의 총액-은행수수료＝실지급 금액

＊연환가료율＝LIBO rate+1%

2) 기한부 신용장(usance L/C)인 경우

① 기한부어음이 일람후 정기출급(예: 90days after sight) 조건인 경우

일람출급환어음매입률 $- \dfrac{90\text{일}}{360} \times$ 연환가료율×장부가격

＝기한부어음매입률

② 기한부어음이 일람후 정기출급(예: 90days after B/L date) 조건인 경우

전신환매입률 $- \dfrac{90\text{일}}{360} \times$ 연환가료율×장부가격 ＝ 기한부어음매입률

③ 기한부어음매입률×신용장액금＝원화의 총액

④ 원화의 총액-은행수수료(매입, 인수, 지급, 상환, 통지수수료)＝실지급금액

상기와 같은 계산방법에 따라 신용장 Nego 대전이 결정되면 매입은행은 동 산출금액을 자행에 보유하고 있는 수출상의 계좌로 입금시키고 이 사실을

통지하는 것으로 Nego 절차를 마치게 된다.

(3) 매입절차

1) 구비서류

- 화환어음 거래약정서 및 명판(인감신고서): 최초 거래시 한 번만 제출하며 은행이 제시하는 서류에 수출자가 기명날인하면 됨
- 환어음: 지정신용장, 연지급 신용장의 경우는 없어도 됨
- 운송서류: B/L, AWB 중 한 가지만 제출
- 보험서류: 대금조건이 CIF 또는 CIP일 때만 필요함
- 상업송장
- 기타 신용장에서 특별히 요구하는 서류: 포장명세서, 원산지 증명서 등
- 매입신청서
- 신용장원본

2) 매입절차

매입신청을 받은 은행은 다음 순서 및 요령에 따라 매입절차를 이행한다.

① 서류의 접수: 접수증 발급
② 기장: 은행비치 매입대장에 기록
③ 조건과 일치 여부 및 서류 상호간의 모순 여부 조사
④ 보완지시: 송장, 어음 등 수출자의 노력으로 정정이 가능한 서류에서 사소한 실수를 발견한 경우
⑤ 매입이행: 신용장액면 금액에서 수출금융금액, 제수수료·이자 등을 공제한 잔액을 수출자 계정에 입금시킨 후 계산서만 수출자에게 지급함(이때 신용장 원본은 그 뒷면에 매입사실을 기재한 후 수출자에게 되돌려 주게 됨)
⑥ Covering Letter작성: 대금결제 은행에 서류를 송부할 때 첨부하는 송부서류의 겉장임. 매입사실, 서류의 명세, 검토의견, 상환청구이해여부 등에 관한 사항을 지정한 서식에 표시한 것임
⑦ 서류의 발송: 분실 등에 대비하여 서류를 2조로 나누어 작성하여 각각 다른 항공편으로 2회에 걸쳐 발송함
⑧ 상환요청서 발송: 실제로 대금을 지급할 은행에 발송

- 신용장상에 Reimbursing Bank가 기재되어 있는 경우에는 선적서류는 개설은행으로 송부하고 상환은행에는 상환용 어음만 발송함
- 지급제한신용장인 경우에는 서류 전체를 지정은행(drawee bank)으로 발송하여 renego 신청함
- 송금신용장인 경우에는 개설은행과 합의하여 지정한 은행으로 '차기 요청서'(debit request)만 보냄

⑨ 차기통지서 발송: 매입은행이 개설은행의 예치환거래은행인 경우에는 계정정리를 마친 후 일단 'debit advice'를 전신으로 개설은행에 타전하고, 매입서류를 우송하게 됨

section 03 기타 결제방식

1. 국제팩토링 방식

(1) 팩토링의 유래

팩토링은 운송 및 통신수단이 발달하지 못하였던 고대까지 거슬러 올라가 그 유래를 찾아볼 수 있다. 원래 팩터란 중개대리인을 일컬었던 말로서 당시 대규모 상인들은 원격지에 상품을 판매하기 위하여 팩터라고 불리는 현지 위탁 판매대리인을 고용하여 이들로부터 상품의 운송, 보관 및 현지판매, 매출대금 회수 등의 무역거래가 활발해지고 신용사회가 발전함에 따라 수출입거래에도 적용하게 되었다.

현대적 의미의 팩토링은 미국에서 시작되었으며 미국 팩터의 역사는 1920년 청교도에 의해 메이플라워호가 매사추세츠주의 프리모스 식민지를 건설하여 필그림조합을 체결하여 단순한 상품판매 대리인이 아니라 금융, 신용조사 및 대금회수에 대한 역할을 수행하기 시작한 것으로 보고 있다.

(2) 국제팩토링의 개념 및 특징

1) 국제팩토링의 개념

팩토링(Factoring)이란 "거래를 약정한 기업의 영업활동에서 발생하는 현재 및 장래의 매출채권의 전부 또는 일부를 매입하여 채권을 관리·회수하고, 계속

적인 금융을 제공하여 고객의 신용조사 및 신용위험의 인수, 사무처리의 대행, 기타 서비스를 행하는 팩터(Factor)의 업무"를 말한다. 현재 세계 각국에서 실제로 행하여지고 있는 팩토링은 여러 종류가 있으나 팩토링의 원조는 미국의 표준팩토링이다.

근대적 의미의 팩토링은 거래처가 고객에게 상품이나 용역을 제공한 후 발생되는 모든 외상매출채권을 팩토링회사가 일괄 양도받는 조건으로 계약을 체결한 후 거래처를 위하여 고객에 관한 신용조사 및 부실채권에 대한 신용위험 인수, 매출채권의 관리 및 대금의 회수, 기타 사무처리 대행 등을 제공하는 새로운 금융서비스이다.

2) 국제팩토링의 특징

첫째, 수출업자는 수입업자의 채권을 팩토링회사에 매도한다.

둘째, 매매는 송장가격의 약 80% 상당액 정도에서 매매가 이루어지며 잔액은 추후 수출업자에게 직접 지급되며, 여기에서 할인 또는 반품가액이 공제된다.

셋째, 팩토링회사의 채무자는 수입업자이다.

넷째, 팩토링회사의 채권구매는 상업적 위험을 수반하게 되나, 이와 관련하여 통화 및 이전위험(currency and transfer risk)은 팩토링회사가 부담하지 않는다.

다섯째, 대금의 청구, 추심 및 이의 집행은 수출업자가 아닌 팩토링회사가 수행한다.

여섯째, 팩토링회사는 광범위한 서비스를 제공한다.

일곱째, 팩토링의 목적은 무역금융, 상업적 위험의 부담, 추심, 기타 서비스를 제공하는 것이며, 그 이자율도 이에 따른다.

(3) 팩토링의 거래당사자

1) 수출업자

수출업자는 수출팩터에게 수출물품대금에 관한 채권을 양도하고 수출금융을 받기 위하여 팩토링서비스 신청을 하는 팩터의 고객으로서 팩토링계약체결을 시작하는 출발점이다. 수출업자는 팩터에게 연간 매출규모와 회전율 등에 관한 정보를 제공하고 필요로 하는 팩토링서비스를 명시하여 신청서를 제출한다. 여기에는 수출업자에 관한 재정자료(재무재표)와 거래처 명단(회사명의, 주소, 거래은행, 평균송장금액 등 포함) 그리고 현존 채권과 관련된 채무자의 명의, 송장금액, 지급일자에 관한 정보를 해당 송장에 첨부하여 제출하여야 하는데 이에 의하여 팩터는 그가 제공할 수 있는 서비스의 범위를 검토하게 된다.

또한 수출업자는 채권자로서 팩토링계약을 유효화하기 위하여 수입업자인 채무자에게 수출채권이 수출팩터에게 양도되었음을 통지하여 주지시켜야 할 의무가 있다.

2) 수출팩터

수출지국에 소재하는 팩터로서 수출업자와 거래관계가 있는 팩토링회사이므로 일반적으로 수출팩터라고 불린다.

수출업자로부터 팩토링서비스에 관한 신청을 접수하여 이를 평가하고 그가 제공할 수 있는 팩토링서비스의 범위에 따라 팩토링계약을 체결한다. 수출팩터는 수출업자로부터 수출채권을 양수하여 수출금융 등의 다양한 팩토링서비스를 제공한다. 팩토링 업무 수행과정에서 외국의 수입팩터의 서비스를 이용할 수도 있으나 이 경우에도 수출팩터는 수출업자에 대하여 수출대금의 지급에 있어서 단독적 채무를 지고 있다는 사실에는 변함이 없다.

3) 수입업자

수입업자는 본래 국제상거래계약에서 물품수입대금을 수출업자에게 지급할 의무를 지고 있는 자이며 수출업자가 수출팩터와 팩토링 계약을 체결함으로써 수출팩터의 채무자로 등장하게 된다. 이러한 수입팩터에 대한 수입업자의 지급의무는 수출업자로부터 그의 수출채권이 수출팩터에게 양도되었다는 사실이 통지되어야만 그 효력이 발생하게 된다.

팩토링이 국제상거래에 관계되는 경우 수출팩터는 그가 양수한 수출업자로부터의 채권을 수입지국의 수입팩터에게 양도하는 것이 일반적이다. 이때에 수입업자는 채무자로서 수출채권이 수입팩터에게 양도되었음이 통지되어야 수입팩터에 대하여 대금지급의무가 발생하게 된다. 수입업자는 국제상거래의 상대방인 수출업자가 팩토링계약을 체결함으로써 팩토링거래의 당사자가 되지만 수입업자 자신이 그의 수입물품과 관련하여 독자적으로 수입팩토링 계약을 체결할 수도 있다.

4) 수입팩터

국제상거래에서 발생하는 국외의 채권에 대하여 수출팩터는 수입지국의 외국 팩토링 파트너로부터 재보증을 취득하게 되는 것이 일반적이다. 수입지국의 팩터 중에서 채무자인 수입업자의 지급능력을 보증하게 되는 입장에서 팩토링거래에 참여하는 자를 수입팩터라고 한다. 수입팩터는 채무자의 지급능력을 보증할 수 있는 한도를 개별적으로 설정하게 되며 수출지국의 수출팩터는 이의 한도 내에서 채권에 대한 사업상의 위험을 부담하며 요구에 따라 수출대금을 선지급하기도 한다. 그러나 수입팩터가 어느 특정 채무자의 지급보증을 거절하였다면 수출팩터는 이에 대하여 다만 추심업무만을 이행한다.

수입팩터와 수출업자는 직접적인 계약관계는 성립되지 않으며 다만 수출팩터와의 독립적 팩토링계약에 의해 팩토링에 참여하게 된다. 그러나 수입팩터의 경우에도 수출팩터로부터 수출채권을 양수하게 되면 수입업자인 채무자로부터 이의 징수권을 행사할 수 있다.

(4) 팩토링의 거래절차

국제팩토링거래의 기본 거래절차를 미국의 표준팩토링을 중심으로 살펴보면 다음과 같다.

첫째, 팩터와 수출업자간에 팩토링거래계약을 체결하여 국제팩토링거래와 관련된 양 당사자의 권리와 의무에 관한 사항을 정한 계약서가 작성된다.

둘째, 팩터는 수입업자에 대하여 신용조사를 실시한다. 수출업자로부터 수입업자의 명단을 제출받아 신용조사를 행하게 되는데 이러한 신용조사 결과에 의해 수출업자에게 신용공여 여부를 결정하게 된다.

셋째, 팩터의 신용조사 결과가 좋게 나오면 수출업자는 수입업자와 매매계약을 체결하고 이에 따른 물품을 선적한다. 이때 수출업자는 팩터가 승인한 신용한도액 또는 과거 설정된 신용한도액의 범위 내에서 수입업자와 거래하는 것이 이상적이며, 신용한도액을 초과하여 거래하는 것은 수출업자의 자유이지만 팩터가 허용하는 한도액을 초과하는 경우에는 수출업자가 한도초과액에 대한 신용위험을 부담하지 않으면 안 된다.

넷째, 수출업자는 수입업자와 물품매매에 의해 발생하는 매출채권의 전부 또는 일부를 국제팩토링계약에 따라 팩터에게 양도한다. 이와 같이 수출업자의 매출채권의 전부 또는 합의된 범위 내에서 양도하는 것은 팩터가 수출업자를 대신하여 기장업무를 처리할 수 있게 하는 데 있으며 수출업자가 자기의 판단으로 신용가치가 없다고 생각되는 매출채권만을 팩터에게 양도하는 것을 회피하기 위한 것이다. 국제팩토링거래에서는 수출업자와 팩터 사이에 이루어진 채권양도 사실이 채무자인 수입업자에게 통보되고 그것을 통보받은 수입업자는 팩터에게 대금을 지급하여야만 비로소 거래가 종결된다.

이러한 채권양도의 통지는 보통 송장에 인쇄되어 있는 채권양도 통지문언을 첨부함으로써 이루어진다. 팩터는 수입업자의 신용위험을 부담하기 때문에 수입업자가 지급능력이 없거나 또는 지급의사가 없어서 수입대금을 지급하지 않은 경우라도 그 위험은 팩터가 전적으로 부담하게 되며 수출업자에 대한 상환청구권은 발생하지 않는다. 그러나 수출업자가 팩터의 신용판단을 무시하고 거래를 하여 매출채권이 발생한 경우에는 이 매출채권 역시 팩터에게 양도되지만 거래한도 초과분에 대한 신용위험은 수출팩터가 인수하지 않기 때문에 수출업자가 부담한다.

다섯째, 수출업자는 자신이 양도한 매출채권의 만기일 이전에 그 대금을 팩터로부터 전도받음으로써 금융을 얻게 되지만 수입업자는 매입채무에 대해 지급만기일에 채무금액은 물론 소정의 팩토링 수수료와 지급만기일까지의 이자를 지급한다.

이상과 같이 국제팩토링거래는 팩터와 수출업자간에 국제팩토링계약을 체결한 후 팩터와 수출업자 및 수입업자의 관계를 잘 유지하면서 수입업자의 신용조사, 매출채권의 양도, 매출채권의 양도 통지, 신용위험의 인수, 전도금융제

| 그림 7-3 | 국제팩토링의 거래절차 |

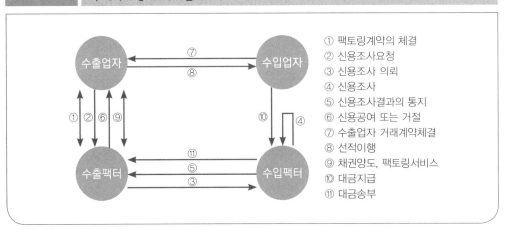

① 팩토링계약의 체결
② 신용조사요청
③ 신용조사 의뢰
④ 신용조사
⑤ 신용조사결과의 통지
⑥ 신용공여 또는 거절
⑦ 수출업자 거래계약체결
⑧ 선적이행
⑨ 채권양도, 팩토링서비스
⑩ 대금지급
⑪ 대금송부

공, 매출채권관리 및 회수 등의 일련의 업무를 수행하는 것으로서 가장 전형적인 팩토링거래를 나타내고 있다. 이를 도식화하면 〈그림 7-3〉과 같다.

(5) 국제팩토링거래의 장단점

1) 장　점

- 매출채권의 신속한 현금화가 가능하다. 이는 수출업자의 입장에서 볼 때 외상매출채권의 보유기간이 짧아지고 매출채권증가에 따른 운전자금 차입이 불필요하므로 재무구조의 개선효과를 가져와서 기업의 신용도가 향상된다.
- 수출업자는 소구권이 없는 팩토링방식에 의해 수입업자의 신용위험을 완전히 팩터에게 전가시킴으로써 매출채권의 회수가 100% 보장된다.
- 매출채권의 회수비용 및 장부기장 비용 등을 절감할 수 있으며 또한 신속한 현금화에 따른 운전자금상에 여유가 생겨서 대량구입에 따른 할인혜택을 얻을 수 있고, 또한 장기적인 할부판매를 촉진시켜 판매신장 및 이에 따른 기업의 성장에 도움을 준다.
- 담보능력이 약한 중소기업 수출업자도 수입업자의 신용이 건실하면 팩토링금융을 이용할 수 있다.
- 외상수입기간 동안 국내금리와 국제금리간의 차이만큼 금리차익을 수입업자가 누릴 수 있다.
- 부대비용의 절감이 가능하다. 국제팩토링거래는 신용장과 송금환에 의한 거래에 비해 수입업자 측면에서 볼 때 부대비용과 자금부담이 적게 소요되어 금융부대비용의 절감을 가져올 수 있다.
- 수입대금의 지급이 수입시점에서 발생하지 않고 일정기간 후에 일괄 지급되므로 업무가 단순하게 되어 긴급품 수입시에 수입업자가 수행하여야 하는 은행업무 절차상 소요시간을 절감할 수 있으므로 신속한 업무처리가 가능하다.

2) 단　점

- 일반금융에 비해 신용위험과 대금회수에 따른 위험 때문에 수수료가 높은 편이다.
- 소액거래이기 때문에 외상수입기간 동안의 이자율이 일반 연지급거래의

이자율에 비해서 높다.

- 수입업자의 신용이 약한 경우에는 이용하기가 어렵다.

어떤 경우에는 수입업자들이 자기의 채무가 팩토링거래에 의해서 담보되기 때문에 생기는 불이익으로 팩토링거래를 거부함으로써 수출업자와의 거래관계에 악영향을 줄 수도 있다.

2. Forfaiting 방식

(1) forfaiting의 유래

forfaiting시장은 1950년대 후반에서 1960년대 초반에 세계경제구조의 변화에 의해 생겨나게 되었는데 그 시기는 자본재수출이 공급자시장(seller market)에서 점차 구매자시장(buyer market)으로 바뀌는 전환기였다. 이와 함께 수입자들이 기존의 연지급(90~180일)을 대폭 확대할 것을 요구하여 수출업자들은 이러한 요구를 수용하기 위한 새로운 금융수단이 필요한 시기였다.

특히 1950년대 동서간 냉전분위기가 완화되어 동서간 무역장벽이 낮아지게 되어 서유럽 수출업자들은 동구권 국가와의 거래가 빈번하게 되었고 아프리카, 아시아, 중남미와의 무역거래도 증가하게 되어 무역의 규모가 커지게 되었다. 그러나 수출업자 자신은 국내 생산시설 확장으로 자금조달이 힘든 상태여서 자체자금으로 연불수출기간을 중장기로 늘려 주는 것은 불가능하였고 그 당시 은행들도 수출업자들의 그러한 요구를 수용할 수 있는 상황이 아니었다. 이러한 상황하에서 forfaiting은 국제자금시장에서 수출업자들의 필요에 맞게 개발된 새로운 결제방식이었다.

세계의 무역규모가 증가함에 따라 1965년 스위스의 Credit Swiss가 forfaiting 만을 전문으로 하는 Finanz AG Zurich를 설립한 것을 필두로 1970년대 런던에서 활성화되기 시작했다. 동시에 동구권과 중남미국가들에게 수출을 많이 하고 있던 독일은 국내 수출업자들의 요청에 의해 주거래은행들이 발행시장의 역할을 하게 되어 forfaiting이 발달하게 되었다.

(2) forfaiting의 개념

forfaiting이라는 용어는 근본적으로 '환어음, 약속어음 또는 부채의 증거를 할인한다'는 의미로 그 개념을 파악할 수 있으며 금융이라는 용어만큼이나 오랜 역사를 가지고 있다. 런던에는 이미 수백년 전부터 상인인수어음 및 채권의 할인거래가 성행하여 왔기 때문이다. 그러나 forfaiting은 단순히 할인이라는 의미보다 채무증서를 매도한 당사자에 대하여 상환청구권을 행사하지 않는 조건으로 할인이 이루어진다는 의미를 가지고 있다.

여기서 forfaiting이라는 말은 권리의 포기를 포함하는 개념이며 상환청구권의 포기는 기본인 것이다. 그러므로 "forfaiting은 미래에 지급만기일이 도래하였을 때 물품 또는 서비스의 공급으로 인하여 발생한 채무증서의 전소지자 어느 누구에 대하여도 상환청구권을 행사하지 않는 조건으로(without recourse) 매입함"을 의미하는 것이다.

(3) forfaiting의 특성

1) 거래목적

국제상거래에의 물품 및 서비스의 수출입 금융조달이 목적이므로 forfaiting거래는 국제상거래관련 서류에 근거한다.

2) 수입금융

물품의 수입업자를 위한 수입대금 지급자금을 조달한다.

3) 수출업자(대부자)

수출업자는 환어음 또는 약속어음을 매도하여 그의 신용채무를 면하는 방식에 의하여 자금대부자가 된다. 그러므로 수출업자는 수입업자에게 제공할 신용기간에 대하여 합의하여야 한다.

4) 청구권의 청산

청구권의 청산은 수출업자가 정당한 청구권을 forfaiter에게 매도함으로써 이루어진다.

5) 신용증서

신용증서로는 그동안 환어음이 대종을 이루었으나 요즈음에는 약속어음의 사용이 점차 증가되고 있다. 한편 청구권이 환어음이나 약속어음의 형태가 아닌 경우에는 청구권이 유치권 또는 역청구권 등과 무관함을 명시하여 청구권의 확실성이 명시적으로 약정되어야 한다.

6) 채무의 특징

채무의 성격은 통례적으로 그 금액이 일정하지 않으며 수출업자 지시인식으로 발행되는 6개월 만기식 환어음과 약속어음을 포괄하는 중기금융이 일반적이다.

7) 대금지급

수입대금의 지급은 선적 후 은행 또는 forfaiter가 채무의 합법성 및 서명의 유효성을 심사하고 수출업자에 대하여 상환청구권을 행사하지 않는 조건으로 지시식 또는 백지식으로 배서되어 인도되면 즉시 지급이 이루어진다. 물품의 인도는 그 후 수주 또는 수개월 후에 이행되는 것이 일반적이다. 수출업자 거래은행에서 이행보증서가 발행되는 경우 이를 근거로 선적 전에 할인방식에 의하여 지급이 이루어지는 경우도 있다. 이때 할인은 고정이자율이 적용된다.

8) 채무의 상환

수입업자에 의한 수입물품대금의 상환은 송장금액을 6개월 할부부분으로 분할하고 최초 지급분은 서류인도 후 6개월 그리고 최후의 지급은 3년, 5년 또는 때로는 7년으로 하는 수도 있다. 그런데 수입업자가 정부기관이나 다국적기업이 아닌 이상 채무의 상환은 forfaiter가 수락할 만한 은행 또는 정부기관에 의하여 무조건적 및 취소불능의 조건으로 보증되어야 한다.

9) 채무의 매도

수출업자로부터 매입한 채무증서를 forfaiter가 제3자에게 매도할 수도 있으나 일반 국제상거래에는 적합하지 않으며, 특별한 경우 은행, 금융회사 또는 일반 투자자에게 가능하다. 그러나 채무는 forfaiter로부터 제3자에게 이전되지 않는 것이 일반적이나 신용 있는 forfaiter로부터의 참가서의 방법에 의하여 매도될 수 있다. 이 경우 적법성 심사의 책임은 forfaiter에게 있다. 채무의 2차 매도가 일어날 수 있으나 채무자가 이를 받아들이지 않는 경우가 많다.

10) 거래참여자

forfaiting거래에서 거래참여자는 본인의 자격으로 참여하여 본인의 계정으로 채무매매차익을 수입원으로 한다. 이때에 본인의 자격으로 참여하나 타인계정으로 거래하는 경우 수수료가 수입원이 되며, 중개인으로 참여하게 되면 합의된 요금을 보상받게 된다.

(4) forfaiting의 거래절차

1) forfaiting 거래의 시작

수출업자는 forfaiter에 직접 forfaiting거래에 대하여 문의하여 주선하거나 또는 거래은행을 통하여 forfaiting거래를 주선하여 줄 것을 요청하면 은행은 수출업자를 대신하여 forfaiting거래에 본인(principal) 또는 대리인(agent)의 자격으로 참여할 수 있다. 또한 수출업자가 직접 forfaiter에게 거래제의를 위하여 거래조건을 문의하는 수도 있다. forfaiter가 최초로 접촉하게 되는 당사자는 수출업자 또는 그의 거래은행이 된다. 수출업자의 입장에서는 그가 발행한 환어음 또는 그를 영수인으로 하는 약속어음을 할인하여야 하므로 할인에 관한 책임이 수출업자에게 있을 뿐만 아니라 해외의 수출시장 개척을 위한 수주활동에서 forfaiting 금융을 종합적으로 제시할 필요가 있다고 할 것이다.

forfaiter는 본 거래에서 상업위험, 정치 및 이전위험, 그리고 통화위험에 이르기까지 다양한 위험을 부담하게 된다. forfaiter는 본인의 자격에서 그의 비용과 위험부담으로 채무의 청구권을 매입하는 것이므로 수출업자의 forfaiting 거래제의에 대하여 적어도 다음의 사항에 대하여 심사숙고하여야 한다.

- 금융규모, 통화 및 기간
- 수출입업자의 인적사항, 영업장소, 소재지국, 신용상태
- 보증인의 인적사항 및 소재지국
- forfaiting될 부채의 형태: 환어음 또는 약속어음 등
- 제공될 담보의 형태
- 환어음 또는 약속어음의 금액 및 지급만기일
- 수출물품
- 수출물품의 인도일자
- 할인대상 서류의 도착시기
- 물품인도를 위한 허가의 필요성 여부
- forfaiter에게 상환을 위한 지급지

forfaiter는 이러한 자료를 근거로 적절한 해답을 도출하고 ① 주권위험 (sovereign risk), ② 보증자위험(guarantor risk) 및 ③ 고객-수출입업자-위험 (customer risk)을 평가하고 거래에의 참여 여부를 결정하게 된다. 거래지국의 여건, 보증인 및 수출입업자의 신용도, 상거래의 건전성, 그리고 채무청구증서 가격의 적절성 등은 forfaiter에게 중요한 업무판단자료가 된다.

2) forfaiter의 청약

forfaiter의 판단으로 forfaiting거래의 체결을 결정하였다면 우선 forfaiting 청약서류를 작성하여 수출업자에게 송부하고 거래조건을 확정하여야 한다. 본 청약서류는 forfaiter가 수입허가, 외환관리승인, 인지세 등 환어음이나 약속어 음을 할인하기 전에 심사하여야 할 부문에 관한 특정사항을 포괄하여야 하므로 전문적 지식을 요하는 것이라 할 수 있다.

수출업자는 국제상거래계약을 체결하기 이전에 미리 금융에 소요되는 비용의 윤곽을 파악할 필요가 있으므로 수출업자의 문의(inquiry)에 대하여 for-faiter는 개략적인 구속력이 없는 불확정 할인율을 제시하게 된다. 그러나 거래에 대한 상세한 내용이 확정되고 이에 따라 수출업자가 필요로 하는 금융소요가 명백해지면 forfaiter는 확정청약을 제시하여야 한다.

3) forfaiting 계약의 체결

forfaiter가 제시한 확정청약이 수출업자 또는 그의 거래은행에 의해 수락되면 양당사자는 상호 법률적 구속력을 가지는 forfaiting 계약관계에 돌입하게 된다. 수출업자 또는 그의 거래은행이 관계서류를 적시에 제시하게 되면 forfaiter의 확정청약을 수락하는 경우가 되므로 forfaiter는 합의된 할인율에 청구권(claims)을 매입할 책임을 지게 된다. 그러므로 forfaiting은 그의 청약서에서 제시한 내용에 따라 무역어음과 기타 서류를 금융증서의 종류, 담보 및 유통성, 수입승인 및 기타 허가 등의 관점에서 확인하지 않으면 안 된다. 또한 서류에 나타나 있는 서명을 확인하는 것은 무엇보다도 중요하다. 일단 제시된 서류가 forfaiter에 의해 검토되어 받아들여졌다면 그 청구권의 위험과 권리가 모두 forfaiter에게 이전되기 때문이다. 만일 은행이 서류를 forfaiter에게 제시하였다면 제시된 서류의 어느 것은 은행에서 이미 유효한 것으로 확인된 것이므로 forfaiter는 그 이외의 것만을 심사하여 확인하면 된다.

4) 물품인도 전 서류의 제시

수출업자가 forfaiter로부터의 청약을 수락하였다면 즉시 그의 고객(수입업자)으로 하여금 약정한 바에 따라서 환어음을 준비하거나 또는 약속어음에 서명하도록 주선하여야 한다. 이 단계에서 수출업자는 역시 유통증권 보증은행(guaranteeing bank)으로 하여금 환어음 또는 약속어음에 유통증권보증을 추가하거나 또는 별도로 보증장을 작성하도록 주선하여야 한다.

다음 단계에서 수출업자는 환어음 또는 약속어음에 배서하여 forfaiter에게 상환청구권을 행사하지 않는 조건으로 양도한다. 절차가 순조롭게 진행되었다면 이제 수출물품이 선적되지 않았거나, 전혀 생산되지도 않았을지라도 그 어음을 할인할 수 있는 준비가 다 이루어진 셈이다. 다만 문제가 되는 것은 선적의 증거로서 forfaiter의 입장에서 할인과 관련하여 환어음 또는 약속어음의 발행일자 또는 만기일에 대한 확정일자를 제시할 수 없다는 것이다.

5) 서명확인절차

다음 단계는 forfaiting이 환어음이 또는 약속어음 그리고 유통증권 보증 또는 보증서에 표시되어 있는 서명을 확인하는 것이다. 그런데 forfaiter의 입장에서는 이러한 서명확인업무를 은행에서 대신 처리하여 주는 것을 선호하고 있다.

forfaiter는 그에게 제시된 서류에 표시된 서명이 명백히 확인되는 경우가 아니면 상환청구권을 행사하지 않는 조건으로 어음을 매수하지 않는다. 그러므로 수출업자가 그의 거래은행에 모든 서류를 송부하여 그 서명을 확인하도록 하는 것은 수출업자를 위하여도 필요한 절차라 할 수 있다. 만일 forfaiter가 보증은행을 통하여 직접 서명확인절차를 밟게 된다면 수출업자의 경우 그러한 확인절차가 완결될 때까지 대금지급이 지연될 수 있다는 위험을 감수하지 않으면 안 된다.

6) 환어음 또는 약속어음에 대한 현금지급

수출업자는 약정품을 선적하여 선적서류가 발급되면 이를 백지서류가 예치되어 있는 은행에 제시한다. 은행은 보관중인 서류에 선적서류의 발행일자에 일치하는 일자를 기입한다. 선적서류의 발행일자는 선적일자가 되므로 선적과 동시에 환어음 또는 약속어음이 발행되었다고 볼 수 있으므로 지급만기일은 신용장조건에 따라 선적서류의 발행일자를 기준으로 하여 산출된다.

이렇게 할인을 위한 서류가 완벽하게 갖추어지면 수출업자는 이를 직접

forfaiter에게 제출하고 본래의 청약서에서 합의된 조건에 따라서 즉시 할인을 요청할 수 있다. 수출업자는 선적물품대가를 할인의 방식으로 수령하였으므로 이 거래와 관련하여 어떠한 위험요인도 우려할 이유가 없는 것이다. forfaiter의 경우에도 수출업자에게 할인가격으로 어음대금을 지급하여 할인료 취득의 기회가 주어지고, 또한 거래가 완결되면 forfaiter는 은행 또는 정부당국의 보증자산을 대차대조표상에 취득할 수 있으며 수출업자가 제2금융시장에의 매도를 불허하는 지시가 있지 아니하는 한 현금화할 수 있다.

7) 할인대금의 상환

forfaiter는 할인·매입한 환어음 또는 약속어음을 지급만기일 며칠 전에 해당 환어음 또는 약속어음을 유통증권보증 또는 보증기관에 지급을 위하여 송부한다. 여기에도 위험은 있을 수 있다. 보증인이 이들 어음을 유용할 가능성을 배제할 수 없기 때문이다. 그러나 현지에 대금징수대리인을 지정하여 지급거절 등의 만일의 사태에 대비하여 거절증서의 작성 등의 방법을 활용하여 이를 극복할 수 있다.

유통증권보증 또는 보증은 절대적 의무이므로 지급만기일에 지급이 즉시 이행되지 않으면 안 된다. 그럼에도 불구하고 수출입업자간에 분쟁이 야기될 가능성이 있는 것이다. 그러나 forfaiting과 관련하여 환어음이나 약속어음이 유효하게 발행되었고 또한 유효하게 보증 또는 유통증권 보증되고 그리고 지급을 위하여 유효하게 제시되었다면 이러한 분쟁은 거의 발생하지 않는 것이 일반적이다. 다만 정치적인 국가위험에 속하는 이유로 인하여 지급이 지연되거나 불가능하게 되는 경우는 간혹 발생한다.

3. 내국신용장제도

⑴ 개   요

내국신용장(Local L/C)은 국내에서 수출업자가 수출용 완제품을 구매하거나 수출물품 제조업체가 수출물품 제조에 필요한 원자재를 구매 또는 공급하고자 하는 경우에 이용된다. 수출업자는 완제품 또는 원자재 공급자와 물품공급계약을 체결하고 거래은행에 개설을 의뢰하면 은행은 개설한도 등을 확인하여 의뢰인에게 개설 여부를 통보하고 물품공급자에게 내국신용장을 교부하게 된다. 금융기관은 내국신용장에 의한 물품대금결제용으로 무역금융을 지원함으로써 수출증대 및 국내산업의 육성을 도모하는 데 이 제도의 도입취지가 있다 (1967.10. 도입).

(2) 내국신용장의 기능

① 대금결제의 확실한 수단: 내국신용장 조건에 일치하여 거래를 한 경우 거래 상대방이 부도 등으로 지급능력을 상실하더라도 개설은행이 대금을 지급한다.

② 물품대금의 조기회수: 물품공급자는 10일 이내에 물품수령증명서(인수증)를 발급받아 환어음, 세금계산서, 내국신용장 등의 서류를 갖추어 거래은행에 매입 또는 추심의뢰할 경우 원칙적으로 3영업일 이내에 대금회수 가능하다(어음 또는 외상거래로 인해 대금결제가 지연되는 것과 비교하면 매우 유리한 방식임).

③ 무역금융 대출가능: 내국신용장을 교부받은 물품공급자(수혜자)는 이를 근거로 무역금융을 대출받을 수 있고, 물품을 구매한 업체(개설의뢰인)

그림 7-4 | 내국신용장의 거래당사자와 흐름도

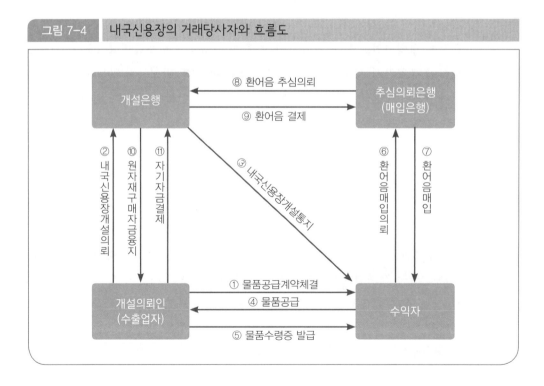

는 무역금융 대출을 받아 물품대금 결제가 가능하다.

④ 부가가치세 영세율 적용: 내국신용장 거래는 부가가치세법상 수출로 인정되어 물품대금의 10%를 부가세(간접세)로 납부하지 않아도 된다.

⑤ 수출실적 인정: 국내거래임에도 불구하고 대외무역관리규정상 수출실적으로 인정된다(무역업자의 지위 획득가능, 무역금융 대출의 근거확보).

⑥ 관세환급 가능: 내국신용장에 의한 구매물품이 수입품인 경우 관세환급 가능하다(기초원재료 납세증명서를 첨부하여 관세해당액을 내국신용장 물품대금에 포함하여 거래할 수 있음).

(3) 거래당사자

1) 개설의뢰인(Applicant)

내국신용장의 개설의뢰인은 수출용 완제품 또는 원자재(수입 또는 국산)를 구매(임가공위탁 포함)하려는 업체가 된다.

2) 수익자(Beneficiary)

내국신용장의 수익자는 물품을 생산·가공 또는 구매·수입하여 대상물품을 공급하는 업체가 된다. 따라서 수익자가 될 수 있는 자격요건은 없으므로 수출용 수입원자재를 공급하는 유통업자도 수익자가 될 수 있다.

3) 개설은행(Issuing Bank)

개설의뢰인의 요청에 따라 내국신용장을 개설하고 내국신용장 대금의 지급을 확약하는 은행으로서 외환은행만 가능하다.

4) 매입은행(Negotiating Bank)

내국신용장 매입관련 서류를 제시할 경우 이를 매입하고 대금을 지급하는데 주로 내국신용장 수익자의 거래 외환은행이 된다.

(4) 개설근거 및 한도

1) 개설근거

내국신용장은 수출용 물품을 국내에서 조달·공급하기 위하여 개설되는 것이므로 수출용임을 입증할 수 있는 증빙서류가 있어야 하는데 이에는 신용장 D/A·D/P 내국신용장 외화표시 물품계약서 및 외화표시 건설용역 공급계약서 등이 해당된다. 그러나 이러한 증빙없이도 과거 수출실적이 있는 경우에는 자사제품의 수출실적을 근거로 원자재 내국신용장의 타사제품 수출실적을 기준으로 완제품 내국신용장을 개설할 수 있다.

2) 개설한도

내국신용장을 개설하게 되면 개설의뢰인 및 이를 보유하는 수혜자도 무역금융 대출을 받을 수 있기 때문에 한정된 금융자금의 적절한 분배를 도모하는 외에 조세상역상의 각종 혜택을 부여하고 있으므로 가공의 내국신용장에 의해 세제 상역상의 혼란을 야기할 수 있으므로 이를 억제하기 위해 개설한도를 정하고 있다.

또한 내국신용장은 업체의 원자재금융 융자한도 범위 내에서 개설되는데 무역금융 대출 잔액 및 무역어음 인수액을 차감한 금액 이내로 하며, 또한 수입원자재가 있을 경우에는 at sight L/C, D/P, COD조건 수입분을 차감하여 산정한다.

그러나 다음의 경우에는 위와는 달리 특별히 정한 범위 내로 하여 이러한 내국신용장의 어음결제를 위해서 무역금융 대출은 불가능하다.

① 완제품 내국신용장: 원수출신용장 등의 금액범위 내로 한다. 다만 정부가 지정한 종합무역상사의 경우에는 과거 1년간 타사제품 수출실적의 1/6 범위 이내여야 한다.

② 자기자금 결제조건부 원자재내국신용장(원자재금융한도를 소진한 경우에만 개설가능): 수출신용장 등의 소요원자재액 범위내(신용장기준) 또는 과거 1년간의 자사제품 수출실적에 평균원자재 의존율을 곱한 금액 범위내(실적기준). 이 내국신용장에 의한 물품공급실적은 수출실적으로 인정되지 않는데 이는 당초의 융자한도를 이미 소진한 상태에서 개설되기 때문이다.

③ 포괄금융 수혜업체의 원자재 내국신용장: 수출신용장 등의 소요원자재 해당액 범위내(신용장기준), 최근 또는 9개월 전 3개월간의 자사제품 수출실적이나 최근 1년간 자사제품 수출실적의 1/4에 평균원자재 의존율을 곱한 범위 이내여야 한다.

(5) 내국신용장의 개설

1) 구비서류

내국신용장을 개설하고자 하는 업체는 다음의 서류를 갖추어 거래외환은 행에 신청하여야 한다.

- 공급자발행 물품매도(수탁가공 포함)확약서
  실적기준금융 이용업체에 대하여 EDI방식으로 내국신용장 개설시에는 생략 가능하다. 여기에서 외환은행이 내국신용장을 개설할 때 개설의뢰인으로부터 공급자발행 물품매도확약서를 받도록 하는 것은 수출용 원자재의 국내 물품거래 사실을 확인하기 위한 것이다. 동 확약서의 내용과 형식 등에 대하여는 별도로 규정된 것이 없으므로 그 서류의 유효성에 관한 논란이 있을 때는 당사자간에 해결해야 한다.
- 소요량증명서(소요량계산서)
- 원수출신용장 등
- 내국신용장 수혜자의 생산(가공)능력보유 입증서류
  내국신용장 개설시 수혜자의 생산(가공)능력 입증서류나 이를 갈음할 수 있는 자사제품 수출실적증명서를 제출토록 하는 것은 내국신용장 수혜업체의 생산능력이나 과거 자사제품 수출실적을 확인함으로써 수출·생산 능력이 없는 업체가 무역금융을 이용하는 일이 없도록 하는 데 그 목적이 있다.

2) 개설통지

내국신용장을 개설한 외환은행은 내국신용장의 개설사실을 수익자에게 통지하여야 하며 수혜자가 달리 요청한 경우를 제외하고는 당해 내국신용장을 수혜자에게 직접 교부한다.

(6) 내국신용장의 조건

일반적인 조건으로 양도가 불가능한 취소불능신용장을 원칙으로 하고 있다.

1) 표시통화

원화로 표시하고 개설일 현재 대고객 전신환매입률로 환산한 외화금액을 부기한다. 다만 개설의뢰인이 물품대금을 자기명의 거주자계정으로부터 수혜자명의 거주자계정으로 이체결제할 것을 조건으로 개설되는 내국신용장의 경우에는 표시통화를 외화로 할 수 있으며, 원화로 표시되는 원수출신용장 등에 의하여 개설되는 내국신용장의 경우에는 외화금액을 부기하지 않을 수 있다.

내국신용장에 외화금액을 부기하는 목적은 내국신용장에 의해 공급된 물품이 수출 또는 수출물품의 원자재로 사용되고 동 수출물품의 대금결제는 외화로 이루어진다는 점을 감안하여 환율변동에 따른 환차손익을 수출업자와 내국신용장에 의한 물품공급자간에 공평하게 배분하는 데 있다.

2) 개설금액

물품대금 전액으로 하며, 원화표시 내국신용장 환어음 매입시의 환율이 개설시와 다르게 될 경우의 금액은 부기외화금액을 환어음 매입일(추심시는 추심의뢰인) 현재의 대고객전신환매입률로 환산한 금액으로 한다.

3) 인도기일

대응수출 또는 물품공급이 원활히 이행되는 데 지장이 없도록 책정된 기일로 한다.

4) 유효기일

물품의 인도기일에 최장 10일을 가산한 기일 이내인 것으로 다만 원수출신용장 등을 근거로 하여 개설되는 내국신용장의 유효기일은 대응되는 원수출신용장 등의 선적 또는 인도기일 이전이어야 한다.

5) 서류제시기간

물품수령증명서 발급일로부터 최장 5영업일 범위 내에서 책정된 것으로 다만 개설의뢰인과 수익자의 소재지가 원격지인 경우에는 물품수령증명서 발급일로부터 7영업일까지로 할 수 있다.

6) 어음형식

개설의뢰인을 지급인으로 하고 개설은행을 지급장소로 하는 일람출급환어음이어야 한다.

7) 개설조건

원수출신용장 매입조건부 결제 등 수익자에게 불리한 조건이 아니어야 한다. 다만 선박 또는 산업설비의 수출을 위하여 개설되는 완제품 내국신용장의 경우에는 원수출신용장 등의 대금결제조건에 따른 제조공정별 분할지급조건으로 할 수 있다.

8) 기타조건

상기조건 이외의 경우에 국제상공회의소가 제정한 「화환신용장에 관한 통일규칙 및 관례」를 준용한다는 문언이 기재되어야 한다.

9) 조건변경

상기조건에 위배되지 않는 범위 내에서 내국신용장 조건을 변경하고자 할 경우에는 내국신용장 관계당사자(개설의뢰인, 수익자, 개설은행)의 전원합의가 필요하다.

(7) 내국신용장어음의 매입

1) 매입(추심)의뢰시의 구비서류

내국신용장의 조건에 따라 물품을 공급한 내국신용장 수익자는 개설의뢰인으로부터 물품수령증명서를 발급받아 내국신용장에 의해 발행된 환어음 등 다음의 서류를 첨부하여 거래 외환은행에 어음의 매입 또는 추심을 의뢰하거나 내국신용장 개설은행에 직접 결제를 의뢰할 수 있다.

- 내국신용장 환어음
- 물품수령증명서
- 공급자 발행 세금계산서 사본(부가가치세법에 의한 세금계산서 발급대상이 아닌 경우에는 물품명세서가 기재된 송장으로 대신함)

그러나 외화표시 내국신용장어음은 그 대금의 개설의뢰인명의 거주자계정에서 이체되는 조건으로 매입(추심전지급)이 금지되고 있다. 외화표시 내국신용장에 의한 대출과 관련하여 외화표시 내국신용장 개설의뢰인에 대한 원자재금융은 당해 외화표시 내국신용장 어음대금의 거주자 계정간 이체결제와 동시에 대출해야 하며 이때 개설의뢰인에게 지급하면 된다. 다만 거주자계정 예치금의 부족으로 개설은행이 외화를 대지급 결제한 경우에는 동 융자금을 외화대지급금의 상환에 우선 충당해야 한다.

또한 내국신용장을 근거로 무역금융 대출을 받는 경우에는 당해 대출 취급은행에 어음매입 또는 추심을 의뢰하여야 하며 포괄금융 수혜업체나 실적기준 금융 수혜업체의 경우에도 동 업체에 대한 융자취급은행을 통하여 어음의 매입과 추심이 이루어져야 한다.

2) 내국신용장어음 매입사실 기재

내국신용장 어음을 매입한 외환은행 또는 추심의뢰은행은 당해 내국신용장의 뒷면에 매입 또는 대금입금일자와 금액을 기재하여야 하며, 내국신용장 개설은행은 내국신용장어음 결제시마다 당해 내국신용장의 개설근거가 되는 원수출신용장 등의 뒷면에 그 내용을 기재하여야 한다.

(8) 내국신용장어음의 지급거절

내국신용장의 개설은행은 지급 제시된 내국신용장 어음에 대하여 아래의 지급거절사유가 있는 경우를 제외하고는 지급제시를 받은 날부터 3영업일 이내에 어음을 결제하여야 하며, 동 기간 내 결제가 되지 않은 경우에는 그 익일에 처리하게 된다.

그러나 지급거절사유가 있는 경우라도 내국신용장 개설의뢰인이 동의하는 경우에는 동 어음의 결제가 가능하나 그 결제 여부는 개설은행의 판단에 의하여 결정된다.

지급거절 사유는 다음과 같다.

- 어음의 형식불비 또는 지급지가 상이한 경우
- 제시된 어음이 사고신고서가 접수된 어음이거나 위조 또는 변조된 경우
- 어음의 지급제시일(내국신용장 수익자의 매입 또는 추심의뢰인)이 내국신용장의 유효기일을 경과한 경우
- 물품수령증명서상의 수령인의 인감 또는 서명이 내국신용장 개설의뢰시 신고한 인감 또는 서명(물품매도확약서상의 것을 기준으로 함)과 상이한 경우(EDI방식 내국신용장의 경우 물품수령증명서, 내국신용장 및 물품매도확약서상의 것이 서로 상이한 경우)
- 물품수령증명서상의 물품명세가 내국신용장상의 물품명세와 불일치한 경우(EDI방식 내국신용장의 경우 물품수령증명서와 물품매도확약서상의 것과 불

일치한 경우)

- 제시된 어음이 내국신용장상의 기타 조건과 불일치한 경우. 다만 상기의 지급거절사유가 있는 경우라도 개설의뢰인이 동의하는 경우에는 동 어음을 결제할 수 있다.
- 제시된 어음이 위조 또는 변조된 내국신용장에 의해 발행된 경우
- EDI방식으로 내국신용장이 정당발급문서 표시를 하지 않은 경우

약술형

- 송금결제방식의 종류와 특성, 거래절차
- 추심결제방식의 종류와 특성, 거래절차
- 신용장 결제방식의 특성
- 환어음의 개념과 종류, 기재사항
- 국제팩토링 결제방식과 거래절차
- 포페이팅 결제방식과 거래절차
- 내국신용장 결제방식의 특성과 거래절차

용 어

- consignment
- open account
- documentary bills
- letter of credit
- cash on delivery
- cash with order
- bill of exchange
- URC
- endorsement
- documentary draft vs clean draft

- sight draft vs usance draft
- with recourse vs without recourse
- drawer
- drawee
- bona fide holder
- T/T rate
- LIBO rate
- factoring
- forfaiting
- local L/C

08
CHAPTER

| 무역과 신용장거래 |

section
01 신용장의 특성과 당사자

1. 신용장의 정의와 기능

　　신용장이란 수입상을 개설의뢰인으로 하고 수출상을 수익자로 하여 수입상의 거래은행인 개설은행이 수입상의 요청과 지시에 따라 수출상 또는 그 지시인으로 하여금 신용장에 명기된 조건과 일치하는 운송서류(transport documents)를 제시하면 수입업자를 대신하여 지급의 이행 혹은 신용장에 의해 발행된 어음의 지급, 인수, 매입을 수출업자 또는 어음매입은행 및 선의의 소지인에게 확약하는 증서이다. 신용장이란 수익자에 대한 개설은행의 조건부 지급확약증서이다. 화환신용장통일규칙 제2조에 신용장은 명칭과 관계없이 신용장 발행은행이 일치하는 제시에 대하여 결제하겠다는 확약으로 취소불능한 모든 약정을 의미한다고 규정되어 있다.

　　환언하면 신용장이란 신용장 개설의뢰인의 요청과 지시에 따라 개설되며 신용장에서 요구하는 서류의 제시가 있고 제시된 서류가 신용장조건에 엄밀히 일치하는 경우에만 개설은행이 지급을 확약, 보증하는 증서라고 할 수 있으므로 신용장은 첫째, 서류의 제시와 둘째, 제시된 서류가 신용장조건을 충족하면 된다는 전제조건으로서의 조건부 지급확약서이다.

이러한 조건부 지급확약서로서의 신용장의 기능은 대금결제기능과 금융기능을 들 수 있다. 첫째, 신용장거래는 거래 당사자 이외의 제3자인 개설은행이 개입하여 신용장조건과 일치하는 서류와 상환으로 대금지급을 확약함으로써 서류의 제시조건하에 물품거래를 서류거래화시킨 것이다. 따라서 수출업자(수익자)에게는 상품선적에 대한 대금회수의 위험을 제거시켜주고, 수입업자(개설의뢰인)에게는 신용장에 의하여 수출업자(수익자)가 의무를 이행하도록 하여 물품인수전 대금지급을 확약하는 대금결제 수단으로서의 기능을 가진다.

둘째, 신용장의 수익자, 개설의뢰인 양자 측면에서 볼 때 수출업자로서의 수익자는 신용장을 담보로 하여 수출금융의 혜택을 받을 수 있을 뿐만 아니라 수입업자인 신용장 개설의뢰인도 수입금융의 혜택을 받을 수 있다.

2. 신용장거래의 특성

(1) 독립성의 원칙

신용장통일규칙 제4조에서는 "신용장은 성질상 근거가 될 수도 있는 매매계약이나 기타계약으로부터 독립된 거래이며, 은행은 이러한 계약에 관한 어떠한 참조조항이 신용장에 포함되어 있다 할지라도 그러한 계약에 전혀 무관하며 또한 구속되지 않는다"고 규정하여 신용장의 독립성을 명백히 하고 있다. 따라서 은행은 매매계약 등에 관계되는 이유 또는 항변으로 권리를 침해당하거나 의무나 책임을 추궁당하는 일이 있을 수 없다. 무역거래의 당사자는 매매계약의 지급방식으로서 신용장에 의한 방식을 선택한다고 합의하며 따라서 매매계약의 확정과 함께 매수인인 수입업자는 자기의 거래은행에 의뢰하여 신용장을 개설한다. 그러나 신용장이 일단 은행에 의하여 개설되면 신용장은 근거가 되었던 매매계약으로부터 완전히 독립되어 그 자체로서 별도의 법률관계를 형성하게 되는, 이른바 독립성을 갖게 된다. 만일 신용장이 그러한 계약에 관한 참조사항을 언급하고 있다 하더라도 신용장의 관계 당사자들은 계약의 조건에 하등의 영향이나 구속도 받지 않는다.

(2) 서류거래의 원칙(추상성)

현행 신용장통일규칙 제5조에서는 "신용장거래에 있어서 모든 관계당사자들은 서류상의 거래를 하는 것이지 그러한 서류들과 관련된 상품, 용역 그리고 또는 기타 계약이행상의 거래를 하는 것은 아니다"라고 규정하여 제4조에서 규정한 독립성과 함께 신용장거래의 또 하나의 특성인 추상성을 명확하게 규정하고 있다. 일반적으로 신용장거래에서 발생되는 매매자간의 분쟁은 대부분이 서류상의 내용과 실제의 물품, 용역 또는 계약의 이행사항 등이 일치하지 않는 경우에 나타난다. 그러나 이러한 서류상의 문제가 분쟁해결의 기준이 되고 은행이 이들 사항에 책임을 져야 한다면 어느 은행도 마음놓고 신용장거래를 할 수 없을 것이다. 따라서 해당 물품이나 용역 또는 계약의 이행이 실제적으로 내용과 일치하지 않는다는 주장은 개설은행이 신용장의 조건에 일치하는 서류와 상환으로 대금을 지급하고 개설의뢰인은 이를 보상해야 할 의무를 짐에 있어서 판단의 기준이 실제로 사실이 아닌 서류에 있다고 추상화함으로써 상품이나 기타 실질거래에 지식이 불충분하고 경험이 부족한 은행들로 하여금 적극적으로 신용장거래를 행할 수 있도록 보장하여 국제무역거래를 원활하게 하고 있다.

(3) 엄밀일치의 원칙

은행이 제시된 서류의 수리 여부를 결정하는 데 있어서 어떠한 기준에 의하여 심사하는지에 대한 원칙으로 엄밀일치의 원칙(doctrine of strict compliance)이 있다. 이는 제시된 서류가 신용장 조건에 엄밀하게 일치한다고 판단되는 경우에만 은행이 수리할 수 있다는 원칙이다. 동 원칙에 따라 서류를 심사하게 되면 신용장 조건에 엄격하게 일치하는 서류만 수리할 수 있으나 사소한 실수(예: 중요하지 않은 오탈자나 구두점 오류 등)가 있는 경우에도 무결한 서류로 재발행해야 하는 시간적·비용적 손실이 발생할 수 있다. 이와 같은 실무적 문제를 해결하기 위하여 엄밀일치의 원칙보다 다소 완화된 심사기준으로 상당일치의 원칙(doctrine of substantial compliance)이 있다. 상당일치의 원칙은 제시된 서류가 신용장 조건과 일치해야 하지만 은행이 상당한 주의를 기울이면 문언의 의미상 차이를 가져오는 것이 아닌 경미한 오류가 있는 경우에는 은행이 수리할 수 있다는 원칙이다.

화환신용장통일규칙에서는 선적서류상의 데이터는 당해 서류나 기타 신용장에서 명시된 서류 또는 신용장상의 정보와 반드시 일치될 필요는 없으나 상충되면 안 된다고 규정하고 있다(UCP 600 제14조(d)). 이 규정을 바탕으로 서류 작성 과정에서 발생할 수 있는 오탈자와 같은 고의성이 없고 문언의 효력을 변경시키지 않는 경미한 불일치를 인정하고 있다.

3. 신용장의 한계성

신용장은 국제무역에서 대금결제를 지원하는 유용한 수단이다. 그러나 신용장도 이행할 수 없는 몇 가지 한계를 지니고 있다.

첫째, 신용장은 하나의 독립된 지급수단이라기보다는 계약의 성질을 지니고 있으므로 특정조건에 일치하는 선적서류를 약정된 기간 안에 제시하면 은행이 지불하겠다는 은행의 약정이지 그 자체가 유용되는 어음과 같은 유통증권이 아니다. 따라서 일반어음과 같이 배서함으로써 임의로 양도할 수 없으므로 신용장이 특정 회사를 위한 지급 수단이 될 수는 없다.

둘째, 신용장은 매매계약에서 매수인이 매도인에게 하는 부수적인 약속의 수단이 아니므로 개설은행은 매수인이 일정조건을 충족시키는 경우에만 결제(honour)를 하겠다는 약정으로 매수인이 물품대금을 지급하지 않으면 은행이 대신 지불한다는 약정은 아니다. 그러므로 신용장은 국제무역의 원활화를 위한 수단일 뿐 불완전한 거래를 완전한 거래로 전환시킬 수는 없다.

셋째, 신용장이 계약상품의 입수를 완전히 보장하지는 않는다. 신용장 거래는 본질적으로 서류상 거래이므로 서류상으로 신용장의 조건을 충족시키면 은행은 대금을 지불한다. 그러나 실제 선적물품에서 야기되는 문제로부터 은행은 면책된다.

신용장 자체가 절대적이거나 최선의 대안이라고 할 수는 없지만 신용장을 이용한다는 것이 신용장의 기술적인 문제 때문에 제약을 받는 것보다 국제무역을 원활하게 할 수 있는 목적을 중시하여 무역거래에 수반되는 위험을 조절하여 교역이 증진되도록 하여야 한다.

4. 신용장의 당사자

신용장의 당사자란 신용장거래의 직·간접적인 권리, 의무를 갖는 자들로서 직접적인 권리, 의무를 갖는 자는 신용장개설의뢰인, 개설은행, 수익자 및 신용장의 확인이 추가되는 경우에는 확인은행도 이에 포함된다. 신용장거래의 직접적인 권리, 의무는 갖고 있지 않지만 원활한 거래를 위하여 간접적으로 협조하거나 대행하는 역할을 담당하고 있는 간접적인 권리, 의무를 갖는 자들로서는 통지은행, 지급은행, 인수은행, 매입은행, 상환은행 등을 들 수 있다.

(1) 신용장 개설의뢰인(applicant for the credit)

신용장 개설의뢰인은 매매계약의 당사자이며 신용장 개설은행의 고객으로서 신용장 개설의뢰시 개설은행에 현금예치 및 담보를 제공함으로써 신용장을 발행토록 하는 자를 말한다.

(2) 신용장 개설은행(issuing bank)

신용장 개설의뢰인의 요청과 지시에 따라 신용장을 개설하여 수익자가 제시한 서류와 상환으로 지급 또는 발행한 환어음을 결제(honour)할 것을 확약하고 있는 은행으로서 화환어음의 지급에 있어 최종적인 책임을 부담하는 은행이며 그 역할은 가장 중요하다.

(3) 수익자(beneficiary)

신용장에 의거 대금의 지급을 받아 이익을 누리는 자로서 매매계약서상의 매도인인 수출업자가 된다. 신용장의 수익자는 신용장 거래의 실질적 수혜자로서 신용장에 제시된 조건에 따라 개설의뢰인, 개설은행 또는 제3은행 앞으로 환어음을 발행하고 신용장에서 요구하는 선적서류를 첨부하여 거래은행에 제시함으로써 환어음에 대한 결제(honour)를 의뢰하는 자를 말 한다.

(4) 확인은행(confirming bank)

개설은행의 수권이나 요청에 따라 타은행이 개설은행의 확약에 추가하여 지급, 인수 또는 매입을 확약한 경우 그 타은행은 확인은행이 된다. 확인은행에 의한 결제(honour)는 환어음 발행인 또는 선의의 소지자에게 상환청구권을 행사하지 않는 조건이므로 수익자로서는 개설은행 외에 또다른 은행으로부터 이중으로 확약을 받게 되는 이익을 갖게 된다. 일반적으로 통지은행이 확인은행의 역할을 수행하는 경우가 많다. 따라서 확인은행은 수익자에 대하여 개설은행과 마찬가지로 상환청구권을 행사할 수 없으며 그 지급 등의 약속에 대하여 일차적인 책임을 지게 되는 것이다.

(5) 통지은행(advising bank)

개설은행에 의하여 개설된 신용장은 대부분이 수익자의 소재지에 있는 개설은행의 본·지점이나 환거래계약은행을 경유하여 통지되는데 이 통지를 행하는 은행을 통지은행(advising bank)이라 부른다. 통지은행은 개설은행의 위탁을 받고서 수익자에게 신용장개설의 사실과 내용을 단순히 통지해 주는 은행으로 신용장에 대한 하등의 책임이나 의무를 지지 않는다. 그러나 그 통지은행은 자기가 통지하는 신용장의 외면상의 진정성(authenticity)을 증명하기 위하여 상당한 주의를 기울여야 할 의무가 있다.

(6) 지급은행(paying bank)

지급은행은 개설은행 자신이나 개설은행의 예치환거래은행 또는 개설은행이 대금의 결제를 위하여 미리 전액을 위탁시켜 둔 은행만이 될 수 있다. 지급은행으로 지정된 은행은 신용장에서 요구된 서류와 상환으로 전금액을 지급하거나 자신 앞으로 발행된 환어음의 액면가액을 할인 없이 전부 지급하게 된다. 지급방법에는 전술한 바와 같이 일람 후 즉시 대금의 지급이 이루어지는 일람지급(sight payment)과 신용장에서 정해진 거래의 일자에 지급을 확약하는 연지급(deferred payment)의 방법이 있다.

지급한 은행이 부담하게 되는 환어음의 최종적인 책임은 개설은행이 지므로 지급은행은 통지은행과 같이 지급행위에 대해 그 이상의 책임은 지지 않는다. 흔히 지급은행에는 개설은행의 환계정이 있으므로 지급과 동시에 개설은행의 계좌에 기재하게 되고 이러한 계정이 없어도 지급과 동시에 개설은행으로부터 상환을 받는다.

(7) 인수은행(accepting bank)

은행에 제시되는 어음이 일람불이 아니고 기한부어음(usance bill)일 경우에 지급에 앞서서 정기출급어음을 인수하는 은행을 인수은행(accepting bank)이라고 하며, 인수은행은 인수행위에 의하여 그 어음을 지급만기일에 지급할 의무를 진다. 인수은행에서 인수된 어음은 수익자가 즉시 현금화를 원하게 되면 인수은행이 그 어음을 할인하여 매입을 하거나 수익자가 직접 금융시장에서 타은행에 더욱 유리한 조건으로 매도할 수 있다.

(8) 매입은행(negotiating bank)

매입은행은 수익자의 은행에 의하여 서류를 매입하고 수출대금을 지급하는 수출지의 은행으로서 개설은행에 의하여 일람급 또는 기한부어음의 매입(negotiation)을 하도록 지정받은 은행이 있는 경우는 그 은행, 특별한 지정이 없는 신용장의 경우는 아무 은행이나 매입은행이 될 수 있다. 매입은행은 개설은행 또는 개설의뢰인 앞으로 발행된 환어음이 규정된 서류와 함께 제시되면 소정기간의 이자를 받고 그 환어음을 매입하게 된다.

이러한 매입행위를 하는 은행은 궁극적으로 신용장에 언급된 개설은행의 확약을 믿고 개설은행으로부터 대금의 결제를 받을 것을 전제로 하여 자기은행의 자금으로 수출대금을 지급하여 준다. 따라서 매입은행은 곧 환어음의 선의의 소지인(bona fide holder)이 되며, 개설은행은 신용장의 확약내용대로 어음의 선의의 소지인에게 신용장금액을 지급해 주어야 할 의무가 발생한다.

(9) 상환은행(reimbursing bank)

상환은행이란 개설은행의 지시에 따라 매입은행에 신용장대금을 결제하는 은행으로서 신용장에서 지급, 인수 또는 매입은행에 대한 상환을 개설은행의 본·지점 또는 제3의 은행으로 청구하게 하는 경우 개설은행을 대신하여 상환업무를 수행하는 은행을 말한다.

상환은행은 개설은행의 예치계정을 보유하고 있으며 개설은행의 상환수권이나 지시에 따라 상환업무를 대행하게 된다. 개설은행은 상환은행이 상환요구에 응할 수 있도록 적시에 적절한 지시나 수권을 제공하여야 하며, 이때 상환청구를 하는 은행이 상환은행에 신용장의 조건과 합치한다는 확인조건을 배제하여야 한다. 만일 신용장의 조건과 일치하지 않음에도 불구하고 결제(honour)가 이루어진 경우 개설은행은 그러한 행위를 한 은행에게 직접 상환한 금액을 청구할 수 있으나 상환은행에게 책임을 묻거나 반환요구를 할 수 없다.

Midland Bank Singapore Branch
21 Collyer Quay #03-06 Singapore 0104

Date and place : 7 September 2014, Singapore　　(ORIGINAL for BENEFICIARY)

IRREVOCABLE DOCUMENTARY CREDIT	Credit Number	
	of Issuing Bank IC771187	of Advising Bank A8801-712-00872

Advising Bank Korea Exchange Bank Seoul, Korea	Applicant Spring Field Co., Ltd. Singapore
Beneficiary Doori Silup Co., Ltd. CPO Box 1234 Seoul, Korea	Amount USD 43,000.00
	Expiry Date 31 Dec. 2014 in beneficiary's country for negotiation

Dear Sir(s),
We hereby issue in your favour this documentary credit which is available by negotiation with any bank of your draft at sight drawn on us accompanied by the following documents : −
1) Signed Commercial Invoice in triplicate
2) Full set of clean ON BOARD ocean Bill of Lading made out to our order marked "Freight Prepaid" and notify applicant.
3) Packing List in duplicate
4) Insurance Policy or Certificate in negotiable form, in duplicate, endorsed in blank, covering I.C.C.(A). Institute War Claus s(Cargo) for full invoice value plus 10% with claims payable in Singapore in the currency of the draft.
Evidencing shipment of 5,000kgs of dried cuttlefish at 8.60/kg CIF Singapore

Shipment from Korea to Singapore latest 31 Dec. 2014	Partial Shipment not allowed	Transshipment not allowed

Special condition(s) :
- Documents to be presented within 10 days after the date of issuance of the transport document but within the validity of the credit.
- All banking charges outside Singapore are for account of beneficiary.
- All documents to be sent to us by registered airmail in 2 consecutive lots.
- Proceeds drawn under this credit will be remitted as per instruction of the negotiating bank upon receipt of the documents in compliance with the terms and conditions of the credit.

We hereby engage with drawer and/or bona fide holders that drafts drawn under and negotiated in conformity with the terms and conditions of this credit will be duly honoured on presentation and that drafts accepted within the terms of this credit will be duly honoured at maturity.	Advising Bank's notification

This credit is issued subjcet to "Uniform Customs and Practice for Documentary Credits", 1993 revision, ICC Publication No. 600.

5. 신용장거래 절차

신용장거래는 〈그림 8-1〉과 같이 각 당사자간의 업무흐름을 10단계로 나눌 수 있다.

① 개설의뢰인과 수익자간에 매매계약이 이루어진다.
② 매매계약에 따라 개설의뢰인은 자신의 거래은행에 신용장의 개설을 의뢰한다.
③ 개설의뢰인 거래은행은 개설의뢰인의 요청대로 신용장을 개설하여 통지은행으로 발송한다.
④ 통지은행은 신용장의 내도를 통지한다.
⑤ 수익자는 계약물품을 선적한다.
⑥ 수익자는 선적서류와 환어음을 매입은행에 제출한다. 또한 매입은행은 선적서류와 환어음을 인수하고 물품대금을 지급한다.
⑦ 환어음을 매입한 개설은행에 선적서류와 환어음을 발송한다.
⑧ 개설은행은 선적서류와 환어음을 매입하고, 통지은행이나 매입은행에 대금을 상환한다.

그림 8-1 신용장거래 절차

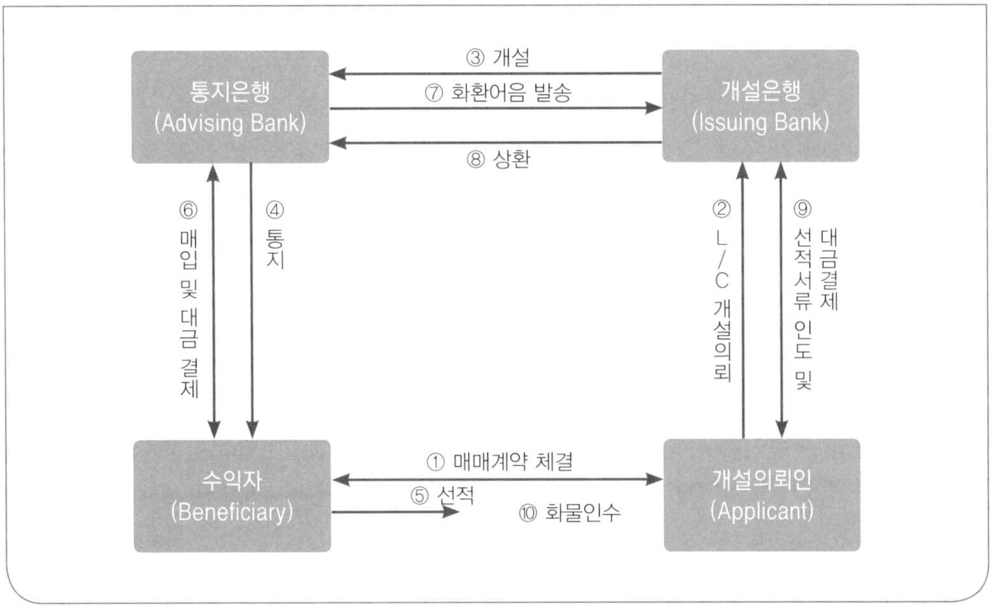

⑨ 개설의뢰인은 개설은행에 대금을 지급하고 선적서류를 인수한다.

⑩ 개설의뢰인은 선적서류를 선박회사에 제출하고 물품을 인수한다.

02 신용장의 종류

1. 요구서류 유무에 의한 분류

(1) 화환신용장(Documentary credit)

화환신용장은 수출업자가 상품 대금회수를 위하여 발생한 환어음의 결제
(homour) 의뢰시 권리증권(document of title)으로서의 선하증권 및 보험증권,
상업송장 등의 선적서류(shipping documents)를 첨부하여 은행에 제시할 것을
요구하는 신용장을 말한다.

환어음의 결제시 선적서류의 제시를 요구한다는 측면에서 볼 때 이러한 환
어음의 결제행위의 가능시점은 상품선적 이후이다. 첨부되는 선적서류는 신용
장조건에 엄밀히 일치하여야만 환어음의 결제가 가능하며 특히 화물의 물권증
서로서 선하증권은 유통가능한 형태여야만 은행이 안심하고 이를 담보로 하여
결제를 행할 수 있다.

(2) 무담보신용장(Clean credit)

무담보신용장은 화환신용장과는 달리 사용되는 빈도가 극히 적으며 이는
은행이 어음의 결제시 선적서류의 첨부를 요구하지 않을 것을 조건으로 하는
신용장을 말한다.

따라서 환어음의 결제시 선적서류의 제시를 요구하지 않는다는 측면에서
볼 때 환어음의 결제가 선적 전에 가능함을 말하고 있는 것이다. 그러므로 수익
자가 선적 전에 미리 수출상품에 대한 대금만을 회수하고 선적을 하지 않을 경
우가 발생할 수 있기 때문에 개설의뢰인은 상품을 입수하지 못할 위험이 있다.
따라서 수익자가 신뢰할 수 있는 경우를 제외하고는 무담보신용장은 개설되지
않는다. 여행자신용장이나 지급보증신용장(stand-by credit)이 대표적인 무담보
신용장이다.

2. 취소가능 여부에 의한 분류

(1) 취소가능신용장(Revocable credit)

취소가능신용장이란 신용장이 개설된 후 당사자 전원의 합의나 수익자에 대한 사전통보 없이 개설은행에 의하여 일방적인 신용장의 취소 및 조건변경이 가능한 신용장을 말한다.

수익자로서는 신용장조건에 일치된 어음 및 선적서류로서도 환어음의 지급·인수·매입에 대한 보장을 받을 수 없을 뿐만 아니라 이미 상품을 선적하였을 경우 신용장이 취소되면 수익자로서는 신용장에 의한 대금청구권을 행사할 수 없는 위험을 지니고 있다. 대부분의 국제상거래에서는 취소불능신용장을 사용하고 있다.

(2) 취소불능신용장(Irrevocable credit)

취소불능신용장은 현재 신용장거래에서 가장 많이 이용되고 있으며 일단 신용장이 개설되면 당사자 전원의 합의 없이는 신용장이 취소 및 조건변경을 행할 수 없는 신용장을 말한다. 따라서 개설은행은 신용장 조건에 일치하여 발행된 어음 및 선적서류에 대한 수익자 및 선의의 소지인인 타은행에 대하여 지급·인수·매입의 지급확약의무를 지니고 있는 것이다.

3. 상환청구권 유무에 의한 분류

(1) 상환청구가능신용장(With recourse credit)

상환청구가능신용장이란 개설은행 및 확인은행을 제외한 매입은행이 선의의 어음 소지인 또는 배서인으로서의 타은행 소지어음이 개설은행이나 개설의뢰인으로부터 어떠한 이유로든 지급, 인수, 매입이 거절된 경우 어음을 소지한 은행은 어음발행인에 대하여 상환청구권을 행사할 수 있는 신용장을 의미한다. 신용장에 'with recourse'라는 표시가 있으면 상환청구가능신용장이다.

(2) 상환청구불능신용장(Without recourse credit)

환어음 소지인의 상환청구권에 대해서 어음 발행인이 상환의무를 부담하지 않는 신용장을 말한다. 신용장에서 'without recourse'가 표시된 신용장은 상환청구불능신용장이다.

4. 제3자의 신용보강 유무에 의한 분류

(1) 확인신용장(Confirmed credit)

확인신용장은 개설은행의 의뢰를 제3의 은행이 수익자가 발행하는 어음을 결제한다는 것을 확약하는 신용장을 말한다. 확인은행(confirming bank)이 개설은행과 동일한 책임을 가지고 개설은행의 책임과는 별개로 수익자에 대한 책임을 부담하는 것이다. 이와 같이 개설은행 이외의 은행에 의해 확인이 추가되는 신용장을 확인신용장이라고 한다.

(2) 불확인신용장(Unconfirmed credit)

불확인신용장은 개설은행 이외에 제3의 은행이 수익자가 발행한 어음을 개설은행과 동일한 입장에서 지급보장을 확약한다는 문언이 기재되어 있지 않은 신용장을 말한다.

5. 지불유상기간의 유무에 의한 분류

(1) 일람출급신용장(Sight credit)

일람출급신용장이란 서류와 상환함과 동시에 바로 지급이 이루어지는 것을 정하고 있는 신용장, 또는 일람불환어음의 지급 또는 매입을 정하고 있는 신용장을 말한다.

일람출급(at sight)이란 말은 어음지급인, 즉 개설의뢰인이 선적서류에 첨부된 환어음을 열람한(sight) 시점에, 바꾸어 말하자면 선적서류와 환어음을 수취한 날에 대금을 지급하여야 함을 뜻하는 것이다.

(2) 정기출급신용장(Usance credit)

정기출급신용장이란 서류의 제시 후 일정기간이 경과한 후로부터 지불이 행해지는 것을 정하고 있는 신용장으로서 기한부환어음의 인수 또는 매입을 정하고 있는 신용장을 말한다. 따라서 정기출급신용장하에서는 개설의뢰인이 선적서류와 환어음의 내도시에 일람후 일정기일에(at ×× days after sight) 지급할 것을 약속하면 개설은행으로부터 서류와 환어음을 인도받을 수 있다.

예컨대 at 60 days after sight(60d/s)이면 환어음과 선적서류 인수일로부터 60일 이후에 대금을 지급하면 된다. 그러나 at 60 days after date(60d/d)면 어음 발행일 후 60일 이내에 지급해야 한다.

따라서 정기출급신용장하에서는 신용장 개설의뢰인인 수입업자는 수입물품을 판매하고 그 대금을 결제할 수 있는 시간적 여유를 가진다는 이점이 있다. 정기출급어음은 통상 지급인에게 제시되어 인수과정을 밟게 되는데 지급인은 어음을 인수하게 되면 어음에 'Accepted by Drawee, Date, Signature'를 기재하게 되며 지급인은 지급만기일에 어음의 지급을 확정하게 된다. 정기출급신용장이 연지급신용장(deferred payment credit)과 다른 점은 정기출급신용장이 단기성 지급보장인 데 비하여 연지급신용장은 장기성 지급보장을 한다는 점이다.

6. 기타 분류

(1) 양도가능신용장(Transferable credit)

최초의 수익자(제1수익자, first beneficiary)가 제3자(제2수익자, second beneficiary)에게 신용장 금액을 전부 또는 일부를 사용할 권리를 양도하는 것을 승인하고 있는 신용장을 양도가능신용장이라고 한다.

신용장통일규칙은 개설은행에 의해 'transferable'이라고 명확히 지정되어 있는 신용장만을 양도가능신용장으로 하고 있다. 이와 같은 신용장의 양도를 받은 제2수익자는 양도된 신용장에 근거하여 자기의 명의로 선적하고 자기의 명의로 신용장에 의한 지급을 청구할 권리를 취득하는 것이다.

신용장의 양도는 때로는 제1수익자가 신용장에 그 신용장을 양도할 뜻을 기재한 증서를 첨부하여 직접 제2수익자에 교부하는 방법이 취해지는 경우도 있다. 그러나 신용장통일규칙은 제2수익자에 대한 양도통지가 당해 신용장에 의한 결제를 행할 자격이 있는 은행을 통하여 행하는 것을 전제로 하여 신용장이 양도에 있어서의 규정을 설정해 놓고 있기 때문에 현재는 반드시 은행(양도은행)을 통하여 양도통지가 행해지고 있다.

Transferable L/C(양도인 지정)

BANCO DE COMERSIO DE BAJA CALIFORNIA, S.A.

Sucrsal, Tijuanan, B. Cfa.

Irrevocable Commercial
Letter of Credit No. <u>7184.</u>
Number and date of this Credit must be mentioned
on all drafts and communications relative thereto.

Gentlemen :
We hereby established our irrevocable Letter of Credit in your favor for account of
ISIDORO LOMBROSO SALVO, Tijuana, B. Cfa.
for a sum or sums not exceeding in all DLLS. 9,450.00(NINE THOUSAND FOUR HUNDRED
FIFTY DOLLARS 00/100 U.S.Cy)

available by your drafts at sight on us, full invoice value of merchandise to be described
in invoice as :
Covering :
LADIES 100% NYLON KNIT BLOUSE, as per Sales Note No. PL-604, dated June 4, 2002.

and accompanied by the following documents:
1. = Full set of clean on board ocean bill of lading to the order of the beneficiaries,
    blank endorsed, marked "Freight Collect." notify: Rene R.
    Romero, San-Ysidro, Calif.
2. = Commercial invoice one original and three copies in the name of :
    IMPORTADORA LISA. S.A. Tijuanam B. Cfa.
    insurance is not required.

TERMS : F.O.B. ANY PORT OF KOREA
        EXPIRATION DATE - September 7, 2014 In Seoul, Korea.
        SHIPMENT FROM : Any Port of Korea to San Diego, Calif. In Bond
        Tijuana, B. Cfa. Mex
        PARTIAL SHIPMENTS : PERMITTED.

Special Conditions :
This Credit is transferable to : ABC Company
If Credit is transferred evidence of such transfer by a bank must accompany the
documents.
We hereby agree with the drawers, endorsers, and bona fide holders of drafts drawn
under and in compliance with the terms of this Credit, that the same shall be honored
upon presentation and delivery of documents as specified above to the drawee if drawn
and negotiated on or before <u>September 7, 2014.</u>

Yours faithfully

신용장 통일규칙에 규정된 양도의 조건은 다음과 같다(신용장통일규칙 제 38조).

첫째, 신용장의 양도는 단1회에 한한다.

둘째, 분할선적이 금지되어 있지 않는 한 수회에 걸쳐 분할양도가 가능하다.

셋째, 신용장의 양도는 원신용장의 조건에 의해서만 가능하다. 그러나 신용장금액, 단가, 서류제시기한, 선적기한 및 신용장 유효기간의 축소 내지는 인하 또는 단축은 가능하다.

넷째, 신용장에 별도의 명시가 없는 한 동일국 내에서는 물론 타국에서의 제2수익자에 대한 양도가 가능하다.

(2) 회전신용장(Revolving credit)

회전신용장은 수출업자와 수입업자간에 동일종류의 상품거래를 장기간 계속적으로 행하는 경우에 매 선적마다 신용장을 발행하는 번거로움을 피하고, 예상되는 거래의 모든 것에 대한 고액의 신용장을 발행하는 것에 의해 수수료 비용을 절감하기 위하여 발행되는 신용장이다. 이러한 신용장은 신용장의 최종 유효기간 동안까지는 반복적으로 사용될 수 있다.

일정기간별로 반복사용 조건의 회전신용장에는 전기간의 미사용 금액이 다음 기간에 이월되어 누적되는(cumulative) 형태와 이월되지 않고 비누적되는 (noncumulative) 형태가 있다.

신용장통일규칙은 회전신용장에 있어서는 어떤 규정도 설정해 놓고 있지 않기 때문에 개개의 신용장의 회전방법에 있어서 오해의 발생여지가 존재할 수 있으므로 명확한 조항의 설정이 필요하다.

(3) 전대신용장(Red clause credit)

전대신용장이란 개설은행이 신용장의 지급 또는 매입은행으로 지정되어 있는 은행에 대하여 수익자가 수출 전 대금을 회수할 수 있는 수권조항이 포함되어 있는 화환신용장이다.

전대수권의 조항은 보통신용장과 다르다는 것을 나타내기 위하여 붉은색으로 기재되어 있는 것이 일반적이기 때문에 red clause 신용장으로 불리며, packing credit라고도 한다. 이 신용장에 의하여 대금의 전대를 행한 은행이 수출업자의 수출불이행과 같은 경우가 발생할 때 전대자금의 회수가 곤란해질 수 있다. 이러한 경우 전대자금을 대출한 은행은 신용장 개설은행에 대하여 전대자금에 대한 이자를 포함함으로써 생기는 개설은행의 비용 및 손해를 개설의뢰인에게 부담시키는 계약을 개설의뢰인과 체결해 두는 것이 필요하다.

(4) 구상무역신용장(Back to back credit)

구상무역신용장은 화환신용장의 일종으로 수출용 원신용장의 수익자가 신용장의 통지은행 또는 자기의 거래은행에 의뢰하여 그 신용장을 근거로 하여 구상무역에 이행할 목적으로 개설된 제2신용장을 구상무역 신용장(back to back credit)이라고 한다.

구상무역(counter trade)이란 수출과 수입을 균형시키는 무역을 말하며, 이를 위하여 어떤 물품을 수입하기 위하여 신용장을 개설하는 수입국의 신용장 개설의뢰인이 신용장을 수출국 수익자 앞으로 발행하면서 동일금액 또는 유사한 금액의 신용장을 자기 앞으로 발행하여야만 신용장이 유효하다는 조건을 삽입하는 경우 신용장 개설의뢰인이 발행한 신용장을 구상무역조건부신용장(back to back clause credit)이라고 말하며, 원수익자에 의해 개설되는 제2신용장을 구상무역신용장(back to back credit)이라고 한다.

(5) 기탁신용장(Escrow credit)

2국간의 구상무역에서 양국간의 수출입액을 균형시키기 위하여 상호간 수출한 금액만을 수입할 것을 정하고 있는 무역 결제방법의 한 가지로서 사용되고 있는 화환신용장으로 동 신용장에 의해 지급이 행해지는 경우에는 지급되는 금액을 수익자명의의 기탁계정에 입금하는 것을 정하고 있는 것이다. 수출업자와 수입업자가 무역을 할 때 수출업자인 수익자의 은행에 기탁계정(escrow account)을 개설하고 수출업자가 수입업자에게 수출하여 획득한 대금을 기탁계정에 예치하였다가 원수익자가 수입업자로부터 수입을 할 때 상품대금 지급에만 사용하는 신용장으로서 사용빈도는 매우 적으며, 한정된 국가와의 거래에 사용되고 있다.

(6) 보증신용장(Stand-by credit)

상품의 대금결제를 목적으로 하는 화환신용장이 아니고 금융이나 보증을 위해서 발행하는 특수한 신용장이다. 보증신용장은 수출입대금결제를 목적으로 발행되는 화환신용장과는 달리 금융이나 보증을 위해 발행되는 무담보신용장의 일종으로 수출선수금에 대한 지급보증, 국제입찰의 입찰보증 또는 계약이행보증금을 조달할 때 주로 이용된다.

section 03 신용장업무

1. 개설의 근거

신용장이 개설되기 위해서는 수출상과 수입상이 매매계약을 체결하여야 하는바, 이 계약의 제반 내용 중 결제조항(payment clause)에서 거래방식을 신용장방식으로 약정하였을 경우 이것을 근거로 신용장이 개설되는 것이다.

이 경우 매매계약서의 결제조항의 기재 예를 보면 "수입상은 이 계약 체결일로부터 특정기일 이내에 수출상 앞으로 취소불능일람불 화환신용장을 개설하여야 한다"라고 되어 있으며 만일 수입상이 동기간 이내에 신용장을 개설하지 않으면 이 거래는 더 이상 진행될 수 없게 되고, 수출상은 신용장개설 사실을 확인하지 않으면 물품제조에 착수하지 않게 된다.

2. 개설절차

기본계약의 의무이행을 위하여 수입상은 자신의 거래은행에 신용장개설을 의뢰하게 되는바, 개설은행은 수입상에게 신용장개설의뢰서를 수입상에게 교부하게 되고 수입상이 이 서류를 작성하여 제출하면 개설은행은 이것을 근거로 신용장을 작성하게 된다.

신용장개설을 위하여 수입상이 은행에 제출하여야 하는 서류와 개설절차는 아래와 같다.

(1) 제출서류

1) 신용장거래 약정서(Commercial Letter of Credit Agreement)
은행과 고객 사이의 신용장거래에 따른 각종비용과 위험부담을 포괄적으로 커버하기 위하여 개설은행이 개설의뢰인에게 청구하는 서류를 말한다.

취소불능화환신용장발행신청서
(APPLICATION FOR IRREVOCABLE DOCUMENTARY CREDIT)

> AT SIGHT S/C 및
> 내국수입 USANCE
> 지 급 보 증 용

TO

Dear Sirs :

We request you to establish by ☐ cable ☐ air mail an Irrevocable Credit on the following terms and conditions

Advising Bank

Cable Address

Applicant

Beneficiary

Amount

Expiry Date

Tenor of Draft

Documents (Please indicate by placing X Mark in applicable box)

☐ Full set of clean on board ocean bills of lading, made out to the order of the Commercial Bank of Korea Ltd.,

Marked "Freight _____ " and "Notify accountee"

☐ Marine Insurance policy or certificate in duplicate, endorsed in blank for 110% of the invoice value.

Insurance policies or certificates must expressly stipulate that claims are payable in the currency of the drafts and policies or certificates must also indicate a claim settling agent in Korea. Insurance must include :

Institute Cargo Clauses :

☐ Signed commercial invoice in

☐ Packing list in

☐ Other document(s) (if any)

Commodity Description

Name of Commodity	Quantity	Unit Price	Amount
Country of Origin			

Shipment From　　　　　　　To　　　　　　　　　Latest

Partial Shipments are　　　　　　　Transhipment is

Documents must be presented within _____ days after the date of issuance of B/L or other transportation documents. Special condition(s) : All banking charges including postage. advising and payment commission outside Korea are for account of _____ Shipment by _____

위와 같이 신용장발행을 신청함에 있어서 위 기재사항이 수입승인사항과 틀림없음을 확인하고 따로 제출한 수입거래약정서의 각 조항에 따를 것을 확약하며 아울러 위 수입화물에 관한 모든 권리를 귀 행에 양도하겠습니다.

Except so far as otherwise expressly stated, this credit is subject to the Uniform Customs and Practice for Documentary Credits : 1993 Revision International Chamber of Commerce. Publication No. 500	신청인　　　　　　　(인) 주소	인 감 대 조

지급보증확인	Checked By	Approved By		계	대 리	차 장	부 점 장

2) 신용장 개설의뢰서(Application for Commercial Letter of Credit)

개설의뢰인이 개설은행에게 지시하는 신용장에 기재할 모든 사항을 적은 서류로서 매매계약을 근거로 작성하며 개설은행은 이 서류와 동일한 내용으로 신용장을 개설한다.

3) 수입승인서(Import Licence)

수입행위가 적법함을 증명하는 기본서류로서 신용장의 내용은 이 수입승인서가 허용한 범위 내에서 개설되어야 한다. 수입승인 대상 품목인 경우에만 해당된다.

4) 물품매도확약서

이 서류는 내수용 수입승인시에 필수 구비서류로 은행이 이미 제출받았으므로 개설은행과 승인은행이 동일할 때는 청구할 필요가 없지만 다른 경우에는 받아야 한다.

(2) 절   차

서류제출 → 은행의 심사 → 수입담보금의 적립 → 수입부담금 납부 → 개설과 관련한 제비용 징수 → 신용장 개설

3. 개설방법

수입자는 수입물품에 대한 수입승인을 받은 다음 그 유효기간 내에 신용장 개설을 신청하게 된다.

신용장 개설은행은 신용장 개설에 관한 심사 및 기타의 절차를 완료하고 개설의뢰인이 제출한 의뢰서의 내용을 점검하고 타당하다고 인정되면 신용장을 개설하게 된다. 신용장의 개설방법은 선적기일, 시황, 자금사정 등을 고려하여 결정하며 다음과 같은 세 가지 방법이 있다.

(1) 우편에 의한 개설

개설신청서의 내용에 따라 소정의 신용장양식 1set를 작성하여 원본 및 사본 1매는 통지은행에 발송하고 결제은행에는 사본 1매를 수입대전결제요청서(reimbursement request)와 함께 발송한다. 우편으로 개설된 신용장을 Mail

Credit이라 하며, 이 신용장에는 개설은행 서명권자의 육필서명이 명기되어 있다. 과거에 이용되던 방식으로 현재는 거의 사용되지 않는다.

(2) 전신에 의한 개설

1) Short Cable에 의한 개설

신용장이 개설되었다는 뜻을 미리 통지하여 수익자로 하여금 수출준비를 하게 하는 통지이며 'Details to follow'란 문언을 삽입, 추후 신용장원본 (mail confirmation)을 송부하게 되며, 수출상은 이 원본에 따라 선적 및 매입신청을 할 수 있다.

2) Full Cable에 의한 개설

개설은행이 신용장원본의 내용을 원안 그대로 모두 전신으로 통지은행에 송부하는 방식으로 개설된 신용장이다.

케이블 방식으로 통지된 신용장은 신용장원본의 내용이 빠짐없이 기재되어 있기 때문에 이것 자체가 원본으로 간주되며, Full Cable에서는 개설은행이 더 이상 신용장 원본을 보내지 않는다.

개설된 신용장은 통지은행의 오역을 방지하는 장점이 있으나 전신료가 많이 드는 단점이 있다. 그러므로 신용장상에 상례적으로 사용되는 문구는 생략하고 Code에 따라 순서대로 공란만을 보충하는 전신문안을 작성하는 것이 일반적이나 통상어의 사용을 권장하고 있다.

(3) SWIFT에 의한 개설

SWIFT는 'Society for Worldwide Interbank Financial Telecommunication' (국제은행간 자금결제 통신망)의 약자이며 EDI방식에 의한 문서전달체제를 의미한다. EDI는 통신수단과 컴퓨터의 결합이므로 종래의 Cable이나 FAX가 갖추지 못했던 기능인 '보안유지'기능을 갖추었으므로 원본서류를 항공편으로 송부하는 것과 동일한 효과를 가질 수 있는 통신수단이다. 우리나라는 1992년 3월부터 SWIFT system을 설치, 운용하고 있다.

SWIFT에 의한 L/C개설은 Cable L/C를 암호(Code)로 개설하는 방법과 비슷하게 L/C의 format이 표준화·Code화 되어 있는바, Authenticator Key는 Test Key와 같이 금액, 통화종별, 거래일자 등을 숫자화하여 가감승제하는 형태가 아니라 16진법의 기본숫자인 0~9, A~F까지의 임의의 숫자 및 알파벳 문자를 중복하지 않고 사용한 16자리의 암호로 구성되어 있다.

4. 개설시 유의사항

신용장개설신청서에 기재된 내용은 신용장의 조건이 되므로 모든 사항이 간단명료하고 정확하게 기재되어야 한다. 또한 매매계약에 약정된 내용 및 수입승인서상 승인된 내용과 서로 다르면 안 된다. 신용장개설신청서에 기입해야 할 사항은 신용장 내용과 동일한데 그 기재사항은 다음과 같다.

⑴ 수익자(Beneficiary)의 성명 및 주소

⑵ 개설의뢰인(Applicant)의 성명 및 주소

⑶ 신용장 금액

신용장 한도액(available amount of credit)을 표시하며 그 금액 이상의 환어음을 발행할 수 없게 되어 있다. 또한 표시통화는 수입승인서에 기재되는 통화와 동일하여야 한다.

⑷ 유효기일(Expiry date), 선적기일(Shipping date) 및 제시기일

신용장의 유효기일이라 함은 수익자가 매입은행 또는 지급은행에 대하여 어음의 결제를 요구하기 위하여 서류를 제시하여야 할 최종일을 말하며, 선적기일이란 그 신용장에 의해 거래된 화물의 최종선적일자를 말한다. 위의 유효기일 이외에 신용장에는 선하증권 또는 기타 서류의 발급일 이후 결제를 위한 선적서류의 제시기일을 정하여 명시하게 되어 있으나 명시되어 있지 않은 경우는 신용장통일규칙규정에 근거하여 선적서류 발행일 이후 21일까지를 제시기일로 간주하며 그 기일이 경과한 서류는 Stale B/L이 되어 은행이 수리거절한다.

⑸ 어음의 종류 및 어음의 지급기일(Tenor of draft)

환어음의 지급기일(tenor)을 표시하는데 at sight, 90days after sight, 90days after B/L date 등으로 표시한다. 환어음의 발행금액은 보통 상업송장 금액과 일치하여 for 100% of invoice value로 표시하는 것이 원칙이지만 특수

한 거래인 경우에는(예: 광석, 화학약품, 곡물 등) 100% 미만의 일정률에 대해 어음을 발행토록 하는 경우도 있다. 이때 그 차액은 수입업자가 상품을 인수하고 품질·중량 등을 검사한 후 추가적으로 어음을 발행하게 된다.

(6) 운송서류에 관한 사항

운송서류의 종류와 통수 및 요구하는 선적서류의 조건을 명시한다. 기본서류는 상업송장(Commercial Invoice), 선하증권(B/L), 보험증권(Insurance policy)이 있으며 그 외 부속서류는 원산지증명서(Certificate of origin), 포장명세서(Packing list), 영사송장(Consular Invoice), 검사증명서(Inspection certificate) 등이 있다.

- 상업송장(Commercial Invoice): 수출입계약조건을 정당히 이행하였다는 것을 수출자가 수입자에게 증명하는 서류로서 어음, 선하증권, 보험증권과는 달리 그 자체가 청구권을 표시하는 것이 아니나, 계약상의 유용성에 비추어 기본서류로 취급하고 있다.
- 선하증권(Bill of Lading): 선하증권에 대하여는 건전한 수입거래를 위하여 신용장통일규칙에 따라 특별한 경우를 제외하고 일반적으로 다음과 같은 문언을 사용하고 있다. "Full set of clean on board bill(s) of lading, made out to the order ······ marked freight ··· and notify accountee."
- 보험증권(Insurance Policy): 수입가격이 CIF조건인 경우 부보금액과 부보조건을 분명히 해야 한다. FOB조건일 경우에는 Buyer's Insurance라고 기재한다.
- 포장명세서(Packing List), 검사증명서(Certificate of Inspection) 등: 의뢰인 자신이 필요에 따라 요구하는 것이 보통이지만 수입승인 요건에 따라 반드시 필요한 경우도 있다.

(7) 상품의 명세(Commodity Description)

규격, 수량, 단가, 가격조건의 정확한 기재 여부에 유념하여 오자, 탈자가 없도록 하여야 한다. 상업송장, 포장명세서 등 서류내용과 일치해야 한다.

⑻ 선적 및 도착항

수입승인서에 표시된 도착항과 일치하여야 한다. 승인서상의 선적항이 European port 등으로 표시되어 있을 경우에는 London port 또는 Hamburg 등으로 수입승인서에 표기된 지명으로 표시할 수 있다.

⑼ 분할선적과 환적

분할선적(Partial Shipment)과 환적(Transshipment)의 허용여부에 대하여는 신용장상에 명확하게 표기를 해야 한다. 그러나 신용장상에 아무런 표기가 없는 경우 이를 인정할 것인가가 문제된다. 분할선적과 환적에 대하여 신용장상에 아무런 표기가 없는 경우 분할선적은 신용장통일규칙 제31조에 근거하여 허용된다. 환적의 경우에는 별도의 규정은 없으나 제19조(운송서류), 제20조(선하증권), 제21조(비유통 해상화물운송장), 제23조(항공화물운송서류), 제24조(도로, 철도, 내수로 운송서류) 등의 규정에서 환적이 가능하다고 규정하고 있다. 특히, 신용장이 환적을 금지하고 있는 경우에도 환적이 이루어질 것이라거나 이루어질 수 있다고 표시하는 운송서류는 수리할 수 있다.

⑽ 수수료의 부담

개설지 이외의 발행되는 모든 Banking Charge에 대하여 거래 당사자간에 분쟁을 없애기 위해 부담자를 명시할 필요가 있다.

⑾ 선박의 지정

수입업자가 특별히 선박을 지정할 필요가 있을 때 기재한다. 가격조건이 F그룹(FCA, FAS, FOB)인 때는 선박지정권이 수입상에게 있으나, 가격조건이 C그룹(CFR, CIF, CPT, CIP)인 경우에는 수출상이 임의대로 선박을 지정할 수 있다.

⑿ 기타 기재사항

추가적인 사항은 신청서 여백에 기재한다. 개설의뢰인이 매매계약과 일치하는 상품의 입수에 집착한 나머지 신용장에 지나치게 상세한 사항의 기재를 원하는 경향이 있으나 지나치게 복잡한 조건의 신용장은 지급, 인수, 매입은행들의 취급거절 사태를 유발할 우려가 있을 뿐만 아니라 부대비용도 많이 들고 또한 신용장의 성질상 복잡하고 과도한 명세가 정확한 상품의 입수를 보장하는 것도 아니므로 개설은행은 개설의뢰인의 이와 같은 요구가 있을 때 잘 설득하여 기재사항이 간단명료하고 정확한 서류의 입수가 되도록 지도하여야 한다.

5. 신용장의 통지

(1) 통지의 개념

신용장의 통지란 개설은행의 요청에 의거, 수출지에 소재하는 제3의 은행이 신용장 개설 사실 및 내용을 수익자에게 알려 주는 행위를 말한다. 개설은행은 자행과 환거래 계약이 체결된 은행(Corres Bank)을 통하여 통지업무를 맡기는 것이 상례이나, 수출입 당사국간의 거래가 희소한 경우에는 통지은행을 개설은행이 일방적으로 선택하여 신용장을 보내오는 경우도 있다.

〈환거래 계약(Correspondent contract)의 체결〉

외국환은행이 신용장거래를 포함한 제반 외환업무를 원활하게 수행하자면 해외의 많은 은행과 환거래 계약을 체결하여야 하는바, 환거래 계약체결시에는 다음 서류를 서로 교환하여야 한다.

- 서명감(list of authorized signature): 양은행간의 외환업무 취급을 담당하는 간부의 명단 및 서명을 기재한 책자 또는 마이크로 필름으로서 서류의 진위확인시 대조용으로 사용한다.
- 전신약어(Cyber code): 외환업무관련 각종 용어에 대한 암호용 약자를 수록한 책자로서 전신비용 절감 및 보안유지용으로 사용한다.
- 전신암호(test key): 텔렉스 교환시 상대방에게 자행의 신분을 나타내는 암호표시로서 보안유지 목적으로 사용한다.
- 수수료율표: 외환업무의 종류별로 해당 수수료를 달러로 기재한 표로서 공평한 수수료 징수를 목적으로 한다.

상기 서류는 예치환거래은행(Depositary Correspondent Bank)이 아닌 일반 환거래은행(Non/depositary Corres Bank)간에 교환하는 서류이며, 예치환거래은행, 즉 외환결제의 편의를 위한 계정간 이체가 가능하도록 양은행간에 예금계좌를 개설하는 경우에는 상기 서류 외에도 일시적인 예금잔고 부족을 해결할 수 있도록 신용공여를 위한 별도계약을 체결하는데 이를 Credit Facility Agreement라 한다.

⑵ 통지은행의 의무

통지은행의 기본임무는 개설은행의 의사를 '신속', '정확'하게 수익자에게 전달하는 데 있으므로 신용장이 자행에 접수되면 가장 신속한 연락수단(전화, 전보)을 이용하여 수익자를 자행으로 불러서 직접 신용장원본을 교부하는 방법으로 통지하여야 한다.

Telex로 내도된 신용장을 수익자에게 전달할 때 통지은행은 이를 자행 양식에 이기하여 전달하는바, 이때 발생하는 문제점이 번역의 오류, 기재의 오류 등이다. 이때 통지은행의 실수로 수익자가 손해를 입었을지라도 통지은행이 '상당한 주의 의무(reasonable care) 및 상당한 기간 내 통지(reasonable time) 의무'를 다했다고 주장하면 면책된다.

6. 신용장 내용검토

⑴ 개   요

통지은행을 통하여 신용장을 수령한 수익자는 동 신용장의 내용을 면밀히 검토하여 의심나는 점이 있으면 통지은행에게 확인하거나 조건변경 등의 방법을 통하여 내용을 고친 후에 신용장개설에 정식 동의하고 선적준비에 착수하여야 한다.

왜냐하면 신용장은 당해 거래와 관련된 제2의 계약서인데 이 계약서는 개설의뢰인과 개설은행이 일방적으로 작성한 것이기 때문에 기본계약에 있는 수익자에게 유리한 조항이 신용장에는 빠져 있거나, 기본계약에 없는 불리한 조항이 신용장에 언급되어 있을 가능성이 있기 때문에 수출상은 자기의 권리 보호를 위하여 반드시 신용장 내용을 검토해야 한다.

수익자가 신용장 내용을 검토하지 않은 채 선적준비를 완료하고 Nego 과정에서 신용장의 불합리한 내용을 발견하였을 경우, 상대방인 개설은행이 신용장 조건변경에 동의해 주지 않는다면 경우에 따라서는 선적이나 매입이 불가능해질 수도 있기 때문에 물품제조에 착수하기 전에 신용장 내용을 바로 잡아야 장래의 손실을 예방할 수 있게 된다.

(2) 신용장의 진위 확인

내도된 신용장이 진정한 것인지, 허위인지를 구별하기 위하여 수출자는 통지은행의 협조를 얻어 신용장내용을 재검토하여야 하는바, 일반적으로 신용장이 다음 사항에 해당할 때는 이의 취급에 신중을 기하여야 한다.

① 개설은행이 통지은행과 환거래 계약이 체결되지 않은 은행일 경우
② 통지은행을 거치지 않고 우편에 의해 신용장이 수익자에게 직접 우송된 경우
③ 운송서류의 수령자가 개설은행이 아니고 개설의뢰인으로 되어 있을 경우
④ 신용장 개설지가 아프리카나 중남미 지역일 경우

(3) 개설은행 및 개설은행 소재국의 신뢰도 확인

신용장거래의 당사자는 개설은행이므로 개설은행은 신용장에 조금이라도 의심이 갈 경우에는 이를 재조사하거나 신용있는 은행의 확인, 즉 confirmed L/C의 개설을 요청하여야 한다.

다른 나라의 개설은행 중에는 자산상태가 신용장의 지급책임을 감당할 수 없을 정도로 빈약하거나, 위험한 파생금융 상품을 취급하여(예: 환투기, 선물시장 개입 등) 큰 손실을 입고 파산의 위기에 직면한 은행들이 많기 때문에 이러한 은행들을 믿었다가 대금회수에 큰 지장을 초래할 가능성이 있기 때문이다.

한편 개설은행이 속해 있는 나라가 외환사정이 극도로 나쁘거나(예: 구 공산권 국가) 정치상태가 불안정한 나라(중동, 아프리카, 중남미 일부 국가)일 때에는 비록 개설은행이 명망 있는 은행이라 할지라도 그 나라의 외환 및 정치사정 때문에 지급불능의 위험에 처해질 가능성이 있기 때문에 이러한 경우에는 제3국 은행을 확인은행으로 지정해야 수익자가 안심하고 선적할 수 있게 된다.

(4) 신용장의 형식조건 구비여부 확인

신용장을 개설한 나라가 영어 사용국이 아니거나 신용장업무에 대한 숙련도가 미숙한 은행이 개설한 신용장 중에는 오자, 탈자, 논리상의 모순 등이 자주 발견되는데 이러한 신용장을 수령 즉시 시정하지 않고 선적준비를 완료한 다음 Nego에 임박해서 조건변경 요청을 하게 되면 경우에 따라서는 매입 자체가 불가능해질 수도 있기 때문이다.

신용장의 형식과 관련하여 수익자가 검토해야 할 사항은 다음과 같다.

① 신용장통일규칙 준수문언의 존재 여부
② 지급확약문언의 존재 여부
③ 품목, 규격, 선적기일 등의 계약서 내용과 합치 여부
④ 오자, 탈자, 논리상의 모순

(5) 함정문구의 존재여부 확인

신용장의 특약란에 다음과 같은 함정문구가 기재되어 있는 경우 이것을 시정하지 않고 선적준비를 하게 되면 개설은행과 개설의뢰인이 이 조항을 악용하여 신용장이 취소된 것과 동일하도록 만들 우려가 있다.

① 개설의뢰인 측의 일방적 의사에 따라 신용장의 이행이 좌우될 수 있는 조문의 존재(예: 개설의뢰인의 적하선박 지정, 개설의뢰인이 지정하는 자의 물품검사)
② 수출국에 없는 수입국 공관장의 확인
③ 금액, 수량, 단가간의 상호 불일치

수익자는 신용장에 상기 예와 유사한 특약문언이 있을 경우 취급에 신중을 기하여야 하며 신용장 개설에 대한 동의 이전에 이의 삭제 또는 변경을 요청하여야 안전하다.

개설의뢰인의 신용장에 이와 같은 특약문구를 두는 이유는 신용장 개설 이후 수익자가 선적할 무렵 시장상황(market situation)이 자신에게 불리해졌을 경우 상기 특약에 따른 상응행위를 하지 않으면 수익자는 신용장조건을 이행할

수 없게 되고 그 결과 신용장은 취소된 것과 마찬가지의 효과를 가지게 되기 때문이다. 이러한 특약조건이 기재된 신용장을 조건부신용장(conditional L/C)이라 한다.

전자적 제시를 위한 eUCP

1. eUCP의 제정배경과 개발과정

기존의 UCP의 경우 종이서류거래를 중심으로 규정되어 있기 때문에 전자거래에 그 내용을 적용하는 데 한계가 있다고 할 수 있다. 서류(document), 서명(signature), 문면상(on their face) 등의 표현은 전자신용장거래에 적합하지 않은 규정이라고 할 수 있다. 이러한 점에서 전자신용장 통일규칙의 제정의 필요성이 대두되기 시작하였다. EDI나 전자상거래의 광범위한 확산으로 기존의 신용장거래에서도 많은 변화가 초래되었는데, 그 중에서도 SWIFT시스템에 의한 은행간 업무처리에 있어서의 전자자금이체(Electronic Funds Transfer)가 이루어지고 있으며 각 국가에서의 무역관련 당사자간에 전자적 수단에 의한 거래가 활발히 이루어지게 됨으로써 UCP의 변화를 도모하지 않을 수 없게 되었다.

2000년 5월 24일 파리에서 개최된 회의에서 은행기술 및 관행에 관한 위원회(은행위원회)의 장래에 관한 태스크 포스(task Force on Future of the Commission on Banking technique and Practice)가 전자거래에 더 많은 집중을 하는 것을 그 목적의 하나로 설정하면서 본격적으로 논의되기 시작하였다. 2000년 11월 21일, 22일 양일의 회의에서 은행위원회에 의해 화환신용장통일규칙에 대한 전자적 부칙이 논의되었는데, 이러한 추가적인 논의를 통하여 UCP500과 종이기반의 신용장을 대치할 전자신용장의 처리간의 연결고리를 개발할 필요성이 확인되었다. UCP가 신용장업계를 위한 자율규제를 제공하는 데 있어서 60여 년의 역사에서 매우 성공적이었지만 기술변화를 수용하기 위하여 규칙을 새롭게 개정할 필요성이 명백하였다.

현재 종이에서 전자신용장으로 발전됨으로써 시장은 이러한 거래에서의 가이드라인을 제공하도록 ICC에 기대하고 있었다. 이에 대응하여 은행위원회는 UCP에 대한 부칙으로서의(supplement to the UCP) 적정한 규칙을 준비하기 위하여 UCP, 전자거래, 법적 문제 및 관련산업에서의 전문가로 구성된 작업을 설치하였고 18개월간의 노력 끝에 전자제시를 위한 화환신용장 통일관습 및 관행에 대한 새로운 국문부칙(New supplement to the Uniform Customs and Practice for Documentary Credits for Electronic Presentation) 또는 eUCP를 제정하게 되었다. 이 eUCP는 2001년 11월 은행위원회 회의에서 투표로 결정되어 이사회에서 승인되어 2002년 4월 1일에 발효되었다.

eUCP는 UCP를 대체하는 것이 아니라 UCP의 부칙으로 UCP와 eUCP를 함께 보완하여 사용하고 있다.

eUCP가 제정됨에 따라 ICC는 신용장 거래에서 종이서류에 상응하는 전자적인 제시를 위해 기술발전에 따라 필요한 규정들을 반영한 개정버전이 나올 수 있도록 하여 1.0 Version을 제시하였고, 현재는 화환신용장 통일규칙이 개정(UCP 600)됨에 따라 eUCP 1.1 Version(eUCP Ⅵ.1 Supplement to UCP 600)을 사용하고 있다.

2. eUCP의 주요내용

(1) eUCP의 구성

전자적 제시에 있어서 전통적인 신용장 거래에 적용하고 있는 신용장통일규칙(UCP)의 적용문제가 야기되어 보완규칙으로서 전자적 제시를 위한 화환신용장 통일규칙의 부칙(Supplement to the Uniform Customs and Practice for Documentary Credits for Electronic Presentation)을 제정하여 시행하고 있다.

eUCP Version 1.1은 eUCP의 적용범위, UCP에 대한 eUCP의 관계, 용어의 정의, 형식, 제시, 심사, 거절통지, 원본 및 사본, 개설일자, 운송, 제시 이후 전자기록의 변형 및 eUCP하의 전자기록 제시의무에 대한 추가적인 면책에 관하여 총 12개의 조항으로 구성되어 있다.

(2) eUCP의 특성

1) 적용요건

eUCP는 신용장에 eUCP가 적용된다고 기재되어 있는 경우에 UCP의 부칙으로써 적용된다. 전자신용장 거래시 eUCP를 적용시키기 위해서는 적용하고자 하는 eUCP의 Version을 신용장 본문에 명시하여야 한다. 시행되는 Version을

표 8-1

조문	구분	주요규정사항
e1	eUCP 제정배경	UCP의 보충 및 적용조건
e2	UCP와의 관계	eUCP의 적용을 받는 신용장은 UCP가 자동적용
e3	용어	eUCP에 사용된 용어정의
e4	형식	전자기록의 제시형식
e5	제시	전자기록의 제시방법, 장소, 시간
e6	서류심사법	전자기록의 서류심사방법
e7	거절통지	서류제시기간, 심사만료 통지기간
e8	원본과 사본	전자기록의 제시(원본과 사본)
e9	개설일자	전자기록의 개설일자 기준
e10	운송	전자적인 운송기록의 개설일자 기준
e11	서류제시 후 전자기록의 변조	변조된 전자기록에 대한 처리 및 제시
e12	전자기록 제시에 대한 추가면책사항	전자기록 심사에 대한 은행의 면책

명시하지 않는 경우에는 동 신용장 개설일자에 시행되고 있는 Version이 적용된다. 조건변경에 의해 eUCP를 적용하게 되는 경우에는 동 신용장의 조건변경일자에 시행되고 있는 Version이 적용된다.

2) UCP와 eUCP의 관계

eUCP의 기본 원리는 신용장 거래의 원칙과 전자제시에 관한 현행 관습을 바탕으로 하고 있기 때문에 전자거래에서 폭넓게 수용되고 있다. eUCP는 신용장 거래에 바탕을 둔 표준은행관행에 근거를 두고 있기 때문에 eUCP를 해석하는 데 있어 UCP와 연계하여 그리고 UCP를 eUCP에 규정된 신용장 관습에 따라 해석되어야 한다.

eUCP에 적용되는 신용장은 UCP의 명시적인 삽입 없이도 UCP에 적용되고, eUCP가 적용되는 경우, 동 규정이 UCP의 적용과 다른 결과를 발생시키는 범위까지 우선한다. eUCP와 UCP를 함께 사용할 수 있지만, eUCP와 UCP가 적용상 상충되는 경우에는 eUCP가 우선 적용된다.

(3) eUCP 용어정의

eUCP 제e3조에서는 다음의 용어가 UCP에 사용될 경우 UCP를 eUCP 신용장에 제시된 전자기록에 UCP를 적용시킬 목적으로 규정하고 있다.

"문면상(appears on its face)" 또는 이와 유사한 표현은 전자기록의 자료내용 심사에 적용한다고 하여 전자서류에 기재되어 있는 문언을 읽고 전자신용장

에서 요구하는 조건과 일치하는지 여부만을 판단하는 것으로 해석된다. "서류
(document)"는 전자기록(electronic record)을 포함하며, 전자기록의 "제시장소
(place for presentation)"는 전자주소(electronic address)를 의미한다.

"서명(sign)"은 전자서명(electronic signature)을 포함한다고 규정하여, 전자
서명의 의미를 규정하여 다양한 방법의 서명이 가능하도록 하고 있다. "부기된
(superimposed)", "표기(notation)" 또는 "스탬프된(stamped)"이라고 함은 전자기
록에서 보충하는 성격의 분명한 자료 내용을 의미한다고 규정하고 있다.

eUCP에 사용된 새로운 용어는 다음과 같이 정의할 수 있다. "전자기록
(electronic record)"은 전자적 수단에 의하여 작성, 생성, 송신, 수신, 저장된 자
료로서 작성자의 분명한 신원 및 포함된 자료의 분명한 출처, 완전하고 무변조
상태로 남아 있는지의 여부에 관하여 인증될 수 있는 것, eUCP 신용장 거래조
건과의 일치에 대하여 심사할 수 있는 것을 의미한다. "전자서명 (electronic sig-
nature)"은 전자기록에 첨부되고 논리적으로 결합시키며, 신원을 식별하기 위하
여 수행되고 채택된 자료처리과정을 의미한다. "형식(format)"은 전자기록이 표
시되거나 그것이 참조하는 자료구성을 의미한다. "종이서류(paper document)"
는 전통적인 종이형태의 서류를 의미하며, 전자서류는 "electronic document"
라고 구분하여 사용해야 한다. "수신된(received)"은 전자기록이 특정 시스템에
의하여 받아들여질 수 있는 형식으로 적절한 수신자의 정보시스템에 입수되는
시점을 의미한다.

(4) 형식 및 제시

1) 전자기록의 형식

eUCP 신용장은 전자기록이 제시되는 형식을 명시해야 한다. 전자기록의
형식이 명시되지 않았다면 어떠한 형식으로도 제시될 수 있다. 수신인의 전자
우편 프로그램에서 수신되는 전자기록의 형식을 읽을 수 있어야 하기 때문에
적합한 형식을 지정하는 것이 필요하다.

2) 전자기록의 제시장소

eUCP 신용장이 제시를 허용함에 있어 전자기록은 전자기록의 제시장소를
반드시 명시해야 한다. 전자기록만이 아니라 종이문서도 반드시 종이문서의 제
시장소를 명시해야 한다고 eUCP 제e5조 a항에서 규정하고 있다. eUCP신용장

에서 전자기록의 제시를 허용하는 경우에는 전자주소를 전자기록과 종이서류의 제시를 허용하는 경우에는 종이서류의 제시장소와 전자주소를 반드시 명기해야 한다.

3) 전자기록의 제시방법

eUCP 제e5조 b항은 전자기록은 독립적으로 제시될 수 있으며 동시에 제시될 필요는 없다고 규정하고 있다. 이는 제시기간 내에 전자기록의 분리제시를 허용하는 것인데 동 규정은 완전한 전자서류로 대신할 수 없는 전자적인 전송의 현실을 반영한 것이다.

4) 전자기록 제시의 완료통지

eUCP 제e5조 c항에서 신용장이 하나 또는 그 이상의 전자기록의 제시를 허용하는 경우 수익자는 제시가 완성될 때 제시가 표명된 은행에 통지를 행할 책임이 있다. 완료통지는 전자기록 또는 종이문서로 행해야 하며, 관련된 eUCP 신용장과의 동일성을 반드시 확인해야 한다. 제시는 수익자의 통지가 수신되지 않은 경우 제시되지 않은 것으로 간주된다.

5) 전자기록의 제시확인

eUCP 신용장에서 전자기록의 제시 및 종이문서의 제시는 제시된 eUCP 신용장과의 동일성을 확인해야 하며, 이와 같은 동일성 확인을 하지 않은 제시는 수신되지 않은 것으로 취급한다(eUCP 제e5조 d항).

6) 제시기간의 연장

경우에 따라 제시가 이루어지는 은행이 영업을 하고 있으나, 동 시스템이 약정된 유효기일 및/또는 제시를 위해 선적일자 이후 제시를 행해야 할 최종 제시기일에 송부된 전자기록을 접수할 수 없는 경우 은행은 폐점된 것으로 간주된다. 또한 제시를 위한 기일 및/또는 유효기일은 그와 같은 은행이 전자기록을 수신할 수 있는 다음 첫 은행영업일까지 연장된다.

7) 전자기록의 인증

eUCP에서는 인증될 수 없는 전자기록은 제시가 완료되지 아니한 것으로 간주된다고 규정하고 있다. 따라서 전자기록을 제시할 때에는 제시완료통지와 함께 적당한 방법으로 인증이 이루어져야 한다고 규정하고 있다(eUCP 제e5조 f항).

(5) 심사 및 거절통지

1) 전자기록 심사

전자기록이 외부시스템에 하이퍼링크를 포함하거나 전자기록이 외부시스템을 참조하여 심사될 수 있다는 것을 명시하는 경우 하이퍼링크에 있는 전자기록 또는 관련시스템은 심사가 이루어진 전자기록으로 간주된다. 심사시점에 요구된 전자기록에 대하여 지시된 시스템으로의 접근실패는 불일치로 구성한다고 규정하고 있다(eUCP 제e6조).

2) 서류심사 개시

서류심사는 수익자의 완료통지가 수신된 은행영업일의 다음 은행영업일에 개시된다. 따라서 서류심사의 개시는 수익자의 제시완료통지 후 다음 은행영업일이 된다. 서류의 제시 또는 완료통지를 위한 기간이 연장되는 경우 서류심사 기간은 제시가 이루어지거나 완료통지를 수신한 은행의 다음 첫 은행영업일에 개시된다고 규정한다.

3) 수리거절 통지

개설은행, 확인은행(있는 경우) 또는 이들을 대신하는 지정은행이 전자기록을 포함하는 제시에 대한 거절통지를 행한 경우 은행은 이전에 제시인에게 반송하지 아니한 모든 종이문서를 반송할 수 있으며 아무런 책임 없이 적절하다고 간주된 방법으로 전자기록을 처분할 수 있다고 규정하고 있다(eUCP 제e7조 b항). 거절통지가 전자기록의 처분을 위하여 발신된 거절통지일자로부터 30일 이내 발신된 거절통지의 당사자로부터 지시를 수산하지 않은 경우도 마찬가지이다.

(6) 전자기록의 원본 및 사본

1) 전자기록의 원본과 사본

전자기록의 하나 또는 그 이상의 원본과 사본의 제시를 위한 UCP 또는 eUCP 신용장의 모든 요구는 하나의 전자기록 제시에 의하여 충족된다고 규정하여 eUCP 신용장에서 제시되는 전자기록은 신용장 한 통 또는 그 이상의 원본과 사본을 요구하더라도 한 통만 제시해도 신용장 조건을 충족하는 것으로 해석된다.

2) 개설일자

eUCP 제e9조에서는 전자기록이 특정 개설일을 포함하지 아니하는 경우, 그것이 개설인에 의하여 송신이 완료된 것으로 보이는 일자가 개설일자로 간주되며, 수신일자는 다른 어떠한 일자가 분명하지 않을 경우 송신된 일자로 간주된다고 규정하고 있다.

(7) 제시 이후 전자기록의 변형

개설은행, 확인은행 또는 다른 지정은행이 수신한 전자기록이 변형된 것으로 보이는 경우 은행은 서류 제시자에게 통지하고 전자기록이 재제시를 요구할 수 있다고 규정하고 있다. 이는 개설은행, 확인은행, 지정은행의 변형된 전자기록에 대한 통지 및 재제시 요구 가능성을 명시한 규정이라고 볼 수 있다(eUCP 제e11조).

은행은 전자기록의 외관상 진정성(apparent authenticity)을 점검함으로써 전자기록의 수신, 인증, 확인을 위하여 상업적으로 인정될 수 있는 자료처리의 사용에 의하여 수신된 전자기록을 제외하고 작성자의 신원, 정보의 출처, 전자기록이 외관상 정보의 완전성과 무변조성에 대하여 아무런 의무를 부담하지 않는다고 규정하고 있다(eUCP 제e12조).

약술형

- 신용장의 개념과 매매계약과의 관계
- 신용장의 독립추상성
- 엄밀일치의 원칙과 상당일치의 원칙
- 신용장 거래절차
- 신용장 거래당사자의 책임과 의무

용　어

- letter of credit
- UCP
- documentary credit
- clean credit
- revocable credit vs irrevocable credit
- with recourse credit vs without recourse credit
- confirmed credit vs unconfirmed credit
- sight credit vs usance credit
- transferable credit
- SWIFT
- bill of lading
- commercial invoice
- insurance policy
- certificate of origin
- consular invoice
- inspection certificate
- partial shipment
- correspondent contract

section 01 해상운송의 특성

1. 해상운송과 무역

　　해상운송은 세계무역의 신장과 밀접한 관계를 유지하면서 세계경제 성장에 크게 기여해 왔다. 세계무역량의 85%가 해상으로 이루어지고 있다는 현실이 연관성을 설명하고 있다. 세계무역의 변화는 해운과 항만에 직접적 영향을 미치고, 반대로 해운과 항만의 변화는 세계무역에 직접적 영향을 미치게 됨은 주지의 사실이다. 선형변화와 운항능력의 개발은 해상물품운송에 장·단기적으로 상호간에 영향을 미친다는 것이다. 예를 들면 대량 석유운송 또는 컨테이너 화물운송은 화물의 대량운송을 가능하게 하는 전용선 개발이 이루어질 때 가능하다.

　　해상운송은 사실상 국제성이 강하기 때문에 국제법규나 관례에 영향을 받는다. 선박이 자국항을 출항할 경우 그 선박은 자동적으로 국제법규를 준수해야 한다. 반면에 선박이 일정국에 입항할 때는 해당 기항국의 법규에 적용받는다.

　　해운의 기능 중 가장 중요한 것의 하나는 상품의 장소적 효용(place utility)

을 창출시킨다는 것이다. 운송은 일정상품의 가치가 낮은 곳에서 높은 곳으로 상품을 이동시켜 무역을 발생시킨다. 그러므로 무역과 해운은 '바늘과 실'의 관계가 되어 국제적인 시장에서 서로 상호 연계적인 특성을 갖는다는 것이다. 무역과 해운은 어느 한 부분이 일방적으로 다른 부분을 유도하고 주도해 갈 수 없는 상호 의존적인 성격을 지니고 공존하면서 상호 보완적인 협력관계를 유지해야 하며 무역 없이 해운이 발달할 수 없고, 해운 없이 무역은 발달할 수 없다.

역사적으로 무역과 해운은 긴밀한 관계를 유지해 왔기 때문에 어느 것이 더 중요하다는 논리를 전개하기란 어려움이 있다. 일반적으로 해운은 무역과 파생적 수요(derived demand)로 이해되고 있어 경제적인 개념으로는 무역이 더욱 중요하다고 설명하는 데 이론이 없을 것이다.[1]

1870년 이래 해상운송기술의 발전은 세계교역루트를 조성시켜 왔으며, 세계교역도 지속적으로 확대되었다. 현재의 중요한 이슈는 어떻게 서비스단위당 운송비용을 줄이고 연계운송을 효율적으로 하여 전체 운송비를 절감시키는가 하는 문제이다.

2. 해상운송의 특성

해운은 미지의 세계에서 새로운 부를 인간에게 전하기 때문에 인간은 해운이란 개념에서 희망과 번영을 느끼는 일이 많다. 역사적으로 영국이 부를 축적함에 있어서 해운업과 보험업, 은행업 등이 큰 역할을 해 왔다는 것은 통설로 되어 있다. Richard Marshall 같은 경제학자는 해운업은 부를 축적시키는 수단이 될 수 있다고 주장하였다.

운송을 유도하는 수단은 항공·내륙·해상 등으로 구분되며, 운송형태의 특수성 혹은 우위성은 안전·정확·신속·편리·유쾌·자유 등이 어느 정도 만족되느냐 또는 운송이 어떻게 경제적으로 이루어지느냐에 따라 결정된다. 이 중에서 해상운송은 다음과 같은 특성을 지닌다.

(1) 대량운송

해운의 우위적 특성은 대량운송이 가능하다. 모든 운송기관 중에서 선박만큼 단위운송력이 큰 것은 없다. 물론 1ton 혹은 0.5ton의 화물도 해운의 대상이

---

1) ICS. Liner Trades, witherby Pub. Ltd, uk 2001. p. 3.

되며, 철도운송에서도 화차의 수를 증가시키고 연속하여 발차시킴으로써 단위 운송량을 증가시킬 수 있지만 한계가 있기 때문에 대량운송의 표본은 해운이라 할 수 있다.

(2) 원거리운송

해운은 대량운송에 적합할 뿐만 아니라 대체로 원거리 운송에 이용된다. 물론 원거리운송이 반드시 해운에 의해서만 이송되는 것은 아니어서 10km 미만의 운송도 해운 중에 포함된다. 그러나 통상적으로 원거리 운송에 가장 많이 이용되고 있다.

(3) 운송비 저렴

화물단위당 해상운송비는 타운송기관과 비교가 되지 않을 정도로 저렴하다. 항공운송비는 해상운송비와 비교가 되지 않을 정도로 높고, 철도 운송도 거리와 중량의 비율로 보면 해상운송에 비하여 고율의 운임이다. 일반적으로 거리면에서 해상운임과 철도운임을 비교하면 해상운임은 철도운임의 절반 정도에 불과하다.

(4) 운송로의 자유성

해운의 운송로는 해양이어서 자유로이 이용할 수 있다. 네덜란드의 해법학자 그로휴스는 1906년 공해자유론을 주장하였으며 18세기에 이 원칙이 국제법으로서 공인되었다. 해양자유의 원칙(freedom of sea)에 따라 공해에 있어서 자유로운 항해가 보장될 수 있었으며, 이것은 해운의 발달에 가장 유리한 조건 중에 하나가 되었다.

(5) 높은 국제성

해운은 반드시 국제간에 이루어지는 것은 아니며, 국내의 연안해운도 있다. 그러나 대부분의 해상운송은 세계를 무대로 하므로 가장 국제성이 높은 산업이다. 이와 같은 국제해운은 원거리이고, 대형선이 사용되는 것이 일반적이다. 해운의 국제성이라는 개념은 출입항의 국적이 다양하다는 점도 들 수 있지만, 국제해운시장에서 외국상선과 경쟁하고 있다는 점이다. 공해라고 하는 자유로운 시장에서 세계해운시장은 하나의 공통시장이 되어 각각 상선대가 경쟁하는 국제성을 가지고 있다.

(6) 저속 운송

해운의 속력은 일반적으로 늦다. 자동차나 철도에 비교해 보아도 평균 속도가 늦다. 세계 주요정기선 속력은 시간당 18~30knot이며 부정기선은 12~18knot으로 항해하고 있다. 이러한 속력은 유가(油價)와 밀접한 관계가 있으며, 시장수요와 선박규모에 따라 시간당 속력은 상이하게 건조되며 실제운항 상 시간당 속도는 적절한 운영전략이 요구되는 요소이다.

3. 해운서비스의 형태

(1) 정기선해운(Liner Shipping)

정기선은 주로 공업제품 등의 잡화를 해상운송의 대상으로 하여 사전에 계획된 운항일정(voyage schedule)에 의해 일정량의 선복을 공시된 운임률(tariff)을 적용해서 장기적이고 안정적으로 화주에게 운송서비스를 제공하는 것을 목적으로 하고 있다. 정기선업자는 취항항로, 기항지, 소요시간 등의 운항일정을 사전에 확정하여 이를 해사관계신문이나 간행물에 공시하거나 화주들에게 직접 안내서를 보내기도 한다.

한편 정기선 서비스의 특징은 운항형태, 화물, 운임 그리고 조직 등과 관련하여 다음과 같이 요약할 수 있다.

1) 반복되는 항해(repeated sailing)

정기선은 일정한 간격(regular interval)을 유지하며 사전에 지정되어 공표된 여러 항구(designated ports)를 순차적으로 기항, 주기적(regular frequency)으로 항해하며 운송서비스를 제공한다.

2) 공공서비스의 제공(common carrier)

밀수품, 전시 금수품 등이 아닌 적법화물(legal cargo)을 대상으로 하여 어느 특정 화주 또는 제한된 화물만을 운송하기 위한 것이 아니며, 불특정 다수 화물을 대상으로 하는 대중운송 서비스(public or common carrier)를 제공한다.

3) 고가(higher value)서비스

정기선은 대체적으로 그 성격상 부정기선에 비해 고가선일 뿐만 아니라 운송화물 자체가 완제품 내지는 반제품이 주종인 관계로 원자재나 농·광산물로 구성된 부정기선화물에 비해 비싼 편이며, 운임 역시 부정기선 운임에 비해 수준이 높다.

4) 표준화된 계약(standard contract)

부정기선화물은 화물의 종류, 수량에 따라 개개의 운송계약이 체결되나 정기선운항에서는 화물의 크기, 종류에 무관하게 정형화된 계약으로 통일된 운송계약서(uniform contract 혹은 선하증권)가 사용된다.

5) 운임률표(freight tariff)

정기선항로에서는 서비스 자체가 공공성을 띠고 있기 때문에 운임률표를 작성하여 이를 공시하도록 하고 있으며, 관계당국이 필요하다고 판단될 때는 이를 조정할 수도 있다. 동일항로를 취항하는 선박회사들이 과거 동맹을 결성하고 운임률을 협정하여 공동으로 활용하였으나 FU의 독점금지법 예외대상에서 제외되면서 최근 선사간 제휴를 통하여 대응하고 있다.

6) 대형조직

정기선의 경우에는 불특정 다수인을 대상으로 다양한 화물을 취급할 뿐만 아니라 여러 항구를 기항하므로 본사 이외에 취항하는 각국에 해외 점포가 필요하다. 따라서 본사 및 해외 점포의 전체 조직망이 부정기선에 비해 훨씬 크며 광범위하다.

7) 위험도가 높은 사업

정기선은 정기적으로 화물의 유무와 상관없이 일정한 스케줄에 의해 운항해야 하기 때문에 정기항로를 서비스하기 위해서는 많은 선박이 필요하며 대량의 자본을 필요로 하는 위험도가 높은 사업이다.

(2) 부정기해운

부정기해운은 정기적으로 서비스하는 것이 아니고 화물에 따라 부정기적으로 이루어지는 것으로 해운 서비스 형태상 가장 오랜 역사를 가지고 있다.

전통적인 부정기선 개념은 다음 4가지 요소에 근거를 두고 있다.

① 부정기선이란 불특정항로나 화물과 연계된다.

② 산화물이든 일반화물이든 건화물을 수송할 수 있는 다목적선이 이용되며, 주요 대상화물은 철광석(iron ore), 석탄(coal), 양곡(grain), 보크사이트와 알루미늄(bauxite & aluminium), 인광석(phosphate) 등이다.

③ 부정기선은 일반적으로 10,000~20,000DWT급 선박이 선호도가 높으며, 수요자의 요구 및 수송화물 규모에 따라 선박 크기는 다양하다.

④ 운송계약체결이 일반적으로 부정기선 항해에 선행하여 이루어진다. 부정기해운에 대한 전통적인 개념이 최근 들어 변화되고 있는데 그 이유는 다음과 같다.

- 다른 유형의 해운 발전
- 선박의 전문화 및 전용화
- 각국 정부의 보호주의에 의한 화물 취급 제한
- 독립 선주와 장기정기용선(long term time charter)협정을 체결하는 경향

부정기해운(tramp shipping)이란 용어가 여러 가지 의미를 내포하고 있다는 것에 유의해야 한다. 넓은 의미에서 Tramp란 항해용선계약서에 의한 선박을 운항한다는 뜻이다. 용선계약은 선박을 빌리기를 원하는 용선자(charterer)와 선주(shipowner)간에 맺어진다. 전통적인 부정기선과는 달리 특정기업체와 협정함이 없이 영업하는 탱커, 냉동선, 광물운반선 및 기타 특수선이 있는데, 이것도 부정기해운 경영의 범위에 들어간다.

좁은 의미의 부정기해운은 건산화물에 국한시키는 것이 일반적인 관례이며, 이것을 건화물부정기해운(dry tramp shipping)이라고 한다.

(3) 특수운송형태

특수운송은 정기선 해운, 부정기선 해운과 구분하여 분류할 수 있다. 첫째, 탱크운송방식으로 유류화물이 대상이고, 특정 화주와 운송인간에 장기운송계약 방식에 따라 이루어지는 경우가 많으며, 정유회사 등 대량 화주가 직접 해운회사를 가지고 운송에 참여하는 경우도 있다. 이와 같은 특수운송은 화물의 선적항과 양하항 사이를 계속적으로 취항하는 것이 일반적인 관례다. 화물 성격상 부정기화물이기 때문에 탱커해운은 부정기선운송과 정기선운송의 중간형태다. 유류전용선은 19세기 말엽에 등장했으며, 그전에는 일반화물선에 Barrel이나

규격화된 통에 원유를 수송했다. 20세기에 들어서면서 탱커선대의 발전이 획기적으로 이루어졌다.

둘째, 여객선 해운이 있다. 여객선은 운송목적이 상선과 다르기 때문에 선박운영방식도 차이가 있다. 선박 자체도 안전규칙에 따라 구조적인 면과 기타 장비 등이 화물선과 다르다. 전적으로 승객만을 위한 여객선은 19세기 말엽에 등장했다. 그 이전에는 원시적인 상태의 전통적인 화물선으로 승객을 수송하였으나 유럽에서 북미로 간 대규모 이민으로 여객운송이 크게 확대되었다. 이 시기에 거대한 정기여객선이 등장하였다.

현재는 호화여객선이 등장하여 성장하고 있고 Ferry 서비스는 육지간 혹은 국가가 바다로 분리되어 육로수송 확대라는 면에서 활용되고 있다.

4. 해운동맹과 용선

(1) 해운동맹(liner conference)

해운동맹(liner conference, shipping ring, shipping conference)은 두 회사 이상의 정기선운항업자가 특정 항로에서 상호간에 기업적 독립성을 존중하면서 공정경쟁을 유지하거나 경영기반의 유지·발전을 위하여 운임률 및 기타 영업조건 등에 관하여 계약을 체결하는 해운카르텔(cartel)이다.[2]

해운동맹은 대내적으로 운임협정(rate agreement), 배선협정(sailing agreement), 풀협정(pool agreement) 등의 방법을 채택하며, 대외적으로 맹외선의 활동을 억제하기 위하여 대항선(fighting ship)을 취항시키고 화주들을 구속하기 위하여 각종 계약제도를 실시해 왔다. 경쟁의 제한은 독점을 금지하는 나라에서는 당연히 독점금지법에 저촉된다. 그러나 해운동맹은 다분히 국제적 성격을 띠고 있으며, 이것을 금지하면 결국 선사간에 경쟁을 격화시켜 선복공급면이나 운임면에서의 불안정이 야기되어 오히려 원활한 국제운송을 저해하게 되므로

---

2) 영국의 왕실위원회보고서(Report of Royal Commission on Shipping Ring)에 의하면 다음과 같이 정의하고 있다. 즉, "해운연합(shipping ring) 또는 해운동맹(shipping conference)은 특정한 항로 또는 제항로에 있어서의 해운업의 경쟁을 조정하거나 제한하는 목적으로 결성된 재해운회사의 다소 내밀적인 결합체이다."

'A shipping ring'or 'conference' is combination more or less close of shipping companies formed for the purpose of regulating or restricting competition in the carrying trade on a given trade route or routes.

宮本淸四郎,「海運同盟制度論」, 敏文堂, 1978, pp. 51 – 57.

일정한 제한하에서 해운동맹의 존재를 인정하고 있다.

본래 자유경쟁적 성격을 가지고 있는 해운업은 원칙적으로 누구나 자유로이 경영할 수 있으며, 국내산업처럼 수입의 제한, 관세의 부과 등의 보호수단을 강구할 수 없는 산업이다. 따라서 반드시 국내외의 경쟁을 전제로 해서만 존재하고 다른 기업에 비해서 사업자간의 경쟁도 한층 격화되는 경향이 있다. 이는 일반의 경쟁원리에 따른 자동조절 작용이 적용되지 않기 때문이다. 해운은 시황이 호황, 불황을 불문하고 일정한 스케줄에 따라 배선하여 수요에 응해야 한다.

운임면에서도 정기선은 부정기선의 경우만큼 시황을 민감하게 반영하지 않고 일정수준의 운임이 일정기간 유지되는 것을 원칙으로 하고 있다. 따라서 정기선업계에서는 상호간의 파멸적 경쟁을 억제하고 협조체제를 구축하여 선사간의 자구책을 마련하는 기틀을 형성할 필요를 느끼게 되어 정기선시장에서 각 항로별 해운동맹의 필요성이 인정되었다.

해운동맹이 과점 혹은 독점이란 비판 때문에 국가별, 국제조직별 또는 교역항로별로 각각 상이하게 이해되고 있다. 해운동맹을 통하여 해운서비스 질을 높였다는 것은 의심의 여지가 없으며, 안정적인 운송을 통하여 세계 교역에 기여를 했다. 이러한 이유 때문에 지금까지 해운동맹이 유지되어 왔다. 그러나 UNCTAD의 Liner Code와 1984년 미국 해운법의 출현, 세계적인 시장 자율화 및 규제완화정책으로 해운동맹이 약화되고 있으며, 컨테이너 수송이 시작되고 아울러 해운사 등이 독자적으로 운송서비스를 담당할 수 있을 만큼 대형회사들이 출현하면서 서비스패턴이 과거 목적지별 수송에서, 세계일주서비스(world round service)로 전환됨으로써 기존 해운동맹의 패턴이 바뀌었다. 이러한 여건 때문에 전통적 방식의 해운동맹이 그대로 유지되기는 어려워졌으며 그 형태도 변화하고 있다.

유럽연합은 2008년 10월부터 역내 지역에서 활동하고 있는 정기선 해운동맹의 공동 운임설정 및 선복량 조절 행위를 금지하기로 하였다. 유럽연합 경쟁이사회(Competitiveness Counsil)가 2006년 9월 25일 그동안 정기선사의 경쟁법 면제를 인정하던 이사회규칙(Council Regulation) 4056/86을 폐지하기로 결정했기 때문이다. 이 같은 경쟁이사회의 결정이 급작스럽게 나온 것은 아니며, 2003년 3월부터 시작된 유럽집행위원회(European Commission)의 검토 과정의 결실이다. 이 과정에서 선·화주간에 상당한 이견이 있어 유럽집행위원회는 결론을 이끌어 내는 데 어려움을 겪기도 하였으나, EU경쟁법 전반에 대해 손질을 하면서 해운동맹이 더 이상 유지될 타당성이 사라졌다고 판단했다.

유럽연합 경쟁이사회의 이 같은 결정은 유럽지역뿐만 아니라 역외 국가들에게도 상당한 영향을 미칠 것으로 예상된다. 게다가 2008년 이후 정기선사들이 경쟁법에 노출되는 경우 유럽지역은 선사간 경쟁이 더욱 치열해질 것으로 예상된다. 그동안 정기선사들에게는 타 산업과 달리 특수성이 인정되어 이 같은 행위가 허용되어 왔다. 이에 따라 정기선 업계는 150여 년 동안 인정되던 보호막에서 벗어나 새로운 체제를 맞이하게 됐다.

선사들은 자발적인 제휴를 통해서 변화하는 상황에 대응하고 있으며, 거대 선사 중심으로 서비스 체제가 재편되는 현상을 보이고 있다.

2015년 기준 글로벌 해운시장은 2M, O3, G6, CKYHE 등 4대 얼라이언스 체계로 해운서비스를 제공하고 있다.

(2) 용선(Chartering)

용선이란 선주나 운송업자가 선박을 이용하는 자를 위하여 선박의 전부 또는 일부를 빌려 주는 것을 말한다. 선복의 확보 내지 공여행위이므로 동선박이 정기선운항이든 부정기선운항이든 무관하다. 그러나 대부분의 용선은 부정기선운항을 위해서 성약(成約)되고, 부정기선박은 용선을 통해서 해상수송에 임하게 되므로 부정기선 영업행위가 용선활동인 것으로 이해된다(tramp vessel are chartered either for a particular trip or a stipulated period). 부정기선의 선복확보 내지 개별 운송계약을 용선이라 한다. 용선형태에 따라 항해용선(voyage charter), 정기 혹은 기간용선(time charter), 나용선(bareboat or demise charter)으로 구분된다.[3]

1) 항해용선(Voyage Charter)

항해용선이란 한 항구에서 다른 항구까지 화물수송을 의뢰한 화주(charterer)와 운항자(operator)간에 체결된 운송계약을 말한다. 다시 말하면 어느 한 항구 혹은 여러 항구로부터 다른 한 항구 혹은 특정한 범위의 한 항구 혹은 여러 항구로 상호간에 협정한 운임조건으로 만재화물(full cargo) 혹은 부분화물(part cargo)을 운송하기 위하여 선주가 용선자에게 자유롭게 본선선복의 사용을 허용하는 계약으로 다음 두 가지로 나눌 수 있다.

---

3) B.N. Mataxas, The Economics of Tramp Shipping, London, 1981, p. 27.

표 9-1 용선계약대비표

용선형태 구 분	항해용선	기간(정기)용선	선박임대차(裸傭船)
선장고용책임	선주가 선장을 임명하고 지휘감독한다.	항해용선과 같음	임차인이 선장을 임명하고 지휘감독한다.
책임한계	용선자는 선복을 이용하고 선주는 운송행위를 한다.	용선자는 선복을 이용하고 선주는 운송행위를 한다.	임차인이 선박을 일정한 기간 사용하며 운송행위를 한다.
운임결정기준	운임은 화물의 수량 또는 선복을 갖고 결정한다.	용선료는 원칙으로 기간에 의하여 정한다.	임차료는 기간을 기초로 하여 결정한다.
기항담보	용선자는 재용선자에 대하여 기항담보의 책임이 없다.	항해용선과 같음	임차인은 화주 또는 용선자에 대하여 기항담보의 책임을 진다.
비용부담기준 (선주)	선주담보비용항목: 선원급료, 식료, 식료수, 윤활유, 유지비 및 수선비, 보험료, 상각, 연료, 항비, 하역비, 제수수료, 예선료, 도선료	선주담보비용항목: 선원급료, 식료, 식료수, 윤활유, 유지비 및 수선비, 보험료 상각	선주담보비용항목: 상각(보험료)
비용부담기준 (용선자)	용선자부담비용항목: 없음	용선자부담비용항목: 연료, 항비, 하역비, 제수수료, 예선료, 도선료	용선임차인부담비용항목: 항해용선 중 상각비 이외의 비용

① 선복용선(Lump Sum)계약

운임은 보통 선적을 하고자 하는 화물의 계산단위를 기준으로 결정되나, Lump Sum계약의 경우에는 일정한 선복을 제공하고 선적하는 화물의 수량에 관계없이 일정한 금액을 운임으로 결정하는 방식이다. 여러 종류의 화물을 한 선박에 적재하는 경우 사용한다.

② 일별용선계약(Daily Charter)

이 계약은 용선료를 1일 기준으로 책정하는 용선계약이다. 기간용선(time charter)과 비슷하나 그 본질은 다르다. 본 방식에서 운항비는 선박소유자부담이며 선장도 선주가 고용한다.

2) 정기용선(Time Charter)

정기용선은 용선의 한 형태로서 용선자는 어느 일정시간 선박소유자가 정하는 항해구역이면, 용선한 선박을 어디라도 임의로 배선하고 계약상 제한된

표 9-2 용선계약별 비용표

	Bareboat Charter	Time Charter	Voyage Charter	Liner Shipping
Time risk in port(항내지연 손해)	C	C	CO	O
Loading/Unloading(양하역료)	C	C	CO	O
Port Charges(항만사용료)	C	C	O	O
Bunkers(유류비)	C	C	O	O
Time risk at sea(해상지연 손해)	C	C	O	O
Soliciting for cargo(화물집하비)	C	C	O	O
Manning(선원비)	C	O	O	O
Repairs/Maintenance(수선비/유지비)	CO	O	O	O
Insurance(보험료)	CO	O	O	O
Capital costs(자본비)	O	O	O	O

주: C=Charterer O=Owner

화물을 제외한 어떤 화물이라도 적재할 수 있다. 용선료는 적재화물의 종류나 양에 관계없이 본선의 적재중량 톤수에 대해 지급한다. 본 방식은 일반적으로 선복의 부족을 보충하기 위해서, 장기운송계약화물에 대한 선복을 확보하기 위해서 또는 특정 항로에 특정 선박을 투입하기 위한 전략 등에 기인하여 용선이 이루어진다.

3) 나용선(Bareboat Charter)

나용선 혹은 선박임대차(bareboat, demise charter)란 용선형식의 하나로 타인의 선박을 이용하던 것이 점차 운송청부용선형식으로 변화함에 따라 임대차 형식에 가깝도록 되었다. 임대차는 임대차목적 물건의 소유권은 물론 그 본래의 소유권이 임대인에 있는 것이다. 그 물건의 임대료를 받기 위해서 임대인으로부터 임차인에게 인도되고 임차인은 실질적으로 그 물건은 지배하고 있는 입장에서 임차인의 의사대로 그 물건을 사용해서 수익을 얻을 수 있다.

이상의 계약형태별로 각 당사자간에 선원고용책임과 비용부담기준 등을 표본적으로 〈표 9-1〉에서 알아볼 수 있다. 그러나 이러한 표본자료는 각 계약에 따라 상이하며 당사자간에 합의한 계약이 우선 적용된다.

02 국제복합운송

1. 국제복합운송의 의의

(1) 국제복합운송의 개념

국제복합운송이란 복합운송인이 자기의 보관하에 인수한 물품을 어느 한 국가의 일정지점에서부터 다른 국가의 지정인도 지점까지 복합운송계약에 의거 해상, 내륙수로(inland waterway), 항공, 철도나 도로운송 등 여러 운송 방식 중 두 가지 이상의 운송방식을 사용하여 운송하는 것을 말한다.

이러한 국제복합운송의 연결형태는 다음과 같다.

(2) 국제복합운송의 특성과 효과

국제복합운송은 국가간의 이동, 복합운송계약의 체결, 복합운송인에 의한 전구간 운송책임의 인수 및 운송수단의 이동복수성을 포함해야 하는 특성을 가지고 있다.

1) 국제복합운송의 특성

① 운송책임의 단일성: 복합운송인은 전운송구간에 걸쳐 화주에게 단일책

표 9-3	국제복합운송의 연결 형태	
명 칭	연결형태	내 용
Piggy-back	철도와 트럭	트레일러나 컨테이너를 철도의 무개화차에 적재하는 운송방식
Fishy-back	해운과 트럭	트럭으로 운송된 컨테이너를 선박에 적재운송하는 방식
Birdy-back	항공과 트럭	트럭으로 운송된 컨테이너를 항공기에 적재운송하는 방식
Truck-air	트럭과 항공	트럭과 항공을 혼합 이용하는 운송방식
Rail-water	철도와 수운	철도를 구비한 특수선박에 기차를 적재하고 운송하는 방식
Ship-barge	선박과 부선	내륙수로와 연안항구간에 해운을 혼합이용하는 방식
Sea-air	해운과 항공	항공기와 선박을 혼합이용하는 방식
Sky-rail	철도와 항공	철도와 항공기를 혼합이용하는 방식
Pipeline		국가간 파이프라인을 설치하여 이용하는 방식

임을 부담한다.

② 복합운송증권의 발행: 복합운송증권은 복합운송인의 화주에 대하여 전 운송구간을 커버하는 유가증권으로서 복합운송서류를 발행한다.

③ 단일운임의 설정: 복합운송은 복합운송의 서비스 대가로서 각각 운송구 간마다 분할된 것이 아닌 전운송구간의 단일화된 운임을 설정한다.

④ 운송방식의 다양성: 복합운송은 반드시 두 가지 이상의 서로 다른 운송 방식에 의해 이행된다.

⑤ 운임부담의 분기점: 복합운송에 있어 위험부담의 분기점은 송하인이 물 품을 내륙운송인에게 인도하는 시점이다.

⑥ 컨테이너운송의 보편화: 컨테이너를 이용하여 단위로 하역하고 운송하 는 것으로 신속, 안전하게 환적함으로써 육·해·공을 연결하는 운송방식 이다.

2) 복합운송의 효과

복합운송의 최대효과는 문전에서 문전(door to door)까지 서비스를 제공하 는 것이며, 혁신적인 운송기술을 도입한 합리적인 협동일관운송체제로서 적합 한 운송경로를 제공하고 신속한 화물정보를 전달하여 총비용의 절감을 가져오 게 된다.

① 화주입장에서의 효과
- 안정성: 복합운송은 컨테이너에 의해 운송되므로 하역과정, 운송과정 및 보관과정에서 높은 안정성을 가져온다.
- 경제성: 복합운송은 컨테이너에 의한 화물의 단위화를 통해 육·해·공을 일관운송함으로써 물류비의 절감과 정보처리가 용이하다.
- 신속성: 컨테이너 전용선은 속도면에서 빠르기 때문에 기간단축이 가능 하고, 하역과정의 기계화, 자동화로 하역시간이 단축되고 선적절차를 단 축시킬 수 있다.

② 운송인입장에서의 효과
컨테이너 운송에 의해 선박가동률의 증대와 선적, 하역의 기계화로 운항시 간과 항만 정박시간의 단축으로 규모의 경제 실현이 가능하여 화물단위당 비용이 절감되고 기계화, 자동화에 의한 인건비 절감을 통해 이익을 상승시킬 수 있다.

(3) 복합운송인의 성격

복합운송인(Multimodal Transport Operator: MTO)은 자신 또는 자신을 대리한 대리인을 통하여 복합운송계약을 체결하고 송하인이나 복합운송경영에 관여하는 운송인의 대리인으로서 또는 운송의 주체로서 행위하고 계약이행에 관한 책임을 부담하는 운송인을 말한다.

복합운송인은 송하인으로부터 화물을 인수할 때 복합운송서류를 발행하며 서류상에 표시된 인수장소로부터 인도장소까지의 전구간의 운송을 인수할 뿐만 아니라 동시에 전운송과정에 걸쳐서 어떠한 구간에서 발생한 운송물의 멸실 또는 손상에 대해서도 계약이 정하는 책임원칙에 따라서 복합운송서류의 소지인에 대하여 일차적인 책임을 부담한다.

(4) 복합운송인의 책임체계

1) 단일책임제도(Uniform Liability System)

화물의 멸실, 훼손, 지연손해가 복합운송의 어느 구간에서 발생하였느냐를 가리지 않고, 복합운송인은 동일한 기준에 따라서 책임을 부담한다는 이론이다. 적용이 간편하다는 측면에서 장점이 있다. 그러나 동 체계에서 정한 내용은 기존의 운송법제 하에서 확립되어 있는 책임원칙 및 한도액 등이 상이하므로 양자 간에 법적 충돌을 가져올 수 있다. 현재까지 이 이론을 채택한 국가나 국제규칙 또는 조약은 없다.

2) 이종책임제도(Network Liability System)

손해의 발생구간이 확인된 경우에는 그 구간에 적용될 국내 법이나 국제조약을 적용하고, 손해의 발생구간이 확인이 되지 않는 경우에는 손해가 '해상구간'에서 발생한 것으로 추정하여 복합운송인의 책임을 적용한다는 이론이다. 단일의 복합운송계약이지만 운송인의 책임에 관한 한 화주가 각 운송방식별 운송인과 개별적으로 계약을 체결하는 것과 같이 하나의 복합운송 내에 이종의 책임제도가 공존하는 결과가 되어 기존에 적용하는 운송법규와 충돌이 생기지 않는 장점이 있다. 동 체계는 UNIDROIT초안(1965), ICC복합운송규칙(1975) 등에서 채택되었고, 실무적으로도 이 책임체계가 현실적인 것으로 인식되어 오늘날 사용되는 대부분의 선박회사의 복합운송(선하)증권은 동 책임체계를 따르고 있다.

3) 변형단일책임체계(Modified Uniform Liability System)

원칙적으로 손해의 발생구간과 관계없이 동일책임을 적용하나 예외적으로 손해의 발생구간이 확인되고 그 구간의 강행법규의 책임한도액이 UN국제복합운송조약(1980)보다 높은 경우에는 그 구간의 법을 적용한다는 이론이다. 이 체계는 UN국제복합운송조약(1980)이 채택하고 있으며 Hamburg Rules와 UNCTAD/ICC복합운송증권규칙(1992)도 동 체계와 유사하다.

4) 우리나라의 복합운송인의 책임체계

우리나라의 현행 법률(상법 해상편)에 해상구간이 포함된 복합운송인의 책임체계에 관하여 규정하고 있다. 운송인이 인수한 운송에 해상 외의 구간이 포함된 복합운송(예, 해상과 도로운송의 결합 또는 해상과 철도운송의 결합 또는 해상과 항공운송의 결합되는 복합운송)의 경우의 책임체계를 손해발생구간이 분명한 경우와 그러지 않은 경우로 구분하여 규정하고 있다. 복합운송인은 손해가 발생된 구간에 적용되는 법에 따라 책임을 진다. 운송인이 인수한 운송에 해상 외의 운송구간이 포함된 경우 운송인은 손해가 발생한 운송구간에 적용될 법에 따라 책임을 진다(상법 제816조 제1항). 어느 운송구간에서 손해가 발생하였는지 불분명한 경우 또는 손해의 발생이 성질상 특정한 지역으로 한정되지 아니하는 경우에는 운송인은 운송거리가 가장 긴 구간에 적용되는 법에 따라 책임을 진다. 다만, 운송거리가 같거나 가장 긴 구간을 정할 수 없는 경우에는 운임이 가장 비싼 구간에 적용되는 법에 따라 책임을 진다(상법 제816조 제2항).

(5) 복합운송인의 유형

1) 운송주선인형 복합운송인

선박·트럭·항공기 등의 운송수단을 자신이 직접 보유하지 않고 다만 계약운송인으로서 운송책임을 지는 형태로 해상운송주선인(ocean freight forwarder), 항공운송주선인(air freight forwarder), 통관인, 컨테이너임대인 등이 있다.

2) 운송인형 복합운송인

자신이 직접 운송수단을 보유하면서 복합운송인의 역할을 수행하는 형태로 선박회사·철도회사·트럭회사·항공회사 등을 말한다.

3) 무선박운송인형 복합운송인

해상운송에 있어 자기 스스로 선박을 운항하지 않으면서 해상운송인에 대해서는 화주의 입장이 되는 예컨대 NVOCC(Non-Vessel Operating Common Carrier) 운송인을 말한다.

(6) 국제복합운송과 랜드브리지

국제복합운송의 대부분은 랜드브리지 시스템(land bridge system)에 의해 이루어지고 있는데, 랜드브리지 시스템은 종전에 항로를 중심으로 한 해상운송경로에 일부 대륙횡단경로를 추가함으로써 거리·시간·비용을 절약하는 시스템으로 대륙횡단철도를 이용하여 대륙과 해양을 연결하며, 해상, 육상의 경로에 의한 복합운송을 말한다.

랜드브리지의 이점은 운송시간의 단축으로 인한 재고량의 감소, 운송비의 절감, 투하자본효율의 상승효과를 가져올 수 있다. 극동지역을 중심으로 한 복합운송의 주요 형태로는 시베리안 랜드브리지, 중국대륙횡단철도, 아메리칸 랜드브리지, 캐나다 랜드브리지, 미니 랜드브리지 등이 있으며, 랜드브리지의 일반적인 형태는 〈그림 9-1〉과 같다.

| 그림 9-1 | 랜드브리지의 일반적 형태 |

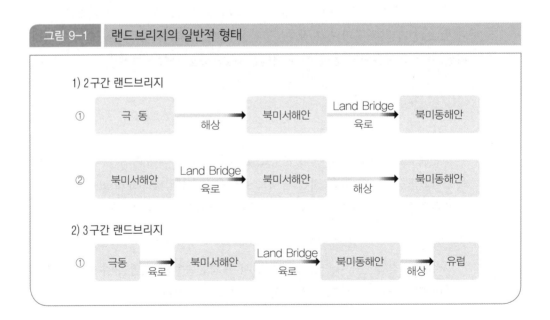

2. 국제복합운송의 주요경로

(1) 극동–구주간 복합운송 경로

1) 시베리안 랜드브리지

시베리안 랜드브리지(Trans Siberian Railway: TSR 또는 Siberian Land bridge: SLB)는 시베리아 철도를 이용하여 극동·유럽 및 중동간의 수출입화물을 운송하는 방법으로 육·해·공을 연결하는 복합운송시스템이다.

2) 중국대륙횡단철도

중국대륙횡단철도(Trans China Railway: TCR)는 중국 연운항을 시작으로 러시아를 경유 로테르담까지 연결되는 복합운송시스템이다.

3) 아메리칸 랜드브리지

아메리칸 랜드브리지(American Land Bridge: ALB)는 극동의 주요항구로부터 북미서안의 주요항구까지 해상운송하여 철도로 내륙운송 후 북미 동남부에서 다시 해상운송으로 유럽의 항구 또는 내륙까지 연결하는 복합운송이다.

4) 캐나다 랜드브리지

캐나다 랜드브리지(Canadian Land Bridge: CLB)는 극동지역에서 캐나다 서해안에 있는 항구까지 해상운송 후 캐나다 철도를 이용하여 몬트리올 또는 캐나다 동부해안까지 운송한 다음 다시 캐나다 동부해안의 항구에서 유럽의 각 항구로 해상운송하는 시스템이다.

(2) 극동–미국간 복합운송 경로

- 미니 랜드브리지: 미니 랜드브리지(Mini Land Bridge: MLB) 운송은 rail bridge의 일종으로 미국 서해안에서 철도 등의 내륙운송을 거쳐 동해안 또는 멕시코만지역 항구까지 운송하는 해륙복합운송시스템이다.

(3) 해·공 복합운송 경로

해·공(sea and air) 복합운송은 항공운송의 신속성과 해상운송의 저렴성의 장점을 결합시킨 형태로 운임과 운송일수가 해상운송과 항공운송의 중간적 입장으로 항공운송보다 저렴하게, 해상운송보다는 신속하게 운송되는 복합운송시스템이다.

(4) 아주지역 복합운송 경로

- 한 · 중 복합운송 경로: 부산에서 부관페리 또는 컨테이너선으로 일본의 각 항구로 운송 후 트럭이나 철도 등을 이용하여 내륙지역으로 운송하는 해륙복합운송시스템이다.

3. 국제물류주선인

국제물류주선인이란 고객의 대리인으로서 송하인의 화물을 인수하여 수하인에게 인도할 때까지 화물의 집화, 입출고, 선적, 운송, 보험, 보관 등의 서비스를 제공할 뿐 아니라 복합운송체제하에서 운송계약의 주체가 되어 복합운송인으로서 복합운송증권을 발행하여 전구간의 운송책임을 부담하는 자를 말한다. 과거 프레이트 포워더, 복합운송주선인 등 다양한 용어로 불렸지만 물류정책기본법의 제정으로 국제물류주선인으로 용어가 통일되었다.

국제물류주선인이란 운송주선인으로 직접 운송수단을 보유하지 않은 채 고객을 위하여 화물운송의 주선이나 운송행위를 하는 자로 화주와 운송인 사이에서 화주에게는 운송인의 입장이 되고 운송인에게는 화주의 입장이 되어 기본적인 기능을 수행하게 된다. 무역업체와 국제물류주선인 관계에 대해서는 본서 제12장에서 자세히 설명하기로 한다.

Section 03

선하증권(Bill of Lading)

1. 선하증권의 특성

선하증권은 통상 무역품에 대한 운송을 해상으로 하기를 원하는 화주와 선박회사간의 해상운송계약에 사용되는 것으로서 선박회사가 발행하는 증권이다. 선하증권은 상법상 요식증권으로서 물품의 선적 혹은 선적을 위해 수취하였음을 나타내는 추정적 증거일 뿐만 아니라 물품을 운송계약에 의하여 양륙항 또는 중계항을 경유하여 목적지까지 운송하며 그곳에서 정당한 소지인에게 계약

물품을 인도할 것을 약속하는 유가증권이다. 선하증권에 기재된 물품의 권리를 나타내는 물권증권이라 할 수 있으며 선하증권의 이전은 물품의 소유권 이전을 의미하기도 한다. 선하증권은 배서(endorsement)에 의하여 제3자에게 매도하거나 양도할 수 있으므로 유통증권(negotiable instrument)의 성격을 가진다. 이러한 성격을 요약 정리하면 다섯 가지로 정리할 수 있다.

① 요인성: 운송계약에 의해 선박회사가 운송화물을 수취, 선적하였다는 전제하에 선하증권을 발급하기 때문에 요인증권(要因證券)이다.
② 요식성: 선박의 명칭, 국적, 톤수, 운송화물의 종류와 개수, 기호 등을 기재하고 발행자가 기명, 날인하는 법정의 형식을 요하는 요식증권이다.
③ 문언성: 증권이 작성된 후에는 운송인과 송하인의 의무는 증권상에 명기된 문언에 의해 이행되어야 하며 그 이외의 것은 명기된 사항에 반하여 임의로 해석될 수 없다.
④ 유통성: 선하증권은 화물을 대표하는 유가증권으로서, 증권의 발행인이 배서의 금지를 뜻하는 문구를 기재하지 않는 한 배서 또는 인도에 의해 소유권이 이전될 수 있다.
⑤ 대표성: 선하증권은 운송화물을 대표하는 대표증권이며, 소지인이 선박회사에 화물의 인도를 청구할 수 있는 채권증권이다.

2. 선하증권의 종류

(1) 선적선하증권(Shipped or on Board B/L)과 수취선하증권(Received B/L)

운송인이 화물을 선박에 적재한 후에 발행했느냐 아니면 선적을 위하여 인수한 후에 발행했느냐를 구분하는 개념이다.

화물이 실제로 선적된 후에 발행되는 증권으로 증권면에 'Shipped' 또는 'on Board' 등의 문구가 표시되며 모든 선하증권은 선적선하증권으로 발행되어야 하는 것이 원칙이다.

수취선하증권은 운송인이 선적을 약속한 화물을 화주가 지정된 창고에 입고시킨 후 화주가 요구할 경우 선적 전에 발행되는 증권으로 예정된 선박에 선적이 안 되는 경우가 있기 때문에 L/C에 'Received B/L Acceptable'에 상응하는 문구가 없으면 은행에서 매입을 거절할 수 있다.

(2) 무사고선하증권(Clean B/L), 사고부선하증권(Foul or Dirty B/L)

화물선적 당시에 화물의 포장상태 및 수량에 어떠한 손상 또는 과부족이 있으면 운송인은 그 내용을 증권상의 비고란(remarks)에 표기하는데 화물의 손상 및 과부족이 없이 발행되는 증권과 손상 및 과부족이 있을지라도 그 내용이 기재되지 않은 증권을 Clean B/L이라 하며, 그 내용이 기재되는 증권을 Foul B/L 또는 Dirty B/L이라 한다. 통상 사고부선하증권은 수리되지 않기 때문에 송하인이 파손화물보상장(L/I, Letter of Indemnity)을 운송인에게 제출해야 한다.

(3) 기명식선하증권(Straight B/L), 지시식선하증권(Order B/L)

증권의 'Consignee'난에 수입자의 성명 또는 상호가 확실히 명기되어 있는 증권이 기명식선하증권(Straight B/L)인데, 기명식 B/L은 유통성이 없기 때문에 일반적으로 해상운송방식 무역거래에는 사용되지 않는다. 그리고 Consignee난에 'To Order' 'Order' 'Order A' 등의 문구가 기재된 증권을 지시식 선하증권(Order B/L)이라 하며 백지배서로 양도가 가능하다.

(4) 통과선하증권(Through B/L)

해상과 육상을 교대로 이용하여 운송하거나, 둘 이상의 해상운송인과 육상운송인이 결합하여 운송할 경우 최초의 운송인이 전구간의 운송에 대하여 책임을 지고 발행하는 운송증권으로 일반적으로 통과운송계약에 활용되는 증권이다.

(5) 환적선하증권(Transshipment B/L)

화물을 운송도중 중도에서 다른 선박에 환적하여 목적지까지 운송하는 경우 발행되며 각 구간마다 운송인이 연서(連署)하여 공동으로 운송책임을 진다.

(6) 복합운송선하증권(Combined B/L)

단일품목을 여러 가지 운송수단, 예컨대 육상, 해상, 항공 중 두 가지 이상의 다른 운송방법에 의하여 단일 증권으로 연계운송하는 데 사용되는 운송증권이다. 최근 들어 컨테이너에 의해서 운송되는 컨테이너 화물에 사용된다.

(7) 운송주선인협회 선하증권(FIATA B/L)

운송주선인이 운송계약 주체가 되어 발행하는 증권으로서 국제운송주선업협회연맹(International Federation of Freight Forwarders Association: FIATA)이 제정한 증권이며 이 연맹에 가입한 회원만이 본 증권을 발행하여 사용할 수 있다. 이 증권은 통상 복합운송에 이용되고 있다.

(8) 항공화물운송장(Air Waybill)

최근 항공운송의 발달로 고가품 운송에 많이 이용되고 있는데 항공화물운송장(Air Waybill)이란 선하증권이 아니고 유통성이 없는 항공적재화물에 대하여 항공운송업자가 발행한 단순한 화물수령증이다. 선하증권과 같은 유가증권이 아니다.

그러나 선적서류상으로는 선하증권에 대신하여 그 일부를 구성하게 되는데 화환어음의 부속서류로 사용하는 경우에는 화물의 수령인을 신용장 발행은행이 되게 하여 화물이 은행에 송달되도록 신용장에 명시하여야만 그 화물의 담보권이 확보된다.

(9) 약식선하증권(Short Form B/L)

Short Form B/L은 선하증권으로서의 필요기재사항을 갖추고 있지만 보통선하증권(Long Form B/L)의 이면약관이 생략된 것이다. 약식선하증권에 관하여 어떤 분쟁이 생기면 일반적으로 Long Form B/L상의 화주와 선주의 권리와 의무에 따르게 된다.

(10) Red B/L

Red B/L은 보통의 선하증권과 보험증권을 결합시킨 것으로서 이 증권에 기재된 화물이 항해중에 사고가 발생하면 이 사고에 대하여 선박회사가 보상해 주는 선하증권이다. 이 경우 선박회사는 모든 Red B/L 발행화물을 일괄부보하게 되므로 손해부담을 보험회사가 진다. 그러나 운임에 보험료가 추가되므로 결과적으로 보험료는 송하인이 부담하는 것이 된다.

(11) Stale B/L

선하증권은 선적이 완료되면 선적일자에 발행되어 수출자는 상품대금을 회수하기 위해 정해진 기간 안에 매입은행에 선적서류를 제시해야 한다. 별도의 합의가 없는 경우 신용장통일규칙에 근거하여 발급일자 후 21일 이내에 매입은행에 선하증권을 제시하여야 한다. 이 기간 내에 제시하지 않은 선하증권을 Stale B/L이라 하며 신용장에 'Stale B/L Acceptable'에 상당하는 문구가 없으면 은행에서 매입을 거절한다.

3. 선하증권의 기재사항

(1) 필수 기재사항

- 선하증권(Bill of Lading)의 표시
- 선박의 국적, 명칭과 톤수
- 운송품의 종류, 중량과 용적, 포장의 종류, 개수와 기호
- 송하인·수하인의 성명 혹은 상호
- 선적항과 양륙항
- 운송물의 외관상태
- B/L의 작성지와 기재사항, 작성일자
- 선하증권의 작성부수
- 선하증권의 기명날인

- B/L은 특정 선적화물의 인도를 목적으로 하는 까닭에 화물의 명세를 기재해야 하며, 송하인이 선박에 통지한 대로 기재되므로 만일 송하인이 화물의 종류를 거짓으로 통보하였을 경우 선사는 동화물에서 발생하는 손해에 대하여 일체의 책임을 면제받을 수 있다.
- 선하증권 원본의 발행은 1통으로도 가능하나 분실 등에 대비하여 그 이상(2~5통)을 한 세트로 하여 발행할 수도 있다.

* 3통을 한 세트(Full Set)로 하여 발행하는 것이 상례

☞ 이 경우 몇 통을 발행하였더라도 내용이 동일하며 정식서명도 되어 있어 각 통은 동등한 효력을 지녀서 화물인도에는 한 통으로 족하며, 인도와 동시에 타 B/L은 효력을 상실하게 된다. 은행에서 결제시 발행된 정본 전부를 제시하여야 한다.

Bill of Lading

①Shipper/Exporter ABC TRADING CO. LTD. 1. PIL-DONG, JUNG-KU, SEOUL, KOREA	⑪B/L No. ; But 1004
②Consignee TO ORDER OF XYZ BANK	
③Notify Party ABC IMPORT CORP. P.O.BOX 1, BOSTON, USA	

Pre-Carrage by	⑥Place of Receipt BUSAN, KOREA	
④ Ocean Vessel WONIS JIN	⑦Voyage No. 1234E	⑫Flag

⑤Port of Loading	⑧Port of Discharge	⑨ Place of Delivery	⑩ Final Destination(For the Merchant Ref.)
BUSAN, KOREA	BOSTON, USA	BOSTON, USA	BOSTON, USA

⑬Container No. ⑭Seal No. Marks & No	⑮No. & Kinds of Containers or Packages	⑯Description of Goods	⑰Gross Weight	Measurement
ISCU1104	1 CNTR	LIGHT BULBS (64,000 PCS)	4,631 KGS	58,000 CBM
Total No. of Containers or Packages(in words)				

⑱Freight and Charges	⑲Revenue tons	⑳Rate	㉑Per	㉒Prepaid	㉓Collect

㉓Freight prepaid at	㉔Freight payable at	㉖Place and Date of Issue May 21, 2000, Seoul Signature
Total prepaid in	㉕No. of original B/L	

㉗Laden on board vessel Date Signature May 21, 2000	㉘ABC Shipping Co. Ltd. as agent for a carrier, zzz Liner Ltd.

(2) 임의 기재사항

- 임의 기재사항은 선주의 책임면제에 관한 것이 대부분이어서 이를 면책 약관이라고도 한다.

- 본선 항해번호(Voyage No.)
- 통지처(Notify Party) : Straight B/L에는 필요 없으나 Order B/L에는 부기됨
- 지불지, 지불조건 : 선불(Freight Prepaid)일 경우는 대개 생략되며, 후불(Freight Collect)일 경우에 기재하는 것이 보통임
- 선하증권 번호(B/L NO.)
- 컨테이너 번호 및 봉인(Sealing) 번호
- 선주 면책조항(General Clause or Exceptions)

- 면책약관은 보통 선하증권의 표면약관이나 이면약관 중에 명백히 인쇄되 어 있으며 이러한 면책약관을 일반약관(General Clause)이라 한다.

  * 그 밖에 선하증권의 여백에 기입하거나 고무인, 스탬프 등으로 기입되는 것을 특별약관(Special Clause)이라 한다.

4. 선하증권 관련 관행

선적화물에 하자가 발생하여 선하증권이 미도착하여 화물 수취에 어려움 이 있을 경우 선적화물에 하자가 발생하여 clean B/L이 발행되지 못하고 고장 부선하증권(Foul B/L)이 발행되었을 때 송화인은 clean B/L로 전환하기 위하여 L/I(letter of indemnity; 파손화물보상장)를 발행하여 사고 화물에 대한 책임을 감 수하겠다는 각서를 운송인에게 제출하여 실무상 어려움을 극복할 수 있다. 또 한 선하증권이 수입지에 적송품(수입화물)보다 늦게 도착할 경우 운송인은 화물 을 화주에게 이송할 수 없게 된다. 이러할 경우 수하인이 화물을 인수하기 위하 여 은행으로부터 L/G(Letter of guarantee; 화물선취보증서)를 발급받아 운송인에 게 제출함으로써 화물을 수령하는 제도가 실무적으로 이루어지고 있다.

LETTER OF INDEMNITY

_____ 19_____

S.S. M.V. "   "Voy. No.   Sailed

Dear Sirs,

In consideration of your handing us clean Bill of Lading for our shipment by the above vessel as described below, the mate's receipt at which bears the following clause :

We hereby undertake and agree to pay on demand any claim that may thus arise on the shipment and/or the cost of any consequent reconditioning and generally to indemnify yourselves and/or agents and/or the owners of the said vessel against all consequences that may arise from your action.

Further, should any claim arise in respect of this goods, we hereby authorise you and/or agents and/or owners of the vessel to disclose this Letter of Indemnity to the underwriters concerned.

Yours faithfully,

Bs/L. No. _____

Marks & Nos.	No. of P'kgs	Description	Destination

LETTER OF GUARANTEE

Date：

Shipping Co.	Number of Credit L/G No.	
	Number of B/L	
Shipper	Vessel Name	
	Arrival Date	
	Voyage No.	
Invoice Value	Port of Loading	
	Port of Discharge	
Nos. & Marks	Packages	Description of Goods

In consideration of your granting us delivery of the above mentioned cargo which we declare has been shipped to our consignment, but Bills of Lading of which have not been received, we hereby engage to deliver you the said Bills of Lading as soon as we receive them and we further guarantee to indemnify yourselves and/or the owners of the said vessel against any claims that may be made by other parties on account of the aforesaid cargo, and to pay to you on demand any freight or other charges that may be due here or that may have remained unpaid at the port of shipment in respect to the above-mentioned goods.

In the event of the Bills of Lading for the cargo herein mentioned being hypothecated to any other bank, company, firm or person, we further guarantee to hold you harmless from all consequences whatsoever arising therefrom and furthermore undertake to inform you immediately in the event of the Bills of Lading being so hypothecated.

Yours faithfully

_____

Party claiming right of delivery

We hereby guarantee to surrender to you the corresponding Bills of Lading. Kindly be advised that this guarantee shall be automatically null and void upon your acknowledging receipt of the corresponding Bills of Lading which are to be endorsed and presented to you by bank for the only purpose of the redemption of this letter of guarantee.

_____

Authorized Signature.

Bank.

5. 선하증권의 면책약관 해설

(1) 위험의 제외에 관한 사항(면책위험)

1) 천재 및 해난의 제외

선박회사 및 사용인이 통상 예견하고 방지할 수 없는 해난(Perils of sea, 예; 폭풍, 좌초, 유빙 등) 및 순수한 자연력에 의한 천재지변(Act of God, 결빙, 낙뢰 등)에 의한 사고에 대하여는 선사가 중과실을 입증할 필요 없이 면책됨을 특약한다.

2) 전쟁위험의 제외

전쟁위험(어뢰, 폭탄 등의 폭발, 나포, 봉쇄) 등에 기인한 손해는 선사의 책임이 없다.

3) 제3자의 행위에 기인하는 위험의 제외

검역, 압류 등 규제에 기인하는 손해나 파업, 폭동, 절도 등 제3자의 행위로 발생되는 손해에 대하여는 선사에 책임이 없다.

(2) 책임의 제외에 관한 사항(일반면책)

1) 과실조항(Negligence Clause)

① 항해과실: 선장, 선원, 도선사, 선박회사의 사용인에 의한 '선박의 조종 및 안전항해를 위해 필요한 선박에 관한 일체의 기술상의 행위에 관한 과실'에 기인하는 손해는 면책된다.
② 상업과실: 화물의 선적, 적부, 보관, 하역, 인도 등에 관한 과실에 기입하는 손해는 책임을 부담한다(선사과실책임주의).

2) 잠재하자조항

선박의 감항능력(Seaworthiness)의 담보의무는 각국 법제상 운송인에게 상당한 책임을 부과하고 있으나 복잡한 선체, 기관, 속구 등에는 기술적 결함이 잠재하여 출항 전 충분한 주의를 하였음에도 발견할 수 없는 것도 있어 이로 인한 손해에 대해서 면책된다는 조항이다.

3) 이로조항(Deviation Clause)

선박회사나 선주는 합의된 항로나 정상적인 거래항로를 이탈할 경우 발생한 손해에 대하여 보험자는 책임을 지지 않으나, 인명 재산의 구조, 피난 및 기타 상당한 이유가 있는 경우에 예정항로 외의 항해나 기항은 면책된다.

4) 부지조항(Unknown Clause)

선적시 화물의 내용까지는 검사하지 않으며, B/L에 "외관상 양호한 상태로 선적하고 이것과 유사하게 양호한 상태로 인도한다"고 기재하여 화물의 내용, 중량, 용적, 내용물의 수량, 품질, 종류 및 가격 등에 대하여는 선사의 책임이 없음을 특약하고 있다.

5) 화물고유의 성질(Inherent Defect, Inherent Vice)

화물고유의 성질로서 생동물, 갑판적화물, 어패류, 육류, 과실류, 부패성화물, 도자기 등의 파손, 누손, 부패, 사망 등은 통상적으로 운송인이나 보험업자는 화물손상에 책임을 지지 않는다.

6) 고가품에 관한 조항

송하인이 선적시에 화물의 종류, 품질, 가격 등을 명시하지 아니하였고, 또한 운임이 종가율에 의하지 않았을 때는 발생될지 모르는 손해에 대하여 일정 금액 이상의 배상책임이 없다.

7) 위험품에 관한 조항

송하인이 선적시에 위험품을 신고하지 않았을 경우 동화물로부터 위험을 느끼면, 선장이 양륙, 투기(投棄) 등 자의처분할 것을 특약한다. 수출입 금지품이나 전시금지품 등도 동일하다.

8) 손해배상에 관한 조항

Claim 제기방법, 손해배상의 시효 및 그 한도 등에 대해 명시하고 있다.

9) 공동해손조항(General Average Clause)

공동해손에 관한 각국의 법률과 관습을 배제하고 1905년 York-Antwerp Rule에 따라 처리한다는 취지를 약정한 조항이다.

(3) 선하증권관련 국제규칙

1) 헤이그규칙(Hague Rules, 1924)

① 헤이그규칙의 제정

- Harter법이 제정된 후 해상운송에 관한 통일조약의 필요성이 국제적으로 인식되어 1921년 헤이그에서 국제법협회(International Law Association: ILA)가 선주, 화주, 은행, 보험회사의 대표들이 참석한 회의에서 ICC 초안을 만장일치로 통과시켜 이를 각국이 자발적으로 B/L상에 삽입하도록 권하기로 하였다. 그러나 이에 선주들의 반발이 있자 국제해사법위원회(CMI)가 이를 정하여 3년 뒤에 1924년 브뤼셀에서 개최된 「해상법에 관한 국제회의」(International Conference on Maritime Law)에서 승인된 것으로 이를 약칭 Hague Rules이라고 한다.

② 헤이그규칙의 적용범위

- 헤이그규칙은 제정 이후 많은 국가들이 이 규칙을 비준하고 채택하였다. 미국은 1936년 해상운송법(U.S. Carriage of Goods by Sea Act)과 상충되는 경우 국내법이 우선한다는 조건을 전제로 채택하였고, 일본은 이 규칙 중 제4조(2)항 (a)(선박의 항해 및 관리상의 과실)는 제외하고 또 연안운송에는 이 규칙을 적용하지 않는다는 단서를 붙여 채택하고 있다.

- 한편 우리나라는 이 조약에 가입하지 않았으나 우리나라에서 발행하는 선하증권의 지상약관(Paramount Clause)에 이 규칙을 준거법으로 한다는 규정을 두고 있다. 따라서 이 규칙이 상법의 강행규정을 위반하는 경우를 제외하고는 국내상법을 우선하도록 규정하고 있다.

- 그렇지만 모든 화물의 운송에 본규칙이 적용된다고는 할 수 없다. 본규칙 제1조에는 생동물(live animals)과 갑판적화물(on deck cargo)의 경우는 '물품'(goods)이라는 범주에 포함되지 않으며, 별도의 약정이 없는 한 용선계약이나 특별한 화물의 운송, 유통되지 못하는 영수증이 발급되는 경우 등은 본규칙의 적용을 받지 않는다고 제6조에 규정하고 있다.

③ 헤이그규칙의 주요내용

- 헤이그규칙은 모두 16개조로 되어 있으나 가장 중요한 내용은 제3조의 운송인의 의무와 제4조의 운송인의 면책조항이다.
- 제3조에서는 운송인의 주요의무로서,

- 선박의 감항능력을 갖추도록 하며(to make the ship seaworthy),
- 선박의 승조원 배치, 선박의장 및 필수품 보급을 적절히 하며(to properly man, equip, and supply the ship),
- 화물이 운송될 창내, 냉동실, 냉기실 및 화물운송에 필요한 선박 이외의 모든 부분을 화물의 수령, 운송 및 보존에 적합하고 안전하게 하기 위하여(to make the holds, refrigerating and cool chambers, and all other parts of the ship in which goods are carried, fit and safe for their reception, carriage and preservation) 상당한 주의를 기울여야 한다(be bound to exercise due diligence)고 규정하고 있다.

• 이외에도 제3조에는 운송인이 화물의 적재, 취급, 선내작업, 운송, 보관, 관리 및 양하를 적절하고 신중하게 이행하여야 하며, 선하증권의 기재사항, 선하증권이 화물수령의 추정적 증거(prima facie evidence of the receipt), 송하인의 보증, 손해배상 청구, 선적선하증권 및 책임제한의 금지 등에 관하여 규정하고 있다.

• 제4조에서는 제(2)에서 아래와 같이 17개 항목의 운송인의 면책사항을 열거하고 있는데, 이를 소위 면책카탈로그(catalogue of exceptions)라고 한다. 항해상 또는 선박관리상의 과실(errors in the navigation and management of ship), 화재(fire), 해상고유의 위험(perils of the sea), 천재지변(act of God), 전쟁행위(act of war), 공적의 행위(act of public enemies), 통치권자의 억지 또는 억류(arrest of restraint of princes, rulers or people), 검역조치(quarantine restrictions), 송하인의 과실(actor omission of the shipper), 동맹파업 및 직장폐쇄(strikes or lockouts), 폭동 및 내란(riot and civil commotions), 해상구조(saving or attempting to save life or property at sea), 화물포장의 불충분(insufficiency of packing), 하인의 불충분(insufficiency or inadequacy of marks), 잠재하자(latent defects not discoverable by due diligence) 및 기타원인(any other cause) 등이다. 또한 제4조 (4)항에는 이로(deviation)의 경우라도 운송인이 인명이나 재산상의 피해를 줄이거나 합리적인 이유에 연유하면 면책된다고 규정하고 있다.

• 제4조 (5)항은 운송인의 손해배상책임의 한계에 한하여 규정하고 있다. 송하인이 선적 전에 화물의 성질과 가격을 고지하여 선하증권에 기재하지 않았을 경우에는 포장당(per package) 또는 단위당(per unit) £100로

정해 놓고 있다. 제4조 (6)항은 화물이 인화성·폭발성·위험성이 있고, 운송인·선장 또는 운송인의 대리인이 이를 알았다면 선적을 허용하지 않았을 화물에 대하여 운송인은 양하 전 언제 어디서도 손해보상의 책임 없이 양하하거나 파괴 또는 무해화시킬 수 있다고 규정하고 있다. Hague Rules의 규정에서 가장 중요한 내용은 운송인의 책임체계에 관한 것이다.

2) 헤이그 비스비규칙(Hague–Visby Rules, 1968)

① 헤이그 비스비규칙의 제정

• 헤이그 비스비규칙이 제정된 후 40여 년이 지나는 동안 국제경제환경과 국제운송여건이 변화하여 새로운 규칙의 제정이 요구됨에 따라 1963년 Stockholm에서 개최된 국제해사법위원회(Conit Maritime International: CMI)에서 Hague Rules의 개정안이 토의되고 그 후 Visby에서 토의되었다. 그 후 1968년 2월에 이 개정내용이 드디어 Brussels에서 서명되어 Hague Rules의 개정의정서(Protocol to Amend International Convention for the Unification of Certain Rules of Law Relating to Bills of Lading)가 되었다.

• 이 의정서는 전문 17개조로 되어 있으며 그 내용은 어디까지나 1924년의 Hague Rules의 한 부분으로서만 유효하게 되어 있다. 이것은 1977년 6월 23일을 기하여 이를 비준한 영국, 프랑스, 덴마크, 노르웨이, 스웨덴, 스위스 등 6개국과 또 이 의정서를 수락한 에콰도르, 레바논, 싱가포르, 시리아 등의 여러 국가에서 유효하게 되었다.

② 헤이그 비스비규칙의 내용

• 헤이그 비스비규칙은 헤이그규칙을 개정한 것으로 주요 개정내용은, ① 조약의 적용범위의 확장, ② 선하증권 기재의 증거력 강화, ③ 운송인의 책임제한에 따른 한도액의 인상과 책임제한방식의 변경, ④ 운송인의 책임과 구상권의 소멸에 관한 규정의 신설 및 청구권 경합의 문제에 관한 규정 등이다.

• 개정내용 가운데 운송인의 책임한도액에 관하여는 헤이그규칙에서 포장당 또는 단위당 £100으로 정한 것이 국제적인 인플레이션하에서는 현실성이 없기 때문에 헤이그 비스비규칙에서는 포장당 10,000 Francs 또는 중량을 기준하여 1kg당 20 Francs 중 많은 쪽을 책임한도액으로 정하고 있으며, Franc의 기준은 순도 900/1,000의 금 65.5mg을 기준으로 한다고

규정하고 있다.[4]

3) 함부르크규칙(Hamburg Rules, 1978)

① 함부르크규칙의 제정

- 헤이그규칙이나 헤이그 비스비규칙이 선박을 소유한 선진국의 선주 위주로 되어 있기 때문에 화주에게 불리하다는 주장에 따라 개발도상국이 주축이 되어 이를 개정해야 한다는 주장이 UN무역개발회의(United Nations Conference on Trade and Development: UNCTAD)에서 강하게 대두되었다.

    UNCTAD의 권고를 받은 UN국제무역법위원회(United Nations Commission on International Trade Law: UNCITRAL)는 선하증권의 준거법에 관한 문제를 최우선 과제로 삼고 1971년 제2차 모임에서 운송인의 책임기간, 헤이그규칙상 운송인의 면책규정, 운송인의 면책증거책임, 재판관할권, 갑판적화물과 생동물의 환적, 제소기간의 연장, 선하증권상 면책약관(immunities clause)의 배경 등을 중점적으로 검토할 것을 목표로 정하였다.

- 1972년부터 개정작업을 시작하여 선진해운국과 개발도상국의 화주간에 격렬한 논쟁을 거쳐 1976년에 UN총회에 상정되었고, 1978년 3월 Hamburg에서 개정조약안 채택을 위한 전권회의에서 채택되었다. 본 조약은 제30조 발효요건에 따라 1991년 20번째 국가로 잠비아가 본 조약에 서명 비준함으로써 비준 1년 뒤인 1992년 11월부터 정식으로 해상운송에 관한 국제규칙으로서 발효되었다.

② 함부르크규칙의 내용

- 함부르크규칙(United Nations Convention on the Carriage of Goods by Sea, 1978)은 총 40개조와 부속서(Annex)로 되어 있으며, 제1조 5항의 '물품'에 관한 정의에서 '물품'이라 함은 생동물을 포함한다. 물품이 컨테이너, pallet 또는 이와 유사한 운송용구에 통합되어 있는 경우 또는 화물이 포장되어 있는 경우, 그러한 운송용구 또는 포장이 송하인으로부터 공급된 경우에는 '물품'은 그 운송용구 또는 포장을 포함한다고 규정하여 헤이그

---

[4] Hague Protocol 제4조 5(a) ; "Unless the nature and value of such goods have been declared by the shipper before shipment and inserted in the bill of lading, neither the carrier or the ship shall in any event be or become liable for any loss or damage to or in connection with the goods in an amount exceeding the equivalent of 10,000 francs per package or unit or 30 francs per kilo of gross weight of the goods lost or damaged, whichever is the higher." 제4조 5(b) ; "A franc means a unit consisting of 65.5 milligrams of gold of millesimal fineness 900."

규칙에서 제외하였던 생동물과 갑판적된 컨테이너화물도 물품의 범주에 포함하게 되었다.

헤이그규칙은 순수한 해상운송구간만을 커버하지만,[5] 함부르크규칙에 서는 해상운송구간을 중심으로 약간의 다른 운송수단에 의한 운송까지 포함함으로써 컨테이너운송과 관련하여 집화와 인도를 위하여 해상운송에 인접한 육상운송까지 포함한다고 보아야 한다. 결국 헤이그규칙의 운송인의 책임구간이 'from tackle to tackle'이라면 함부르크규칙은 'from port to port'로 확대된 셈이다.

• 함부르크규칙이 헤이그규칙보다 확대 보완된 점은, ① 조약의 적용범위의 확대, ② 운송인의 책임한도액의 인상, ③ 송하인의 보상장(Letter of Indemnity)의 효력 및 적용범위를 명문화시키고 선하증권상의 기재효력의 보완, ④ 재판관할 및 중재조항의 신설, ⑤ 다른 국제조약과의 관계의 정립 등이 보완되었다.

위의 보완 또는 개정내용 가운데 운송인의 책임한도액은 포장당 또는 선적단위당 835 SDR로 하고, IMF회원국이 아닌 경우에는 헤이그 비스비규칙보다 약간 올려서 포장당 또는 선적단위당 12,500단위나 중량기준으로 1kg당 37.5단위로 하고 단위의 기준은 순도 900/1,000의 금 65.5mg으로 규정하고 있다. 이와 관련된 규정은 아래와 같다.

Article 6(a)

"The liability of the carrier for loss resulting from loss of or damage to goods

according to the provisions of article 5 is limited to an amount equivalent to 835 units of account per package or other shipping unit or 2.5 units of account per kilogram of gross weight of goods lost or damaged, whichever is the higher."

Article 26 (1)

"The unit of account referred to in article 6 of this Convention is the Special Drawing Right as defined by the International Monetary Fund.

---

5) 헤이그규칙 제1조(e)항; 'Carriage of Goods' covers the period from the time when the goods are loaded on to the time they are discharged from the ship.

The amounts mentioned in article 6 are to be converted into the national currency of a state according to the value of such currency at the date of judgement or the date agreed upon by the parties. The value of a national currency, in terms of the Special Drawing Right, of a Contracting State which is a member of the International Monetary Fund is to be calculated in accordance with the method of valuation applied by to International Monetary Fund in effect at the date in question for its operations and transactions. The value of a national currency in terms of the Special Drawing Right of a Contracting State which is not a member of the International Monetary Fund is to be calculated in a manner determined by that State."

Article 26 (2)

"Nevertheless, those states which are not members of the International Monetary Fund and whose law does not permit the application of the provisions of paragraph 1 of this article may at the time of signature, or at the time of notification, acceptance, approval or accession or at any time thereafter, declare that the limits of liability provided for in this Convention to be applied in their territories shall be fixed as: 12,500 monetary units per package or other shipping unit or 37.5 monetary units per kilogram of gross weight of the goods."

Article 26 (3)

"The monetary unit referred to in paragraph(2) of this article corresponds to sixty−five and a half milligrammes of gold of millesimal fineness nine hundred."

Hamburg Rules의 주요한 개정 특징은 운송인의 책임가중이다.

4) 로테르담 규칙

헤이그 규칙이나 이를 부분적으로 보완한 헤이그 비스비 규칙은 기본적으로는 영미법을 근간으로 한 운송인인 선주 측 보호에 치중하여 화주국으로부터 비판을 받아 왔다. 그 후 화주국의 의사를 반영한 1978년 함부르크규칙이 채택되었으나 운송인 측의 반대로 새로운 질서를 형성하는 데는 실패하였다. 이들 협약들은 제정주체가 달라 상당한 입장의 차이가 있어, 운송인과 화주들이 수용할 수 있는 통일적인 새로운 협약의 필요성이 대두되었고, 이에 유엔국제거래법위원회(UNCITRAL)는 1996년 협약 제정 방침을 정하고 국제해법회(CMI)와 공동연구를 거쳐 2002년부터 본격적으로 협약 심의에 착수하여 수차례의 회의를 통해 의견을 조율한 후, 2008년 유엔총회에서 공식적으로 UNCITRAL 신협약을 채택하였다. "유엔 국제 해상운송법 협약(안)(the Convention on Contracts for the International Carriage of Goods Wholly or Partly by Sea)"이며 로테르담 규칙(the Rotterdam Rules)이라고 부르고 있다.

로테르담 규칙은 국제 화물운송법의 현대화 추진과 상이한 운송 규범간 통합을 추구하기 위한 목적으로 제정이 가속화되었다. 유엔국제거래법위원회(UNCITRAL)에서 동 협약의 제정 작업을 한 이유는 첫째, 기존 화물운송법을 통일시키고 둘째, 시대 변화에 맞는 새로운 규정을 도입하고자 하였다. 로테르담 규칙은 주로 컨테이너 화물을 운송하는 과정에서 손해가 발생한 경우 선사와 화주 사이의 책임 관계 등을 규정하고 있는데, 동 분야는 이미 헤이그 비스비 규칙과 함부르크 규칙 등이 실무에 적용되고 있다.

헤이그 비스비 규칙은 국제 해법회(CMI)가 제정하였으며 주로 선사의 이익을 대변하고 있다는 평가를 받고 있으며 함부르크 규칙은 제3세계 국가의 이익을 대변하던 UNCTAD에서 제정한 규칙으로 개발도상국이나 화주의 이익을 많이 반영한 것이 특징이지만 선하증권에 실제로 거의 반영되지 않아 국제규범으로서의 기능을 상실한 상태이다. 운송인이 자신의 이익이 아닌 상대방의 이익을 중심으로 구성된 규정대로 운송장을 발급한다는 것은 정상적인 비즈니스 수행이 불가능한 체계이며 따라서 운송인은 헤이그 비스비 규칙에 근거하여 운송인 면책약관을 최대로 활용하고자 할 것이다. 다만 실무적으로 많이 이용되는 헤이그 비스비 규칙이 1979년에 최종 개정된 상태이므로 현실과의 괴리가 크며 최근에는 대부분 해상물품운송으로 서비스가 종료되는 것이 아니라 door to door 서비스를 표방하는 복합운송이 주류를 이루고 있다. 따라서 이러한 내용이 반영된 신 규칙이 필요하게 되었고 그 역할을 수행하기 위하여 로테르담 규칙이 제정된 것이다.

표 9-4	헤이그 비스비 규칙과 로테르담 규칙 비교	
구분	헤이그 비스비 규칙	로테르담 규칙
적용범위	1) 체약국으로부터의 국제해상운송 2) 선하증권이 발행된 경우 해상화물운송계약 3) Charterparty 제외	1) 해상운송구간을 포함한 국제화물운송 2) 선하증권 및 해상운송장 인정 3) 정기선계약(Charterparty, slot 용선 제외) 단, Charterparty B/L이 발행된 경우는 인정
전자 선하증권	해당조항 없음	일반 선하증권과 동일한 효력 인정
책임의 기간	Tackle to Tackle(선적에서 양륙까지)	Door to Door(화물의 수령에서 인도까지)
화물관련 운송인 의무	선적, 취급, 적부, 운송, 보관, 관리와 양륙을 적절하고 주의 깊게 할 의무	수령 및 인도 추가

선박관련
운송인
의무
	선박의 발항 전 및 발항 당시 due diligence
	1) 감항능력유지의무
	2) 선원, 의장 및 선용품 보급
	3) 선창, 냉동실 및 냉장실 등을 화물의 운송
	  및 보관을 위해 적당하고 안전하게 유지
	  하는 일
		Hague-Visby Rules와 동일
		항해 전 과정을 통틀어 due diligence를 유지
		해야 함

면책사항	17가지 사항 명시(항해과실 포함)	항해과실면책 폐지
생동물	협약적용대상 아님	운송인의 고의 또는 무모한 행위로 손해가 발생한 경우 운송인은 면책을 주장할 수 없음
지연손해	규정 없음(국내법에 일임함)	당사자 간 합의된 시간 내 인도가 되지 않은 경우 운임의 2.5배를 최고한도로 보상가능
포장당 책임제한	1) 666.67SDR/Package 2) 2SDR/kg	1) 875SDR/Package 2) 3SDR/kg
책임제한 배제사유	운송인 자신의 고의 또는 중과실(무모한 행위)	운송인 자신의 고의 또는 중과실(무모한 행위)
제소기간	1년	2년

주·요·학·습·내·용

Global Trade Practice and Management

약술형

- 해상운송의 특성
- 정기선 서비스와 부정기선 서비스
- 용선계약의 종류
- 선하증권의 개념과 종류
- 선하증권 관련 국제규칙의 종류와 역사적 흐름

용 어

- place utility
- derived demand
- tariff
- voyage charter
- time charter
- bareboat charter
- multimodal transport
- freight forwarder
- bill of lading
- seaworthiness
- deviation
- unknown clause
- general average

10 CHAPTER

무역과 해상보험제도

해상보험의 기초개념

1. 해상보험의 정의

무역거래는 일국 내에서 이루어지는 국내상거래보다 훨씬 복잡하고 다양한 위험들에 노출되어 있는데 대표적으로 신용위험(Credit Risk), 비상위험(Emergency or Political Risk), 환위험(Exchange Risk), 운송위험(Transportation Risk) 등이 있다. 이러한 무역거래에 따른 제위험을 커버함으로써 거래를 원활하게 수행하기 위한 제도로서 무역물품 운송과 관련된 해상보험제도와 대금결제에 관련된 무역보험제도가 있다.

영국 해상보험법(MIA, 1906) 제1조에 의하면 "해상보험계약(contract of marine insurance)은 보험자가 피보험자에 대하여 그 계약에 의해서 합의한 방법과 범위 내에서 해상손해(marine losses), 즉 해상사업에 수반되는 손해(the losses incident to marine adventure)를 보상할 것을(indemnify) 약속하는 계약이다"라고 규정하고 있다.[1] 우리나라 상법에는 해상보험의 정의에 관하여 직접 규정한 조항

---

[1] Susan Hodges, *Law of Marine Insurance*, Cavendish Pub. Ltd, 1996 U.K, p. 1.

은 없으나 제693조에 "해상보험계약의 보험자는 해상사업에 관한 사고로 인하여 생길 손해를 보상할 책임이 있다"라고 해상보험자의 책임에 대하여 규정하고 있다.

따라서 해상보험은 항해에 관한 사고를 당할 우려가 있는 재산을 가진 다수인이 위험의 정도에 따라 합리적인 방식으로 자금을 갹출하여 공동준비재산을 형성하고 그 중 누군가가 사고를 당하여 손해를 입었을 때 이를 보상함으로써 경제적인 불안을 제거 또는 경감시키는 경제적 제도라고 정의할 수 있다.

2. 해상보험의 주요용어

(1) 보험자(Insurer, Assurer, Underwriter)[2]

보험자는 보험계약의 당사자로서 위험을 인수하는 주체를 말하며, 보험사고 발생시 손해를 보상하는 자를 의미한다. 우리나라는 법인체인 보험회사로 되어 있으나 외국에서는 Lloyd 와 같은 개인 보험자도 있다.

(2) 보험계약자 또는 피보험자(Insured, Assured)

보험계약의 당사자로서 자기 명의로 보험자와 보험계약을 체결하고 계약 체결시 보험료납입의 의무를 가지는 자를 보험계약자라고 하며, 피보험이익의 주체로서 보험사고 발생시 보험금(보험자가 보상하는 금액)의 수취권자를 피보험자라고 한다. 이 양자는 동일인이 될 수도 있으나 CIF 매매계약에 있어서 매도인이 매수인을 피보험자로 하여 보험계약을 체결하는 것과 같이 타인을 위하여 보험계약을 체결하는 경우 또는 보험계약 후 보험증권을 타인에게 양도한 경우에는 양자가 상이하게 된다. 그러나 영문으로는 구분 없이 동일하게 사용된다.

(3) 보험증권(Policy) 및 약관(Clause)

보험증권은 보험계약의 법적증거서류로서 보험자가 보험계약자에게 발급하게 되며, Claim 청구시 보험자에게 제출한다. 보험증권에는 보험계약 당사자명, 보험의 목적, 보험조건, 보험의 시기와 종기 등 계약내용이 구체적으로 기

---

2) 해상보험에서는 17세기경부터 보험증권을 발행하는 보험자가 보험증권의 내용에 대하여 책임을 진다는 의미에서 보험증권의 하단에 직접 서명을 하였는데, 이후 'Underwriter'는 보험계약을 인수하는 개인 보험업자를 뜻하게 되었다.

재된다. 보험증권은 계약성립의 요건도 아니며 또 보험자만이 기명날인하므로 계약서도 아니나 보험계약에 관한 모든 사항은 보험증권의 내용에 의하여 결정되며 보험증권에 기재되어 있지 않은 사항은 보험계약의 내용으로 인정받지 못한다. 약관이라 함은 보험증권상에 기재되거나 첨부되는 각종 규정 또는 약속을 말한다.

(4) 보험목적물(Subject Matter Insured)

위험으로 인하여 손해나 경제상의 불이익이 발생하게 되는 대상으로서 보험에 가입할 수 있는 이익(Interest)을 보험의 목적이라고 한다. 해상보험에서는 선박, 적하, 운임, 용선료 등이 보험가입의 대상이 된다.

(5) 보험료(Premium)

피보험위험(insured perils or perils insured against)으로 인하여 발생한 손해를 피보험자에게 보상할 것에 합의한 대가로 보험계약자가 보험자에게 지불하는 반대급부를 말한다. 보험료는 백분율(%)로 표시되는 보험료율을 보험금액에 곱하여 계산되며, 보험료는 순보험료와 부가보험료로 구성된다.

1) 순보험료(Net Premium)

보험자가 장래에 발생할지도 모르는 피보험위험으로 인한 손해를 보상하기 위한 자금에 해당하는 보험료로서 이는 보통 손해율에 기초를 두어 대수의 법칙에 따른 과학적인 확률계산에 의하여 산출되는 것이 원칙이지만, 해상보험, 특히 선박보험(Hull Insurance)에 있어서는 변화가 심한 자연적인 위험과 인위적인 위험의 측정이 상당히 어렵기 때문에 보험자의 경험에 의한 판단이 중요하게 작용하게 된다.

2) 부가보험료(Loading Premium)

보험자의 사업경비와 이윤에 해당하는 보험료로서 보험경영기법에 따라 어느 정도 증감이 될 수 있으며, 또한 보험종목에 따라 이의 구성비율에 차이가 있을 수 있다.

(6) 보험금(Claim Amount)

피보험위험으로 인하여 손해가 발생할 경우, 보험자가 보험증권에 합의한 바에 따라 피보험자에게 지급하는 손해보상액을 말한다. 해상보험사고는 타종목의 사고보다 다양하고 복잡한 특성을 갖고 있을 뿐만 아니라 외국사와의 문제가 수시로 발생한다. 우리나라에서는 영국의 법률 및 관습에 대한 준거법약관이 삽입되어 있는 영국의 보험증권과 약관을 사용하고 있기 때문에 해상보험의 손해사정은 한층 전문성이 요구된다.

(7) 보험가액(Insurable Value) 및 보험금액(Insured Amount)

보험가액은 보험의 목적(subject-matter insured)의 평가액이며 사고발생시의 경제적 손해의 최고한도액이다.[3] 보험금액은 보험계약자가 실제로 보험에 가입한 금액, 즉 바꾸어 말하면 보험자가 계약상 부담한 손해보상의 최고한도액을 의미한다.

보험가액은 항상 일정한 것이 아니고 화폐가치의 변동 또는 시장상황의 변동에 따라 보험기간 중 부단히 변화하는 것이 보통이다. 그러나 해상보험은 평가제보험(Valued Policy)을 채택하고 있기 때문에 보험계약체결시에 보험가액을 확정하게 됨으로써 보험금 산정시에 보험가액과 보험금액의 차이로 인한 분쟁은 발생하지 않는다.

3. 해상보험의 종류

해상보험은 화물을 대상으로 하는 적하보험(Cargo Insurance)과 선박을 대상으로 하는 선박보험(Hull Insurance), 운임을 대상으로 하는 운임보험(Freight Insurance)이 있으며 이 중 적하보험과 선박보험이 주종을 이루고 있다. 그러나 해상사업과 관련하여 여러 가지 위험이 발생하기 때문에 여기에 대비할 수 있는 다양한 보험종목들이 개발되어 있다.

(1) 적하보험(Cargo Insurance)

적하보험은 화물을 대상으로 하는 보험으로 운송중에 외부의 우연한 사고

---

3) 보험계약의 당사자가 상업송장 등을 기초로 하여 정한 보험가액을 '협정보험가액'이라고 하고 만약 계약시 보험가액을 협정하지 않은 경우는 법에 규정되어 있는 바에 따라 보험가액을 산정하도록 되어 있는데 이를 '법정보험가액'이라 한다. 또한 보험계약 체결시에 보험의 목적에 대한 보험가액을 당사자간에 미리 협정하는 경우를 '기평가보험'이라고 하고, 이를 정하지 아니하는 경우를 '미평가보험'이라고 한다.

의 결과로 인해 화주가 입게 되는 화물의 손실을 소정의 보험료를 대가로 보험자가 피보험자에 대하여 계약당시 합의한 방법과 범위에 따라 보상하는 보험이다. 여기서 의미하는 화물은 대체로 상품 그 자체를 말한다. 사유물이나 선내에서 소비하기 위한 식료품이나 소모품 등은 화물로 취급되지 않으며 이들 품목은 적하보험의 대상이 될 수 없다.

(2) 선박보험(Hull Insurance)

선박보험은 선체 및 기관보험(Hull/Machinery Insurance), 선박건조보험(Ship Building Insurance) 등이 있다. 선체보험은 선박을 대상으로 하는 보험이나 반드시 선박 그 자체인 동체만을 대상으로 하는 것은 아니며 선박의 의장용구나 항해에 필요한 모든 물건을 대상으로 한다.

한편, 선박의 건조에는 상당한 비용과 기간이 소요되고 해상과 육상에서 동시에 위험이 발생한다. 선박의 건조에서부터 진수·시운전 및 인도에 이르기까지 이에 따른 제반 손해를 보상해 주는 보험이 선박건조보험이다.

(3) 운임보험(Freight Insurance)

운임보험은 운임을 보험목적물로 하는 보험이다. 운임을 취득하는 자가 운임보험계약을 체결하는데, 운임이 선불인 경우는 화주가 운임보험을 체결하고 운임이 도착지에서 지불될 경우에는 선주가 체결한다. 운임보험은 제3자에 의해서 지불되는 운임뿐만 아니라 선주가 자신의 선박으로 자신의 화물을 운반할 경우 추측할 수 있는 운임도 대상으로 한다. 그러나 여객이 지급하는 여객운임은 운임에 포함되지 않기 때문에 운임보험의 대상에서 제외된다.[4]

(4) 보험기간에 따른 분류

보험기간은 보험자의 책임이 존속되는 기간을 말하며 보험기간을 정하는 방법에 따라서 해상보험은 기간보험(Time Insurance), 항해보험(Voyage Insurance)으로 구분된다(MIA 제25조 1항).

기간보험(Time Insurance)은 보험계약이 보험목적물을 일정기간[5]에 대하여 인수하는 보험이며 이때 기간보험증권(Time Policy)이 발급된다. 선박보험은 통

---

[4] 구종순, 「해상보험」, 유원북스, 2013, p. 54.
[5] 그 기간이 반드시 증권상에 명기되어야 한다는 것을 의미한다.

상적으로 12개월을 보험기간으로 하는 기간보험이다. 우리나라에서 체결되는 선박기간보험의 보험개시시간은 개시일의 정오(12:00)이며 종료일 역시 같은 시간에 끝난다.

항해보험(Voyage Insurance) 또는 구간보험은 보험목적물을 부산항에서 뉴욕항까지 부보하는 것처럼 어느 지점에서 다른 지점까지 보험에 가입하는 경우이며 이때 발행되는 보험증권을 항해보험증권(Voyage Policy)이라 한다. 항해보험에서는 항해가 끝날 때마다 보험계약을 갱신해야 한다. 적하보험은 항해보험으로 계약이 체결되며 선박보험에서도 특별한 경우에는 항해보험으로 가입하기도 한다. 한편, 항해와 기간의 양자를 위한 계약이 동일한 보험증권에 포함될 수 있다.

4. 해상보험의 주요요소

(1) 피보험이익

"피보험이익이 없으면 보험이 성립할 수 없다"란 문구와 같이 보험에는 반드시 어떤 특정인이 보험의 목적물과 재산상의 이해관계가 있어야 하며 이런 재산상 이해관계를 보호함으로써 특정인이 갖게 되는 이익을 피보험이익(insurable interest)이라고 한다.

피보험자가 피보험이익을 갖고 있지 않거나 또는 그러한 피보험이익을 취득할 가능성 없이 해상보험계약을 체결하면 그 계약은 무효가 된다.[6] 그러나 현재는 피보험이익이 없지만 곧 취득할 전망이 확실하면 보험계약의 체결이 가능하다. 적하보험에서 수입업자가 보험계약을 체결할 수 있는 것은 장차 그 화물이 자기의 소유가 되기 때문이다.

피보험이익의 종류를 개괄적으로 설명하면 다음과 같이 여섯 가지로 구분할 수 있다.

첫째, 소유자이익은 보험목적물의 소유자가 가지는 이익을 말한다. 보험목적물의 소유권이 저당권 등에 의하여 제한을 받더라도 소유자가 보험의 목적에 대하여 전적인 책임을 지고 있는 한 소유자이익은 제한을 받지 않는다.

---

6) 또한 MIA 제4조 2(b)항에서는 보험증권이 "이익의 유무를 불문함"(interest or no interest), "보험증권 자체 이외 별도로 피보험이익의 존재를 증명할 필요가 없음"(이러한 증권을 PPI 증권이라 함), "보험자에게 구조물 취득의 권리가 없음"(without benefit of salvage to the insurer), 또는 이와 유사한 조건으로 발급된 경우 해상보험계약은 무효로 간주한다고 규정하고 있다.

둘째, 담보이익은 채권자가 자기의 채권을 확보하기 위하여 채권자의 선박, 적하, 운임 등과 같은 재산을 담보로 하였을 때 채권자가 이들 재산에 대하여 가지는 이익을 담보이익이라 한다.

셋째, 사용이익은 타인의 재산을 사용하는 자가 사용물에 대하여 가지는 피보험이익을 말한다. 해상보험에 있어 전형적인 것은 선박임차인이 가지는 임차권이익이다.

넷째, 수익이익은 재산을 사용하거나, 관리하는 데 어떠한 노력을 제공함으로써 얻어지는 이익이다. 해상보험에 있어서는 운임, 희망이익, 선원의 급료 등이 여기에 속한다.

다섯째, 비용이익은 위험의 발생에 기인하여 예기치 않게 비용을 지출하게 되는 경우의 피보험이익을 말한다. 해난으로 인한 손해방지비용이나 재난조사비 등이 여기에 속한다.

여섯째, 책임이익은 보험사고의 발생으로 인하여 제3자에 대해 손해를 배상하여야 하는 법률상 책임에 해당하는 피보험이익을 책임이익이라 한다. 선박보험에 있어서의 선박충돌배상책임이 여기에 해당된다.

(2) 고지와 담보

해상보험계약은 최대선의(utmost good faith)에 의거하여 이루어지는 계약이며 계약당사자 일방이 이를 준수하지 아니하면 상대방은 계약을 취소할 수 있다(MIA 제17조). 최대선의원칙은 계약당사자 쌍방이 다같이 지켜야 하는 것이지만, 특히 보험계약자가 보험계약 체결 전에 자기가 알고 있는 중요한 사항을 보험자에게 알리는 고지의무가 있다. 만약 보험계약자가 이러한 의무를 태만하였을 경우 보험자는 그 계약을 취소할 수 있다.

담보(warranty)란 영국 해상보험법상 피보험자에 의해서 반드시 지켜져야할 약속을 말한다. 다시 말해서 담보는 피보험자가 보험계약상 ① 특정한 사항을 행하거나 행하지 않을 것, ② 특정한 조건을 충족시킬 것, ③ 특정한 사실의 존재를 긍정 또는 부정할 것을 약속하는 것이다. 담보는 크게 명시담보와 묵시담보로 나누어진다.

명시담보(express warranty)는 담보의 내용이 보험증권에 기재되든가 또는 서면서류로 첨부되는 것을 말한다. 묵시담보(implied warranty)는 보험증권에 기재되어 있지도 않고 첨부되어 있지도 않지만 피보험자가 묵시적으로 필히 이행하여야 하는 담보이다.

묵시담보의 대표적인 것이 내항성담보(warranty of seaworthiness)인데, 이는 선박의 기관이나 선체가 양호한 상태일 뿐 아니라, 항해사업을 충분히 감당할 수 있도록 모든 조건과 상태, 예컨대 자격 있는 선장, 충분한 선원의 승선, 적절한 선용품 구비, 적절한 연료공급 등이 구비되어야 한다는 묵시적 언약이다. 이렇게 항해사업이 가능하도록 준비되어진 상태를 내항성 혹은 감항성(seaworthiness)이 있다고 한다.

(3) 해상손해

해상보험의 보험조건과 이에 따른 보상범위를 파악하기 위해서는 해상손해의 종류를 정확히 알고 있어야 한다. 해상보험에 있어 손해(Loss)란 해상위험이 발생하여 피보험이익의 일부 또는 전부가 손상 또는 멸실됨으로써 피보험자가 입은 경제상의 불이익을 말한다.

이러한 손해는 여러 가지 방법으로 분류될 수 있으나 일반적으로 약관상의 보상범위에 따라 다음과 같이 분류한다.

그림 10-1	해상손해의 종류

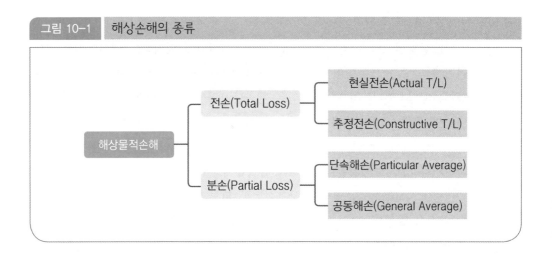

1) 전손(Total Loss)

전손이라 함은 보험사고가 발생하여 피보험이익의 전부가 멸실되거나 구조가 사실상 불가능하거나 수리비가 보험금액을 초과할 정도로 손상이 심한 경우를 말하며 전손에는 현실전손(actual total loss)과 추정전손(constructive total loss)이 있다.

① 현실전손

가. 물리적 또는 실질적인 멸실(completely destroyed)

선박이 화재로 인하여 전소, 심해에서의 침몰 등으로 원상회복의 가능성이 전혀 없는 경우이다.

나. 본래성질의 상실(loss of specie)

화물의 경우에 자주 나타나는 현상으로서 이미 보험가입 당시의 성질이 전혀 아닌 상태로 변화된 것을 의미한다. 시멘트가 해수에 침수되어 고체로 변한 경우 등이다.

다. 회복가망이 없는 상실(irretrievably deprived)

보험의 목적이 박탈되어 회복의 전망이 없는 경우이며 대개 적에게 포획, 탈포되거나 몰수되었을 때 등이다.

라. 선박의 행방불명(missing ship)

선박이 행방불명되어 상당기간(a reasonable time)이 경과하면 현실전손으로 처리하게 된다. 여기에서 상당기간이라는 것은 각 사례별로 상황에 따라 다르게 되며 이는 사건의 원인이 해상위험인가 또는 전쟁위험인가를 구별해야 하는 문제가 있어 어려운 점이 있다.

② 추정전손

보험목적물의 현실전손이 불가피한 것으로 보이거나 또는 현실전손을 면하기 위하여 지출한 비용이 보험가액을 초과할 것으로 판단되기 때문에, 보험목적물을 합리적으로 위부(Abandonment)하는 조건으로 보험자가 이를 현실전손과 마찬가지로 처리하게 되는 전손을 추정전손이라 한다. 위부란 추정전손의 사유가 발생하여 피보험자가 보험목적물에 대한 일체의 권리를 포기하고 보험자에게 이전하여 그 대신 전손에 해당하는 보험금을 청구하는 행위를 말한다. 즉, 피보험자가 손해를 전손으로 추정하겠다는 의사표시를 위부라고 하는데 MIA 제60조 1항에서는 합리적으로 위부했을 경우에 한하여 추정전손이 성립된다고 규정하여 위부가 추정전손 성립의 형식적 요건임을 명시하고 있다. 따라서 피보험자의 이와 같은 의사표시를 보험자가 승낙하게 되면 추정전손이 성립되고 만약 이를 거절하게 되면 분손으로 처리된다.

2) 분손(Partial Loss)

분손이란 전손에 대응되는 개념으로서 피보험이익의 일부가 멸실(loss), 손상(damage) 또는 회복의 가망이 없이 상실됨으로써 발생되는 손해이며, 여기에는 단독해손과 공동해손이 있다.

① 단독해손(Particular Average)

공동해손에 대응되는 말로서 공동해손손해가 아닌 분손을 의미한다. 즉 보험자가 부담하는 보험의 목적이 일부 멸실되거나 손상되어 그 손해를 피보험자가 단독으로 부담하게 되는 분손이다. 보험조건에 따라 이 단독해손의 부담 여부 또는 부담의 범위가 다르게 되어 있어 보험조건에 따른 보상범위 구분의 기준이 되는 경우가 많다.

② 공동해손(General Average)

공동해손이란 공동해손행위(G/A Act)로 인하여 또는 공동해손행위의 직접적인 결과로 발생된 손해를 말하며, 이 손해는 해상사업에 이해관계가 있는 여러 이익단체(선박, 적하, 운임 등)가 공평하게 분담하게 된다.

공동해손행위라 함은 특정의 해상사업에 참여하고 있는 공동운명의 이익단체가 해상사고에 조우하였을 때 그러한 이익단체의 공동안전을 위하여 선장이나 선주가 적절한 조치를 취하는 행위를 말한다.

공동해손에 관한 요크-앤트워프 규칙(제A조)에서 공동해손의 성립요건으로 ① 공동의 희생손해나 비용손해는 이례적이어야 하며, ② 공동해손행위는 임의적이어야 하고, ③ 공동해손행위와 공동해손은 합리적이어야 하며, ④ 위험은 현실적이어야 하며, ⑤ 위험은 항해단체 모두를 위협하는 것이어야 한다.

Section 02 적하보험

1. 협회적하약관(ICC 약관)

해상이나 항공으로 수송되는 무역물품이라면 어떠한 것이라도 보험에 가입할 수 있는데 이것을 적하보험이라고 한다. 이러한 적하보험계약을 위해서 보험약관이 필요한데, 현재 활용되고 있는 것은 영국 보험자협회(Institute of

London Underwriter: ILU)가 만든 협회적하보험약관이다. 무역업자, 즉 화주와 보험회사간에 적하보험계약에 이용되는 증서가 해상보험증권(화물용)이다. 이 증권 이면에는 약관이 있는데, 영국 보험자협회에서 제정한 신약관이 활용되고 있다. 이를 1982 신협회적하약관이라 한다.

협회약관에는 여러 가지 종류가 있고 화물의 종류별로도 특유의 약관이 있지만 일반적으로 다수의 화물에 공통 적용하는 기본약관은 ICC(Institute cargo clause) A, B, C조건 세 가지이다.

이상의 약관은 1982년 개정되었으며 A clauses는 과거의 전위험담보조건(All Risks: A/R), B clauses는 과거의 분손담보조건(With Average: W. A.), C clauses는 과거의 분손부담보조건(Free From Particular Average: F.P.A.)의 변형이다. A조건은 일정한 면책위험을 제외하고는 모든 위험, 즉 피보험목적물에 발생하는 멸실 및 손상, 비용일체를 모두 담보하는 조건으로 보험료가 가장 높다. B조건은 종래의 보험조건 중에서 W. A.의 담보위험이 명확하지 않았던 것을 보완하여 보험자가 보상하여야 할 담보위험을 구체적으로 열거하고 분손도 담보한다는 조건이다. C조건은 분손을 담보하지 않고 전손되어야 보험혜택을 받을 수 있다는 것으로 최소보험에 해당된다.[7]

I.C.C. (A), (B), (C)의 세 약관별로 보험자가 담보하는 위험과 면책되는 위험을 정리하면 〈표 10-1〉과 같다. 그러나 같은 면책위험이라 하더라도 전쟁위험과 동맹파업위험은 특약을 통해 협회 전쟁약관과 협회 동맹파업약관을 첨부함으로써 부보가 가능하다.

이상의 약관이 첨부된 해상보험증권이 국제적으로 이용되고 있으며 우리나라도 이것을 활용하고 있다. 2009년 1월 1일을 기하여 새로이 만들어진 약관에 근거한 해상보험증권양식은 보험료의 납입을 조건으로 보험사고 발생시 보험보상을 확약하는, 다시 말해서 '약속에 대한 대가'를 가리키는 약인약관(consideration clause)과 영국의 법률과 판례에 따를 것을 규정하는 준거법약관, 회사를 대표하여 서명한다는 선서약관(attestation clause)으로 구성되어 있다. 그이외의 모든 계약조건은 첨부되는 특별약관에 따르게 되어 있다.

한편, 이들 세 가지 기본약관은 그 내용이 모두 동일한 8개의 그룹약관으로

---

7) ICC(A)조건은 포괄책임주의의 원칙을 따르고 있으며 면책위험을 보험증권에 명시하고 이를 제외한 모든 위험을 담보할 것을 약속하는 것이며 ICC(B), (C) 조건은 열거책임주의로 담보위험이 보험증권상에 명시된다.

LG Insurance Co., Ltd.
CERTIFICATE OF MARINE CARGO INSURANCE

Assured(s), etc ② THE SAMWON CORPORATION

Certificate No.　① 002599A65334	Ref. No.③ Invoice No. DS-990228 L/C No. IOMP20748

Claim, if any, payable at : ⑥
GELLATLY HANKEY MARINE SERVICE
842 Seventh Avenue New York 10018
Tel(201)881-9412
Claims are payable in

Amount insured ④
USD 65,120.-
(USD59,200 XC 110%)

Survey should be approved by ⑦
THE SAME AS ABOVE

Conditions ⑤
* INSTITUTE CARGO CLAUSE(A) 1982
* CLAIMS ARE PAYABLE IN AMERICA IN THE CURRENCY OF THE DRAFT.

⑧ Local Vessel or Conveyance	⑨From(interior port or place of loading.
Ship or Vessel called the ⑩ KAJA-HO V-27	Sailing on or about ⑪ MARCH 3, 2014
at and from ⑫ PUSAN, KOREA	⑬ transsshipped at
arrived at ⑭NEW YORK	⑮ thence to

Goods and Merchandiese ⑯
16,000YDS OF PATCHWORK COWHIDE LEATHER

Subject to the following Clauses as per back hereo
institute Cargo Clauses Institute War Clauses(Cargo
Institute War Cancellation Clauses(Cargo)
Institute Strikes Riots and Civil Commotions Clauses
Institute Air Cargo Clauses(All Risks)
Institute Classification Clauses
Special Replacement Clause(applying to machinery)
Institute Radioactive Contamination Exclusion Clauses
Co-Inssurance Clause Marks and Numbers as

Place and Date signed in ⑰ SEOUL, KOREA MARCH 2, 2014　　No. of Certificates issued. ⑱ TWO
⑳ This Certificate represents and takes the place of the Policy and conveys all rights of the original policyholder (for the purpose of collecting any loss or claim) as fully as if the property was covered by a Open Policy direct to the holder of this Certificate.
This Company agrees lossed, if any, shall be payable to the order of Assured on surrender of this Certificate. Settlement under one copy shall render all otehrs null and viod.
Contrary to the wording of this form, this insurance is governed by the standard from of English Marine Insurance Policy.
In the event of loss or damage arising under this insurance, no claims will be admitted unless a survey has been held with the approval of this Compay's office or Agents specified in this Certificate.

SEE IMPORTANT INSTRUCTIONS ON REVERSE
⑲ LG Insurance Co., Ltd.

AUTHORIZED SIGNATORY

표 10-1	I.C.C. (A), (B), (C) 조건 비교				
	약 관 내 용	A	B	C	조항
담보위험	• 하기의 원인에 합리적으로 기인하는 보험목적물의 멸실·손상 　1. 화재 또는 폭발 　2. 본선 또는 부선의 좌초, 교사, 침몰, 전복 　3. 육상 운송용구의 전복, 탈선 　4. 본선, 부선, 운송용구의 타물체와의 충돌, 접촉 　5. 피난항에서의 화물의 임하 　6. 지진, 화산의 분화, 낙뢰	 ○ ○ ○ ○ ○ ○	 ○ ○ ○ ○ ○ ○	 ○ ○ ○ ○ ○ ×	1조
	• 하기의 사유에 근인해서 생긴 보험목적물의 멸실·손상 　1. 공동해손 희생손해 　2. 투하 　3. 갑판유실 　4. 본선, 부선, 선창, 운송용구, 컨테이너, 지게자동차 또는 보관 　　장소에 해수, 호수, 강수의 침입 　5. 선적, 하역 중 포장당 추락전손	 ○ ○ ○ ○ ○	 ○ ○ ○ ○ ○	 ○ ○ × × ×	
	• 상기 이외의 보험목적에서 발생한 일체의 멸실·손상	○	×	×	
	• 공동해손, 구조료(면책위험과 관련된 것 제외)	○	○	○	2조
	• 쌍방과실 충돌	○	○	○	3조
면책위험	• 어떠한 경우에도 다음의 사유로 생긴 멸실·손상은 담보하지 않음 　1. 피보험자의 고의의 위법행위 　2. 통상의 누손, 통상의 중량과 용량의 부족 또는 자연소모 　3. 포장불완전 또는 부적합(이 경우 포장은 컨테이너, 리프트밴에 　　적재하는 것 포함. 단, 이 적재는 위험이 개시되기 전에 행하여 　　지거나 피보험자 혹은 그 사용인에 의해 행해진 것에 한함) 　4. 피보험목적의 고유의 하자, 성질 　5. 담보위험에 의한 지연이라도 지연을 근인으로 한 멸실, 손상, 　　비용 　6. 선주, 관리자, 용선자, 운항자의 파산 또는 재정상 채무불이행 　7. 피보험목적에 대한 어떤 자의 불법행위에 의한 고의적인 손상, 　　파괴 　8. 원자력, 핵무기의 사용	 × × × × × × ○ ×	 × × × × × × × ×	 × × × × × × × ×	4조
	9. 선박, 부선의 불내항 및 부적합	×	×	×	5조
	10. 전쟁위험	×	×	×	6조
	11. 동맹파업 위험	×	×	×	7조

주: '○'표는 담보, '×'는 부담보의 의미임.

구성되어 있고 이들은 다시 19개의 개별약관으로 구성, 다만 제4조 및 제6조만
서로 다르고 나머지 항목은 모두 동일하다. 그러나 본서에서는 수많은 약관들
에 대해 일일이 검토하지 않고 담보위험과 면책위험을 규정하고 있는 제1조부

터 제7조까지의 약관들을 통해 해상보험에서 담보되는 각종 위험들에 대해서만 알아보기로 한다. 제1조는 위험약관(Risks Clause)으로 각 조건별 멸실과 손상에 대하여 보상범위를 나열하고 있다. 제2조와 3조에서는 각각 면책위험을 제외한 공동해손과 쌍방과실충돌 손해에 대한 보상범위를 정하고 있다. 제4조에서 7조까지는 보험자 면책사항으로 일반면책 여덟 가지와 선박의 불내항(unseaworthiness of ship)과 화물의 부적합(unfitness of cargo)면책, 전쟁위험에 의한 면책과 동맹파업으로 인한 면책 등이 각각 포함되어 있다.

(1) 위험약관(Risk Clause)

위험약관은 보험자가 보상해 주는 책임범위를 구체적으로 규정하고 있는 약관이다. 이 약관에서는 제4조, 5조, 6조 및 7조에서 규정하고 있는 보험자의 면책위험을 제외한 일체의 피보험목적물의 멸실 또는 손상의 위험을 보험자가 담보한다고 규정하고 있어 보험자의 포괄책임주의를 명백히 나타내고 있다. 따라서 보험사고가 발생할 경우, 그 손해의 원인이 무엇인가를 증명할 책임은 보험자에게 있게 된다.

이 약관은 과거의 전위험담보조건(all risks)과 비슷하지만, 피보험자의 혼동을 방지하기 위하여 불합리한 명칭을 피하고 보험자가 보상해 주는 범위를 명확하게 명시하고 있다.[8]

만약 보험계약자가 A Clause조건으로 보험계약을 체결하면 보험자의 일반면책위험, 전쟁 및 동맹파업위험 및 선박의 불내항성의 경우를 제외하고는 모든 보험사고에 대해 보상받을 수 있다.

(2) 공동해손약관(General Average Clause)

이 약관의 내용은 제4조, 5조, 6조 및 7조에서 또는 이 보험의 기타 조항에서 제외한 원인 이외의 원인에 의한 손실을 피하기 위하여 또는 그것과 관련하여 발생한 공동해손(general average) 및 구조비(salvage charge)를 보험자가 담보한다는 것이다.

공동해손으로 피보험자가 분담해야 할 공동해손분담금(general average con-

---

8) 과거에는 이 약관을 전위험담보약관이라고 하여 명칭만 보고 모든 위험을 담보하는 조건으로 오해하는 경우가 있는데 실제로는 전쟁위험과 동맹파업·폭동 및 소요위험은 담보하지 않았기 때문에 전위험담보조건이라는 명칭은 보험조건에 걸맞지 않았다. 따라서 1982년 신약관을 제정하면서 불합리한 명칭을 피하고 보험자가 보상해 주는 범위를 명확하게 명시하였다.

tribution)이 있으면 보험자가 이를 대신 부담하며, 또한 제3자의 구조활동에 따라 피보험자가 부담해야 할 구조비도 역시 보험자가 보상해야 한다는 것이다. 그러나 공동해손과 구조비는 반드시 보험자의 담보위험에 근인하여 발생해야 하는 것으로, 예를 들어 불내항성과 같은 면책위험으로 침몰하는 선박을 구조했을 경우 이때의 구조비는 보험자가 보상하지 않는다.

공동해손은 자주 발생하는 해손이지만 그 정산방법과 절차는 매우 복잡하므로 보통 모든 보험증권과 선하증권에는 공동해손약관이 삽입되어 있는데, 만일 이 약관이 없는 경우에는 양륙항의 국법과 정산서에 의하여 처리된다는 규정이다.

(3) 쌍방과실충돌약관(Both to Blame Collision Clause)

이 약관은 보험자의 손해보상범위를 확장하여 해상화물 운송계약상 '쌍방과실충돌'약관에 의하여 피보험자가 부담해야 할 금액 중 보험증권에서 보상받을 수 있는 손해에 관한 부분을 보험자가 지급해 줄 것을 규정하고 있다.

따라서 피보험자가 만약 선주로부터 청구를 받았을 경우에는 피보험자는 그 취지를 보험자에게 통지하고, 이에 따라 보험자는 자기의 비용으로 피보험자를 선주의 청구로부터 보호하여야 한다.

원래 선박의 충돌은 항해상의 과실에 속하여 선주는 운송물의 손해에 대해서 배상할 책임이 없기 때문에 이로 인한 화물의 손해에 대해서 화주는 자선의 선주에게 손해배상청구를 할 수 없다. 그런데 충돌 클레임을 정산하는 과정에서 선주는 자선의 화물 손해를 간접적으로 보상하는 결과를 가져온다.

선하증권의 쌍방과실충돌약관은 이와 같이 선주가 자선의 화물손해에 대해서 간접적으로 보상한 금액을 다시 회수할 수 있도록 규정한 것으로 만약 피보험자가 선주로부터 이러한 금액을 청구받았을 경우에는 피보험자는 그 취지를 보험자에게 통지하고 보험자로부터 보상받을 수 있다.

(4) 일반면책약관(General Exclusion Clause)

이 약관은 제4조에서 규정하고 있는 사항으로 보험자의 면책사항을 일곱 가지로 구분하여 구체적으로 명시한 약관이다. 어떠한 경우라도 보험자는 다음의 손해를 보상하지 않는다.

첫째, 피보험자의 고의적인 위법행위로 인한 멸실, 손상 및 비용이다.

둘째, 통상적인 누출손해, 중량 및 수량상의 자연 감량, 통상적인 소모 등은 보상하지 않는다. 소맥·술 및 그 밖의 벌크화물 등은 선적 및 하역하는 과정에서 바람에 날리거나 또는 운송도중 건조되거나 휘발되어 중량이나 용적이 줄어들기 쉽기 때문에 이를 보험자의 일반면책사항에 삽입하게 된 것이다.

셋째, 피보험목적물의 포장, 혹은 운송 준비의 불충분한 상태로 인하여 발생하는 멸실, 손상 및 비용(이 경우 '포장'이라 함은 '컨테이너' 또는 '리프트밴'에 적재하는 것을 포함하는 것으로 간주한다. 단, 그와 같은 적재는 이 보험의 개시 전에 행하여지거나 또는 피보험자 또는 그 사용인에 의하여 행하여진 경우에 한함)이다.

넷째, 피보험목적물 고유의 성질과 하자(瑕疵)로 인한 멸실, 손상 및 비용이다.

다섯째, 피보험위험으로 인하여 발생된 지연일지라도, 지연을 근인으로 하여 발생한 멸실, 손상 또는 비용에 대해서 보험자는 책임을 지지 않는다.

여섯째, 본선의 선주, 관리자, 용선자 또는 운항자의 지불불능 또는 재정상의 채무불이행으로부터 생긴 멸실, 손상 또는 비용에 대해서 보험자는 책임을 지지 않는다.

일곱째, 원자력 또는 핵의 분열 및 융합, 기타 이와 유사한 반응 또는 방사능이나 방사성 물질을 응용한 무기의 사용으로 인하여 발생한 멸실, 손상 또는 비용에 대해서 보험자는 책임지지 않는다.

한편, ICC B약관과 C약관에서는 제3자의 불법행위에 의해서 보험목적물이 손상되거나 파괴되는 경우도 보험자의 면책사항으로 규정하고 있는데 A약관에서 이는 담보위험에 속한다.

(5) 기타 면책약관

1) 불내항(Unseaworthiness) 및 부적합성(Unfitness) 면책약관

선박 또는 부선(craft)의 불내항 및 피보험목적물의 안전운송을 위한 선박, 부선, 운송용구, 컨테이너 또는 리프트 밴의 부적합성으로 인하여 발생한 멸실, 손상 또는 비용은 보험자가 담보하지 않는다.

선박이 항해를 하려면 선체 및 기관 등이 모두 해상위험에 견뎌 낼 수 있도록 관리되어야 할 뿐 아니라 항해 수행에 적당한 설비·기구·용구 등의 준비와 선원 및 그들의 일용품까지 완비되어야 내항성이 인정되는데, 만일 선박의 불내항성이 입증되면 이로 인한 손해에 대해서 보험자는 책임을 지지 않는다.

그러나 피보험목적물을 적재할 때 피보험자 또는 그 사용인이 그와 같은 불내항성 또는 부적합성을 모르고 있을 경우에는 보험자는 보상하며, 묵시담보(Implied Warranties)의 위반으로 보지 않는다. 즉 선박이 내항성을 갖추고 있지 않더라도 피보험자가 선적시 그러한 사실을 알고 있지 않는 한 보험자로부터 보험금을 지급받을 수 있다는 것이다.

2) 전쟁면책약관(War Exclusion Clause)

전쟁위험에 대한 보험자의 면책을 규정한 약관으로서 제6조에 해당되며 다음의 사유로 발생한 멸실, 손상 또는 비용에 대해서 보험자는 일체 책임을 지지 않는다.

① 전쟁, 내란, 혁명, 모반(rebellion), 반란 또는 이로 인하여 발생한 국내투쟁 혹은 교전국에 의하여 또는 교전국에 대하여 행하여진 적대행위
② 포획(capture), 나포(seizure), 강류, 억지 또는 억류(해적행위 제외) 및 그러한 행위의 결과 또는 그러한 행위의 시도
③ 유기된 기뢰, 어뢰, 폭탄 또는 기타의 유기된 전쟁무기

②항에서 해적행위 제외라는 단서조건이 삽입되어 있는데, B약관 및 C약관에는 이러한 조건이 없다. 해적행위는 해적의 강탈·파괴·방화 등의 행위를 뜻하는데, 과거에는 전쟁위험으로 취급되었다. 그러나 여기서는 해적행위를 전쟁위험에서 제외했기 때문에 A약관에서는 보험자가 해적행위도 담보한다.

3) 동맹파업면책약관(Strike Exclusion Clause)

종래의 동맹파업, 폭동 및 소요부담보약관과 동일한 내용으로서 제7조에 해당하는 것으로 다음의 사유로 발생하는 손해는 보험자가 담보하지 않는다.

① 동맹파업자, 직장폐쇄를 당한 노동자 또는 노동분쟁소요 또는 폭동에 가담한 자에 의하여 발생한 것
② 동맹파업, 직장폐쇄, 노동분쟁, 소요 또는 폭동의 결과로 생긴 것
③ 테러리스트에 의하여 또는 정치적 동기에 의하여 행동하는 자에 의하여 발생한 것

① 및 ③은 원인과 결과가 반드시 근인관계에 있어야 되지만, ②는 상당한 인과관계가 있어도 보험자는 면책된다.

2. 해상적하보험의 시기와 종기

보험자가 손해보상의 책임을 져야 하는 보험기간에 관한 내용은 ICC 제8조 운송약관(Transit Clause)에 규정되어 있다. 보험증권에 기재된 화물이 지정지역의 창고 또는 보관장소에서 운송을 개시하기 위하여 떠날 때 보험이 시작된다. 보관화물이 창고를 떠나기 전에는 보험담보가 개시되지 않는다. 이렇게 개시된 보험의 종기는 다음과 같이 세 가지 경우로 구분된다.

첫째, 보험증권에 기재된 목적지의 수하인 또는 기타의 최종창고나 보관장소에 인도될 경우이다.

둘째, 통상운송과정이 아닌 타보관장소, 할당(allocation)이나 분배(distribution)의 목적으로 사용하기 위하여 선택한 창고나 보관장소로 인도될 경우이다. 비상보관에 있어서는 화주가 당초에 보관하기로 의도했던 장소를 포기하고 타장소에 보관하지 않으면 안 되어, 그곳에서 계속 보관하게 될 것인지 혹은 불가피했던 사정이 해소되면 다시 화물을 이송할 것인지를 구분해야 한다. 타장소에서 계속 보관하는 경우는 사실상 최종 창고의 역할을 하므로 그러한 장소에 인도됨과 동시에 해상보험계약의 효력은 종료되는 것이지만, 다시 화물을 이송하는 경우라면 중간창고의 역할을 하는 것이므로 최종 창고 혹은 보관장소로 이송될 때까지 보험자의 책임이 지속된다.

셋째, 최종 양하항에서 외항선으로부터 화물이 하역완료된 후 60일이 경과된 경우이며 이와 같은 세 가지 중 어느 것이든 먼저 발생할 때 종료된다. 우리나라에서는 수입화물에 대하여 세 번째 경우 하역 후 60일 대신 30일로 수정하여 사용하고 있다.

한편, 보험증권상 명시한 목적항에 화물이 하역되어 수화주의 최종창고에 입고되기 이전 그리고 하역 후 60일이 경과되기 이전에 동 화물의 최종목적지를 변경시킬 경우 그 곳으로 출발하게 되는 시점에서 보험기간은 종료되는 것으로 한다.

3. 해상적하보험계약의 체결

(1) 해상적하보험계약

해상적하보험계약은 보험계약자의 청약과 보험자의 승낙에 의해 유효하게 성립되며, 실무적으로는 청약서를 제출하여 보험회사가 이를 승낙하면 성립하게 된다. 해상적하보험계약의 체결당사자는 화물에 대한 권리 및 책임을 가진 자, 즉 피보험이익을 소유한 자나 매매 계약서상 보험가입의 책임을 가진 자가 체결해야 한다. 일반적으로 무역조건이 FOB, CFR인 경우 매수인인 수입업자가 가입을 하고 CIF인 경우 매도인인 수출업자가 가입을 한다. 보험계약자가 보험계약을 체결할 때에는 피보험이익이 직면하게 될 위험의 종류를 세밀히 고지한 후 보험자가 이에 대한 사고 발생 가능성을 측정하여 보험조건 및 보험요율 등을 결정한 다음, 보험계약자는 청약서(Insurance Application)에 피보험자명, 선박명, 피보험목적물의 명세, 보험금액을 비롯한 보험조건, 신용장번호 등을 기재하여 보험자에게 부보하고 보험자는 소정의 보험료와 상환으로 적하보험 증권을 발행함으로써 계약이 성립된다.

한편 청약서의 제출시 보험계약자는 보험자에게 보험목적물에 관한 중요한 사항을 고지(disclosure)할 의무를 지는데 만약 이를 위반하거나 부실고지하는 경우는 보험계약 자체가 무효가 되는 점에 주의를 요한다.

적하보험 부보시 체크해야 할 점은 기본적으로 희망이익을 가산, 송장금액의 110%를 부보해야 하며, 부보일자가 선하증권의 선적일자 이전이거나 아니면 소급 적용할 수 있다는 특약이 있어야 한다. 또한 담보되는 위험에 대한 부보범위가 명확해야 하며, 무조건 위험담보가 넓은 보험을 선택하기보다는 상품의 특성에 따라 적합한 특약조건을 선택해 보험료를 절약할 필요가 있다.

(2) 해상적하보험료의 산정

해상보험료는 보험자가 피보험위험을 담보하고 보험사고로 인하여 손해가 발생하였을 경우에 피보험자에게 손해를 보전할 것을 약속한 대가로 지불되는 약인이다. 그리고 보험료율은 이러한 보험료의 보험금액에 대한 비율로서 통상적으로 백분율로 표시된다. 보험금액에 보험요율을 곱하면 보험료가 산정된다. 보험료 산출의 근거인 보험요율(premium rate)은 적재선박(선명, 선형, 톤수 및 선급의 유무), 항해기간과 항로, 화물종류 및 보험조건 등에 의하여 산정되는데,

현재 우리나라의 적하보험료율 체계는 보험개발원에서 산정한 요율을 협정료율로 하여 모든 보험회사는 이 요율서에 정해진 바에 따라 보험료를 징수하고 있다.

section 03 보험클레임 처리절차

1. 사고통보 및 피보험자의 의무사항

해상적하보험에 부보하는 궁극적인 목적은 보험사고로 인한 피보험목적물의 멸실 및 손상으로 피보험자가 입게 되는 손해에 대하여 보험자에게 청구(Claim)하여 보상받는 데 있다.

보험사고가 발생한 경우 피보험자 혹은 그 대리인은 즉시 보험자에게 그 사실을 통지하여야 한다. 피보험자의 사고통지에 관한 의무사항은 해상보험증권 난외약관(Marginal Clauses)에 다음과 같이 명시하고 있다.

> "In the event of loss or damage arising under this Policy, no claims will be admitted unless a survey has been held with the approval of this Company Office or Agents specified in this Policy."
>
> 이 증권하에 멸실 혹은 손상이 발생한 경우에, 사고조사가 당사 혹은 이 증권에서 명시된 당사 대리인의 허락을 얻은 후 이루어지지 않는 한 어떠한 Claim도 인정하지 않을 것이다.

보험자는 사고가 발생하였을 때 피보험자의 의무규정으로서 수탁자 약관과 주요약관을 삽입하여 피보험자의 합리적 조치를 요구하고 있다. 중요약관은 보험사고가 발생하였을 때 피보험자가 취해야 할 유의사항을 규정한 조항이다.

모든 경우에 손해의 방지 및 경감을 위해 적절한 조치를 취하고, 또한 운송인, 수탁자, 기타 제3자를 상대로 한 모든 권리를 보존, 행사하도록 확보해 놓는 것은 피보험자 및 그 대리인의 의무이며, 특히 피보험자 및 대리인은 다음과 같은 사항을 이행하여야 한다.

- 운송인, 항만당국 혹은 기타 수탁자에게 손상 및 멸실된 화물에 대해 즉시 보상청구를 하여야 한다.
- 해난보고서가 발급된 경우를 제외하고는 어느 경우에도 화물이 손상되었다면 무사고 수령증(Clean receipt)을 교부해서는 안 된다.
- 컨테이너에 의하여 화물이 인도된 경우, 피보험자 또는 대리인의 책임 있는 직원이 즉시 컨테이너와 봉인을 검사해야 한다. 컨테이너 자체에 손상이 있거나 봉인이 파손된 경우, 혹은 다른 봉인으로 바뀌었다면, 그 사실을 화물수령증에 기재하고 하자가 있거나 규격이 다른 봉인은 후일 확인을 위해 보관하여야 한다.
- 멸실 및 손상이 명백한 경우 운송인이나 기타 수탁자의 대리인들에게 검정을 즉시 의뢰하고, 검정시 밝혀진 실질적인 멸실 및 손상에 대하여 운송인 기타 수탁자에게 보상청구를 하여야 한다.
- 화물을 인수할 당시에 멸실이나 손상이 명백히 나타나지 않았다면, 화물인수 후 3일 이내에 운송인이나 기타 수탁자에게 서면으로 통지해야 한다.

우리나라에서는 수출화물의 클레임의 경우 최종도착지에서 사고를 인지할 때 화주 혹은 그 대리인이 증권상에 명시되어 있는 보험자의 대리점에 즉시 사고통보를 하고 사고조사보고서를 얻은 후 대리점을 통해 관계서류를 보험회사에 제출하게 하여 보상을 받도록 하고 있으며, 수입화물의 경우에는 손해가 발생하면 그 사실을 즉시 보험자에게 통지하고 보험자와 협의, 공인된 사고조사인에게 손해의 정도 및 원인을 확인하게 한 후 손해사정을 거쳐 보험금을 지급한다.

2. 손해의 증명

피보험자는 손해가 발생하였을 때 그 손해가 보험증권에서 규정한 보험기간과 담보 구간에서 발생한 보험조건상의 담보위험으로 인한 손해라는 사실을 증명해야 한다. 그러나 전위험담보조건(A/R) 혹은 ICC(A)하에서는 손해가 보험증권상 담보되는 구간과 보험기간 내에 발생된 것이라는 사실을 피보험자가 입증하면 되고 손해를 야기한 재난이나 사고에 관한 특별한 증빙자료를 제시할 의무는 없다. 즉, 피보험자가 All Risks 조건의 담보범위 안에 있는 피보험위험에 의한 손해를 입었을 경우, 피보험자는 수많은 담보위험 중 어떤 특정위험에 의해 발생되었는지 구체적으로 손해원인을 입증할 의무는 없다.

열거책임주의가 적용되는 ICC(W. A), ICC(F.P.A) 혹은 ICC(B), ICC(C) 같은 제한조건하에서는 손해의 입증책임이 피보험자에게 있으므로 손해가 보험증권상에 열거된 담보위험으로 인하여 발생하였음을 피보험자가 직접 증명해야 한다.

3. 보험금 청구시 구비서류

적하클레임에 있어서 필요한 서류는 원칙적으로 다음과 같으며 인도서류는 수입화물에 관련된 것들을 제시한다.

⑴ 보험금 청구서(Claim Note)

보험회사의 소정양식 또는 청구자 자신의 서식이라도 관계없다. 보험금 청구서에는 보험계약의 내용과 보험금계산의 명세를 기재하는 것이 보통이다.

⑵ 보험증권 원본

보험금을 청구할 때에는 보험증권 원본 혹은 부본(Original or Duplicate Policy)을 제출해야 한다. 보험증권이나 증서를 분실하였을 경우에 피보험자는 보험증권의 분실로 인하여 발생하는 모든 책임을 부담한다는 조건의 각서(Letter of Indemnity)를 대신 제출함으로써 보험증권에 갈음할 수 있다.

⑶ 상업송장(Commercial Invoice)

상업송장은 매도인이 매수인에게 송부해 주는 화물의 수량, 형태, 대금결제 조건 및 금액을 표시한 계산서이다. 즉 보험증권상에 기재된 화물이 틀림없는가를 확인하는 수단일 뿐만 아니라 손해액과 보험금의 정확한 산정을 위해서도 필요하다.

상업송장에 명시되는 매매조건에 따라 피보험자에게 화물의 소유권이 이전되는 시점이 다르기 때문에 사고지점에 피보험자가 화물에 대한 피보험이익을 갖고 있는지를 입증하는 중요한 입증서류 중의 하나이다.

(4) 선하증권(Bill of lading)

선하증권은 운송인이 운송계약에 의하여 송하인으로부터 선적을 위하여 화물을 수취한 사실을 증명하고 동시에 화물을 지정된 목적지까지 운송하여 선하증권의 정당한 소지인에게 인도할 것임을 약속하는 유가증권이다. 보험자가 선하증권을 보험금청구서류로서 요구하는 이유는 첫째, 손해의 발생장소와 시기를 알 수 있는 중요한 자료가 되며, 둘째, 선박회사나 기타 운송에 책임있는 당사자에 대해 대위권을 행사하는 데 필요한 서류이기 때문이다.

(5) 사고조사보고서(Survey Report)

운송중 발생한 화물의 손상정도와 원인을 규명하기 위해 선정된 검정인이 작성하는 보고서로서 손해의 상태, 정도 및 그 원인, 손해발생의 시점 및 장소, 손해사정시 보험자가 필요로 하는 제반사항이 기재된다.

(6) 포장명세서(Packing List)

상업송장만으로 손해액 산정이 어려울 때 Packing List를 요구한다. 또한 화물의 특성에 따라 적합한 포장을 했는지 여부를 파악하는 근거서류가 된다.

(7) 중량증명서(Weight Certificate)

Shortage의 계산은 선적지 및 양하지에 있는 신용 있는 제3자가 발행하는 중량증명서를 근거로 삼는다. 검량방법으로서는 계량기기에 의한 것, 화물적재시와 양하시에 트럭의 중량을 계측하여 화물의 중량을 산출하는 이른바 Truck scale, 광석과 같이 선박에 가득 싣는 살화물은 본선의 흘수(draft)선으로 배수량을 계산, 화물의 중량을 산출하는 Draft survey 같은 것들이 있다. 액체인 화물(석유, 화학약품 등)은 용적, 온도, 비중 등을 계측하여 중량을 계산한다.

(8) 귀책자와의 교신문

운송중 발생하는 손해는 불가항력적인 사고로 인한 손해를 제외하고는 운송관련자 중 책임져야 할 귀책당사자가 있기 마련인데 손해가 발생하면 피보험자는 귀책 당사자에게 손해배상 청구서한을 보내고 이에 대한 관련 귀책자의 회신이 있으면 이를 보험금 청구시 함께 보험자에게 제출해야 한다. 한편 피보험자가 B/L 혹은 Air Waybill상의 Claim 청구요건을 충족하는 기간 내에 사고통보를 하지 않아서 보험자가 대위권을 행사하지 못하게 될 경우에는 보험금 산정시 피보험자 의무 해태에 따른 불이익을 받을 수 있다.

(9) 화물인도 관계서류

수입화물은 항구에서, 선박, 부선 또는 창고업자 등 여러 종류의 화물관리자에게 인도된다. 이 같은 이동에 수반하는 책임의 소재를 명확히 하기 위해서 화물의 인도시에 전문 검수인(Checker 또는 Tallyman)이 수량의 과부족과 손상의 유무를 확인하고 인도상태를 나타내는 서류를 작성한다. 이러한 인도서류는 손해의 입증서류로서 클레임처리에 있어서, 그리고 운송인 기타인에 대한 대위구상권 행사에 있어 중요한 서류가 된다. 구체적인 인도서류는, 재래선의 경우와 컨테이너선의 경우가 다르다.

1) 재래선의 경우

① Cargo Boat Note

본선으로부터 부선 또는 안벽에 양륙할 때에 화물의 상태를 나타내는 서류이다. Remarks란에 해당 화물에 발견된 이상이 기록된다. 예를 들어, 수량이 1대 부족한 경우에는 '1bag short', 포장물이 파손된 경우에는, '1ctn broken'이라고 표시된다. 화물인도시의 상태에 대하여 수취인측 Checker와 본선의 일등항해사(Chief officer)가 Cargo Boat Note에 서명으로 확인한다.

② Landing Report(양륙보고서)

부선이 안벽에 양륙시킨 화물의 상태를 기록하는 것이다. 그 외에 화물을 입고할 때의 기록으로서, 창고회사가 발행하는 입고확인서가 있다.

2) 컨테이너선의 경우

컨테이너로 운송되는 화물은 운송형태에 따라 FCL(Full Container Load)화물과 LCL(Less than Container Load)화물로 분류된다.

FCL화물은 컨테이너에 한 화주의 물건으로 채워진 화물로서, 컨테이너에 넣은 후에 선박회사의 터미널로 그대로 옮겨져 운송되고, 도착항의 컨테이너 터미널에서 컨테이너박스 채 수화주에게 인도된다.

반면에, LCL화물은 한 컨테이너에 한 화주의 화물을 만재할 수 없는 소량의 화물이며, 적재지에서 선박회사가 화물을 수취한 후 다른 화물과 혼재시켜 컨테이너를 채운다.

선박회사가 화물을 수취하며, 컨테이너에 혼재하는 장소를 CFS(Container Freight Station)라 부르며, 목적지에 도착된 때에도 CFS에서 화물을 컨테이너에서 꺼내어 수화주에게 인도한다. 따라서 인도서류도 FCL과 LCL에 따라 다르다.

① 기기양수증(Equipment Receipt)

FCL화물의 경우, 선박회사와의 인수인도는 컨테이너채로 행하여진다. 컨테이너는 일반적으로 선박회사가 화주에 대여해 주는데, 터미널에서 화주에게 건네 줄 때는 Equipment Receipt(반출, out), 그리고 반환시에는 Equipment Receipt(반입, in)이 발행된다.

수입화물이 터미널에서 인도될 때에, Equipment Receipt(Out)에는 당시의 컨테이너의 외견상 이상 유무도 기록된다. 그 기록에 의하여, 예를 들면 컨테이너 천정이 파손되어 있으면, 운송중에 해수나 우수가 컨테이너 내로 들어갈 가능성을 나타내는 것으로 손해원인의 추정에 있어 중요한 것이 된다.

또한, 컨테이너는 반드시 출입구가 봉인(Sealing)되기 때문에, 봉인번호가 Equipment Receipt에 기록된다. 적재지에서 붙여진 봉인번호는 일반적으로 B/L상에 기재되는데, 양자의 번호가 다르다면, 운송중에 컨테이너가 개봉되었을 가능성이 있음을 나타내는 것이다. 가령 화물의 도착수량이 송장(Invoice)상의 수량보다 적은 경우에 봉인번호가 적재지와 양륙지에서 같은 것으로 되어 있다면, 운송중의 도난보다는 수출화주가 컨테이너에 덜 적재한 것으로 추정된다. 보험증권에 표시되어 있는 주요약관(Important Clause)에서도 컨테이너 봉인을 점검해야 한다고 규정되어 있다.

② 적출보고서(Devanning Report)

FCL화물을 적재한 컨테이너를 수화주의 주관 아래 개봉하여 화물을 인수할 때에 그 화물의 상태를 기록한 것이다. 운송인측이 입회하지 않을 수도 있으며 특히 Devanning Report가 발생되지 않을 경우도 있다.

③ 인도보고서(Delivery Record)

LCL화물에 대하여는, CFS에서 컨테이너의 화물을 인출한 후 수화주에게 인도할 때 그 화물의 상태를 나타내는 Delivery Record가 발행된다.

상기한 인도서류에 충분한 Remark가 표시되어 있지 않은 경우에는, 필요에 따라 운송업자나 창고업자와 같은 관계자로부터 화물의 상태를 기록한 확인

Claim for Cargo Loss and/or Damage

Policy No. :

Amount :

Shipment :

Conveyance :

We enclose here with documents in support of a claim for the above mentioned shipment together with our claim statement amounting to

In this connection, we trust that you, upon examination, will find this in good order and justify in accordance with the terms of the above insurance policy issued for this goods.

In our opinion, this full set of claim documents can be accepted as sufficient proof of the above loss and/or damage.

Your settlement of the claim amount is anticipated at your earliest convenience.

Signature

Documents :

1. Claim Statement showing the Claim Amount
2. Survey Report or Other Certificate of Loss and/or Damage
3. Letter of Claim against Shipping Company and their Reply
4. Bill of Lading with Packing List
5. Commercial Invoice
6. Original Policy or Certificate of Insurance

서, 또는 사고보고서를 취득, 첨부한다.

(10) 해난보고서(Sea Protest)

선박이 항해중에 충돌, 좌초, 침몰, 멸실, 화재 또는 기관의 손상, 기타해난에 조우한 경우는 항만청에 해난보고서를 제출하게 되어 있다.

(11) 적부도(Stowage Plan)

본선 내의 각 선창에 화물을 적부하는 위치도가 있는데, 본선의 어디에 무엇이 실려 있는가와 그 화물의 수량, 중량, 양륙지를 한 눈으로 알아볼 수 있게 되어 있다. 손상화물에 대한 적부장소를 확인하여 같은 선창 내에 적재된 화물을 알 수 있는 등 손해원인을 규명하는 데 필요하다.

(12) 수입신고서(Import Declaration)

세관에 제출하는 수입품에 대한 신고서로서, 관세액이 기재되어 있다. 관세(Duty)가 부보되는 경우는 관세의 실액을 확인하는 데 필요하다.

(13) 용선계약서(Charter Party)

화물이 정기선에 의하여 운송되는 개품운송계약인 경우에는 B/L이 운송계약을 나타내게 된다. 반면에, 한 항해에 대하여 선복의 전부 또는 일부를 임차하는 항해용선 계약에 의하여 화물이 운송되는 경우도 있다. 밀이나 콩과 같은 살화물 또는 목재와 같은 대량 운송은 일반적으로 항해용선계약에 의하여 운송되는데, 이 경우에는 운송인에 대한 손해배상 청구시에 운송계약의 내용을 알기 위해서 B/L만이 아니고 용선계약서(Charter Party)도 첨부해 두는 것이 필요하다.

4. 정산사례

보험금 산정에 관한 정산사례를 몇 가지 소개하면 다음과 같다.

〈사례 1〉

(1) 보험가입 및 손해내용

양복지 2bale을 All Risk 혹은 ICC(A)조건으로 $600($500×120%)로 부보하였는데 하역작업도중 소나기에 맞아서 1bale이 담수손을 입었다. 정상품의 도착지가액은 bale당 $300이며 손상품의 가액은 Bale당 $150이다.

(2) 지급보험금의 계산

화물이 부분손해를 입은 경우에는 감가율(Depreciation ratio)을 산정하여 이를 보험금액에 곱하면 지급보험금이 산출된다.

$$보험금 = 보험금액 \times \frac{정품가액 - 손품가액}{정품가액} \, (= 감가율)$$

즉, 보험금 $= \$250 \times 120\% \times \dfrac{정품가액 - 손품가액}{정품가액} = \$150$이다.

〈사례 2〉

(1) 보험가입 및 손해내용

코코아 100Bag이 $250로 부보되었으며 상업송장 Bag당 무게는 80kg이다. 보험조건은 'WA3% Including shortage due to breakage tearing of bags'이다. 목적지에서 사고조사결과 10Bag이 찢어져 650kg이 남아 있었으며 쓸어모은 것(Sweeping)의 무게는 35kg이었고 감가율이 40%로 합의되었다.

(2) 지급보험금의 계산

인도된 100Bag의 무게	: 7,750kg	
인도된 손상품 10Bag의 무게	: 650kg	
인도된 정상품 90Bag의 무게	: 7,100kg	
정상품 10Bag의 무게(7,100kg×10Bag/90Bag)	:	788kg
손상품 10Bag의 무게	:	650kg
Sweeping 중 정상부분의 무게(35kg×60%)	: 21kg	671kg
부 족 손	:	117kg

정상품 100Bag의 인도되어야 할 무게: 7,880kg

손해액 $= \$250 \times 117kg / 7,880kg = \$3.71$

그러나 손해액 $3.71은 소손해면책금액 $7.5($250×3%)를 초과하지 못하므로 보험자의 지급 책임이 없다.

〈사례 3〉

(1) 보험가입 및 손해내용

200Bale의 원면(동일무게에 동일가액)이 All Risks 조건으로 $12,000에 부

보되었다. 항해중 5Bale이 해수침손을 입었으며 매각되었을 때 손상된 5Bale 의 무게가 575kg이었고 1kg당 $0.24였는데 정상품이었다면 $0.48이었을 것이다. 선적시 1Bale의 무게는 125kg이였지만 도착시 정상품 195Bale 무게가 24,570kg이 되어 1Bale당 무게가 126kg이었다.

(2) 지급보험금의 계산

인도된 정상품 5Bale의 무게: 630kg (126kg × 5bale)

정상품 5bale의 가액(630kg × $0.48) = $302.40

손상품 5blae의 가액(575kg × $0.24) = $138.00

손   해   = $164.40

또는 54.3650%$\left(\dfrac{302.4 - 138.0}{302.4} \times 100 \right)$

5Bale의 협정보험가액($12,000 × 5bale/200bale) = $300

따라서 지급보험금은 $163.09($300 × 54.3650%)이다.

〈사례 4〉

(1) 보험가입 및 손해내용

100Bale의 담배가 ICC(W. A) 3% each bale 조건으로 $2,000에 부보되었다. 100Bale 중 60Bale이 해수침손해를 입었는데 50Bale에 대해서는 감가율 (depreciation) 5%로 합의되었고 손상된 10Bale은 손상된 부분을 잘라내어 재포장한 6Bale은 정상품으로 인정되었고 잘라낸 부분인 4Bale은 보세가액 $10에 팔렸다. 정상품의 보세가액은 $25였다.

• Garbling Charge(잘라내는 비용) : $25
• 사고조사비   : $4.2

---

(2) 지급보험금의 계산

100Bale의 협정보험가액   : $2,000

50Bale의 협정보험가액   : $1,000

감가율 5%(1,000 × 5%)   : $50(손해액)

정상품 10Bale의 보세가액   : $250

정상품으로 인정된 6Bale의 보세가액 : $150

잘라낸 부분 4Bale의 보세가액	:	$10	$160
손 해 액	:		$90 또는 36%
10Bale의 협정보험가액	:	$200	
감가율 36%($200×36%)			$72(손해액)
			$122(손해액 계)
부대비용: Garbling Charge	:		$25
사고조사비	:		$4.2
총 지 급 보 험 금	:		$151.2

손상된 각각의 Bale은 소손해면책률(Franchise) 3%를 초과하며, 전체 손해액 $122는 $2,000에 대한 면책금액 $60(2,000×3%)을 초과함으로써 손해액 전액과 부대비용을 포함한 $151.2을 지급한다.

〈사례 5〉

(1) 보험가입 및 손해내용

200상자(1상자당 24cartons)의 신발이 ICC(FPA) 조건으로 $10,000에 부보되었다. 항해중 황천을 만나 선박의 선창이 침수되었다가 나중에 화재가 발생하여 선박과 적하가 심하게 손상을 입었다. 각 Carton의 송장가액은 동일하며 손상내역은 다음과 같다.

- 60상자: 화재손해, 감가율 30%
- 40상자: 황천으로 인한 해수침손, 감가율 50%
- 12상자: 발화(Pilferage)되어 40Carton 없어짐
- 2상자: 하역작업중 Sling Loss
- 86상자: 정상품

---

(2) 지급보험금의 계산

60상자 화재손해(60상자×30%)	:	18상자
40상자 해수침손(40상자×50%)	:	20상자
발화된 12상자(Pilferage)	:	FPA 조건에서 보상 안 됨
하역작업중 Sling Loss	:	2상자

지급보험금: $10,000 × 40상자/200상자＝$2,000

해수침손은 FPA 혹은 ICC(C)조건하에서 보상되지 않는다. 그러나 선박 또는 부선이 좌초, 침몰, 대화재(Burnt)를 입었을 경우 그것에 직접 기인되지 않은 손해라 할지라도 사고당시 그 화물이 선내에 있었으면 사고 전이든 사고 후든 간에 그 화물이 입은 단독해손도 보상된다. 그러나 소화재(Fire), 폭발, 충돌, 선박의 타물체와의 접촉에 대해서는 이것에 근인된 손해만을 담보한다.

약술형

- ICC(A), (B), (C)약관 담보위험 비교
- 피보험이익 개념과 종류
- 해상보험자의 일반면책 약관내용
- 적하보험의 개시와 종기
- 보험금 청구시 피보험자 의무사항
- 공동해손과 단독해손 비교
- 추정전손과 현실전손의 비교

용 어

- 쌍방과실충돌약관
- 보험금
- 단독해손
- 공동해손
- 해상위험(Peril)
- Hull Insurance
- MIA
- Survey Report
- 보험감가율
- Devanning Report
- underwriter
- subject matter insured
- cargo insurance
- stowage plan
- unseaworthiness

CHAPTER

11

무역보험제도

section 01 무역보험제도의 기초개념

1. 무역보험제도의 개념

수출거래에 수반되는 여러 가지 위험 가운데에서 해상보험과 같은 통상의 보험으로는 구제하기 곤란한 위험, 즉 수입자의 계약파기, 파산, 대금지급지연 또는 거절 등의 신용위험(Commercial Risk)으로 인하여 수출자, 생산자 또는 수출자금을 대출해 준 금융기관이 입게 되는 불의의 손실을 보상함으로써 궁극적으로 수출진흥을 도모하기 위한 비영리적 정책보험이 무역보험이다. 우리나라 무역보험이 담보하는 위험은 비상위험(Political Risk), 신용위험(Credit Risk) 및 기업위험(Management Risk)으로 대별된다.

비상위험은 수입국에서의 수입금지 또는 제한, 환거래의 제한 또는 금지나 전쟁·내란·정변과 같은 비상사태로 인한 수출대금회수가 불가능한 위험을 담보하는 것이다. 신용위험은 수입업자의 파산이나 계약파기로 대금지불이행이 불가능하거나 재무를 이행하지 않은 태만에 대한 담보 등이다. 기업위험은 기업경영 차원에서 판매예측이 어긋나거나 경영예측이 잘못되어 발생하는 위험을 부담한다.

　무역보험은 그 성격상 정부가 운영주체로서 관여하는 것이 일반적이며, 이에 우리나라는 산업통상자원부가 관장하고 그 업무는 1992년 7월부터는 한국무역보험공사가 담당하고 있다. 우리나라의 무역보험에 관한 기본법규로서는 무역보험법이 제정되어 있으며 또한 무역보험기금을 설치하고 있다.

2. 무역보험제도의 기능 및 특징

(1) 무역보험제도의 기능

1) 무역거래상의 불안제거 기능

　무역보험은 무역거래에 따른 수출입자의 위험부담을 해소하여 준다는 측면에서 무역거래의 환경 및 조건을 국내상거래의 경우와 동일한 정도로 유리하게 조성하는 데에 제1차적인 기능을 가지고 있다. 수입국에서 발생하는 비상위험 또는 신용위험 등으로 인하여 수출불능이 되거나 수출상품의 대금회수가 어렵게 되어 수출자나 생산자 등이 입게 되는 손실을 보상함으로써 안심하고 수출활동을 할 수 있도록 하는 기능을 갖는다.

2) 금융 보완적 기능

　무역보험은 무역대금 미회수위험을 담보하므로 금융기관으로 하여금 수출금융을 공여하게 하는 금융 보완적 기능을 가진다. 수출대금의 회수가능성 여부가 대출심사의 중요한 기준이 되는바, 무역보험에 의하여 이를 해결할 수 있으므로 금융기관은 수출자에게 담보요건 등에서 보다 유리한 조건으로 과감하게 수출자금을 공급할 수 있게 된다.

3) 무역진흥정책수단으로서의 기능

　무역보험은 무역, 기타 대외거래의 촉진 및 진흥을 위하여 정부의 지원하에 운영됨에 따라 보험요율 등을 정함에 있어 장기적 차원에서의 수지균형을 목표로 하여 가능한 한 저율로 책정하는 한편 보상비율 등에서는 최대한 수출자에게 유리한 형태의 보상제도를 채택하는 등 수출경쟁력을 강화시키고, 결과적으로 수출을 촉진시키는 역할을 하게 되는 수출진흥정책 수단으로서의 기능을 갖는다.

4) 해외수입자에 대한 신용조사 기능

무역보험은 효율적인 인수 및 관리를 기하고 보험사고를 미연에 방지하기 위해 다각적으로 해외수입자의 신용상태와 수입국의 정치, 경제사정에 관한 조사활동을 하게 되는바, 이러한 해외수입자 및 수입국에 관한 신용정보를 제공하여 수출자로 하여금 효과적으로 활용할 수 있도록 함으로써 수출자의 신규수입선 확보와 수출거래 확대에 기여함과 동시에 건전한 수출거래를 유도하는 부수적 기능을 가지고 있다.

(2) 무역보험제도의 특징

1) 위험의 동시다발성

전쟁, 내란 및 환거래의 제한 또는 금지 등의 비상위험으로 인한 보험사고는 위험을 예측하기가 매우 어렵고 또한 다수의 수출거래에 대하여 동시에 발생(위험의 동시다발성)하게 된다.

2) 거액의 보험사고 발생가능성

대형보험인수건에서 사고가 발생할 경우 보험자가 지불해야 할 보험금은 천문학적 숫자에 이를 정도로 엄청나며, 또한 비상위험에 의한 사고는 그 다발성으로 인해 일시에 보험금청구가 집중되게 되어 이 경우 역시 대규모의 보험금 지급이 불가피하게 된다.

3) 비영리 정책보험

민간기업이 무역보험을 운영할 경우 수출지원정책적 견지에서보다는 이윤추구의 입장에서 채산에 맞는 위험유형만을 선택, 운영하게 되므로 담보하는 위험의 범위가 극히 제한될 수밖에 없어 수출지원의 정책적 효과를 거두기가 매우 어렵다. 또한 수지균형을 맞추기 위해 과다한 보험료율을 책정할 경우 이는 수출원가의 직접적 상승효과로 작용하여 오히려 수출진흥에 역행하게 된다. 정부가 무역보험 운영에 깊이 관여하거나 직접 운영하는 이유가 여기에 있는 것이다.

02 무역보험종류별 특성과 사례

1. 무역보험종류별 특성

수출거래에 수반되는 여러 가지 위험에 대비하는 보험제도로 수출자, 생산자 또는 수출자금을 대출해준 금융기관이 입게 되는 불의의 손실을 보상함으로써 수출진행을 도모하기 위한 비영리 정책보험이다. 즉, 수입자의 계약 파기, 파산, 대금지급지연 또는 거절 등의 신용위험[1]과 수입국에서의 전쟁, 내란 또는 환거래 제한 등의 비상위험[2] 등으로 수출자 또는 수출금융을 제공한 금융기관이 입게 되는 손실을 보상하는 것을 말한다. 궁극적으로 우리나라의 수출을 촉진하고 진흥하기 위한 수출지원제도이다.

이러한 무역보험의 기능[3]은 수출자는 수출대금을 받지 못하여 발생한 손실을 보상받을 수 있기 때문에 위험성이 있는 외상거래나 신규 수입자의 적극적인 발굴을 통한 신시장 개척 및 시장다변화를 도모할 수 있다. 또한 금융기관은 담보능력이 부족한 수출업체에 대해서도 무역보험증권이나 수출신용보증서를 담보로 활용하여 무역 금융 지원 확대 및 위험도가 높은 수출거래에 대한 지원이 가능하다.

무역보험의 종류는 한국무역보험공사[4]가 제공하는 자료에 의하면 각종 대외거래와 관련하여 13개의 보험제도, 2개의 보증제도 및 기타 서비스를 제공한다.

(1) 단기성보험

1) 단기수출보험(선적후)

수출거래에 수반되는 여러 가지 위험에 대비하는 보험제도로 수출자, 생산자 또는 수출자금을 대출해준 금융기관이 입게 되는 불의의 손실을 보상함으로

---

1) 수입자에 관련된 위험으로 수입자 또는 L/C 개설은행의 파산, 지급불능, 지급거절, 지급지체 등으로 인한 수출대금 미회수위험
2) 수입국에 관련된 위험으로 전쟁, 내란, 혁명, 환거래제한 또는 모라토리움 선언 등으로 수출불능 또는 수출대금 회수불능위험
3) 무역보험은 WTO체제하에서 용인되는 유일한 간접 수출지원 제도로서 정부의 수출진흥정책 및 산업지원 정책 수단으로 활용되고 있음
4) 한국무역보험공사 홈페이지(https://www.ksure.or.kr/)

표 11-1	단기수출보험의 내용
대　상	내　　용
일반수출	국내에서 외국으로의 수출을 말하며, 국내에서 자체 생산하거나 국내 제조업체로부터 구매한 물품을 수출하는방식
위탁가공무역	해외에 진출한 국내기업의 현지법인이 생산·가공한 물품 또는 제3국 기업에 위탁하여 동국에서 가공한 물품을 제3국에서 수입국으로 직접 수출하는 거래
중계무역	수출을 목적으로 물품을 수입하여 국내에서 통관하지 않고 제3국으로 수출하는 거래
재판매	수출자가 해외지사(현지법인 포함)에 물품을 수출하고, 동 해외지사가 당해 물품을 현지 또는 제3국에 재판매 하는 거래

그림 11-1 단기수출보험(선적 후)의 상품구조

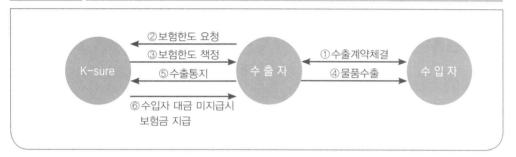

써 수출진행을 도모하기 위한 비영리 정책보험이다.

수출자가 수출대금의 결제기간 2년 이하의 수출계약을 체결하고 물품을 수출한 후, 수입자(L/C거래의 경우 개설은행)로부터 수출대금을 받을 수 없게 된 때에 입게 되는 손실을 보상하는 제도로서 대금미회수위험(신용위험, 비상위험)을 담보하기 위한 제도이다. 대상거래는 결제기간 2년 이내의 일반수출, 위탁가공무역, 중계무역, 재판매 거래이며 이는 〈표 11-1〉과 같다.

2) 단기수출보험(포페이팅)

은행이 포페이팅[5] 수출금융 취급 후 신용장 개설은행으로부터 만기에 수출대금을 회수하지 못하여 입게 되는 손실을 보상한다. 본 제도의 특성은 신용장에 의한 수출채권을 비소구조건으로 매입한 은행의 미회수위험을 담보하며 보

---

5) forfaiting은 현금을 대가로 채권을 양도 또는 포기한다는 불어의(a'forfait)에서 유래한 신조어로서, 재화와 용역인도(대부분 수출거래)에서 발생한 채권을 이전채권자에 대한 소구권 없이(without recourse) 매입하는 것을 의미하는데, 주로 수출금융의 한 형태를 가리키고 있다.

표 11-2 단기수출보험(포페이터)의 상품특성

구 분	단기무역보험	선적후 수출신용 보증	포페이팅 보험
보험계약자	수출	은행	은행
부보대상 거래	LC 및 Non-L/C	LC 및 Non-L/C	Usance L/C
Usance L/C 담보위험	인수거절 위험 포함	인수거절 위험 포함	인수거절 위험 없음

그림 11-2 단기수출보험(포페이팅)의 상품구조

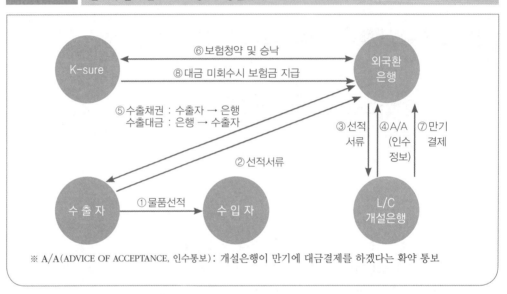

※ A/A(ADVICE OF ACCEPTANCE, 인수통보) : 개설은행이 만기에 대금결제를 하겠다는 확약 통보

험계약자는 금융기관, 결제기간은 2년 이내, 보상 및 소구 부분은 수출대금 미결제시 은행에 무조건 보상이 있다. 대상거래는 일반수출, 위탁가공무역, 중계무역이다.

3) 단기무역보험(수출채권유동화)

수출거래에 수반되는 여러가지 위험에 대비하는 보험제도로 수출자, 생산자 또는 수출자금을 대출해준 금융기관이 입게되는 불의의 손실을 보상함으로써 수출진행을 도모하기 위한 비영리 정책보험으로 은행이 수출입자간 거래에서 발생한 수출채권을 비소구조건으로 매입한 후 매입대금을 회수할 수 없게 된 경우 입게 되는 손실을 보상하는 제도이다. 수출채권을 비소구조건으로 매

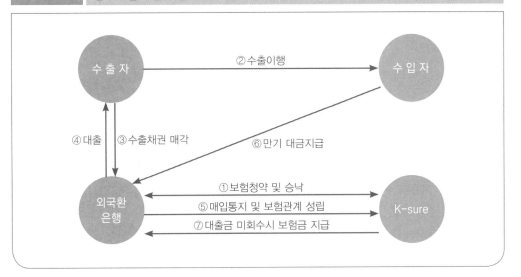

그림 11-3 단기수출보험(수출채권유동화)의 상품구조

입한 은행의 미회수 위험을 담보하고 있으며 보험계약자는 금융기관이고 결제 기한은 180일 이내(신용장 360일)이다. 대상거래는 일반수출, 위탁가공무역, 재판매(특약)로 수출은 무역보험의 성격상 손실의 발생이 있어야 하므로 유상수출에 한정되며, 무상수출은 제외된다. 재판매(특약)의 경우 중소·중견 기업에 한해 이용가능하다.

4) 단기무역보험(농수산물 패키지)

단기무역보험(농수산물패키지)은 간편한 한 개의 보험으로 농수산물 수출 시 발생하는 여러 가지 위험(대금미회수위험, 수입국검역위험, 클레임비용위험)을 한번에 보장하는 농수산물 수출기업용 맞춤 상품이다. 위 보험으로 농수산물 수출의 All-Risk(대금미회수위험, 수입국검역위험, 클레임비용위험)를 모두 커버한다. 또한, 담보위험의 종류와 위험별 책임금액을 고객이 자유롭게 선택이 가능해 고객의 필요에 따라 맞춤형 설계가 가능하다. 대상거래는 농산물, 수산물, 축산물, 임산물 및 그 가공식품이다.

5) 중소중견Plus+보험

보험계약자인 수출기업은 연간 보상한도에 대한 보험료를 납부하며, 수입자 위험, 신용장위험, 수입국 위험 등 보험계약자가 선택한 담보위험으로 손실이 발생할 때 책임금액 범위 내에서 손실을 보상하는 상품이다. 현행 단기무역보험이 개별 수출거래 건별로 보험계약이 체결된 반면, 동 제도는 수출기업의 전체 수출거래를 대상으로 위험별 책임금액을 설정하여 운영하며 일반 손해보험(화재보험, 자동차보험 등)의 개념을 도입하였다.

(2) 신용보증

1) 수출신용보증(선적 전)

수출신용보증(선적 전)·수출용원자재 수입신용보증 제도란 수출기업이 수출계약에 따라 수출물품을 제조, 가공하거나 조달할 수 있도록 외국환은행 또는 수출유관기관들(이하 '은행')이 수출신용보증서를 담보로 대출 또는 지급보증(수출용원자재 수입신용장 개설㈜ 포함)을 실행함에 따라 기업이 은행에 대하여 부담하게 되는 상환채무를 한국무역보험공사가 연대보증하는 제도이다. 수출용원자재 수입신용장 개설은 중소, 중견 수출기업의 경우 담보능력이 부족하여 수출용 원자재 확보를 위한 수입신용장을 개설하는 데 어려움이 있는바, 이들 수출업체에 대하여 수출용원자재 수입신용보증을 제공함으로써 수입신용장 개설의 원활화를 통하여 수출을 증대하기 위한 취지에서 운용한다.

| 그림 11-4 | 수출신용보증(선적 전) 상품구조 |

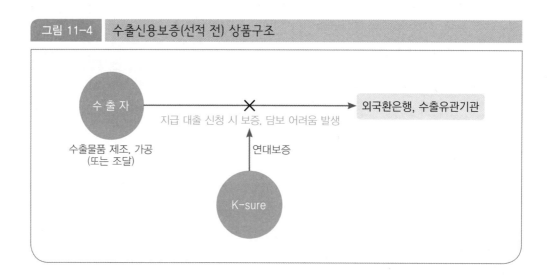

2) 수출신용보증(선적 후)

수출기업이 수출계약에 따라 물품을 선적한 후 금융기관이 환어음 등의 선적서류를 근거로 수출채권을 매입(NEGO)하는 경우 연대보증하는 제도이다. 수

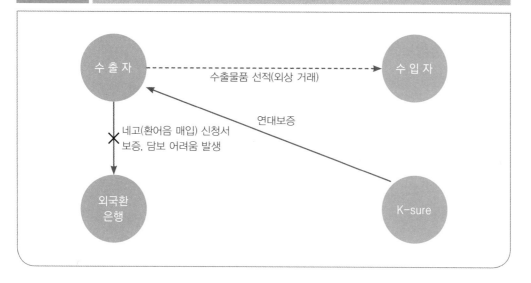

| 그림 11-5 | 수출신용보증(선적 후) 상품구조 |

출자가 외상으로 수출한 후 환어음 등의 선적서류를 근거로 외국환은행으로부터 매입대전을 미리 지급받으면 수출과 동시에 수출대금을 회수하는 효과를 누릴 수 있다.

그러나 외국환 은행은 자기자금으로 매입대전을 지급하기 때문에 통상적으로 담보를 요구하게 되며, 한국무역보험공사의 수출신용보증서(선적후)가 이런 담보역할을 하게 된다. 즉, 은행이 수출신용보증서(선적후)를 담보로 선적서류를 매입하여 매입대전을 선지급하였으나 만기일에 수입자로부터 수출대금이 결제되지 않으면 한국무역보험공사로부터 보상을 받을 수 있다.

3) 수출신용보증(NEGO)

수출기업이 수출계약에 따라 물품을 선적한 후 금융기관이 환어음 등의 선적서류를 근거로 수출채권을 매입(NEGO)하는 경우 한국무역보험공사가 연대보증하는 제도로, 대상거래는 결제기간 180일 이내 무신용장(D/A, D/P 및 O/A 거래)이고, 재판매거래는 제외된다.

그림 11-6　수출신용보증(NEGO) 상품구조

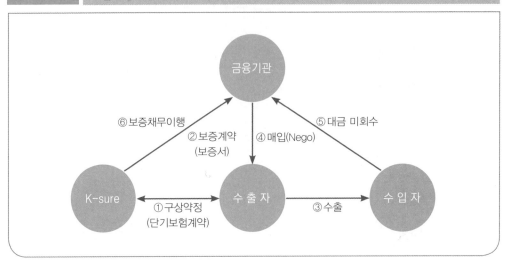

4) 수출신용보증(문화콘텐츠)

　　수출신용보증(문화콘텐츠)은 수출 계약이 체결되었거나 외화획득이 예상되는 문화상품(영화, 드라마 등)의 제작사가 총제작비에 소요되는 자금 중 일부를 금융기관으로부터 대출사, 공사의 보증서를 담보로 대출을 받는 제도이다.

그림 11-7　수출신용보증(문화콘텐츠) 상품구조

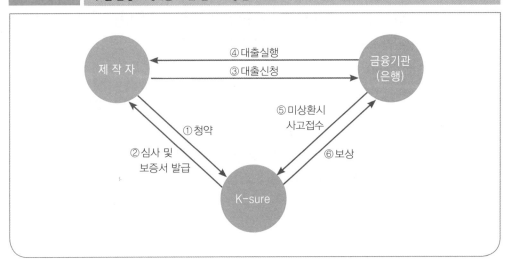

(3) 중장기성보험

1) 중장기수출보험(선적 전)

수출대금 결제기간이 2년을 초과하는 중장기 수출계약에서 수출 또는 결제자금 인출불능으로 인한 수출기업의 손실을 담보하는 제도이다.

자본재상품의 중장기 수출 계약시 수출 물품의 제작기간 중 발생하는 비상위험 및 신용위험으로 인하여 수출 자체가 불가능하게 되거나, 수출을 이행하였으나 수입자가 금융계약서상의 인출선행조건을 충족하지 못하여 수출대금을 지급하지 못하는 경우 수출자가 손실을 입을 우려가 있다. 중장기무역보험(선적 전)은 중장기 수출계약의 경우, 수출 또는 결제자금 인출불능위험 발생으로 인한 수출자의 손실을 담보함으로써 수출자의 적극적인 수출추진을 지원코자 마련된 제도이다.

대상거래는 수출대금의 결제기간(신용기산점[6] ～ 최종 결제기일)이 2년을 초과하는 중장기 수출계약이다.

| 그림 11-8 | 중장기수출보험(선적 전) 상품구조 |

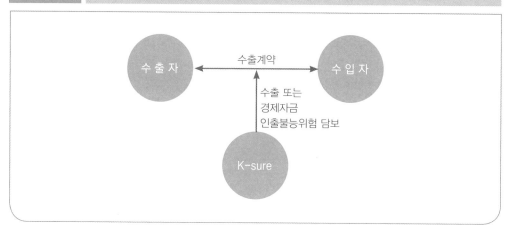

---

6) 자체 사용가능한 개별품목: 수입자의 물리적 소유일
   수출자의 가동책임 없는 계약 공사 완료일
   수출자의 가동책임 있는 계약: 시운전 완료일

표 11-3	중장기수출보험(선적 전) 담보위험
구 분	내 용
신용위험	수입자의 파산, 수입국 법원의 채무동결 또는 채권단과의 채무조정 협약으로 인한 수입자의 지급불능
비상위험	전쟁, 혁명, 수입국의 모라토리움 선언, 송금지연조치, 공공수입자의 일반적인 계약파기 또는 특별한 사유로 인한 계약의 해제·해지 등

2) 중장기수출보험(공급자신용)

수출대금 결제기간이 2년을 초과하는 중장기 수출계약에서 수출 또는 결제자금 인출불능으로 인한 수출기업의 손실을 담보하는 제도이다.

산업설비, 선박, 플랜트 등 자본재상품 수출의 경우 통상 계약금액이 거액이고 대금의 상환기간이 장기이며, 수입국이 대부분 정치·경제적으로 불안정한 개발도상국이라는 점에서 수출대금미회수 위험이 항상 존재한다.

중장기 무역보험(공급자신용[7])은 수출자가 결제기간 2년을 초과하는 중장기 연불조건[8]으로 자본재상품 등을 수출하는 경우 수입국 비상위험 및 수입자 신용위험으로 인한 수출자의 대금미회수 위험을 담보하는 제도이다.

대상거래는 수출대금의 결제기간(신용기산점~최종 결제기일)이 2년을 초과하는 중장기 수출계약이고, 담보위험은 〈그림 11-9〉와 같다.

표 11-4	중장기수출보험(공급자신용) 담보위험
구 분	내 용
비상위험	• OECD 가이드라인*상의 국가신용위험**(Country Credit Risk) • 기타 대한민국 밖에 발생한 사유로서, 계약 당사자에게 귀책이 없는 경우
신용위험	• 수입자의 파산 • 수입국 법원의 채무동결 또는 채권단과의 채무조정 협약으로 인한 수입자의 지급불능 • 수입자의 결제기일 2개월 이상의 지급지체

*OECD가이드라인
  정보의 보증금 또는 유리한 공적금융 지원조건에 의한 수출경쟁을 지양하고 상품의 가격과 질을 통한 공정경쟁을 유도하기 위한 협약
**국가신용위험(Country Credit Risk)
  모라토리움 선언, 송금지연조치, 현지화 예치시 상환의 무면제, 여타 상환제한조치, 불가항력 등

---

7) 수입자에 대한 신용공여 주체인 수출자가 보험계약자가 되는 구조
8) 수출복적물의 선적, 인도 또는 어음의 발행, 제시 등 일정시점을 기산점으로 하여 일정기간 경과 후에 대금을 일시에 지불하거나 분할하여 지급하는 방식

그림 11-9   중장기수출보험(공급자신용) 상품구조

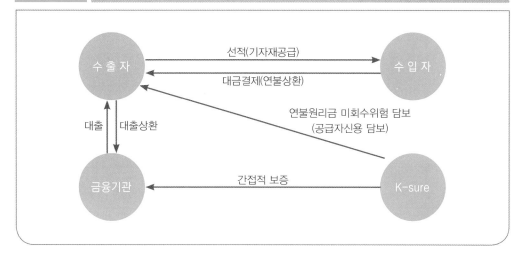

3) 중장기수출보험(구매자신용, 표준/표준이상형)

수출대금 결제기간이 2년을 초과하는 중장기 수출거래에서 금융기관의 대출원리금 회수불능 위험을 담보하는 제도로, 자본재상품 등 중장기수출과 관련하여 국내외 금융기관이 수입자 또는 수입국 은행 앞 결제기간 2년을 초과하는 연불금융을 제공하는 구매자신용[9] 방식에 대하여 대출 원리금 회수불능을 담보

그림 11-10   중장기수출보험(구매자신용, 표준/표준이상형) 상품구조

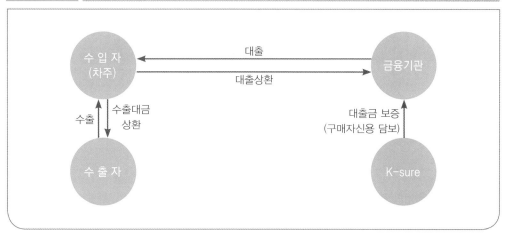

<hr/>

9) 수출계약(또는 공급계약)과는 별도로 금융기관이 수입자 앞 금융을 제공하며, 금융기관이 보험계약자가 되는 구조

하는 제도이다.

1개의 국내외 금융기관이 신용을 제공하는 Single Loan과 다수의 국내외 금융기관들이 대주은행단을 구성하는 경우 전체 자금공여금액을 담보 대상으로 1개 은행을 보험계약자로 지정하는 Syndicated Loan으로 구분된다.

4) 중장기수출보험(구매자신용, 채권)

수출대금 결제기간이 2년을 초과하는 중장기 수출거래에서 수입자가 자금 조달을 위해 발행하는 채권(Project Bond)에 대해 공사가 원리금 상환을 보장하는 제도로, 대상거래는 금융기관이 수출대금의 지급에 필요한 자금을 외국인에게 공여하는 상환기간 2년 초과의 채권인수계약[10]이며 보상하는 손실은 채권이 발행되었으나, 보험계약자가 채권 조건상 상환기일에 당해 채권의 원금 또는 이자를 회수할 수 없게 된 경우에 입게 되는 손실로서 다음 각 호를 더한 금액 즉, 보험계약자가 채권조건상 상환기일에 회수할 수 없는 원리금과 미상환원리금 잔액에 대해 상환기일 후 보험금 지급일까지 발생한 이자금액(채권조건상의 정상이자율 적용)이다.

| 그림 11-11 | 중장기수출보험(구매자신용, 채권) 상품구조 |

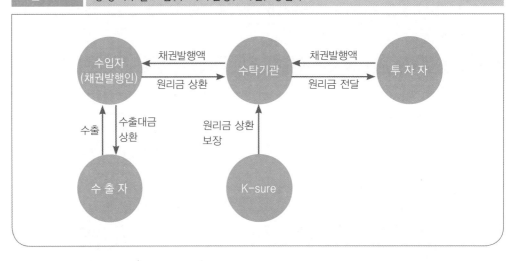

5) 해외사업금융보험

국내외 금융기관이 외국인에게 수출증진이나 외화획득의 효과가 있을 것

---

10) 공채, 사채 기타 이에 준하는 채무증서의 인수를 통한 자금공여계약

그림 11-12 해외사업금융보험 상품구조

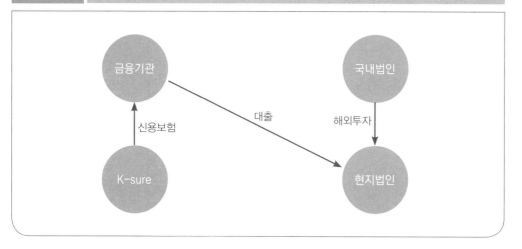

으로 예상되는 해외사업에 필요한 자금을 상환기간 2년 초과 조건으로 공여하는 금융계약을 체결한 후 대출원리금을 상환받을 수 없게 됨으로써 입게 되는 손실을 보상하는 제도이다.

　범세계적으로 시장개방과 FTA 추진 등으로 해외사업의 시장규모가 지속적으로 확대 추세에 있고 해외사업의 추진방식도 과거와 같은 단순 발주형 방식이 아닌, 사업기획에서 금융까지 포함하는 투자개발형 방식으로 변화하고 있다. 해외사업금융보험은 특정 해외투자개발형 사업 전체 소요자금에 대한 금융계약을 지원할 수 있는 새로운 제도를 마련함으로써 금융비용을 경감시키고 우리 기업과 금융기관의 해외사업 참여 가능성을 제고시키기 위해 도입된 제도이다.

6) 해외투자보험(주식, 대출, 보증채무)

　대한민국 국민이 해외투자를 한 후 투자대상국에서의 수용, 전쟁, 송금위험 등으로 원리금, 배당금 등을 회수할 수 없게 되거나 보증채무이행 등으로 입게 되는 손실을 보상한다. 해외투자는 국내투자와 달리 전쟁, 투자유치국의 수용문제 등과 같은 국가위험이 내재되어 있음에 따라 이와 같은 위험으로부터 우리기업의 해외투자를 보호함으로써 적극적인 해외투자를 촉진하기 위하여 도입되었다.

그림 11-13 ┃ 해외투자보험(주식, 대출, 보증채무) 상품구조

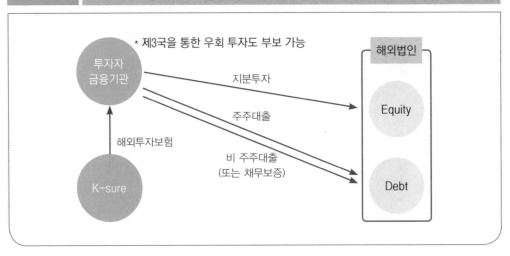

7) 해외투자보험(투자금융)

국내기업앞 해외자원개발, 해외 M&A 등에 필요한 소요자금을 대출하는 경우, 비상위험 또는 신용위험으로 인한 금융기관의 대출금 미회수위험을 담보하는 제도이며 금융기관이 해외투자에 필요한 자금을 공여하기 위해 대한민국 국민과 체결한 금융계약 지원한다.

그림 11-14 ┃ 해외투자보험(투자금융) 상품구조

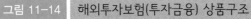

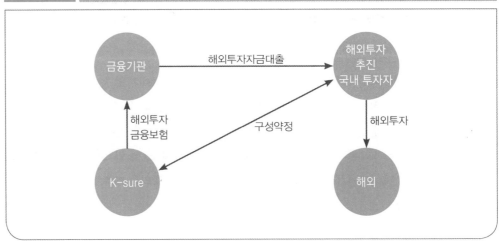

8) 해외공사보험

해외공사계약 상대방의 신용위험 발생, 해외공사 발주국 또는 지급국에서의 비상위험 발생에 따라 손실을 입게 된 경우에 그 손실을 보상하는 제도이다.

해외공사보험은 해외공사 발주자와 채무불이행, 파산 등 신용위험이 수반될 뿐만 아니라 발주국 또는 지급국에서의 전쟁, 내란, 정변이나 환거래 제한·금지 등 해외공사계약 당사자간에는 불가항력적인 비상위험이 발생할 가능성을 배제할 수 없으므로 이러한 위험으로부터 해외공사를 수주한 자를 보호하기 위한 제도이다.

해외공사보험은 건설, 엔지니어링 수출에 따라 발생할 수 있는 위험과 동 수출이행을 위해 반입된 관련 장비의 손실을 담보하는 역할을 수행하고 있다.

그림 11-15 해외공사보험 상품구조

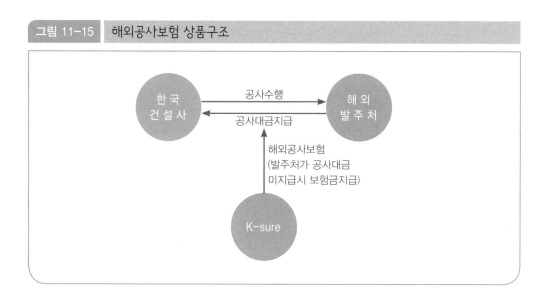

9) 서비스종합보험(일시결제방식)

서비스종합보험(일시결제방식)은 국내에 주소를 둔 기업이 외국기업에게 운송, 관광 등의 서비스를 제공하고 서비스제공 상대방으로부터 서비스대금을 지급받지 못하게 됨으로써 발생하는 손실을 보상하는 제도이다.

운용형태는 거래하고자 하는 수입자별로 보상한도(보험사고 발생시 공사가 지급하는 보험금액의 최대누적액)가 기재된 보험증권을 발급받고 서비스 제공시 이를 공사에 통지함으로써 보험관계가 성립하는 한도책정방식과 수출기업이

그림 11-16 서비스종합보험(일시결제방식) 상품구조

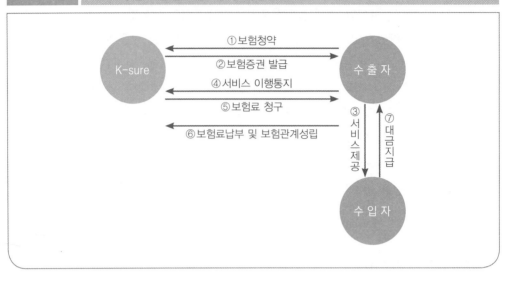

선택하는 책임금액(U\$5만부터 U\$1만단위로 U\$30만까지 선택가능) 범위 내에서 수 개의 수출계약상대방에 대하여 발생하는 대금미회수 위험을 하나의 보험증권 으로 담보하는 방식(별도의 수출통지 없이 보험관계 성립)인 Pooling방식이 있다.

10) 서비스종합보험

국내 수출업체가 시스템통합(SI), 기술서비스, 콘텐츠, 해외엔지니어링 등 의 서비스 거래를 수출하고 이에 따른 지출비용 또는 확인대가를 회수하지 못 함으로써 입게 되는 손실을 보상하는 제도이다.

11) 수출보증보험

금융기관이 수출거래와 관련하여 수출보증서를 발행한 후 수입자(발주자) 로부터 보증채무 이행청구를 받아 이를 이행함으로써 입게 되는 금융기관의 손 실을 보상하는 제도이다.

국제거래시 수입자는 자신의 대금결제에 대한 담보로서 신용장을 제공하 고, 반대로 수입자는 수출자의 수출이행에 대한 담보로서 수출자로 하여금 금 융기관의 수출보증서를 제출하도록 요구되며 수출보증보험은 수출보증서[11]를

---

11) 수출거래와 관련하여 발행되는 보증서로서 수입자(Beneficiary)가 수출보증서에 기재된 조건에 따 라 단순히 지급을 요청하면 보증서 발행기관은 보증서에 정해진 금액을 수출계약과 독립적으로 지 급을 하게 됨

발행한 금융기관이 보증수익자(수입자 또는 발주자)로부터 보증채무 이행청구(Bond-Calling)를 받아 대지급하는 경우에 입게 되는 손실을 보삼함으로써 수출자가 수출보증서를 용이하게 발급받을 수 있게 하는 수출지원제도이다.

| 그림 11-17 | 수출보증보험 상품구조 |

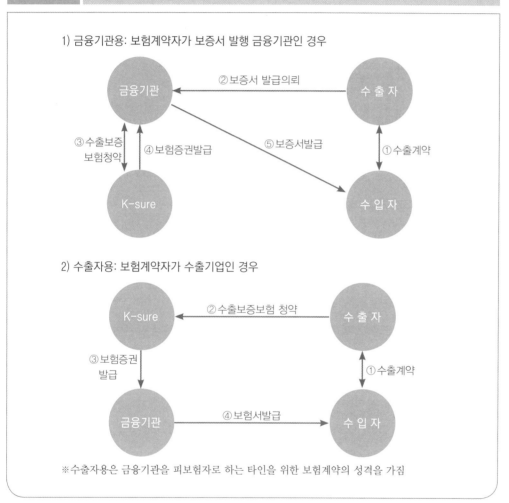

1) 금융기관용: 보험계약자가 보증서 발행 금융기관인 경우

②보증서 발급의뢰
금융기관 ← 수 출 자

③수출보증 보험청약
④보험증권발급
⑤보증서발급
①수출계약

K-sure
수 입 자

2) 수출자용: 보험계약자가 수출기업인 경우

②수출보증보험 청약
K-sure ← 수 출 자

③보험증권 발급
①수출계약

금융기관 → 수 입 자
④보험서발급

※수출자용은 금융기관을 피보험자로 하는 타인을 위한 보험계약의 성격을 가짐

표 11-5	수출보증서의 종류
구 분	내 용
입찰보증 (Bid Bond)	입찰방식 거래에 있어서 입찰자가 낙찰된 후 계약체결에 응하지 않거나 계약체결 후 일정기간 내에 계약이행보증서를 제출하지 못하는 경우 발주자가 지급청구를 할 수 있도록 하는 보증서
계약이행보증 (Performance Bond)	산업설비수출계약이나 해외건설공사계약을 체결한 수출자가 계약상의 의무이행을 하지 않음으로써 발주자가 입게 되는 손해를 보상받기 위해 발행하는 보증서
선수금환급보증 (Advanced Payment Bond)	수출자가 선수금 수령 후 수출이행을 하지 않는 경우에 동 선수금에 대한 반환청구를 할 수 있는 보증서
유보금환급보증 (Retention Bond)	기성고방식의 수출거래에 있어서 수입자는 각 기성단계별 기성대금 중 일부를 수출자의 완공불능 위험에 대비하기 위해 유보하게 되는데, 수출자가 동 유보금에 해당하는 금액을 결제받기 위해서 제출하는 보증서
하자보수보증 (Maintenance Bond)	산업설비의 설치 또는 해외건설공사 완료 후, 일정기간 완공설비나 건물 등에서 발생하는 하자발생에 따른 손실을 담보하기 위해 발행하는 보증서

12) 이자율변동보험

상환기간 2년 이상의 수출금융을 제공하고 K-sure의 중장기 무역보험(구매자신용)에 부보한 금융기관이 이자율 변동에 따라 입게 되는 손실을 보상하고 이익을 환수하는 제도이다.

우리나라 기업이 석유화학설비, 발전설비 등 중장기연불수출거래에 대한 수주능력을 제고하기 위해서는 경쟁력 있는 수출상품 및 가격뿐만 아니라 보다 나은 대출조건의 금융기관을 거래에 참여시킬 필요가 있으나, OECD는 국제경쟁입찰에서 회원국간 과당경쟁을 방지하기 위해 발주자에게 제공할 수 있는 최저금리는 CIRR(Commercial Interest Reference Rate: 표준상업금리)[12]로 한다는 원칙을 정해 놓고 있다. 문제는 CIRR조건으로 수출금융을 제공할 수 있는 금융기관은 제한되어 있을 뿐만 아니라 발주자가 고정금리 대출을 선호하는 반면, 상업은행은 변동금리 대출을 선호하는 데 있다.

이자율변동보험은 이러한 금융계약 당사자들의 이해차이를 해소하고 기업이 수출금융을 원활히 이용할 수 있도록 도입한 제도이다.

이자율 변동보험의 효과는 수입자(차주)는 OECD 협약이 허용하는 최저고

---

12) OECD 참여국이 과당경쟁을 방지하고자 자국 내 기업에게 공적수출금융 지원시 적용할 수 있는 최저 금리

| 그림 11-18 | 자금흐름도 |

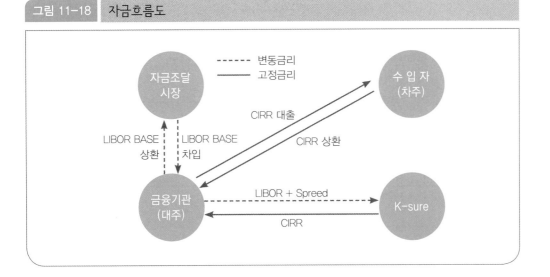

정금리인 CIRR로 차입가능하고, 대주(금융기관)는 변동금리 차입, 고정금리 대출로 인한 이자율 위험을 헤지 하면서 K-sure가 보장하는 Spread에 대한 이익을 안정적으로 향유할 수 있다.

13) 수출기반보험(선박)

수출기반보험(선박)은 금융기관이 국적외항선사[13] 또는 국적외항선사의 해외현지법인(SPC포함)에게 상환기간 2년 초과의 선박 구매자금을 대출하고 대출원리금을 회수할 수 없게 된 경우에 발생하는 손실을 보상하는 제도이다.

---

13) 한국 국적의 선사로서 해운법상 외항 화물운송사업을 영위하는 자

그림 11-19 수출기반보험(선박) 상품구조

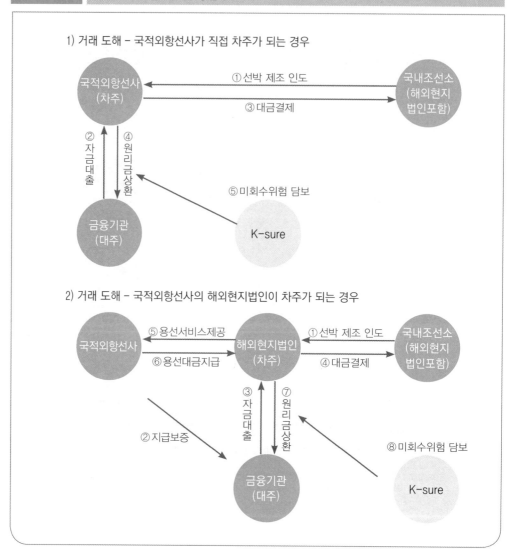

1) 거래 도해 – 국적외항선사가 직접 차주가 되는 경우

2) 거래 도해 – 국적외항선사의 해외현지법인이 차주가 되는 경우

14) 수출기반보험(제조설비)

수출기반보험(제조설비)은 금융기관이 수출중소중견기업에게 시설자금을 대출하고 원리금을 회수하지 못하게 된 경우 이에 대해 보상하는 제도이다.

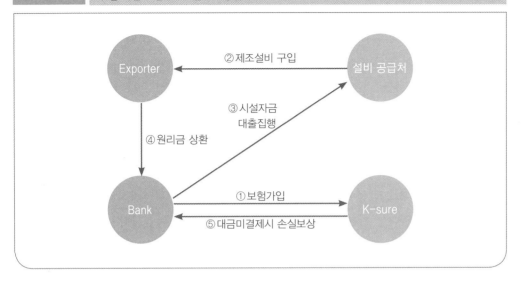

그림 11-20 　수출기반보험(제조설비) 상품구조(거래 기본구조)

15) 해외자원개발펀드보험

해외자원개발법상의 자원개발펀드가 해외자원개발사업에 투자하여 손실이 발생하는 경우 손실액의 일부를 보상하는 제도이다. 즉, 해외자원개발 투자거래의 안정성을 제고함으로써 펀드에 대한 민간자금의 유입을 촉진하고 활성화하여, 주요전략자원의 장기, 안정적인 확보를 통해 국민경제발전에 이바지하고자 도입한 제도이다.

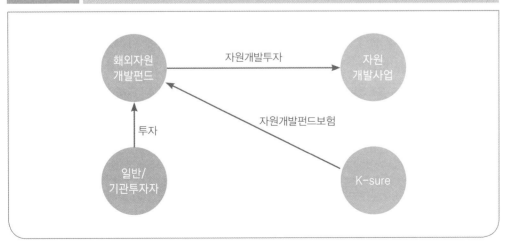

그림 11-21 　해외자원개발펀드보험 상품구조

이 보험의 지원대상은 펀드의 주식, 수익권, 융자방식에 의한 투자거래이며 대상광종은 석유(가스), 구리, 니켈, 철, 우라늄, 석탄 등 12대 전략 광종 투자이다. 지원범위는 펀드 투자금 또는 투자원리금의 일정범위 내 지원, 주식 또는 수익권 등(투자원금) 및 융자(원리금 범위 내 지원) 등이다.

담보위험은 비상위험, 신용위험, 사업위험이다.

16) 환경심사지침

중장기무역보험 인수 심사시 수입국의 시행자가 환경에 미치는 영향을 종합적으로 평가하고 저감대책 마련을 위해 보험지원대상 거래의 스크리닝, 환경검토, 환경점검 등에 관한 사항을 정하고 있다. 환경심사지침의 목적은 보험 인수시 지원대상 거래가 환경과 사회에 미치는 영향을 심사하기 위한 사전검토, 등급분류, 환경사회검토 등과 관련한 사항을 정함을 목적으로 하고 있으며 상환기간 2년 이상의 재화용역의 수출거래에 대한 공적수출신용 지원시에 적용한다(단, 군수장비 및 농산품 지원은 제외).

(4) 환변동보험

환변동보험이란 수출 또는 수입을 통해 외화를 획득 또는 지급하는 과정에서 발생할 수 있는 환차손익을 제거, 사전에 외화금액을 원화로 확정시킴으로써 환율변동에 따른 위험을 헤지(Hedge)하는 상품을 말한다.

환변동보험(선물환방식)은 환위험 관리여건이 취약한 중소기업이 환위험을 손쉽게 헤지할 수 있도록 제도/비용면의 도움을 줌으로써, 적극적인 무역활동을 할 수 있도록 지원한다. 수출거래를 예로 들면, 환율 하락시에는 손실을 보상하지만 환율 상승시에는 이익금을 환수한다. 한국무역보험공사는 보험인수시 시중은행을 통해 전액 헤지하므로, 환변동보험 운영에 따른 한국무역보험공사의 이익은 없다.

환헤지(Hedge)란 환율변동에 따른 위험을 없애기 위하여 현재 수준의 환율로 수출이나 수입, 해외투자에 따른 거래금액을 고정시키는 것으로 수출입거래에서 환위험 즉, 수출거래에서 환율하락은 수출대금 수취시 원화표시 수입이 낮아지고, 수입거래에서 환율상승은 수입대금 지급시 원화표시 비용 높아지는 현상이 일어난다. 따라서 환헤지의 목적은 환율변동에 관계없이 원화기준 미래 현금흐름의 확정을 통해 안정적인 영업활동 영위하며환율변동에 따른 손익을 제한하고 수출입 거래를 통해 안정적으로 수익을 확보하는 것이다.

본 상품의 특징은 다음과 같다.

- 최장 5년까지 환리스크 헤지 가능

  청약시점부터 일반수출거래는 3년까지, 플랜트, 선박 등 중장기 수출계약건은 5년까지 헤지 가능
  - 옵션형 상품의 경우, 6개월 이내로 제한

- 저렴한 비용

  계약이행관련 증거금 또는 담보 제공 없이 저렴한 보험료만으로 이용 가능
  - 6개월 동안 U\$1백만 헤지시 보험요율은 0.02~0.03%(U\$200~350)

- 자유로운 조기결제 실시

  수출입계약의 변경, 수출대금 조기입금, 수입대금 조기지급 등 외화자금 흐름과 환위험 관리를 일치시킬 수 있도록 만기일 이전 조기결제 가능

- 외화자금의 실제인도가 필요 없는 차액정산방식

  실제 외화자금의 매매는 시중 금융기관과 이루어지며 K-sure와는 보장환율과 결제환율 차이에 따라 발생하는 원화차액만 정산

표 11-6	제도 주요내용 비교	
구분	수출환변동	수입환변동
가입목적	환율하락에 따른 손실방지	환율상승에 따른 손실방지
가입기업	수출기업	수입기업
보험금 지급 (K-sure → 기업)	환율 하락시	환율 상승시
이익금 환수 (기업 → K-sure)	환율 상승시	환율 하락시
지원한도	실헷지 수요범위 내 (수입액, 타기관 헤지잔액 등 감안)	실헷지 수요범위 내 (수출액, 타기관 헤지잔액 등 감안)

그림 11-22	상품구조: 환변동보험 거래구조(수출거래 기준)

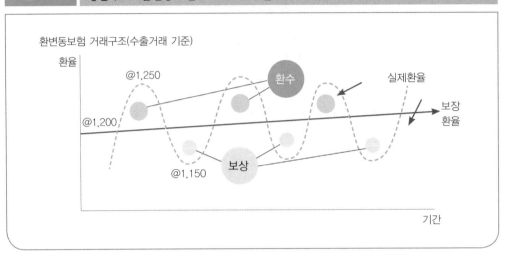

(5) 기타보험

1) 탄소종합보험

교토의정서[14]에서 정하고 있는 탄소배출권[15] 획득사업을 위한 투자, 금융, 보증 과정에서 발생할 수 있는 손실을 종합적으로 담보하는 보험이다.

투자지원은 자기자본 투입 또는 사업지분 투자 등을 하였으나 비상위험 등의 발생으로 투자금 미회수시 손실 담보(해외투자)하고, 금융지원은 금융기관이 사업 소요자금을 융자하였으나 비상·신용위험 등의 발생으로 원리금 미상환시 손실 담보(해외사업금융)하며 보증지원은 탄소배출권 구매자가 사업자와 탄소배출권 선물계약을 체결하였으나 기대하였던 배출권 미획득시(배출권 양도위험) 관련 손실을 담보(수출보증)한다.

표 11-7	탄소배출권사업대상 온실가스 종류					
구분	CO_2 (이산화탄소)	PFCS (과불화탄소)	HFCS (수소불화탄소)	CH_4 (메탄)	SF_6 (육불화황)	N_2O (아산화질소)
배출원인	화석연로 연소	반도체제조 (에칭)	에어콘 등 냉매제	유기물 자연분해	전기전자 절연체	비료사용

---

14) 지구온난화를 방지하기 위하여 선진국 등의 온실가스 배출감축의무 및 구체적 이행 방안을 규정한 국제 의정서('05년 발효)

15) 친환경기술 등을 사용하여 감축한 온실가스 배출량만큼 탄소 배출권을 확보하여 배출권거래시장에서 매매할 수 있는 사업

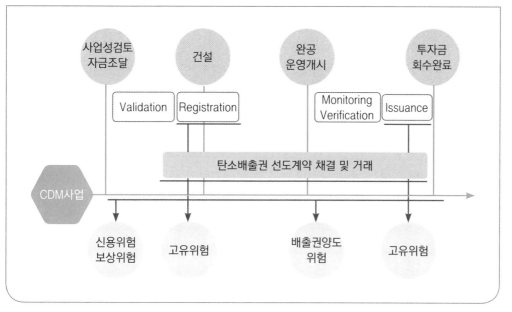

| 그림 11-23 | CDM사업 절차별 주요 담보위험 |

온실가스감축 의무국은 서방 선진국 등 총 38개국이며 각국 '90년 온실가스 배출량 대비 평균 5.2% 감축을 내용으로 하고 있다.

2) 녹색산업종합보험

지원가능한 특약항목을 『녹색산업종합보험』 형태로 운영하여, 녹색산업에 해당되는 경우 기존이용 보험약관에 수출기업이 선택한 특약을 추가하여 우대하는 제도이다.

특약 내용으로는 부보율 확대, 보험료 할인, 연속수출 기간연장 · 이자보상특약, 비상위험 선택담보 특약이 있으며 적용보험 종목은 단기무역보험(선적후-일반수출거래), 농수산물무역보험, 수출신용보증(선적전), 수출보증보험, 해외투자보험, 해외사업금융보험, 서비스종합보험이 있다.

3) 부품소재 신뢰성보험

부품·소재신뢰성보험은 부품·소재 신뢰성을 획득한 부품·소재 또는 부품·소재 전문기업이생산한 부품·소재가 타인에게 양도된 후 부품·소재의 결함으로 인하여 발생된 사고에 대하여 보험계약자가 부담하는 손해배상책임을 담보하는 손해보험이다. 즉, 국산부품·소재의 시장진입을 지원하고, 수입대체를 통한 외화절감 및 수출촉진을 지원하기 위하여 부품·소재만을 보험대상으로 하는 정책보험으로 부품·소재의 결함으로 인한 손해배상책임을 종합적으로 담보하는 보험이다.

2. 수입보험종류별 특성

선급금 지급조건 수입거래에서 수입업체가 선급금을 회수할 수 없게 되는 경우에 발생하는 손실을 보상하는 제도로 원유, 철, 시설재 등 국민경제에 중요한 자원이나 물품을 수입하는 경우 국내기업이 부담하는 선급금 미회수 위험을 담보하거나 국내기업에 대한 수입자금 대출지원이 원활하도록 지원하는 제도이다. 수입보험은 수입자용 수입보험과 금융기관용 수입보험으로 나뉜다.

(1) 수입보험(수입자용)

1) 제도개요

수입보험(수입자용)은 국내수입기업이 선급금 지급조건 수입거래에서 비상위험 또는 신용위험으로 인해 선급금을 회수할 수 없게 된 경우에 발생하는 손실을 보상하는 제도로, 국내기업이 주요자원의 수입을 위하여 해외에 소재하는 수입계약 상대방에게 선급금을 지급하였으나 비상위험 또는 신용위험으로 인하여 선급금이 회수되지 못함에 따라 발생하는 손실을 보상하는 것이다.

2) 대상거래

아래 물품을 선급금지급 후 2년 이내에 선적하여야 하는 수입거래(중계무역 제외)이다.

주요자원으로는 철, 동, 아연, 석탄, 원유 등 이며 시설재는 관세법 제95조 제1항 제1호의 오염물질 배출방지·처리물품 및 제2호의 폐기물처리 물품, 관세법 제95조 제1항 제3호의 공장자동화 물품, 관세법 제90조 제1항 제4호의 산업기술연구·개발용 물품이다. 첨단제품의 경우 산업발전법 제5조의 "첨단제품" (기술은 제외/산업통상자원부 발급 "'첨단제품 확인서' 필요)이며 외화획득용 원료는 대외무역관리규정의 "외화획득용 원료"이다.

그림 11-24 수입보험(수입자용) 상품구조

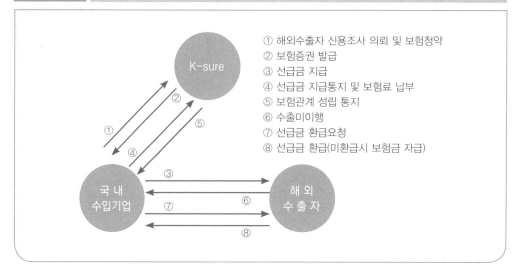

① 해외수출자 신용조사 의뢰 및 보험청약
② 보험증권 발급
③ 선급금 지급
④ 선급금 지급통지 및 보험료 납부
⑤ 보험관계 성립 통지
⑥ 수출미이행
⑦ 선급금 환급요청
⑧ 선급금 환급(미환급시 보험금 지급)

K-sure

① ② ④ ⑤ ③ ⑦ ⑥ ⑧

국내
수입기업

해 외
수 출 자

(2) 수입보험(금융기관용)

1) 제도개요

수입보험(금융기관용)은 금융기관이 주요자원 등의 수입에 필요한 자금을 수입기업에 대출(지급보증)한 후 대출금을 회수할 수 없게 된 경우에 발생하는 손실을 보상하는 제도로 금융기관이 주요자원의 수입을 위하여 필요한 자금을 국내수입기업에 대출하였으나 국내기업의 파산 등으로 대출금이 회수되지 못

그림 11-25 수입보험(금융기관용) 상품구조

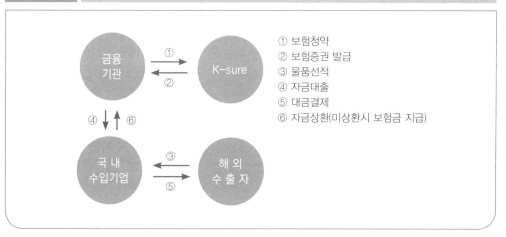

금융
기관

① ②

K-sure

④ ⑥

국내
수입기업

③ ⑤

해 외
수 출 자

① 보험청약
② 보험증권 발급
③ 물품선적
④ 자금대출
⑤ 대금결제
⑥ 자금상환(미상환시 보험금 지급)

함에 따라 발생하는 손실을 보상한다.

2) 대상거래

아래 물품에 대한 대출기한 1년 이내의 수입거래(중계무역 제외)이다. 철, 동, 아연, 석탄, 원유 등 한국무역보험공사가 인정하는 주요자원의 경우 "주요 자원 할인율 30%"를 적용하여 보험료를 우대한다. 시설재는 관세법 제95조 제1항 제1호의 오염물질 배출방지·처리물품 및 제2호의 폐기물처리 물품, 관세법 제95조 제1항 제3호의 공장자동화 물품, 관세법 제90조 제1항 제4호의 산업기술연구·개발용 물품이다. 첨단제품은 산업발전법 제5조의 "첨단제품"(기술은 제외, 산업통상자원부가 발급하는 '첨단제품 확인서' 필요)이다.

3. 무역보험제도 보상사례

(1) 단기무역보험 (중소기업플러스+) 보상사례

1) 수출입자 개요

본 건 수출자(이하 A사)는 2008년 대전에 설립되어, 일회용 주사기 및 수액 세트 및 해당 품목 제작에 필요한 반제품을 전문적으로 취급하는 소규모 도매 업체이다. 파키스탄, 인도, 네팔, 대만으로 연간 약 미화 25만 달러 규모(2010년 실적 기준)의 수출실적을 보유하고 있다.

한편, 수입자(이하 B사)는 1994년부터 일회용 의료용품을 제조하여 파키스탄 국내와 아프가니스탄, 중앙아시아 등지에 판매하여 온 회사로, A사와는 2009년 7월부터 상기 제품제조에 필요한 원료, 부품, 금형 등을 거래하기 시작하여 사고 발생 전까지 약 미화 35만 달러 가량의 거래실적이 있었다.

2) 단기무역보험(중소기업플러스+) 보험계약 개요

A사는 사고수입자를 포함한 파키스탄, 이집트 소재 5개 수입자를 대상으로 수입자 신용 담보로 책임한도 1억 원, 수입국 비상위험 특약담보로 책임한도 10억 원을 설정하여 청약하였다. 당시 목록상 5개 수입자는 모두 신용등급 R급, 분쟁, 인수제한 국가 및 30일 이상 결제 지연 가운데 해당사항이 없었으므로 해당 모든 수입자를 대상으로 보험계약이 성립되었다.

3) 사고개요

수출입자 양사는 정상 거래를 이어가던 중 2010년 중반 이후부터 수입자의 자금사정이 악화되어 결제기일이 늦어지는 등 사고 가능성이 높아졌다. 이후 2011년 1월 19일과 동년 2월 3일 선적분에 대한 결제가 지연되어 양사 간 합의에 만기를 연장하였으나, A사는 합의에 따른 대금회수가 이루어지지 않을 것으로 판단하여 2011년 5월 18일 사고통지(약 75천 달러)를 하기에 이르렀다.

B사는 A사에 대한 채무를 전액 인정했으며, 확인 결과 물품에 관한 클레임이나 이면계약도 없는 지극히 정상적인 수출거래였다. 다만, 현지 당국의 규제 강화(2009년)에 따라 해당 의료기구 제조시설의 환경 개선공사를 완료(2010)하였으나, 그에 따른 정부의 재가동 승인이 사고통지 시점까지 이루어지지 않고 있었다. 그래서 생산 및 영업이 중단되었고 현금흐름이 급격이 악화되어 대금을 미결제한 것으로 조사되었다. 이에 A사 대표는 현지 당국의 재가동 승인 및 B사 영업실태를 파악하고자 현지 출장(2011.6.20.~2011.6.30)을 진행하였다.

그 결과 B사가 2011년 6월 13일 당국으로부터 재가동 승인을 얻어 영업을 재개하였음을 확인하고, 채권 금액 중 일부(약 18천 달러)를 회수하였으며, 잔액에 대한 상환계획서를 징구해왔다. 그러나, A사는 B사가 6개월에 이르는 기간 동안 영업활동을 할 수 없었던 까닭에 B사의 정상화 및 채권잔액 회수에는 시일이 더 소요될 것이라는 판단을 하고 보험금을 청구하였다.

4) 보험금 지급 판정

본 건 보험금 지급 판정은 클레임이나 결제 대금에 대한 이견이 없고 B사가 전액 채무를 인정하고 있었으므로 두 가지 이슈만이 남아있었다.

먼저 A사가 동 보험에 청약할 당시(2011.7.9.) B사 앞 미결제 잔액이 있으며 그 기간이 11일인 것으로 고지하였다. 그런데 사고통지시 제출한 무신용장 방식 거래내역에 따르면 만기가 2010년 4월 21일인 수출건의 결제가 되지 않아 청약일 당시 미결제 기간 79일이었으므로 단기약관 제5조 제1항의 고지의무 위반에 해당되는지 여부가 첫 번째였다.

그리고 A사 대표가 B사의 영업실태 파악 및 채권회수를 위하여 현지 출장한 비용을 함께 청구하였는데 그 인정 여부와 범위가 두 번째였다.

① 부고지의무 위반에 대한 검토

동 사안에 대해 A사 대표는 청약시점 이전에 현지 출장하여 B사 발행 연지급 수표를 담보로 만기연장에 합의(2011.6.29일자, 2011.6.30일자)한 증빙을 제출하였다.

그래서 양사간 합의에 따라 만기연장한 결과로 인정하여 만기도래 미결제 기간을 '11일'로 사실에 부합하게 고지했으므로 보험관계가 정상 성립된 것으로 보았다.

② A사 대표의 현지 출장비용의 보전 여부와 범위

A사 대표는 상기 현지 출장비용(항공료 및 숙박비 일체 4백만 원 상당)을 채권회수에 소요된 합리적인 비용으로 인정하여 보전해 달라는 취지로 보험금 청구시 해당 비용을 합산하여 청구하였다. 이에 실제 채권의 일부를 회수하였고, B사의 상환계획서 또한 징구하였으므로 채권회수에 소요된 합리적인 비용으로 인정하였다. 다만, 동 현지 출장의 목적이 본건 회수만이 아니었으므로(현지 신규 거래선 개발 목적도 있었음), 약관 제22조 제5항 제3호에 의거하여 그 반액만을 비용으로 인정하기로 결정했다.

5) 보험금 지급내역

공사는 이러한 보험계약자의 보험금 지급청구와 상기 지급판정 결과를 토대로 사고금액(7만 5천 달러)중 A사가 회수하여 온 금액(1만 8천 달러)을 제외한 6천 4백만 원(5만 7천 달러 상당)과 채권회수에 소요된 합리적인 비용으로 인정된 현지 출장비용 2백만원을 지급하였다. 한편, 공사는 현재 A사로부터 양도받은 채권(잔액 5만 7천 달러)에 대한 회수노력을 기울이고 있다.

(2) 매입은행의 부주의로 발생한 수출신용보증 선적후 사고건 면책 사례

1) 사고개요

국내 수출자 B사는 공사신용등급 F급의 중견 의류수출 업체로서 미국의 유명 의류소매업체인 G사와 무신용장방식 결제조건으로 U$3,415천 상당의 의류제품을 수출하였다. 동사는 상기물품선적 이전에 우리공사에서 수출신용보증서 선적후를 발급받아 이를 담보로 국내의 매입은행에서 네고(Nego)하였다. 수출자는 자금사정 악화로 부도처리되어 영업을 중지하였으며 수입자는 수출금액의 97.5%에 해당하는 금액만을 결제하고 나머지 2.5%에 해당하는 U$85천을 결제하지 않아 매입은행은 미결제 금액에 대하여 우리공사에 보증사고발생을 통지하였다.

2) 보험금 지급 판정

사고 발생 후 수입자에 대한 조사결과 대금미결제사유는 결제기일 이전에 조기결제시 할인받기로 한 2.5%를 제외하고 입금하였기 때문이며 계약조건에 따라 수입자는 결제책임이 없다고 주장하였다. 매입은행이 공사에 제출한 계약서 등 선적서류를 검토한 결과 본 사고건의 결제조건은 '2.5% 45, Net 60'이며 이는 45일 이내 결제시 2.5% 할인된 금액으로 60일 이내 결제하면 약정된 수출대금으로 결제한다는 조건이다. 수출자가 네고시 은행에 제출한 매입신청서 상에도 결제조건이 'After B/L Date/45'라고 기재되어 있었다. 따라서 매입은행은 수출금액에서 2.5% 할인한 금액을 매입해야 하나 수출자가 제출한 매입신청서대로 수출금액 전액을 매입하였다. 본 사고건 이전거래건의 경우 수입자가 입금하지 않은 2.5%에 해당하는 금액을 수출자가 입금해왔던 것으로 확인되었다. 따라서 매입은행은 수입자가 2.5%를 결제하지 않았다는 사실을 인지하고 있었던 것으로 보인다.

이에 대해 매입은행은 첫째, 수출자가 공사에 대출통지시 Discount 조건을 무시하고 P/O상의 공급액 전액을 대출금액으로 통지하였고 공사 또한 대출통지 확인 및 보증료 수납단계에서 수출자의 대출 통지액 전액을 대출금액으로 확인하고 보증료도 해당금액 만큼 수납하였다. 이후 매입은행은 공사의 홈페이지에 게시되는 대출통지 성립내역상의 대출금액을 확인하고 해당금액에 대한 보증료 수납여부를 공사영업부 중소기업 마케팅 담당자에게 우선 확인한 후 은행에 통지된 대출금액에 한해 수출환어음을 매입(Nego)하였으므로, '수출 신용보증선적 후 대출통지절차'에 따른 은행의 수출 환어음매입 업무처리 절차에는 문제가 없다.

공사보증서를 담보로 수출환어음 매입이 진행될 경우 수출신용 보증선적 후 약관을 검토하고 환어음 매입신청 서류가 약관사항에 위배된 부분이 있는지를 확인할 의무는 은행에 있으나 동 사례의 경우와 같이 수출자가 결제조건을 무시하고 수출금액을 통지하였음에도 시스템상으로 이를 제지할 장치가 없어 수출자가 대출금액을 임의적으로 통지할 경우 공사 및 매입은행의 업무에 혼란을 초래할 여지가 충분하고 시스템상의 맹점을 악용하는 사례가 발생할 수 있으므로 개선이 필요하다.

둘째, 본 건 수출자는 공사의 수출 신용보증 선적 후 한도책정 및 매입은행의 한도설정 과정에서 수입자와 협의된 결제조건에 대한 정보를 은행측에 전혀 제공하지 않았으며 수출 환어음매입을 위한 Invoice 작성시에도 수출 금액전액을 기재하여 은행의 정확한 대출금액 산출에 혼란을 초래하여 공사의 대출금액 확인 보증료 수납과정 및 은행의 매입과정에서 금액상의 오류가 발생한 것이므로 은행의 귀책사유는 없다고 주장하였다.

매입은행의 주장과 관련하여 약관 등 관련 규정위반 여부를 살펴보면 수출 신용보증 선적 후 약관 제1조에 의하면 수출 신용보증 선적 후는 은행이 수출거래와 관련한 환어음 또는 선적서류 수출채권을 매입하는 방법으로 수출자에게 대출한 후 수입자로부터 그 수출대금을 지급받지 못하게 됨으로써 수출자가 은행에 대하여 부담하게 되는 상환채무를 담보하는 제도이다. 즉, 수출자가 수출계약에 따라 수출을 제대로 이행함에 따라 발생된 수입자에 대한 수출채권을 은행이 매입하는 방법으로 수출채권에 해당하는 금액만큼 수출자에게 대출을 실행하여 미리 자금을 공여한 후 만기에 수출대금이 결제되면 대출에 충당하는 것이다. 따라서 신용보증부 대출금액은 수출자의 수입자에 대한 수출 채권금액이 되며 그 수출채권은 확정되어 있어야 하며 조건에 따라 면제 또는 경감되어서는 안 된다는 약관(신용보증대상 수출거래 제2항 제2호에서는 '무신용장 수출거래에서 수출계약서 문면상 수입자의 대금지급 책임을 면제 또는 경감한다는 내용을 약정하고 있는 경우' 신용보증 대상 수출거래에 해당되지 않는다고 명시하고 있다)이 있다.

3) 보험금 지급내역

본 사고건의 경우 수출거래 전체가 신용보증대상이 될 수 없다고 보기는 어렵고 수출거래전체금액에서 수입자의 대금지급 책임이 경감되거나 경감될 수 있는 부분을 제외한 수출채권이 신용보증대상이 된다고 할 수 있다. 따라서 수입자의 지급책임이 경감된 2.5%는 신용보증 대상에 해당되지 않고 수출 채권의 97.5%만이 신용보증대상에 해당하므로 2.5% 할인금액에 대하여 은행이 매입하였더라도 신용보증부 대출로 볼 수 없으므로 해당 대출에 대하여 공사는 보증책임이 없다. 본 건 사고는 수출자가 매입신청시 수입자와 합의한 조기 결제할인조건을 무시하고 수출금액 전액을 기재하여 신청하였고 매입은행은 약관에 의거, 매입신청서류를 심사하여 결제조건을 감안하여 매입하여야 함에도 불구하고 이를 간과하여 발생한 사고로서 매입은행은 서류심사시 세심한 주의를 기울여야 할 것이다.

(3) 수입보험(금융기관용) 인수사례

1) 보험청약 개요

국내수입업체인 A사는 사료제조 업체로서, 미국 카길 등으로부터 옥수수를 수입하여 사료 제조 후 국내에 납품하고 있다. A사는 최근 급등한 곡물가격 상승에 따른 수입금융한도 부족으로 수입보험(금융기관용)을 이용함으로써 한도를 증액하고자 공사에 청약한도 10백만 달러를 신청하였다.

2) 채무자 개요 및 수입현황

공사 조사결과 A사는 업력 10년 이상에 종업원 수 100명 이상, 총자산규모는 2,000억 원이 넘는 우량한 사료 제조업체였다. 대표이사는 전문경영인으로 타사료업체에서 30년간 근무한 경력이 있어 동업종 경험이 풍부하고 경영 노하우를 보유한 것으로 판단되었다. 또한 A사는 B기업집단 소속으로 이 기업집단에는 시가총액 800억 원 이상 상장사 2개가 소속되어 있었다. 작년 수입실적은 1억 달러 이상이었고, 세계적인 사료업체 카길과 35년 이상 안정적으로 거래해오고 있었다. 또한 곡물가격 변동 및 환변동 위험 헤지를 위해 상품(옥수수) 선물과 선물환 거래를 이용하여 연간 수입물량의 10% 이상을 헤지하고 있어 환변동 및 가격변동에 대비하고 있었다.

3) 채무자 판매 현황 및 재무현황

A사는 내수 판매비중 100%로서, 총 2,000군데 이상의 업체와 거래하고 있어 안정적인 매출액을 시현하고 있었고, 판매처들이 생산하는 제품은 닭, 오리, 소 등의 식용 가축으로서 가축 종류가 다양하여 특정 가축의 전염병 등에 따른 사업위험이 분산되었다.

또한 공사는 한도책정 심사 당시 이슈였던 구제역 발생의 영향 여부를 조사하였고, 조사 결과 A사의 최근 3개월 실적이 국내 사료업계 평균 증가율을 상회하는 수준임을 확인함으로써 구제역으로 인한 영업활동 위축이 없음을 확인하였다.

4) 심사결과

A사의 매출액 및 영업이익은 최근 3년간 흑자기조를 유지하였고, 공사 한

도책정 제한요건이 되는 부채비율 650% 및 매출액 대비 현재 차입금 비율 60%를 초과하지 않았다(제조업체 기준, 도매업체의 경우 40%). A사의 오랜 업력과 지속적인 성장세, 또한 대표이사의 경력과 풍부한 동종업계 노하우 등을 종합적으로 고려하여 인수한도를 청약한도인 천만 달러로 책정하였다.

주·요·학·습·내·용

약술형

- 무역보험제도의 개념과 특성
- 단기무역보험제도의 개념과 특성
- 환변동보험제도의 유용성
- 신용보증제도의 특성과 종류
- 중장기무역보험제도의 특성과 종류

용 어

- 비상위험
- 신용위험
- 해외투자보험
- 포괄보험제도
- 개별보험제도
- 농수산물무역보험
- 이자율변동보험
- 지식서비스무역보험
- 수출만기보험
- 해외자원개발펀드보험
- 탄소종합보험
- 녹색산업종합보험

| 무역과 국제물류관리 |

　　무역업자의 국제물류관리는 운송, 보관, 포장, 하역 및 정보기능 등 일련의 역할을 통합적인 관점에서 접근해야 한다. 무역계약에 따라 무역업자의 물류담당영역이 상이할 수 있다. 일반적으로 수출업자 입장에서는 주도적으로 수출물품을 수입업자에게 직접 인도하기를 원할 것이며 최종 수입업자가 지정하는 장소까지 안전하게 가장 적은 비용으로 신속히 처리하고자 할 것이다. 무역업체에 따라 다르지만 일반적으로 물류관리를 계약방식으로 아웃소싱하는 것이 관례이다. 대형 기업은 자회사 형식으로 2자 물류기업에 이원화하거나 제3자 물류업체(3PL)가 이러한 물류관리를 주관함으로써 무역회사와 물류회사가 상호 협력적 Win-Win 파트너십을 형성하는 추세이다. 물류서비스 패턴이 제조업체 혹은 무역업체의 SCM 관리를 종합적으로 수행하는 4PL 비즈니스로 확대될 전망이다. 무역업체를 대신하여 물류서비스를 주관하는 자 혹은 업체를 Freight Forwarder 혹은 Freight Forwarding업이라 한다.

01 프레이트 포워딩의 개념과 기능

1. 프레이트 포워딩 개념과 역사

(1) 프레이트 포워딩의 개념

프레이트 포워더(freight forwarder)는 운송취급인, 운송주선인, 국제물류주선업을 하는 자 등과 같은 개념으로 사용된다. 우리나라 물류정책기본법에 따르면 "타인의 수요에 따라 자기의 명의와 계산으로 타인의 물류시설·장비 등을 이용하여 수출입화물의 물류를 주선하는 사업을 말한다"로 정의하고 있으며 화물을 인수하여 수하인에게 인도할 때까지 일체의 업무를 주선하는 역할을 수행한다. 다시 말하면 프레이트 포워더는 송하인으로부터 화물을 인수하여 수하인에게 인도할 때까지의 집화·입출고·선적·운송·보험·보관·배송 등 일체의 업무를 주선하기도 하며 스스로 운송을 책임지는 운송 주체자가 되기도 한다. 수출입화물을 대상으로 주선업을 하는 자를 국제물류주선인(International Freight Forwarder)이라 할 수 있다. 본서에서는 국내외법을 종합하여 프레이트 포워더를 수출입화물을 대상으로 주선업을 하는 국제물류주선인과 같은 개념으로 사용한다. 범세계적으로 국제 프레이트 포워더는 자기시설을 확보하여 화물에 대한 주선업무를 하는 대형기업도 나타나고 있다. 그러나 우리나라에서는 화주로부터 운송과 관련된 일정업무를 인수받아 대가를 받고 이를 수행하는 것이 일반적이다.

프레이트 포워더는 1960년대 컨테이너화물이 일반화되기 전까지는 주로 내륙수송을 책임지는 역할을 하였고 해상운송은 선사가 맡았다. 그러나 컨테이너화물이 증가하고 복합운송이 보편화되자 업무가 확대되어 스스로 복합운송증권을 발행하고 운송의 전 구간을 책임지는 운송주체자로도 발전하게 된 것이다. 특히 1983년의 신용장통일규칙은 프레이트 포워더가 운송인의 지위에서 발행한 FIATA 복합운송증권을 은행에서 수리한다고 규정하였고[1] 1984년의 미국 해운법은 Non-Vessel Operating Common Carrier(NVOCC)와 Ocean Freight

---

1) Uniform Customs and Practice for Documentary Credits, 1983 rev., ICC Publication 400(UCP 400), Article 25(d) 참조.

Forwarder의 요건과 업무범위를 법정하였다.[2]

(2) 프레이트 포워더의 역사

프레이트 포워더가 가장 먼저 생성된 곳은 중세 도시국가 시대가 한창 번창하였던 13세기경의 유럽대륙이었다. 당시 유럽은 정치적으로는 각 지역의 봉건영주들에 의해 수많은 도시국가가 형성되어 있었고, 지리적으로는 험난한 알프스 산맥과 라인 강이 대륙을 종단하고 있어서 지정학적 환경하에서 국가간에 교역활동을 활발하게 조성하기 위해서는 각국의 운송 및 상사제도, 무역관행, 통관, 세금문제 등에 관한 전문적인 지식을 가진 중간 매개행위자가 필요하게 되었다. 이때 스스로 운송인(carrier)이며, 운송대리인(forwarding agent)인 프렛처(frachter)가 등장하였으며 이것이 프레이트 포워더의 효시였다. 이들은 오늘날의 무역업자와 운송업자의 경영형태를 갖춘 일단의 상인군이었으며 노상강도들의 도난에 대비하여 자체 경호대의 호위 하에 물품을 운송하였고, 물품은 출화통지서(Consignment note)에 의해 인도되고 목적지에서 상인들이 판매하였다. 1600년경에 이 프렛처(frachter)들은 유럽대륙의 상행위에 통달한 독립 상인으로 발전하였고, 무역과 운송이 점차 분화되면서 그들의 기능은 무역활동을 원활하게 촉진시켜 주는 운송전문가로 활동하게 되었으며, 명칭도 'spediteur'로 바뀌어 불리게 되었다.

북미의 경우에는 19세기 후반과 20세기 초반에 걸쳐서 프레이트 포워더가 서서히 발전하기 시작하였다. 제1차 세계대전 전까지 수출의 대부분은 동안(東岸)의 뉴욕 항을 중심으로 이루어졌으며, 걸프만이나 서안(西岸) 항구를 통한 수출은 면화(cotton)뿐이었다. 따라서 서안지역에서 생산되는 그 외 상품들은 철도편으로 뉴욕항이나 뉴올리언즈항으로 운송되어 거기에서 다시 선적되었다. 이때 대량의 화물은 운송중개인(freight broker)이라는 운송전문가에 의해 취급되었는데, 이들이 최초로 출현한 것은 1815년경이었다. 1825년의 이리(Erie)운하의 개통으로 수많은 수입품 및 유럽의 이주민들을 운송할 수 있게 되었으며, 국내 운송주선업자(domestic freight forwarder)의 전신인 운송중개업자(forwarder merchant)가 원거리의 운송을 보다 단시간에 할 수 있게 주선해 주었다. 1830년에는 남 캐롤라이나 철도회사의 증기기관차가 운행을 시작하여 운송수단의 새

---

[2] Shipping Act of 1984 as amended by Ocean Shipping Reform Act, 1998, Section 3(17) 및 3(19) 참조.

로운 장을 열었고, 이른바 국제운송주선업자(international freight forwarder)가 탄생하게 된 것이다.

1846년에 이르러서는 뉴욕에 등록된 운송주선업자 및 운송업자는 27개였는데, 그들은 주로 ① 여러 개의 작은 포장물을 결합함으로써 낮은 운임률 적용 ② 항만업무의 대행 ③ 외국의 내륙목적지까지 일관운송 ④ 철도, 운하, 도로, 해상을 경유하는 일관운송에 대한 통운임 부과 ⑤ 인도불 서비스의 제공 ⑥ 선하증권의 발행 ⑦ 요율표의 발행 ⑧ 환어음의 발행 등의 업무를 수행하였다.

1916년에는 해운법(Shipping Act)이 자국해운의 육성, 항구의 제세금, 서비스 및 해운업자를 규제할 목적으로 제정되었으며, 1946년 2월 25일 미국 대법원은 국제 운송주선업자도 이 법의 적용을 받도록 하는 판결을 내렸다.

제2차 세계대전의 발발과 함께 외국정부들이 운송대리인에 해당하는 구매사절단을 파견함으로써 미국의 운송주선업이 영업기회의 박탈로 완전히 없어질 위기에 처했으며, 이 위기를 극복하기 위하여 미 의회는 1942년 3월 14일 소위 브랜드 프레이트 포워딩법(Bland Freight Forwarding Act)을 제정하였다. 1950년 6월 1일 연방해사위원회(Federal Maritime Commission)는 General Order #72에 따라 운송주선업자들에게 등록을 하도록 하였으며, 87차 의회에서는 1961년 9월 19일 Public Law 87-254로서 독립해상운송 주선업자(independent ocean freight forwarder)의 면허제를 법제화하였다.

1926년에는 오스트리아 비인(Vien)에서 16개국의 운송업주선업협회가 세계적인 운송주선업의 대표기관으로 FIATA(Fédération Internationale des Associations de Transitaires et Assimiliés International : Federation of Freight Forwarders Association)[3] 을 창설하였으며, 우리나라는 1977년 9월 한국국제복합운송주선업협회(KIFFA) 가 동 협회에 가입하였다.

오늘날 Freight Forwarder는 화주의 화물을 수령하여 인도하기까지 전과정에 걸쳐 화물의 혼재(consolidation), 운송관련 서류의 작성, 보관·창고업무, 통관절차의 이행, 환적절차의 이행, 화주부담비용의 대납, 보험의 수배, 관리 및 분배업무 등을 수행하므로서 선진국뿐만 아니라 개발도상국에 있어서도 각광받는 물류산업으로 성장하고 있다.

---

3) FIATA(International Federation of Freight Forwarders Association ; 국제운송주선업협회연명) : FIATA는 1926년 5월 오스트리아 비엔나에서 16개국의 포워더협회 회원들이 모여 복합운송협의회간 상호 긴밀한 협조체제를 유지하기 위해 창설됨. 방희석, 국제운송론, 2005, p.641.

ㄹ. 프레이트 포워딩의 기능

FIATA는 최근 "Freight Forwarding and Logistic Services"에 대한 정의를 새로이 채택하였다. 이에 의하면 화물의 운송(single mode or multimoal transportation)은 물론 이와 관계되는 화물의 혼재(consolidation), 보관(storage), 취급(handling), 포장 또는 해체(packing or distribution) 및 그 부수 업무 및 조언(ancillary and advisory services), 통관, 검사업무, 관공서 신고업무, 적하보험 부보업무(procuring insurance of the Goods), 운송관계서류의 준비 등 여러 종류의 서비스가 포함된다고 하고 있다.

(1) 국제물류주선업자 기능

프레이트 포워더는 우리나라 물류정책기본법이 규정하는 국제물류주선업자의 기능을 한다. 동법의 규정에 의하면 타인(화주)의 수요에 따라 자기의 명의와 계산으로 다른 사람의 물류시설,[4] 장비 등을 이용하여 수출입화물의 물류를 주선하는 사업을 경영하는 자를 국제물류주선업자라고 하므로[5] 본서에서 논하는 국제 프레이트 포워더는 우리나라의 국제물류주선업자와 동일한 기능이 있다.[6]

(2) 상법의 운송주선인과 프레이트 포워더

물류정책기본법상의 물류주선은 운송주선도 포함된다. 그런데 동법의 '물류주선'에 대해서는 상법상의 '운송주선'의 의미와 비교해볼 필요가 있다.

물류정책기본법 제2조 제1항 11호에서 말하는 '주선'의 의미는 상법 제114조 이하에서 규정하는 주선의 개념이 아닌 보다 광의로 이해되어야 한다. 그 이유는 물류정책기본법상의 국제물류주선업자는 '자기의 계산'으로 영업을 하는 것을 전제로 하고 있어 '타인의 계산'으로 함을 원칙으로 하는 상법상의 운송주선인과 상이하다. 복합운송실무 패턴을 보더라도 복합운송주선업자의 업무는

---

4) "물류시설"이란 화물의 운송·보관·하역을 위한 시설, 화물의 운송·보관·하역 등에 부가되는 가공·조립·분류·수리·포장·상표부착·판매·정보통신 등을 위한 시설, 물류의 공동화·자동화 및 정보화를 위한 시설, 그리고 이들 시설이 모여 있는 물류터미널 및 물류단지를 말한다(물류정책기본법 제2조 제1항 4호 참조).

5) 물류정책기본법(법률 제12844호, 2014.11.19. 시행) 제2조 제1항 11호.

6) 국제물류주선업자를 종래에는 화물유통촉진법에 따라 복합운송주선업자라고 하였고 실무에서는 이를 흔히 프레이트 포워더라고 불렀다.

실제 운송인과의 운송계약 체결행위를 중심으로 하는 업무뿐만 아니라, 운송에 부수되는 집화·혼재·분배·통관·보관 등 부수적 업무도 수행하고 있다. 상법에서 정하는 전통적인 운송주선인의 개념으로는 더 이상 국제물류주선업자의 업무를 정의하는 것은 한계가 있다고 본다. 국제물류주선업자는 자신들이 직접 화주와 운송계약의 당사자가 되어 선하증권 또는 항공화물운송장을 발행하는 등 운송인으로서의 권리의무를 갖는 경우가 많은데, 전통적인 운송주선인의 개념으로는 이러한 업무형태를 설명할 수 없다. 그러나 국제물류주선인이 항상 상법상의 운송주선인으로서의 법률상의 지위를 가질 수 있다고 판단된다. 국제물류주선인이 상법상의 운송주선인이 될 것인가 하는 문제는 물류정책기본법이 규정하는 국제물류주선인의 정의 개념에 의존하여 결정되는 것이 아니라, 물류업무의 구체적·개별적 사정을 참작하여 상법상의 운송주선인 자격의 구비요건이 결정되기 때문이다.

물류정책기본법은 국제물류주선업자로 하여금 일정한 재산적 기초를 갖출 것을 요구함으로써 물류주선업자의 신용을 높이고 결과적으로 안전하고 원활한 화물유통이 가능하도록 하는 것에 그 입법목적이 있을 뿐, 동법에 따라 등록을 마친 국제물류주선업자가 체결하거나 수행하는 사업상 계약의 내용과 그 의미를 규율하는 법은 아니다.

(3) 국제화물운송인 기능

단일운송수단을 이용하는 운송인 기능 및 복합운송수단을 이용하는 운송인의 기능이 있다. 화물복합운송실무상 프레이트 포워더는 FIATA B/L 등 복합운송증권을 발행함으로써 복합운송인으로서의 기능을 수행하는 경우가 대부분이다. 따라서 이 경우에는 프레이트 포워더가 복합운송업자와 별다른 구별 없이 사용되고 있다. 양자는 이종의 운송수단으로서 운송에 관여한다는 점에서 공통되지만, 프레이트 포워더는 복합운송주선업이라는 사업을 영위하는 상인이라고 하는 경영학적 개념임에 비하여, 복합운송인은 운송채무를 인수한 운송인(Carrier)으로서의 법률적 지위의 보유여부를 기준으로 한 법적 개념이라는 차이점이 있다.

프레이트 포워더가 자기명의로, 그러나 타인의 계산으로 운송계약을 체결하는 경우에는 상법상의 전형적인 운송주선인에 해당하므로 복합운송인으로 간주되지 않는다. 반면, 실제 운송을 담당하는 선사나 항공사 등과 같이 자신이 직접 운송수단을 보유하면서 복합운송인의 역할을 하는 경우는, 운송주선인으로서의 기능을 하지 않거나 주선행위를 하더라도 자신의 전체 영업상 중요한 비중을 차지하지 않으므로 프레이트 포워더로 분류되지 않는다. 실제운송인이 복합운송인이 되는 경우를 '실제운송인형 복합운송인'이라 하고, 프레이트 포워더가 복합운송인이 되는 경우를 '계약운송인형 복합운송인'이라 분류하기도 한다. 그러나 실무상 프레이트 포워더는 대개 복합운송인으로서의 지위를 갖고 있으므로 복합운송과 관련된 제반 조약·법률·규칙이 적용된다.

(4) 통운송인 기능

통운송 또는 일관운송(Through Carriage)이라는 용어는 다양하게 사용된다. 광의의 의미로는 동일화물에 대한 운송에 2인 이상의 운송인이 관여한다는 의미로 해석하여 널리 복합운송까지 포함하는 개념으로 사용되며, 협의로는 단일의 운송인이 동종의 운송수단에 의한 운송 전 과정에 대한 책임을 인수하여 일부 운송구간에 대하여 하수운송인에게 운송을 맡기는 경우에 사용된다.[7]

구체적으로 살펴보면, 넓은 의미의 통운송은 다수의 운송인이 동일 운송물의 운송에 참여하는 모든 형태의 운송을 의미하므로, 부분운송, 하수운송 또는 일부를 제2의 운송인에게 하도급을 주는 형태의 운송, 동일운송, 공동운송 등이 포함되는 의미다. 반면, 좁은 의미의 통운송은 단일 운송인이 동종 운송수단에 의하여 운송 전 과정에 대한 책임을 인수하고 그 중 일부의 운송을 하수운송인으로 하여금 운송하게 하는 경우를 의미한다. 따라서 협의의 통운송에는 복합운송이 제외된다고 할 수 있다. 해상운송에서 거점항구까지의 운송은 대형 컨테이너선으로 운송한 후, 거점항구로부터 최종 목적항구까지는 피더선으로 운송하는 경우가 협의의 통운송의 전형적인 예라고 할 수 있다. 이러한 통운송이 발달하게 된 이유는 첫째, 통운송을 이용하는 경우 송화인은 단일 운송인과 한 번의 운송계약을 체결하면 되기 때문에 중계지에서 후속운송인과의 계약을 체결하는 데 소요되는 수고와 비용을 절약할 수 있다는 것이다. 둘째, 상품의 출발지로부터 도착지까지 확정된 운임을 미리 알 수 있어 영업상 편이성이 있다. 셋째, 통운송인에 의하여 선화증권 하나가 발행되기 때문에 신용장에서 요구하는 조건을 충족할 수 있어 매도인으로 하여금 대금채권을 확보하게 해주는 장

---

7) Ralph De Wit, Multimodal Transport, Lloyd's London Press Ltd., 1995, §6.14; Paul Todd, Bills of Lading and Bankers' Documentary Credits, Llyod's London Press Ltd., 1993, §4.4.7.

점이 있다.

(5) 혼재운송주선인 기능

국제물류주선업자의 주요 업무 중 한 가지가 다수 화주들의 소량화물을 컨테이너 한 대 분량의 화물로 합하는 혼재업무이다. 따라서 혼재운송주선이란 개념은 물류주선과 독립된 개념으로 이해하기보다는 물류주선업자 업무 중 일부로 파악하는 것이 타당하다. 그런데 상법상의 운송주선인이 다수의 위탁자로부터 동일한 운송노선에 관하여 운송을 위탁받고 자기명의와 자기계산으로 운송계약을 체결하는 경우 이를 혼재운송계약이라 하고, 이 경우에는 운임이 확정되지 않은 경우에도 확정운임운송주선계약과 동일하게 운송계약으로 해석하는 견해가 있다. 운송주선인이 자기명의로 위탁자의 계산으로 운송계약을 체결한 경우에는 상법상의 운송주선계약으로서의 효력을 갖는다고 해석할 수 있다.[8]

상법상 운송주선인이 운송인과 자기명의, 자기계산으로 체결한 운송계약에 다른 위탁자의 물건을 혼재하여 공동으로 물건 운송을 위탁한 경우 운송주선인이 위탁받은 물건에 관한 한 처음부터 화주와 운송주선인 사이에 운송계약을 할 의사가 있는 것으로 볼 수 있으므로 이를 운송계약으로 인정할 수 있을 것이다.[9] 우리 상법은 국제물류업자가 혼재업무를 하는 경우 구체적·개별적 사정을 고려하여, 이를 운송주선인의 다양한 기능 중 하나를 수행하는 것으로 볼 것인가, 아니면 운송인으로서의 책임을 인수한 것으로 볼 것인지 여부를 결정하는 것으로 해석한다.

프레이트 포워딩과 전문물류기업과의 관계

1. 기본업무

프레이트 포워더는 기본적으로 송하인으로부터 화물을 인수하여 수하인에게 인도하기 때까지 일체의 업무(집하·입출고·선적·운송·보험·보관·배달 등)를 주선하는 업무를 담당하고 있다. 1960년대 컨테이너화물이 일반화되기 전까지

---

8) 정찬형, 상법강의(상), 박영사, 2003. p.302.
9) 김창준, 복합운송주선업자의 법적지위에 관한 연구, 박사학위논문, 경희대학교, 2004, p.17.

는 해상운송은 선사가 맡고 프레이트 포워더는 주로 내륙수송을 책임지는 역할을 하였다. 그러나 컨테이너화물이 증가하면서 복합운송이 보편화되자 프레이트 포워더의 업무가 확대되어 스스로 복합운송증권을 발행하고 운송의 전 구간을 책임지는 운송주체자로도 발전하게 되었다.

국제복합운송에 있어서 송하인이 프레이트 포워더를 이용함으로써 생기는 이점은 FCL(Full Container Load)화물이나 LCL(Less than Container Load)화물에 모두 공통적으로 적용될 수 있다. LCL의 경우 화주가 실제로 컨테이너운송에 의해서 이점을 누릴 수 있는 것은, 화주의 inland depot에서 혼재되는 경우이다. 프레이트 포워더는 상대국의 프레이트 포워더와 제휴함으로써 수출국 및 수입국 각기에 있어서, 화물 단위당 육상과 해상 운임은 최소화할 수 있도록 컨테이너 박스에 혼재하는 것이다.

국제복합운송에 있어서 프레이트 포워더는 크게 운송주체자로서 전 운송구간에 걸쳐 일관된 운송책임을 지는 것과 혼재업무를 행하는 두 가지 기능을 들 수 있다. LCL화물의 화주 입장에서도 프레이트 포워더의 이러한 서비스에 의해 저렴한 운임과 단일 책임을 내용으로 하는 복합운송을 안전·확실·신속하게 누릴 수 있다는 이점이 있다. 실제로 LCL화물에 대하여는 국제물류주선업자가 일괄운송책임을 지고서 컨테이너운송을 하는 것이 보편화되어 있다. 이것이 이른바 프레이트 포워더의 업무이며 운송수단을 가지지 않는다는 점에서 실운송업자와 구별된다. 따라서 운송업자가 신청하는 전통운임표의 경우는 다른 운송기관의 운임일부를 흡수하거나 운송인 자신의 통상의 운임율을 인하하여 화물을 유인하는 불공정한 방법이 이용될 수도 있지만 이들 운송기관이 물류주선업자가 제공하는 운임표는 각기 운송기관이 제공하는 운임율의 합계 이하로는 내려가지 않으므로 문제는 없다. 다만 문제가 되는 것은 국제복합운송업자간의 경쟁의 결과 각기 운송기관이 지불하는 수수료를 화주에게 리베이트할 가능성이 있을 뿐이다. 그럼에도 불구하고 앞으로 해운업자 또는 해운동맹의 방침 여하에 따라서는 이 국제복합운송은 크게 발전할 것이며 소량화물, 혼재화물의 컨테이너운송에 있어서 중요한 역할을 담당할 잠재력은 얼마든지 있다.

프레이트 포워더의 역할에 의해 혜택을 누리는 쪽은 비단 화주뿐 아니라, 운송인, 세관 및 기타 공공기관 등이다. 특히 화주가 프레이트 포워더로부터 얻게 되는 최대의 이익은 복잡한 국제화물의 유통문제를 프레이트 포워더에게 맡기고 화주는 본연의 수출업무에만 전적으로 집중할 수 있게 된다. 또한 화주는 프레이트 포워더로부터 화물의 수출입 및 국제운송에 필요한 서류의 작성 및 절차에 관하여 상세한 조언을 받을 수 있고, 관계서류와 예상되는 비용만 프레이트 포워더에게 지급하면 화물의 운송은 물론 통관을 거쳐 그의 문전에서 화물을 인도받을 수 있는 것이다.

이와 같이 프레이트 포워딩업은 고도의 국제 종합운송물류산업이라 할 수 있는바 그 주요 업무영역을 살펴보면 아래와 같다.[10]

(1) 운송의 설계

프레이트 포워더는 화주에게 해상, 항공, 철도, 도로운송의 소요비용 시간, 신뢰성, 경제성을 고려하여 가장 적절한 운송수단의 선택은 물론, 운송수단, 환적여부, 운송기간 등에 바탕을 두고 화물의 포장형태도 추천한다. 뿐만 아니라 관련국가의 각종 수출입관련규칙과 필요서류를 용이하게 작성하는 등 일체의 운송에 관한 설계를 해준다.[11]

(2) 운송계약의 체결 및 선복의 예약

프레이트 포워더가 운송인의 지위에서 송하인으로부터 화물의 운송을 인수하는 경우에는 자기명의로 송하인과 운송계약을 체결하고 운송책임을 지며 그의 송하인에게는 자기명의의 운송증권(house Bill of Lading 또는 Air Waybill)을 발행한다. 한편 프레이트 포워더가 운송인의 지위에서가 아니라 화주를 대신하여 단순히 예약을 해 주는 경우에는 화주의 수요에 적합한 운송로 및 운송수단을 선택한 후 해당 선사 또는 항공사 등 실제 운송인과 특정 일자에 출항하는 선박 또는 항공기에 대하여 적정수의 선복(또는 기복)을 사용할 것을 예약한다.

---

10) UN 산하기관인 ESCAP(Economic and Social Commission for Asia and the Pacific)는 프레이트 포워더의 업무를 ① 항로 및 운송수단, 적합한 운송인의 선택, ② 선택된 운송인을 통한 선복 수배, ③ 선사 발행의 선하증권의 전달 또는 자사의 화물수취증(Certificate of Receipt), FBL(FIATA Bill of Lading)의 발행, ④ 항로, 운송수단, 수출입국의 규제 및 화물의 성질을 고려한 포장업무 대행, ⑤ 선적대기중인 화물의 일시적 보관업무, ⑥ 수출통관에 필요한 화물의 검량, 검수, ⑦ 적하보험의 부보대행, ⑧ 통관절차의 수속대행, 운송인에게 화물인도, ⑨ 운임을 포함한 기타 수수료의 대납, ⑩ 환적업무수행, ⑪ 화물의 추적, ⑫ 운송물의 멸실 또는 훼손에 대한 클레임 제기시 화주에 대한 협조 등으로 세분하고 있다(ESCAP 1993).

11) 국제 프레이트 포워더 협회(FIATA)에서는 프레이트 포워더를 운송의 설계자(Architects of Transport)라고 한다(http://www.fiata.com).

(3) 운송관계서류의 작성

관계서류로는 선하증권, 항공운송장 또는 이와 유사한 서류, 통관서류, 원산지증명서, 보험증권, 선적지시서 등인데, 이들 서류들은 프레이트 포워더가 직접 작성하든가 또는 화주가 작성하는 경우 이에 관하여 효율적인 조언을 한다. 특히 우리나라의 포워더는 해상 또는 항공화물의 적화목록을 작성하여 EDI(Electronic Data Interchange)로 세관에 제출한다.

(4) 혼재업무와 Co-Loading 업무

1) 혼재업무

혼재(Consolidation)란 복수 화주의 소량 화물(LCL: Less than Container Load)을 컨테이너 단위의 만재화물(FCL : Full Container Load)로 만드는 것을 말한다. 프레이트 포워더가 이러한 혼재업무를 수행함으로써 실제 운송인(선사 또는 항공사)으로부터는 FCL운임을 적용받을 수 있으므로 그들의 화주에게 적용하는 LCL 운임과의 차액을 이익으로 시현하는 것이다. 혼재의 종류는 다음과 같이 3가지로 구분할 수 있다.

가. Buyer's Consolidation (CFS - CY)

Buyer's Consolidation이란 한 수입업자가 다수의 수출업자로부터 LCL물품을 구입하는 경우, 수입업자가 수출지에 소재한 어떤 프레이트 포워더에게 화물의 혼재업무를 위탁하면 그 프레이트 포워더는 수입자를 위하여 다수의 수출업자로부터 소량화물을 컨테이너에 혼재한 후 이를 수입업자에게 운송하는 형태를 말한다. 이는 선적지의 CFS(Container Freight Station: 컨테이너 화물조작창)에서 여러 화주의 화물을 수령·혼재하여 FCL로 만든 다음 목적지 터미널까지 운송하면 당해 컨테이너를 CFS에서 해체시키지 않고 FCL상태대로 수입자의 문전까지 운송하기 위한 목적이다.

나. Shipper's Consolidation (CY-CFS)

Shipper's Consolidation이란 한 수출업자가 동일 목적지의 다수의 수입업자에게 화물을 매도할 때 이용되는 방법이다. 즉 수출자가 여러 건의 LCL화물을 FCL화하여 선사의 CY(Container Yard)에 반입하고 FCL운임을 적용받아 운송되나, 목적지에서는 당해 컨테이너를 CFS로 이송, 화물을 적출(devan)하여 수하인별로 인도하는 방식이다. 이 방식은 이론적으로는 가능하지만 실무적으로 각 LCL화물의 행선지와 인도시기가 같지 않은 등의 이유로 인해 거의 발생하지 않는다.

다. Forwarder's Consolidation (CFS-CFS)

Forwarder's Consolidation은 프레이트 포워더와 그의 화주와의 운송조건이 "CFS to CFS"이고 프레이트 포워더와 선사와의 운송조건은 "CY to CY으로 이루어진다. 프레이트 포워더는 LCL운임으로 여러 LCL 화주의 화물을 CFS에서 받아 FCL화하여 선사 CY에 반입시키고, 선사로부터는 FCL운임으로 선사의 목적지 CY까지 운송하게 하고 목적지의 프레이트 포워더는 선사 CY에서 컨테이너를 인도받아 그의 CFS로 이송, 화물을 적출하여 LCL수하인별로 인도하는 방식이다. 이렇게 함으로써 프레이트 포워더는 LCL운임과 FCL운임과의 차액을 수익으로 시현할 수 있는 것이다. Forwarder's Consolidation은 프레이트 포워더의 이익을 창출하는 가장 핵심적인 업무이다.

2) Co-Loading 업무

Co-Loading 업무도 혼재업무의 일종이라고 할 수 있다. Co-Loading이란 프레이트 포워더가 자체적으로 집화한 소량화물(LCL)을 FCL로 단위화하기에 부족한 경우 동일 목적지의 LCL을 많이 확보하고 있는 다른 포워더에게 공동혼재(Joint Consolidation)를 의뢰하여 FCL로 만들어 선사에 제공하는 것을 말하는데,[12] 이 업무는 소량화물의 경제적 운송을 도모하기 위해 이용된다.

(5) 포장·보관업무

프레이트 포워더는 별도의 회사를 설립하여 독자적인 포장설비를 갖추고 직접 포장업무도 수행하기도 한다. 대부분의 프레이트 포워더는 운송의 전문설계자이므로 직접 포장업무를 수행하기보다는 운송수단 및 목적지를 고려하여 가장 적절하고 효과적인 포장의 종류와 방법을 화주에게 조언하는 것에 그친다. 그리고 프레이트 포워더는 수출화물의 경우 송하인으로부터 LCL화물을 수령하여 이를 혼재, FCL화하여 실제운송인(선사 또는 항공사)에게 인계하기까지 일시적 보관을 위하여, 또는 수입화물의 경우 실제운송인으로부터 FCL화물을 수령하여 이를 적출, 검량, 검수 및 분류해 놓았다가 이를 수화주에게 인도하기

---

12) 미연방규칙 제520.2조(46CFR §520.2) : Co-loading means the combining of cargo by two or more NVOCCs for tendering to an ocean common carrier under the name of one or more of the NVOCCs.

까지의 보관을 위하여 자기의 창고를 확보하여 운영하기도 한다.

(6) 운임 및 기타 비용의 대납

프레이트 포워더와 화주간에 통상의 거래관계가 확립되어 있는 경우, 프레이트 포워더는 고객의 화물운송에 필요한 각종 비용을 대납하고 사후에 일괄 정산한다. 화주가 화물을 국제 운송하는 경우에는 육상운송인, 해상(또는 항공)운송인, 터미널운영자 및 하역업자, 통관사 등 여러 당사자가 연관되어 있어서 이들의 설비나 서비스를 이용하는 비용도 다양하게 발생한다. 그러나 운송을 프레이트 포워더에 위탁한 경우에는 프레이트 포워더가 모든 것을 주선하고 각 관련자에게 비용을 대납한 후 사후에 일괄적으로 화주에게 청구하므로 화주로서는 업무절차가 간소화되고 시간과 비용을 절약할 수 있다. 이외에도 프레이트 포워더는 수출화주가 화환어음을 네고할 수 있도록 필요서류를 작성하거나 선사로부터 선하증권을 수령하여 주는 등 수출물품의 대금회수와 관련된 은행업무를 대행하기도 한다.

(7) 통관수속

프레이트 포워더는 주요 항만이나 공항에 사무소를 두고 세관과 긴밀한 접촉을 유지하면서, 관세사에게 의뢰하는 등 화주의 수출입화물의 통관수속업무를 대행한다.

(8) 보험의 수배

프레이트 포워더는 화물운송보험과 관련된 보험의 종류, 조건, 보험료 등에 정통하고 있으므로 운송로, 운송형태에 따라 화주에게 가장 유리한 조건으로 보험수배를 할 수 있으며, 운송화물에 사고가 발생되었을 경우 화주를 대신하여 이를 효율적으로 처리해 주기도 한다.

(9) 화물 추적 서비스

프레이트 포워더는 화주로부터 화물을 수령한 때부터 인도하기까지 자기 관리하에 있는 기간은 물론 실제운송인이 운송하는 기간 동안을 포함하여 항시 화물의 소재를 파악하고 있으면서 화주가 요청할 때 언제든지 그 정보를 제공해 준다.

2. 전문물류업(제3자 물류, 제4자 물류)

(1) 프레이트 포워더와 제3자 물류

1) 제3자 물류의 정의

제3자 물류(Third Party Logistics: TPL 또는 3PL)란 화주기업이 고객서비스의 향상, 물류관리 비용의 절감, 그리고 물류활동에 대한 운영효율의 향상 등을 목적으로 공급사슬 상의 기능전체 혹은 일부를 특정 물류 전문업체에게 외주하는 것을 의미한다. 3PL이라는 용어가 본격적으로 사용되기 시작한 것은 1980년대 후반부터라고 볼 수 있다. 1988년 미국의 물류관리협회(Council Logistics Management: CLM)가 화주를 대상으로 한 물류서비스조사에서 제3자 제공업체(Third Party Providers)라는 용어를 최초로 사용한 이후 급속한 관심의 대상이 되었다. 미국 CLM은 3PL을 물류경로 내의 다른 주체와 일시적이거나 장기적인 관계를 가지고 있는 물류경로상의 대행자 또는 중개자를 의미하며, 화주와 단일 혹은 복수의 제3자간에 일정기간 동안 일정비용으로 일정서비스를 상호 동의하에 수행하는 과정을 제3자 물류 또는 계약물류(Contract Logistics)라고 정의한다. 이처럼 제3자 물류는 기업이 사내에서 수행하던 물류기능을 아웃소싱(outsourcing)하는 의미로 사용되기 시작하였다. 우리나라 대한상공회의소도 제3자 물류업체의 경영실태조사보고서에서 TPL을 화주기업이 고객서비스의 향상, 물류비의 절감 등 물류활동을 효율화할 수 있도록 공급사슬상 기능의 전체 혹은 일부를 대행하여 수행하는 업종으로 정의하면서, TPL이 기존의 물류아웃소싱과 다른 점은 화주기업과 물류기업이 거래기반관계에서 전략적 제휴관계로 전환되며, 이에 따라 물류기업의 서비스내용도 운송, 보관 등 부분적 물류기능을 대행하는 정도를 넘어서 화주기업의 효율적인 물류전략 내지 계획의 제안에서부터 통합적인 물류서비스가 제공된다는 특징이 있다고 설명하고 있다.

물류관리의 개념에 비추어 볼 때 물류기능간의 통합관리형태를 통하여 물류효율성을 증대하기 위하여 제조업체와 유통업체간의 제휴형태로 나타나는 것이 QR(Quick Response; 신속공급) 또는 ECR(Efficient Customer Response; 효율적 고객대응)이라고 한다면, 화주와 물류서비스의 제공업체간의 전략적 제휴 형태로 나타나는 것이 3PL서비스라고 할 수 있다.

최근에는 제3자 물류에 대한 개념이 단순히 외부의 물류전문업체에게 물류활동을 아웃소싱한다는 개념에서, 보다 장기적인 협력관계의 구축이라는 관점에서 외부 물류업체를 활용하는 개념으로 전개되어 가고 있다.

이상에서 살펴본 바와 같이 제3자 물류는 두 가지 관점이 포함되어 있다. 첫째, 기업이 사내에서 직접 수행하던 물류업무를 외부의 전문 물류업체에게 아웃소싱한다는 관점이고, 두 번째는 전문물류업체와의 전략적 제휴를 통해 물류 시스템 전체의 효율성을 증대하기 위한 전략적 목표로 보는 관점이다. 결국 제3자 물류의 전개방향은 화주와 물류서비스 제공업체간의 관계가 기존의 거래 기반관계에서 보다 긴밀한 파트너십 관계로 진보되고 있다.

제3자 물류의 활용범위는 기존에 기업내부에서 보조기능으로 수행되어오던 것과는 달리 경쟁 우위의 확보의 필요성과 효과적이고 효율적인 고객서비스 제공에 대한 중요성, 핵심역량에 대한 집중, 리엔지니어링에 대한 전략적 가치 등으로 인해 기존의 물류서비스와는 큰 차이가 있음을 인식하여 제3자 물류의 활동범위가 운송, 보관, 물류정보 뿐만 아니라 재고 보충, 자동재주문, 운송업체 선정, 포장 및 라벨링, 제품조립 및 통관업무까지 그 범위가 확대되고 있다.

2) 제3자 물류의 환경변화

수송에 대하여 제3자 물류업은 전통적으로 중개, 운송, 혼재, 창고, 보관, 차량관리, 정보처리서비스를 수행하면서 이용자(User)와 공급자간(Provider)의 중간적 역할을 수행하여 왔다. 물류 활동을 외주화하는 것은 규제완화 이전에도 존재하였으며, 법적인 원리보다는 경제적 원리를 바탕으로 한 가격 운송시스템과 미국에서 새롭게 정립된 자유주의 사상으로 인해 1980년대부터 성장하기 시작했다. 1980년대에는 기업내 물류기능간 통합관리를 강조한 통합물류관리(Integrated Logistics Management)가 중시되었고, 1990년대 이후는 기업간 물류기능의 외연적 통합을 통해 물류효율성을 제고하기 위한 공급사슬관리(Supply Chain Management: SCM)의 개념이 본격적으로 확산되었다. 공급사슬관리에서는 고객, 공급업자, 제3자 서비스제공업체(Third Party Service Providers)가 물류경로를 한층 효율적으로 구축하고, 경쟁우위를 유지하기 위해서는 필요한 정보와 계획을 공유한다. 이 같은 공급사슬관리는 공급사슬을 전반적으로 기획하고 통제하기 위한 통합적 접근방법으로서 단순히 개별기업의 범주를 벗어나서 공급사슬상의 모든 기업에게 통합의 개념을 확대 적용함으로써 물류경로의 효율성과 효과를 높이고자 하는 데 그 주요한 목적이 있다. 이와 같이 1990년대부터는 경쟁관계의 설정과 보다 효율적인 물류시스템의 구축노력이 개별 기업차원에서 벗어나 공급사슬의 차원으로 확대되기 시작하였으며, 이에 따라 공급사슬 자체의 물류효율성 증대를 위한 관련 주체간의 파트너십 또는 전략적 제휴 형성이 매우 중요하게 되었다.

3) 제3자 물류의 발전과정

환경변화에 따른 제3자 물류의 발전단계 및 과정은 기업의 물류활동을 수행하는 주체를 3가지 단계의 유형으로 구분할 수 있다.

첫째, 기업이 사내에서 물류조직을 두고 물류업무를 직접 수행하는 경우로 이를 자사물류(First-Party Logistics: 1PL)라고 하며, 둘째, 기업이 사내의 물류조직을 별도로 분리하여 자회사로 독립시키는 경우로 이를 자회사 물류(Second-Party Logistics: 2PL)라고 한다. 외부의 전문물류업체에게 물류업무를 아웃소싱하는 경우를 제3자 물류(Third-Party Logistics: 3PL)라고 하는데 Anderson 컨설팅은 대부분의 제3자 물류업체가 공급사슬관리를 위해 충분한 서비스를 제공하지 못하고 있으며, 아웃소싱을 수행하고 있는 한정된 기능의 비용절감에만 초점을 두고 있는 문제점을 지적하여, 지속적이고 시스템 전체적인 개선을 달성하기 위해서 현행 제3자 물류를 한 단계 발전시킨 제4자 물류(Fourth-Party Logistics: 4PL)로의 전환을 주장하고 있다.

이러한 발전단계별 물류기능은 서비스 정도에 따라 3단계로 구분할 수 있다. 1단계는 운송, 보관, 하역, 포장, 정보처리, 유통가공 등의 일련의 공급사슬 상에서 요구되는 물류의 각 기능을 부문별로 외부의 물류업체에게 아웃소싱하는 경우이며, 2단계는 운송, 보관, 하역 등 여러 물류기능을 일괄적으로 아웃소싱하는 경우이며, 제3단계는 서비스 범위 면에서 2단계와 비슷하지만 운영, 관리 측면뿐만 아니라 물류전략 및 실행전략의 수립까지도 제공하는 단계이다.

물류기능의 아웃소싱은 기존의 물품 보관 및 운송의 방법으로 이용되었고, 이러한 물류기능 위탁은 비용절감이나 고객서비스 향상과 같은 전략적 목표를 달성하기 위함이 아니라 자사에서 수행하기 어려운 업무를 외부에 아웃소싱하는 것에 지나지 않았다. 전체 기업경영의 관점차원에서 물류업무의 아웃소싱이 물류부문에서 이루어지기 시작한 것이 제3자 물류가 발전하게 되는 시발점이라 볼 수 있다.

미국과 유럽은 제3자 물류의 역할이 증대되자 물류업체들은 자국 내에서의 활동은 물론 해외까지 네트워크를 확장하여 활동하는 제3자 물류업체가 증가하고 있다.

우리나라는 물류산업이 선진국에 비하여 낙후되어 있으며, 아웃소싱에 대한 화주의 인식이 미흡한 실정이었다. 제3자 물류서비스의 이상적인 모델로서 화주기업과 물류기업간의 전략적 파트너십이 제시되고 있지만 갑을관계로서 물류기업을 하청기업 수준으로 생각하는 우리나라의 전통적인 기업문화로 인해 제3자 물류서비스가 널리 확산되지는 못하였다. 하지만 최근 기업구조의 개편에 맞물려 물류 및 유통 환경의 변화 속에서 국내 기업들도 물류 아웃소싱에 대한 인식이 증대되어가고 있다.

4) 프레이트 포워더와 제3자 물류와의 관계

중소제조기업의 경우 국제물류관리를 담당하여 줄 수 있는 제3자 물류업체로서 가장 비슷한 역할을 수행하는 프레이트 포워더를 많이 이용한다. 국제물류관리는 운송방법이 복잡하고, 상품의 이동거리와 기간, 여러 가지 기후조건에 대한 노출로 각기 상이한 포장과 보관방법이 요구되며, 많은 문서가 국경을 넘어 이동되는 특징이 있어 일개 기업이 수행하기에는 많은 인력과 비용이 들고 효율적이지 못하다. 따라서 물류관리를 프레이트 포워더에게 위탁하면 화주기업은 수출입 및 국제마케팅에 전념할 수 있으며, 이를 통해 자사의 핵심영역인 상품제조와 수출입본연의 업무에만 집중할 수 있어 결국 국제경쟁력을 제고할 수 있게 된다.

프레이트 포워더는 국제운송에서 화주를 위하여 운송인과의 운송계약의 체결을 주선, 대리 또는 중개할 뿐만 아니라 운송서류의 작성, 조달, 화물의 통관, 보관, 포장, 인도 등 운송에 부수된 각종 업무를 처리하고, 나아가서 각종 운송수단을 결합하여 "Door-to-Door"의 일관운송을 직접 인수하여 스스로 운송인이 되기도 하며, 이러한 일들을 자기가 갖고 있는 업무조직에 효과적으로 연결시켜 화주를 위해 가장 유리한 국제운송과 그에 부수되는 업무일체를 일관된 책임 아래 주선 또는 수행한다.

이를 위하여 프레이트 포워더는 자기가 취급하는 물류관리를 위해 필요한 업무 조직을 형성해야 하며 특히, 포장업자·육상운송업자·통운업자·통관업자·검량업자 등 물류관련 업자와 계약을 체결하고 나아가 외국의 포워더와 업무제휴계약을 체결하여 화주의 요구에 부응한다.

(2) 프레이트 포워더와 제4자 물류

1) 제4자 물류의 특성

화주기업들이 자사의 핵심역량에 집중하고 물류비용을 절감하여 이익을 극대화시키기 위해서 그들의 물류관리를 제3자 물류기업(3PL)에게 아웃소싱하는 방법이 많이 이용되고 있으나 사내 물류에 대한 통제력이 약화되고 실질적으로 비용절감효과가 기대에 미치지 못하다는 단점으로 인해 컨설팅, 기술적 지원, SCM상의 전반적인 통합프로세스 관리가 가능한 4PL로 전환하여야 한다는 주장이 제기되고 있다. 물류시장은 기본적으로 다양한 주체가 연계되어 활동하는 곳으로, 전자상거래의 확대 및 SCM 체제의 보편화로 인해 여러 주체간의 상생적인 협력관계가 요구된다. 이에 기존의 제3자 물류에 비해 조직상 보다 유연하고 고도화된 물류서비스를 제공할 수 있는 제4자 물류가 등장하게 된다.

제4자 물류는 주로 유력한 제3자 업체나 컨설팅 회사가 중심이 되어, 각 부문의 전문 업체를 조직하여 종합물류서비스를 제공하는 공급체인의 통합자이며 조직자 역할을 수행한다.

3PL, 4PL 모두 물류서비스의 아웃소싱을 의미하기 때문에 아웃소싱의 목적이 기업 전체의 전략과 일치하도록 해야 하며, 기업 전략목표의 효율적인 달성을 위해서 자사의 물류업무의 위치를 파악하고 가장 적합한 물류형태를 찾는 것이 중요하다.

물류 아웃소싱의 성공을 위해서는 전문물류업체(3PL, 4PL)가 프로세스의 주체가 되어야 하며 '갑을관계의 주종관계'가 아닌 '전략적 파트너인 동반자'로서 상호 존중과 협력이 필수적으로 요구된다. 물류 아웃소싱의 궁극적인 목표는 현재와 미래의 고객만족에 있기 때문이다.

2) 제4자 물류의 출현배경과 개념

기업의 물류활동이 복잡해지고 공급사슬관리에 대한 관심이 증대하면서 물류산업도 점차 진화하고 있다. 공급사슬관리의 성과와 능력을 배가시키기 위해서는 가상의 공급사슬(Supply Chain)을 형성하여 제4자 물류기업을 통해 공급사슬을 통제하는 노력이 필요하다.

공급사슬의 통제활동이 중요해지면서 제4자 물류업이 등장하기 시작하였다. 기본적으로 화주기업이나 제3자 물류기업은 스스로 공급사슬을 통제할 능력이 없기 때문에 경영자원, 기술, 그리고 프로세스를 종합적으로 관리할 수 있는 능력을 가진 물류기업을 필요로 하게 된다.

제4자 물류기업은 기본적으로 제3자 물류기업으로서 공급사슬의 관리 및 솔루션 제공, 변화관리능력(Change Management Capabilities), 부가가치 서비스를 제공할 수 있는 능력을 가진 물류기업으로 볼 수 있다.

제3자 물류기업은 최적의 기술, 창고관리, 수송서비스 조합을 만들 수 없기 때문에 지속적인 공급사슬관리상 비용절감이나 효율성을 추구하는 데 한계가 있는 반면, 제4자 물류기업은 물류 각 분야의 최적화를 도모할 수 있기 때문에 전체적인 공급사슬관리상 다양한 물류서비스를 통합할 수 있는 최적의 위치를 점유하고 있다. 따라서 제3자 물류기업과 제4자 물류기업에 대한 정의를 종합할 때, 양자간의 기본적인 차이는 제3자 물류기업이 창고나 수송 분야를 기본으로 특화된 서비스를 제공하는 수준인데 반하여 제4자 물류기업은 공급사슬관리, 컨설팅, 전체적인 물류네트워크 개선 등 한 차원 높은 서비스를 제공하는 데 있으며 아웃소싱과 인소싱(in-sourcing)의 이점을 통합한 형태의 전문 물류업체로서 경영성과를 극대화시키기 위한 조직으로 인식되고 있다.

3) 제3자 물류업과 제4자 물류업의 비교

선진국들을 중심으로 제3자 물류기업의 활동영역이 지속적으로 확대되어 왔고 최근에는 개도국으로 확산되고 있는 상황이다. 이는 경제활동의 세계화와 정보, 통신, 수송분야의 기술혁신과 주요시장에서의 기업간, 국가간 경쟁심화로 인해 물류전략의 고도화를 통한 비용절감과 고객 서비스의 향상이 경쟁에서 우위를 점하는 원천임을 인식하게 되었고, 물류서비스를 아웃소싱하는 비율이 급증하면서 나타나는 현상이다.

기업들이 제3자 물류기업을 이용함으로써 Supply Chain의 효율적 통합이

표 12-1	제3자 물류업과 제4자 물류업의 비교	
구분	제3자 물류업	제4자 물류업
Supply Chain 통제방법	물적유통, 운송중심	물류활동의 통합
자산형태	자산형	비자산형
주요 서비스 형태	트럭, 창고 등	정보기술, 네트워크
고객요구의 수렴	낮음	높음
계약형태	부분별 계약	One Stop Service 계약

나 관리가 곤란할 수 있는데 많은 제3자 물류기업들이 창고, 수송, 배송관리업무 등의 물류서비스를 제공하고 있으나, 물류정보기술의 개발과 관리, 고객서비스, 수주관리 등을 포함하는 공급 연쇄상 모든 영역의 물류서비스를 제공할 수 있는 제3자 물류기업은 거의 없는 실정이다. 이러한 한계를 극복하기 위하여 제4자 물류기업들이 등장하기 시작하였다.

3. 프레이트 포워더 성과측정

프레이트 포워더를 이용하는 화주나 물류기업은 프레이트 포워더에게 서비스의 전부 또는 일부를 대행하면서 자사 입장에서 얻게 되는 이익을 산정해야 한다. 기업별로 중요한 이슈에 차이가 존재하겠지만 일반적으로 다음과 같은 성과지표에 근거하여 측정하는 것이 객관적이다.

표 12-2 프레이트 포워더의 성과측정항목

관점	특성	측정항목
재무적 관점	재무성과	공급사슬 파트너로 인한 수익률
		현금사이클
		고객 판매 성장과 수익성
		자산수익률(ROA)
	물류성과의 제고	물류비용절감
		리드타임 단축
		납기준수율 제고
		고객만족도 제고
고객관점	서비스상품경쟁성	가격경쟁성
		다양한 상품의 제시
		Transit Time의 적정성
		특수지역(오지)서비스
		포장기능 수행
		탁월한 혼재기능
		신속한 집배 및 분배
		창고, 보관기능의 수행

		포장기능 수행
		내륙운송취급 가능
		통관업무 수행
		운송화물 트랙킹(tracking)서비스
		클레임 적극해결능력
	물류정보의 공유	고객과의 정보공유
		정보시스템을 통한 물류정보공유
		관련 업체와의 정보공유
	프로세스 효율성	업무창구의 단일화
		담당자의 연속성
		업무처리 절차의 신속성
프로세스 관점		전사적 차원에서의 프로세스 정비
	프로세스 혁신	내외부 물류프로세스의 통합
		문제 물류프로세스의 지속적 개선활동
		물류전문인력 양성 및 관리정도
	조직구조	물류전담조직 운영정도
		전사적 물류통합조직 운영정도
학습 및 성장관점		통합물류정보시스템 구축정도
	정보기술의 활용	EDI 활용정도
		물류정보화를 위한 혁신적인 기술이나 업무방식수용정도

section 03 프레이트 포워더 계약 사례

1. 해상 프레이트 포워더

해운 프레이트 포워더의 계약은 선사와 프레이트 포워더간, 프레이트 포워더와 화주간 두 부문에 걸쳐 진행된다.

(1) 선사 - 프레이트 포워더

실무에서 선사와 프레이트 포워더 간의 계약은 계약서를 통해 이루어지는 것이 아니라 구두계약을 통해 이루어 지고 있다. 그러나 구두계약을 통해 운송

그림 12-1 | Master B/L 사례

Shipper						
UNI LOGISTICS SYSTEM CO., LTD. O/B OF LG CHEM CO., LTD. SEOUL, KOREA					HASL02MQB4005500 MRN : 14HASL21107 CALL SIGN : DSEG6	

HEUNG-A SHIPPING CO., LTD

BILL OF LADING

C O P Y

NON-NEGOTIABLE

ALL TERMS, CONDITIONS
AND EXCEPTIONS AS PER
ORIGINAL BILL OF LADING

SURRENDERED

Consignee
ECU-LINE GUANGZHOU LTD.
UNIT 2114-2116, BAI HUI PLAZA, 193
ZHONG SHAN WU ROAD, 510030 GUANGZHO
U , CHINA.TEL:20 8364 9778 FAX:20
8364 9540 ATTN:EVON

Notify
ECU-LINE GUANGZHOU LTD.
UNIT 2114-2116, BAI HUI PLAZA, 193
ZHONG SHAN WU ROAD, 510030 GUANGZHO
U , CHINA.TEL:20 8364 9778 FAX:20
8364 9540 ATTN:EVON

Pre-carriage by	Place of receipt BUSAN, KOREA, CY	
Ocean vessel HEUNG-A BANGKOK	Voy. No. 0180S	Place of delivery HUANGPU, CHINA, CY
Port of Loading BUSAN, KOREA	Port of Discharge HUANGPU, CHINA	Final destination for the Merchant reference

Container No.	Seal No. Marks and Numbers	Number of Containers or pkg	Kind of packages : Description of goods	Gross weight 7,810.000 KGS	Measurement 25.000 CBM
WOOD : 6PLT PLASTIC : 2PLT FCIU4154600/HAS282258		20 X 1 (106 BAGS)	SHIPPER LOAD STOWAGE & COUNT SAID TO BE: PET JSB598 5,700KG PBT-1040D 2,000KG		

"FREIGHT PREPAID"

Total No. of containers or packages (in words)	ONE (1) CONTAINER(S) ONLY.				
Freight and charges	Revenue tons	Rate	Per	Prepaid	Collect

Freight prepaid at SEOUL,KOREA	Freight payable at	Place and date of issue SEOUL,KOREA 2014/12/08
Total prepaid in	No. of original B(s) /L	Heung-A Shipping Co., Ltd.
Date 2014/12/07	Laden on board the vessel Signature	

계약을 체결하였다 하더라도 운송계약의 증거는 반드시 필요하기 때문에 Marter B/L을 발행함으로써 이면 약관을 이용해 운송계약의 기능을 대신하고 있다. 〈그림 12-1〉은 선사가 프레이트 포워더에게 발급하는 Master B/L이다.

(2) 프레이트 포워더 - 화주

프레이트 포워더와 화주사이에서는 계약과 결제 관련 사항이 중요하므로 별도의 계약서를 통해 운송계약을 체결하고, 운송계약의 증거로서 House B/L을 발급한다. 수출입화물 복합운송 계약서의 주요 내용은 계약의 목적, 화주 및 운송인의 책임, 운송비, 운임 지불, 계약기간 및 해지로 구성되어 있으며 계약서는 다음과 같다.

수출입화물 복합운송 계약서

서울특별시 OO구 OO동 OO-OO OOO 소재 주식회사 OOO(이하 "갑"이라 칭함)와 서울특별시 XX구 XX동 X-X 소재 주식회사 XXX(이하 "을"이라 칭함)은 수출화물 운송에 관련된 복합운송계약을 아래와 같이 체결한다.

제1조(계약의 목적)

이 계약은 "갑"이 "갑"의 제품을 수출하는 데 있어서 "갑"이 진행하여야 할 제반 운송 관련 업무를 해상운송 대행업체인 "을"이 "갑"을 대리하여 가장 신속하고 안전하게 처리하는 데 있다.

제2조(화주의 책임)

1. "갑"은 운송의뢰를 할 경우 선적요청서, 도착지, 인도조건, 계약자, 기타 필요한 사항을 서면 또는 기타의 방법으로 "을"에게 통보한다.
2. "갑"은 "을"이 운송 업무를 대행함에 있어서 필요로 하는 관계서류를 적기에 제공한다.
3. "갑"은 "을"이 수행한 운송업무에 대한 제반비용을 본 계약서 제5조에 의거 지불한다.

제3조(운송인의 책임)

1. "을"은 "갑"이 운송 의뢰한 내용 및 인도조건에 따라 "갑"의 수출화물을 인수받아 가장 신속하고 안전하게 운송하며 "갑"이 지정한 장소 및 지정인에게 인도하여야 한다.
2. "을"은 "갑"으로부터 운송의뢰를 받으면 "선박 운항선사"와 긴밀한 연락을 유

지하여 화물의 인수, 선복 확보, 수송계획 등을 수립, 화물운송에 차질이 없도록 하여야 하며 화물상태에 이상이 있을 경우, "갑"의 사전 승인을 득한 후 운송에 임하여야 한다.

3. "을"은 운송화물의 현 위치를 항상 파악하여 "갑"의 요청이 있을시 정확한 선적 일정, 운송중의 위치 등 제반사항을 최대한 신속히 고지하여야 한다.

4. "을"은 "갑"이 본 계약의 의무를 원활히 수행하도록 하기 위해서 물류 대행서비스에 관련된 자료 및 기타 데이터의 제출을 요구하는 경우 성실히 협조하여야 하며 본 계약의 거래를 이행함에 있어 "갑"으로부터 취득한 제반 데이터나 영업정보를 "갑"의 서면에 의한 사전 동의 없이 제3자에게 제공하거나 외부에 누설하여서는 안 되며 이러한 기밀유지의 의무는 계약기간 및 계약종료일 이후 3년간 유효하다.

5. "을"은 "갑"의 화물을 인수받아 최종 목적지에 도착할 때까지 화물의 안전운송을 책임지며, 잘못된 인도는 물론 운송중 발생한 화물의 훼손, 또는 분실 등과 본 계약 불이행으로 인한 손해가 발생할 시, 공신력 있는 손해사정인에 의해 산정한 손해액을 서면청구 받는 즉시 배상하여야 한다. 이와 관련하여 "갑"은 "을"에게 지불할 운임에서 동 손해금액을 우선하여 공제할 수 있다.

6. "을"은 "갑"으로부터 운송 의뢰된 계약건의 전량인도 완료시까지 본 계약에 의한 책임과 의무를 지며, 천재지변, 전쟁, 사변 또는 이에 준하는 비상사태가 발생된 경우 이외에는 "갑"의 별도 통보가 없는 한 계약상 의무를 계속 이행하여야 한다.

또한, 계약상 의무의 완료시점이라 함은 계약건의 화물이 목적지에 도착하여 "갑"이 지정한 화물 인도자가 화물 인도를 완료한 시점을 말한다.

7. "을"은 화물이 출발항에서 출항 후 "갑"의 요청시 선하증권 원본을 즉시 제출하여야 한다.

제4조(운송비)

1. 운임은 "갑"과 "을"이 상호 협의한 운임에 따른다. 단, 계약기간 중이라도 운임의 변동사유가 발생하였을 경우 "갑" 또는 "을"의 요청에 의하여 상호 협의하에 조정 적용하며 기타 본 계약서에 명시되지 않은 사항은 "갑"과 "을"이 상호 협의하에 결정한다.

2. "을"은 운송비 청구시 INVOICE 등 관련 선적서류를 첨부하여 매월 말일 마감 후 서면(e-mail, FAX 등)으로 청구한다.

제5조(운임 지불)

1. "갑"은 "을"과 합의된 수출화물 운송에 관한 해상운임(부대비용 포함)을 관련 선박의 출항일 기준(수출), INVOICE 발행일 기준(수입) 익월 말일 이내에 "을"에게 현금으로 지불하여야 하며 OCEAN FREIGHT의 경우 US DOLLAR

지급을, THC 등 부대비용은 원화지급을 원칙으로 한다. 단, "을"이 OCEAN FREIGHT를 원화로 지급하고자 할 경우는 선박 출항 당일 외환은행 최초 고시 환율의 전신환 매도율을 적용하도록 하되 계약기간 중 다시 지불통화를 변경하지는 못한다.

2. 미수금이 신용설정금액을 초과하거나 약정기일 내에 채무를 변제하지 않을 경우 "을"은 "갑"을 상대로 신용공여를 취하고 시중은행금리에 상당하는 이자비용을 초과기간만큼 청구할 수 있으며 법적소송 및 채무금액에 상당하는 "갑"의 물건을 점유할 수 있다.

제6조(계약기간, 계약해지)

1. 본 계약의 계약기간은 계약일로부터 1년으로 하되 계약기간을 제외한 상기 조건이 변경되지 않는 한 1년씩 자동 연장된다.

2. 다음의 각 항에 해당하는 경우 "갑"과 "을"은 본 계약의 일부 또는 전부를 즉시 해지할 수 있으며 이로 인한 손해 배상을 청구할 수 있다.
   - 가압류, 가처분, 경매, 공매처분 또는 이와 유사한 처분을 받는 경우
   - 회사정리, 화의 또는 파산절차의 신청·진행 등의 사유가 발생하는 경우
   - 영업폐지, 변경 또는 해산의 결의를 한 경우
   - 발행한 어음, 수표가 부도 처리된 경우
   - 협의 없이 계약 이행을 지연하는 경우
   - 본 계약에 규정된 내용을 3회 이상 위반하고, 그에 대한 시정조치를 이행하지 않았을 경우
   - 본 계약이 해지되거나 종료된 후에도 계약기간 중 발생한 "갑"과 "을"간의 행위에 대해서는 그 행위가 종료될 때까지 본 계약의 내용이 적용된다.

3. 본 계약조항 또는 계약조항 외의 사항에 대한 해석은 일반 상관례 및 국내법 규정에 의한다. 본 계약과 관련하여 "갑"과 "을"의 분쟁이 야기될 경우 적용법률은 대한민국 법률이며 재판관할은 서울중앙지방법원에서 행한다.

본 계약을 증명하기 위하여 계약서 2부를 작성하여 쌍방이 서명 날인한 후 각각 1부씩 보관한다.

계약일자 2014년 1월 1일

"갑"   "을"

서울특별시 OO구 OO동 OO-OO   서울특별시 XX구 XX동 X-X

주식회사 OOO   주식회사 XXX

대 표 이 사   O O O (인)   대 표 이 사   X X X (인)

<그림 12-2>은 프레이트 포워더가 화주에게 발급하는 House B/L이다.

| 그림 12-2 | House B/L 사례 |

2. 항공 프레이트 포워더

IATA(국제항공운송협회)규정에 따라 항공사는 수출입 화주와 직접 거래 할수 없기 때문에 항공사는 항공운송대리점을 통하여 실화주(수출업자)와 거래를 하고 있다. 항공운송대리점이란 IATA와 CASS(IATA 산하 항공화물정산시스템)에 가입되어 있는 포워더(복합운송주선업체)를 말한다. 따라서 포워더를 통해 항공 운송이 가능하다.

항공사가 발행하는 운송장을 MAWB(Master Air Waybill)이라고 하며, 포워더가 발행하는 운송장을 HAWB(House Air Waybill)이라고 하는데 MAWB는 포워더에게 이미 불출되어 있어 포워더가 항공사와 항공대리점을 대신하여 활용하고 있다.

포워더의 항공화물집하 흐름은 다음 〈그림 12-3〉과 같다.

(1) 항공사-대리점(포워더)

항공 프레이트 포워더의 계약은 항공사와 대리점, 대리점과 프레이트 포워더간, 프레이트 포워더와 화주간 세 부문에 걸쳐 진행된다. 그러나 실무적으로 항공사 대리점과 포워더간에 운송계약이 이루어진다, 항공사와 대리점 혹은 프레이트 포워더간의 계약은 별도로 진행되지 않으며 Master Airway Bill을 통해 운송계약서로 이용하고 있다.

그림 12-3   항공화물집하 흐름도

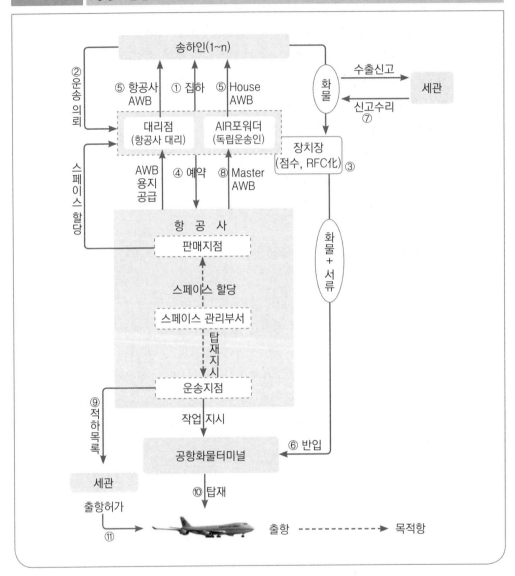

그림 12-4 | Master AWB

406 - [AIRPORT OF DEPARTURE] - 0000 0000   406 - 0000 0000

| SHIPPER'S NAME AND ADDRESS ❶ | SHIPPER'S ACCOUNT NUMBER | NOT NEGOTIABLE **AIR WAYBILL** (AIR CONSIGNMENT NOTE) | UPS |

Copies 1, 2, and 3 of this Air Waybill are originals and have the same validity.

It is agreed the goods described herein are accepted in apparent good order and condition (except as noted) for carriage SUBJECT TO THE CONDITIONS OF CONTRACT ON THE REVERSE HEREOF (also available at www.aircargo.ups.com). ALL GOODS MAY BE CARRIED BY ANY OTHER MEANS INCLUDING ROAD OR ANY OTHER CARRIER UNLESS SPECIFIC CONTRARY INSTRUCTIONS ARE GIVEN HEREON BY THE SHIPPER, AND SHIPPER AGREES THAT THE SHIPMENT MAY BE CARRIED VIA INTERMEDIATE STOPPING PLACES WHICH THE CARRIER DEEMS APPROPRIATE. THE SHIPPER'S ATTENTION IS DRAWN TO THE NOTICE CONCERNING CARRIER'S LIMITATION OF LIABILITY. Shipper may increase such limitation of liability by declaring a higher value for carriage and paying a supplemental charge.

CONSIGNEE'S NAME AND ADDRESS ❷	CONSIGNEE'S ACCOUNT NUMBER	Received in good order and condition at ❷⓿ on ❷❶ at ❷❷
		Place Date/Time
		Signature of Consignee or his agent ❷❸

| ISSUING CARRIER'S AGENT NAME AND CITY | ALSO NOTIFY NAME AND ADDRESS (OPTIONAL ACCOUNTING INFORMATION) ❷❹ |

| AGENT'S IATA CODE | ACCOUNT NO. |

AIRPORT OF DEPARTURE (ADDRESS OF FIRST CARRIER) AND REQUESTED ROUTING ❸

| ROUTING AND DESTINATION | | | | | CURRENCY | CHGS CODE | WT/VAL | | OTHER | | DECLARED VALUE FOR CARRIAGE | DECLARED VALUE FOR CUSTOMS |
| TO | BY FIRST CARRIER | TO | BY | TO | BY | | | PPD | COLL | PPD | COLL | ❺ | ❻ |

| AIRPORT OF DESTINATION ❹ | FOR CARRIER USE ONLY FLIGHT/DATE | FLIGHT/DATE | AMOUNT OF INSURANCE | INSURANCE - If shipper requests insurance in accordance with conditions on reverse hereof, indicate amount to be insured in figures in box marked amount of insurance. |

HANDLING INFORMATION ❼

The shipper certifies that these commodities, technology or software were exported from the United States in accordance with the Export Administration Regulations. Diversion contrary to U.S. law is prohibited.

NO. OF PIECES RCP ❽	GROSS WEIGHT ❾	kg lb ❿	RATE CLASS COMMODITY ITEM NO.	CHARGEABLE WEIGHT ⓫	RATE / CHARGE ⓬	TOTAL ⓭	NATURE AND QUANTITY OF GOODS (INCL. DIMENSIONS OR VOLUME) ⓮

PREPAID	WEIGHT CHARGE	COLLECT	T-UP ZONE	PICKUP CHARGES	OTHER CHARGES
A.					
	VALUATION CHARGE		CEL ZONE	DELIVERY CHARGES	
D.			C.		
	TAX			SHIPPER'S R.F.C. (AMOUNT TO BE ENTERED BY SHIPPER)	
	TOTAL OTHER CHARGES DUE AGENT		Shipper certifies that the particulars on the face hereof are correct and that insofar as any part of the consignment contains dangerous goods, such part is properly described by name and is in proper condition for carriage by air according to applicable Dangerous Goods Regulations. ⓯
A.	TOTAL OTHER CHARGES DUE CARRIER	B.	
			SIGNATURE OF SHIPPER OR HIS AGENT
TOTAL PREPAID	TOTAL COLLECT	EXECUTED ON
CURRENCY CONVERSION RATES	TOTAL COLLECT IN DESTINATION CURRENCY	⓰ ⓱ ⓲ ⓳ (Date) (Time) at (Place) SIGNATURE OF ISSUING CARRIER OR ITS AGENT
FOR CARRIER'S USE ONLY AT DESTINATION	CHARGES AT DESTINATION	TOTAL COLLECT CHARGES

406 - 0000 0000

NO. 3
ORIGINAL FOR
SHIPPER

표 12-3	Master AWB 설명	
Section	Completed By	Description
1	Customer	Shipper's name and address.
2	Customer	Consignee's name and address.
3	Customer	The three letter code of the origin airport. This is the origin airport code whether the freight trucks or flies.
4	Customer	The three letter code of the destination airport.
5	Customer	Declared Value for Carriage Option.
6	Customer	Shipment Value for Customs purposes. If no value is shown in block 5, the appropriate SED exception wording is required.
7	UPS/CFS or Customer	Handling Information – to contain any special instructions or notes regarding freight, dims, ULD numbers, and individual position weight.
8	Customer	Number of Pieces.
9	Customer	Gross weight. NOTE: This does not include tare weight of aircraft pallets and/or containers, however it does include the weight of wooden skids.
10	Customer	Kilograms (kg) or Pounds (lbs).
11	Customer	Chargeable weight. The actual weight or the dimensional weight, whichever is greater.
12	Customer	Rate/Charge – International MAWB only.
13	Customer	Total – International MAWB only.
14	Customer	Nature and quantity of goods, the description of cargo, This may include dimensions or volume. NOTE: Using the term "Consolidation" or like terms is not an acceptable description of goods. Description must be specific.
15	Customer	Signature of shipper or agent.
16	UPS/CFS	Date of signing.
17	UPS/CFS	Time of signing.
18	UPS/CFS	Place of signing – three letter code of the gateway. NOTE: Refer to MAWB example in Air Cargo Forms Section.
19	UPS/CFS	Signature of issuing carrier or its agent refers to: • UPS representative OR • CFS employee NOTE: Clarify all signatures.
20-23	Customer	Consigneee Signatures NOTE: 20, 21, 22 and 23 are to be completed at the destination gateway or CFS by the consignee or their agent. If the destination gateway has a CFS, the destination gateway maintains an unsigned copy of the MAWB(#5 or #6) along with a signed, Register of Air Freight Shipments/AC-12, or work order on file.
24	Customer	Indicate Service Type if Perishable, Priority, or RFS.

그림 12-5 Master AWB 약관

WAYBILL CONTRACT-FOR-CARRIAGE TERMS

ADDITIONAL U.S. DOMESTIC CONDITIONS OF CONTRACT

ADDITIONAL INTERNATIONAL CONDITIONS OF CONTRACT

(2) 대리점(포워더) - 화주

대리점은 화주와 수출입화물 국제운송계약서를 작성하고 운송계약을 체결한다. 계약의 내용은 계약의 목적, 운송 목적물, 운임 및 운송요율, 운임 등의 정산, 선적서류의 제공, 계약해제 및 해지, 손해배상, 불가항력, 권리의무 및 양도금지, 비밀준수의무, 계약내용의 변경, 계약의 해석, 재판관할 등의 내용으로 구성되어 있다. 항공운송에서 사용되는 수출입화물 국제운송계약서는 다음과 같다.

수출입 화물 국제운송 계약서

주식회사(이하 "갑"이라 칭함)과 주식회사(이하 "을"이라 칭함)는 "갑"이 "을"에게 위탁한 수출입 화물의 운송과 관련하여 다음과 같이 수출입화물 국제운송계약(이하 "본 계약"이라 함)을 체결한다.

제1조(계약의 목적)

본 계약은 "갑"이 "을"에게 화물 운송 업무를 위탁하고 "을"은 "갑"이 지정하는 목적지까지 운송목적물을 신속, 정확, 안전하게 운송함에 있어 필요한 사항을 정함에 그 목적이 있다.

제2조(운송 목적물)

① 본 계약상의 운송목적물은 별도의 규정된 내용에 따른다.

제3조(운임 및 운송요율)

① 본 계약에 따른 운임은 별도 운임 산정표에 의거 산정되는 금액으로 한다.

② 본 계약 기간 중 운송 요율의 변경 사유가 발생할 시, "갑"과 "을"은 상호 합의하여 전항의 운송 요율을 변경할 수 있다.

제4조(운임 등의 정산)

① "을"은 소정의 운송업무를 완료한 후, 매월 완료된 소정의 운송 업무에 관하여 당해월 15일자 상반기 합계 인보이스를 발행하여 당해월 ○○일자까지 "갑"에게 운임을 청구하며, 당해월 말일자 하반기 합계 인보이스를 발행하여 익월 ○○일자까지 "갑"에게 운임을 청구한다.

② "을"은 본 계약에 따른 운송 업무의 이행과 관련하여 "갑"을 대신하여 납부한 비용에 대하여도 전항의 절차에 따라 전항의 운임과 함께 "갑"에게 청구한다.

③ "갑"은 본 조 제1항 및 제2항에 따른 "을"의 운임 및 대납비용 청구서에 대하

여 상반기는 익월 OO일, 하반기는 익월 말일 이내에 "을"이 지정하는 은행계좌로 외화 또는 원화 현금으로 지급한다. 외화의 원화 환산시 환산환율은, 수출의 경우 선적일 기준, 수입의 경우 도착일 기준 외환은행 최초 고시 매매기준율을 적용한다.

④ "갑"이 본조 제3항에서 정한 기한 내에 운임 및 기타 대납비용을 "을"에게 지급하지 않는 경우, "갑"은 당해 미지급금액에 대해 지급기한 다음날부터 실제 지급하는 날까지 年 20%의 이율로 일할 계산된 지연이자를 "을"에게 추가로 지급하여야 한다.

⑤ 운임 및 요율의 정산을 위하여 갑은 을에게 보증보험 00,000,000원을 설정할 수 있으며, 을은 필요시 이를 증액 또는 감액할 수 있다.

제5조(선적서류의 제공 등)

① "을"은 "갑"이 요청하는 경우 B/L 또는 AWB 등의 선적서류 발행하여 "갑"에게 전달하여야 한다.

② "을"은 운송 중 특별한 상황 발생시 이를 지체 없이 "갑"에게 통보하고, "갑"의 지시에 따라야 한다.

③ "갑"이 "을"에게 도착지 통관을 요청한 경우, "을"은 이를 수행할 수 있다. 단, 통관 관련 책임, 위험 및 비용 부담은 갑에게 귀속되며 발생된 제반 비용은 "을"이 대납한 후 제4조에 따라 운임청구시 일괄청구 한다.

④ "을"은 화물운송이 완료된 후 화물의 도착 및 보관 기타 운송이 완료된 화물에 대한 내역을 "갑"에게 통보하여야 한다.

⑤ "을"은 "갑"으로부터 운송 위탁받은 화물을 신속, 정확, 안전하게 운송하여 "갑"이 지정하는 기간 내에 목적지에 도착하도록 최선을 다한다.

제6조(계약해제, 해지)

① "갑" 및 을"은 상대방에게 다음 각호의 하나에 해당하는 사유가 발생하는 경우 서면 통지로서 본 계약을 즉시 해제 또는 해지할 수 있다.

    가. 상대방이 발행한 어음, 수표 등의 부도가 발생하거나 상대방의 당좌거래가 중지된 경우

    나. 상대방의 주요재산에 대해 가압류, 가처분 등의 권리보전처분 또는 강제집행을 당하거나 상대방에 대해 법정관리, 화의, 파산의 신청을 당하거나 상대방 스스로 신청한 경우

    다. 관련 감독관청으로부터 영업취소, 영업정지 등의 처분을 받은 경우

    라. 기타 본 계약을 위반하여 상대방으로부터 그 시정에 관한 최고를 받은 날로부터 30일 이내에 위반사항을 시정하지 않는 경우

② 본 계약에 따른 계약의 해제 또는 해지는 손해배상의 청구에 영향을 미치지 아

니한다.

제7조(손해배상)

① "을"은 본 계약에 따른 운송업무 수행과정에서 "을"의 고의 또는 과실로 인해 발생된 운송 화물의 멸실, 훼손에 따른 "갑"의 손해를 배상하여야 한다. 단, 본 계약 제8조에 규정된 불가항력 사유 또는 화물 고유의 하자, 포장의 불충분 등 "을"의 책임 없는 사유로 발생한 화물의 멸실, 훼손의 경우에 그러하지 아니하다.

② 전항의 화물의 멸실, 훼손에 따른 "을"의 배상책임한도는 운송 관련 국내외 법령 및 "을"이 발행하는 선하증권(Bill of lading), 항공운송장(Airway Bill), 복합운송선하증권(Multimodal Transport Bill of lading)의 규정에 따른다.

③ 본 조의 규정에 불구하고, "을"이 본 계약에 따라 또는 본 계약의 이행과 관련하여 "갑" 또는 제3자에게 부담하는 총 배상책임의 한도는 본 계약 제3조에 따라 "갑"으로부터 기 수령한 총 운임금액의 2배 또는 10억 중 적은 금액을 초과하지 않는다.

제8조(불가항력)

① "갑"과 "을"은 국가정부의 조치, 법령의 개폐, 천재지변, 전쟁, 전쟁 유사행위, 내란, 폭동, 소요 기타 "갑" 및 "을"이 통제할 수 없는 불가항력적인 사유로 인하여 본 계약상 의무의 전부 또는 일부를 이행하지 못하게 될 경우에는, 상대방에게 그 사실을 즉시 서면으로 통지하여야 한다.

② 불가항력적 사유가 30일 이상 지속될 경우, 상대방은 서면통지로 본 계약을 해지할 수 있다.

제9조(권리의무의 양도금지)

"갑" 및 "을"은 본 계약으로 발생되는 모든 권리 및 의무를 상대방의 사전 서면 승인 없이 타인에게 양도, 대여 또는 담보로 제공하거나 기타 처분할 수 없다. 단, "을"은 본 계약에 따른 운송업무의 일부를 "갑"과 협의하여 "을"의 국외파트너에게 위임 또는 양도할 수 있다.

제10조(비밀준수의무)

"갑" 및 "을"은 본 계약과 관련하여 취득한 상대방에 대한 사업정보, 거래내용 및 업무상, 영업상, 기술상의 비밀 등 제반 사항을 비밀로서 유지하여야 하며, 고의 또는 과실로 비밀을 누설한 때에는 본 계약의 종료 여부를 불문하고 그로 인해 발생된 상대방의 손해를 배상하여야 한다.

제11조(계약내용의 변경)

본 계약의 내용은 "갑"과 "을" 상호 서면 합의에 의해서만 변경할 수 있다.

제12조(계약기간)

본 계약의 계약기간은 2014년 01월 01일부터 2015년 12월 31일까지 1년으로 한다. 단, 기간 만료 1개월 전까지 어느 일방 당사자로부터 갱신거절의 서면 의사 표시가 없는 한 1년간씩 동일 조건으로 자동 연장된다.

제13조(계약의 해석)

본 계약에 명시되지 아니한 사항은 운송관련 제반 법규와 일반 상관례에 따라 상호 합의하여 결정하기로 한다.

제14조(재판관할)

본 계약과 관련하여 발생하는 법적 분쟁은 서울남부지방법원을 제1심 관할로 하여 해결하기로 한다.

"갑"과 "을"은 본 계약의 체결사실 및 그 내용을 증명하기 위하여 본 계약서 2부 를 작성하여 서명 또는 기명날인 후 각각 1통씩 보관한다.

년 월 일

"갑"   "을"

약술형

- 프레이트 포워더의 역할과 주요기능
- 프레이트 포워더의 업무범위
- 전문물류기업의 종류와 발전과정
- 제3자 물류와 제4자 물류 비교 설명
- 프레이트 포워더의 성과측정

용 어

- Freight Forwarder
- NVOCC
- consolidation
- FIATA
- full container load
- less than container load
- master bill of lading
- house bill of lading
- air waybill
- third party logistics
- fourth party logistics
- supply chain

13

CHAPTER

| 무역관련 환율 및 금융제도 |

외환의 특성과 종류

환(換)은 격지간에 채권, 채무관계를 서로 직접 현금으로 주고받는 방법으로 결제하지 않고 금융기관의 중개를 통한 지급위탁하는 방법으로 결제하는 수단을 말하며 결제통화 및 거래지역에 따라 내국환과 외환으로 구분된다. 외환은 다시 자금수수의 방법에 따라 송금환과 추심환으로 구분할 수 있는데 전자는 자금을 보내 주는 방법이며 후자는 추심을 하여 자금을 청구하여 받는 방법이다. 자금을 보내 주는 방법을 송금환 또는 전환이라고 하며 추심하는 경우를 추심환 또는 역환이라고 한다.

한편 국제대차의 결제는 거의 모든 나라의 은행이 그 기능을 담당하게 된다. 그래서 어느 한 나라의 은행에서 타국의 은행으로 자금이 이동되었다면 쌍방은행은 각기 자국화를 대가로 한 외환의 매매가 이루어진다고 할 수 있다.

외환을 하나의 상품으로 파악했을 때 어떤 한 은행에서 외환의 매도 또는 매입행위는 반드시 일어나게 된다. 따라서 외환은 매도환과 매입환으로 구분할 수 있다. 매도환에는 당발송금환 및 타발추심환의 경우가 해당되며 타발송금환

그림 13-1　외환의 분류

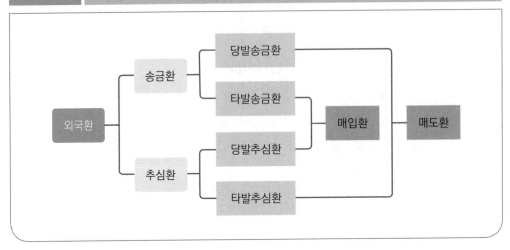

과 당발추심환은 매입환으로 분류된다.

이를 모두 종합하여 보면 〈그림 13-1〉과 같다.

1. 송 금 환

(1) 송금환의 종류

송금환의 이용방법은 송금수표(Demand Draft: D/D), 우편송금환(Mail Transfer: M/T), 그리고 전신송금환(Telegraphic Transfer: T/T)의 세 가지가 있다.

송금수표는 송금인이 발행은행으로부터 교부받은 송금수표를 직접 수취인에게 송부하고 이를 받은 수취인은 송금수표에 기재되어 있는 지급은행에게 지급제시를 하여 그 수표대금을 찾는 방법이다. 따라서 송금수표에 의한 송금방법은 송금인의 책임하에 수취인에게 전달되므로 다음에 설명하는 우편송금에 비하여 위험성이 높아 주로 소액송금에 많이 이용된다.

또한 환거래 계약에 따라서는 발행은행은 일정액 이상의 송금수표를 발행한 경우에 지급은행 앞으로 송금수표발행 통지서(Drawing Advice)를 작성하여 통지하게 되며 지급은행은 수취인으로부터 지급제시가 있는 때에 송금수표와 발행통지서를 대조하여 내용 및 진위를 확인할 수 있게 된다. 우편송금환은 송금은행이 환거래은행인 지급은행에 대하여 수취인에게 일정 금액을 지급하여 줄 것을 위임하는 지급지시서(payment order)를 발행하여 송금은행이 직접 우편으로 지급은행 앞으로 발송한다. 이 방법은 시급을 요하지 않는 송금, 소액송금 등에 많이 이용된다. 전신송금환은 우편송금환과 같이 지급지시방법에 의하여 송금하는 방식이나 지급지시를 전신으로 하는 것이 다를 뿐이다. 전신 송금은 거액의 송금, 시급을 요하는 송금 등에 많이 이용되며 신속하고 편리하나 비용부담이 많은 단점이 있다.

(2) 송금환의 흐름

① 송금인은 자기의 거래외환은행(송금은행)에 송금대전을 입금시키고 송금수표의 발급을 의뢰한다.
② 송금은행은 수취인 거주지역이나 또는 인근에 소재하는 자기의 환거래은행을 지급은행으로 하는 송금수표를 발행하여 이를 송금인에게 교부한다.
③ 송금은행은 지급은행 앞으로 송금수표의 발행통지를 함과 동시에 결제은행에게는 송금대전을 자행계좌에서 차기하여 지급은행계좌에 대기할 것을 지시한다.

| 그림 13-2 | 송금수표거래절차 |

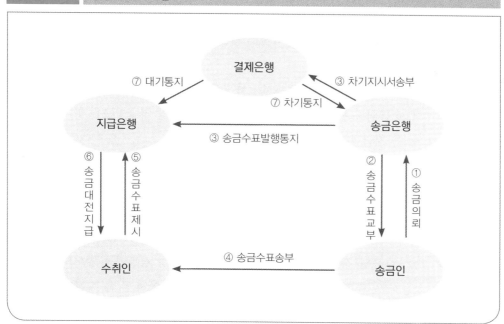

④ 한편 송금인은 교부받은 송금수표를 수취인 앞으로 송부한다.

⑤ 수취인은 그 송금수표를 지급은행에 제시한다.

⑥ 지급은행에 제시된 송금수표와 송금수표발행통지서를 대조한 후 송금대전을 수취인에게 지급한다.

⑦ 결제은행은 송금은행의 차기지시서(Debit Authorization)에 의거 동행의 당좌예치 계정을 차기하여 지급은행의 계정에 대기한 후, 송금은행에게는 차기통지서(Debit Advice), 지급은행 앞으로는 대기통지서(Credit Advice)를 각각 발송하여 거래가 종료되었음을 알린다.

그러나 지급은행이 송금은행의 예치환거래은행일 경우에는 결제은행(Reimbursing Bank)을 별도 선정할 필요가 없다. 이 경우에 자금을 결제하기 위하여는 송금수표 발행통지서로써 차기지시에 갈음하는 것이 보통이다. 송금액이 소액일 경우에는 지급은행과의 환거래 계약에 따라서 송금수표발행통지서도 생략하는 경우가 많다.

(3) 우편 및 전신송금의 경우

① 송금인은 자기의 거래은행에 송금대전을 입금시키고 송금의뢰를 한다.

② 송금의뢰를 받은 송금은행은 수취인의 거주지 또는 인근에 소재하는 자기의 환거래은행 중에서 지급은행을 선정하여 전신 또는 우편으로 지급지시를 한다. 이와 동시에 결제은행 앞으로 차기지시를 전신 또는 우편으로 한다.

③ 지급은행은 수취인에게 송금내도 통지를 한다.

④ 송금내도 통지를 받은 수취인은 지급은행 앞 지급청구를 하여 송금대전을 지급받는다.

⑤ 결제은행은 송금은행의 차기지시에 의거, 동행의 당좌계정을 차기하여 지급은행의 계정에 대기시킨 후 송금은행 및 지급은행 앞으로 각각 차기통지서 및 대기통지서를 송부한다.

송금수표와 같이 지급은행이 예치환거래은행인 경우에는 별도의 결제은행을 선정치 않고 지급은행 앞으로 송금은행의 계정에서 직접 차기하여 지급할 것을 지시한다.

그림 13-3   우편 및 전신송금의 흐름도

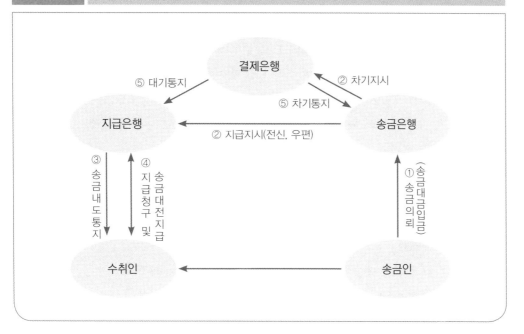

2. 추 심 환

추심(Collection)이란 송금환과는 반대로 채권자가 자금을 역청구하는 역환이다. 즉 지급지가 외국으로 되어 있는 수표 또는 어음 등을 고객으로부터 매입하거나 의뢰를 받아 직접 지급은행에 대하여 또는 거래은행을 통하여 대금을 청구하여 받는 과정을 말한다. 추심에는 추심의 방향에 따라 당발추심(Outward collection)과 타발추심(Inward collection)으로 구분할 수 있는데 전자는 수표나 어음의 지급인이 외국에 있을 때 외국에 있는 거래은행을 통하여 대금을 청구하는 것이다. 후자는 그와 반대로 해외은행의 의뢰에 의하여 채무자에게 대금을 받아 송금해 주는 것을 말한다.

외환은행이 수표나 어음 등을 추심함에 있어서 그 대금을 먼저 고객에게 지급하는 매입절차의 방식과 수표나 어음의 대금을 추심에 의하여 추심은행으로부터 동대금이 입금되었다는 통보를 받은 연후에 지급하는 방법이 있다. 전자를 추심전매입(Bill Purchased)이라 하고 후자를 추심후지급(Bill Collection)이라 한다. 국제자금 이동 중 중요한 비중을 차지하는 수출입 무역대금의 결제는 외환어음에 의한 추심환의 방법을 이용하고 있다.

(1) 추심전매입(Bill purchased)

추심전매입은 수표나 어음을 추심 전에 미리 대금을 지급하고 사후에 추심요청을 하여 대금을 받는 것이므로 부도(unpaid) 등에 따르는 위험부담이 있다. 추심전매입은 지급은행으로부터 대금회수가 확실시되는 수표나 어음에 한하여 취급되어야 하고, 매입의뢰인의 자산이나 신용상태가 양호한 경우이어야 한다.

일반적으로 추심전매입이 가능한 외환의 종류는 다음과 같다.

- 여행자 수표(Traveller check)
- 은행이 발행한 수표(Banker check, Cashier check)
- Money order(Bank Money Order, Personal Money Order, Postal Money Order)
- 은행이 보증한 개인수표(Bank-Certified Personal Check)
- 신용장에 의하여 발행된 화환어음 또는 무화환어음
- 지급이 확실한 개인수표(Personal check)

(2) 추심전매입환의 흐름

① 어음(수표)의 소지인인 추심의뢰인은 자신의 거래외환은행(의뢰은행)에 추심을 의뢰한다.

② 추심의뢰은행(매입은행)은 그 어음이나 수표를 추심 전에 먼저 매입하고 대전을 의뢰인에게 지급한다.

③ 추심의뢰은행(매입은행)은 매입한 수표(어음)를 지급인 거주지역 또는 인근의 자기의 환거래은행 앞으로 송부한다.

④ 환거래은행(추심은행)은 송부되어 온 수표(어음)를 지급인에게 제시한다.

⑤ 추심은행은 지급인으로부터 대전을 수입한다.

⑥ 추심은행은 의뢰은행 앞으로 추심을 위탁한 수표(어음)가 결제되었음을 통보함과 동시에 결제은행 앞으로 추심은행계정에서 수표(어음)대금을 차기하여 의뢰은행 계정에 대기할 것을 지시한다.

⑦ 결제은행은 의뢰은행에게 그 계정에 대금이 대기되었음을 통지한다. 물론 추심은행(Collecting Bank)이 의뢰은행(Remitting Bank)의 예치환거래은행일 경우에는 결제은행을 경유하지 않고 직접 추심은행에서 입금조치가 된다.

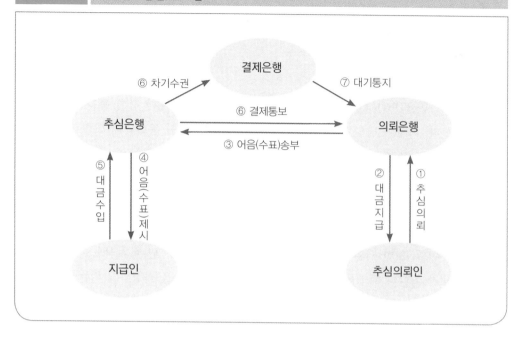

그림 13-4 추심전매입환의 흐름도

3. 환거래협약(Correspondent Arrangement)

어떤 은행이 국제간에 송금, 추심, 신용장통지 등 외환업무를 수행하기 위해서는 상대방 국가에 외환거래의 중개자인 은행이 존재하여야 한다. 상대방 국가에 자행의 지점이 있다면 이 지점을 이용하여 외환거래를 하게 된다. 세계 각지에 해외지점을 설치하는 것이 바람직하나 지점유지 경비부담 등의 경제적 효율성 면이나 현지 법규제로 지점 설치가 곤란할 때에는 현지의 유력한 은행과 외환거래에 관한 협약을 체결하여 서비스를 제공한다.

이와 같은 계약을 환거래협약(Correspondent arrangement)이라고 부른다. 또한 환거래계약을 체결한 상대방 은행을 환거래은행(Correspondent bank)이라고 부른다. 환거래은행 중 외환거래에 따른 대금결제를 위하여 자행명의의 예치금 계정을 개설해 둔 은행을 예치환거래은행(Depositary correspondent bank)이라 부르며, 이를 간략하게 depo bank라고도 부른다. 한편 예치금 계정이 개설되어 있지 않는 은행을 무예치환거래은행(Non-depositary correspondent bank)이라 부르며, 이를 간략하게 non-depo bank라고도 부른다.

우리나라 환율제도

1. 환율의 개념

환율(Exchange rate)이란 어떤 통화의 1단위에 대한 다른 통화의 가격을 말한다. 바꾸어 말하면 한 나라의 통화와 다른 나라의 통화와의 교환비율을 환율이라고 할 수 있다. 어떤 한 나라를 기준으로 보면 외환에 대한 자국화의 가격을 말하며 그 외환을 상품으로 파악했을 때 상품에 대한 가격(자국화)이라고 할 수 있다.

외환이 상품이라면 환율은 외환시장에서 수요와 공급에 의해서 결정되는 것이다. 또한 외환이 국제결제의 수단인 측면에서 보면 장기적으로 국제수지상태가 외환의 수급을 반영하게 되며 이에 의해 환율을 결정하게 되는 것이다.

환율이 자국화와 외국화의 교환비율이라는 것은 환율이 바로 자국화의 대외가치를 표시하는 것이라고 할 수 있다. 즉, 환율은 자국화로서 외국상품 및 용역을 구매할 수 있는 구매력으로 표시된다. 자국화의 대외구매력이란 자국화를 가지고 외화를 매입하고 매입한 외화로서 외국상품과 용역을 구매할 수 있는 능력의 정도를 나타낸다. 즉 환율은 곧 자국화의 대외구매력, 대외가치를 표시한다고 할 수 있다.

2. 환율의 표시방법

(1) 자국화표시환율과 외화표시환율

환율을 자국화와 외환과의 교환비율이라고 하면 외국화와 자국화 중 어느 것을 기준으로 해서도 환율을 표시할 수 있다. 환율은 외국통화 1단위와 교환되는 외국통화의 단위수로서 표시할 수도 있다. 전자를 자국화표시환율(Rate in home money or currency) 또는 직접표시환율(Direct Quotation)이라 하고 후자를 외화표시환율(Rate in foreign money or currency) 또는 간접표시환율(Indirect Quotation)이라 한다.

예컨대 우리나라의 환율을 U$1 = 1,200원으로 표시하는 것은 자국화표시환율이며 이는 영국을 제외한 대부분의 나라에서 사용하고 있는 방법이다. 또한 영국 '파운드'화의 경우는 £1=U$1.6500으로 표시하는데 이를 외화표시 환율이라 한다.

자국화표시환율은 외화를 하나의 상품으로 보았을 때 그 상품의 한 단위에 대한 자국화폐의 값을 의미하고 외화표시환율은 반대로 자국화를 상품으로 하고 그 상품의 한 단위에 대한 외화의 가치를 말한다. 따라서 우리가 흔히 환율인하라고 하는 것은 U$1=₩1,200에서 U$1=₩1,100으로 자국화가 평가절상되는 것을 말한다.

(2) 매도율(offer rate)과 매입률(bid rate) 및 스프레드(spread)

일반적으로 외환시장에서는 환율고시 은행이 외화를 팔고자 하는 매도환율(Offered rate)과 외화를 사고자 하는 매입환율(Bid rate)이 동시에 고시되고 있다.

두 개의 환율을 고시하는 방법을 two way quotation이라 하며 이 매도율과 매입률의 차는 외환거래수익의 원천으로 이를 spread라 한다. 예를 들어 뉴욕외화시장에서 어떤 딜러(dealer)가 다른 은행으로부터 미달러화에 대한 독일의 마르크화의 환율제시를 요청받아 U$/DM=1.6675~1.6685의 환율을 제시하였다면, 1.6675마르크를 지불하고 1달러를 사겠으며 1.6685마르크를 받고 1달러를 팔겠다는 것을 의미한다. 그러므로 U$/DM=1.6675가 매입환율이 되며 U$/DM=1.6685가 매도환율이 된다.

스프레드(Spread)란 매도환율과 매입환율의 차이로서 외환딜러 입장에서 보면 매매이익의 원천이다. 고객의 입장에서는 거래비용의 성격이며 해당 통화의 유동성, 환율안정성, 거래규모 등에 의해 결정된다.

(3) 현물환율과 선물환율

환율은 외환매매계약에 따른 대가의 수급이 이루어지는 시기에 따라 현물환율과 선물환율로 구분된다. 현물환율이란 외환매매계약 성립 후 2영업일 이내에 통화의 교환이 이루어지는 현물환거래(Spot Exchange)에 적용되는 환율이다. 선물환율은 매매계약 후 2영업일을 경과한 어느 일정시점에서 그 대상외환의 수도결제가 이루어지는 선물거래(Forward Exchange)에 적용되는 환율이다. 현물환율은 다시 결제가 이루어지는 시점에 따라 거래당일(today)에 결제가 행하여지는 당일물환율과 계약 다음날(tomorrow)에 결제가 이루어지는 익일물환율, 계약일로부터 2영업일에 결제가 이루어지는 거래에 적용되는 spot환율로 나누어진다. 실무적으로 외환매매계약이 성립된 후 실제 결제가 이루어지기까지에는 거래내용의 확인, 자금의 조달, 자금의 이체 등에 일정시간이 필요하므로 특별한 경우를 제외하고 대부분의 현물환거래는 spot value date를 결제일로 정하고 있다. 통상 환율이라 하면 현물환율 중에서도 spot환율을 말하며, 동 환율이 선물환율을 비롯한 여타 환율을 산출하는 기초가 된다.

(4) 선물환율 고시방법

선물환율 고시방법에는 선물환율 자체(Forward Outright Rate), Premium 또는 Discount율(연율) 및 Forward Differential의 세 가지 방법이 있는바, 일반적으로 Forward Differential 방법으로 표기하고 있다.

1) Forward Outright Rate

Forward Outright Rate란 현물환율과 마찬가지로 선물환거래에 적용될 환율 그 자체(Outright Price)를 고시하는 방법으로 군소 기업체 등 대고객용으로 사용되고 있을 뿐 은행간 거래에는 사용되지 않고 있다.

선물환율 자체가 기본적으로 현물환율과 현물환율에 대한 선물환의 Premium 또는 Discount에 의하여 결정되고 있을 뿐 아니라 선물환율 자체보다는 Premium 또는 Discount폭이 더욱 중요하기 때문이다. 그리고 실무상으로도 일 중 Premium 또는 Discount폭은 상대적으로 안정되어 있는 반면 현물환율은 시시각각으로 변동되고 있기 때문에 그때마다 Outright Rate를 평균적으로 산출하여 고시하는 것이 어렵기 때문에 일 기준으로 사용하고 있다.

2) Premium 또는 Discount Rate

현물환율에 대한 선물환의 Premium 또는 Discount를 연율로 표기, 고시하는 방법으로 양국통화간의 금리차(연율)와 직접 대비함으로써 금리재정거래 여부의 결정지표로서 신속하게 활용될 수 있기 때문에 기업체 및 군소은행에서 선호하는 방법이다. 다만 은행간 거래에서는 직접 사용되지 않고 있으나 후술하는 Forward Differential의 산출기초가 되고 있다.

3) Forward Differential

Forward Differential, Forward Margin 또는 Pips란 현물환율에 대한 선물환의 Premium 또는 Discount를 소수점(decimal point)으로 표기, 고시하는 방법으로서 주요 외환시장에서의 Dealer상호간 및 은행간 거래시 주로 사용되고 있다. 전문 Dealer용어로는 이를 Swap Rate라고도 하나 Swap조작시 적용되는 환산(Swap Operation Rate)으로 혼동될 가능성이 있다. 일반적으로는 Premium 또는 Discount라고 부르고 있으며, Forward Differential을 Decimal Point(Point-0.0001)로 Bid와 Offer를 동시에 고시하는 추세이다. 또한 'P'(또는 '+') 또는 'D'(또는 '−')로 Premium 또는 Discount를 명시하기도 하나(현물환율과 선물환율이 동일할 경우에는 'Flat'라고 함) 일반적으로는 Premium 또는 Discount 표시 없이 Forward Differential만을 고시하고 있다.

Premium 또는 Discount를 명시하지 않은 경우 그 인식요령은 다음과 같다. 미달러 기준고시환율로 고시된 Forward Differential 중 왼쪽 Bid(Buying) Side 숫자가 오른쪽 Offer(Selling)Side 숫자보다 클 경우에는 미달러(기준통화)의 Discount(상대방 통화의 Premium)를 의미하고 그 반대의 경우에는 미달러화의 Premium(상대방 통화의 Discount)을 의미하게 된다.

이는 현물환이든 선물환이든 Bid Rate(Dealer의 매입가격)는 Offer Rate (Dealer의 매도가격)보다는 낮아야 하며 선물환매매 Margin(Forward Outright 기준)은 현물환매매 Margin보다 높아야 한다. 예를 들면 특정 은행의 특정일 현재 현물환율 및 Forward Differentials가 다음과 같이 고시된 경우 USD는 DEM, CHF, JPY화에 대해서 Discount이며, GBP, FRF화에 대해서는 Premium이다.

Foward Rate의 산출은 왼쪽 통화를 중심으로 Discount인 경우에는 Spot에서 Pips를 빼고, Premium인 경우에는 Spot에 Pips를 더하면 된다.

예 1 Discount인 경우

U.S\$/DM Spot Rate 104190−1.4200

3 Mos Discount 364−359

3 Mos Forward Rate 1.3826−1.3841

즉, Spot Margin＝10 points

　　 Forward Margin＝15 points

예 2 Premium인 경우

U.S$/FRF Spot Rate 4.9755−4.9775

3 Mos Premium 300−350

3 Mos Forward Rate 5.0055−5.0125

즉, Spot Margin=20 points

　　Forward Margin=70 points

3. 환율의 변동요인

외환거래에 대한 규제가 전혀 없는 자유외환시장(Free exchange market)에서 환율은 외환의 수요와 공급에 의해 결정된다. 일국의 외환수급상황은 경상수지와 자본수지의 영향을 받게 되는데, 이러한 외환수지는 장기적으로 각국 경제의 기초적 요인에 의하여 결정되며, 단기적으로는 시장의 투기적 또는 기술적 요인 그리고 제도변화 등에 영향을 받는다. 즉, 환율변동에 영향을 미치는 주요인으로는 ① 물가, ② 경제성장, ③ 금리수준, ④ 통화량 등과 같은 기초적 요인이 있는가 하면 ① 시장분위기(Market sentiments), ② 중앙은행의 외환시장 개입, ③ 시장의 추세적·순환적 국면, ④ 새로운 뉴스의 출현 등과 같은 기술적 요인이 있다. 이들 환율변동요인 가운데에는 경제성장이나 물가 등과 같이 상품시장의 수급을 통하여 주로 경상수지에 영향을 미치는 장기적인 환율변동요인들이 있는가 하면, 금리나 시장기대의 변동 등은 주로 자산시장(여기서 자산시장이라 함은 상품시장과 대칭되는 개념으로 금융자산시장을 말함)의 수급조정을 통하여 단기적으로 환율변동에 큰 영향을 미치게 된다.

그러나 환율변동에 영향을 미치는 여러 요인들을 장기적 요인과 단기적 요인으로 엄격히 이원화하여 구분하기는 곤란하며 현실적으로 장·단기 요인이

표 13-1	Forward Differential 고시법				
	GBP/USD	USD/DEM	USD/CHF	USD/FRF	USD/JPY
Spot	1.5705−15	1.4190−00	1.1530−40	4.9755−75	100.60−70
1M	25−23	124−119	147−137	100−120	96−921
2M	47−45	244−239	288−277	200−240	86−181
3M	69−66	364−359	418−408	300−350	276−271
6M	139−1341	735−725	807−792	800−900	557−552

상호간에 교호적으로 작용하면서 시장환율에 영향을 미치고 있다.

　　물가, 경제성장, 금리 및 통화량 등이 상품시장과 자산시장을 통하여 환율에 어떤 영향을 미치는가를 살펴보고자 한다.

⑴ 물　　가

　　환율결정의 전통적 이론인 구매력평가이론에서 각국의 물가상승률은 장기적인 환율결정요인이 되고 있다. 즉, 자국의 물가상승률이 다른 나라에 비하여 상대적으로 높은 오름세를 보일 경우에 자국의 수출경쟁력이 약화되는 반면 수입수요는 증대되어 이에 따른 경상수지의 악화(외환의 초과수요)가 자국통화의 평가절하를 초래하게 된다. 상대적인 물가변동에 의한 환율변동 효과는 수출입 상품의 상대가격변동과 이에 따른 경상수지의 변동(상품시장의 수급조정)을 통하여 나타나기 때문에 일반적으로 장기적인 환율변동요인으로 인식되고 있다.

　　이와 같이 실현된 물가상승률은 상품시장의 수급조정을 통하여 일정시차를 두고 환율변동에 영향을 미치지만 장래 인플레이션에 대한 시장기대의 변동은 자산시장을 통하여 즉각적으로 환율에 영향을 미칠 수 있다. 상대적으로 자국의 기대 인플레이션율이 높거나 또는 기대 인플레이션율 이상으로 실제물가상승률이 높게 나타나는 경우, 시장참여자들은 장래에 있어 자국의 경상수지 악화가능성이나 자국경제에 대한 신뢰성 저하에 따른 자국통화의 약세를 예상하여 외환시장에서 자국통화를 즉시 매각하게 되는데 이때 다른 조건에 큰 변동이 없는 한 자국통화의 즉각적인 평가절하가 초래될 수 있다.

　　실현된 인플레이션은 수출입 상품의 상대적인 경쟁력에 변화를 가져오게 되고 이것이 경상수지의 변동을 통하여 장기적으로 환율변동에 영향을 미치게 되나, 기대인플레이션의 변동이나 예상치 못한 물가상승은 시장참가자들의 기대심리와 투자심리에 영향을 미침으로써 자산시장을 통하여 즉각적인 환율변동요인으로 작용할 수 있다.

⑵ 경제성장

　　전통적 케인즈 이론은 한계수입성향의 개념을 도입하여 한 나라의 경제가 상대적으로 높은 성장을 지속하는 경우 여타 조건이 일정하다면 수입이 증대되어 경상수지가 악화(외환 초과수요)되면서 그 나라 통화의 평가절하가 초래됨을 설명하였다. 이와 같은 경제성장에 따른 환율변동은 지출변동과 경상수지의 조정을 통하여 나타남으로써 상대적으로 장기적인 환율변동요인으로 인식되고 있다.

이에 반하여, 시장에서 기대성장률의 변동은 자산시장의 수급조정을 통하여 즉각적으로 자국통화의 환율변동을 초래할 수 있다. 즉, 자국경제가 기대 이상으로 높은 성장을 기록하는 경우 시장에서는 장차 자국금리가 상승할 것으로 기대하거나 또는 자국경제의 건전성에 대한 신뢰도가 높아짐으로써 외환시장에서는 자국통화에 대한 매입수요가 증대되는데 이때 자국통화의 즉각적인 평가절상이 이루어질 수 있다.

(3) 금　　리

각국간의 상대적 금리수준의 변동은 다른 조건이 일정할 때 자산시장을 통하여 환율변동의 주요요인이 되고 있다. 지금 다른 조건이 일정할 때 자국의 금리가 상승하면 자국통화표시 금융자산의 수익률이 상대적으로 높아졌음을 의미한다. 이때 투자가들은 자국통화표시 금융자산에 대한 투자증대를 위하여 자국통화의 매입수요를 증대시킴으로써 자국통화는 강세를 시현하게 된다. 즉, 자국통화가 상대적으로 고금리통화가 되면 강세를 그리고 저금리 통화가 되면 약세를 시현하게 된다. 이러한 관계는 자산시장의 즉각적인 수급을 통하여 이루어짐으로써 단기적인 환율변동요인이 되고 있다.

금리변동에 의한 이종통화 자산간의 대체현상과 이에 따른 환율변동은 기본적으로 실질금리의 상대적 변동에 기인함을 유의할 필요가 있다. 높은 기대인플레이션율이 상당기간 지속되는 상황에서 금리와 환율변동과의 관계를 보면 명목금리의 상승에도 불구하고 인플레이션율이 높다. 해당 통화가 평가절하될 수 있다는 점이다. 높은 기대인플레이션율하에서는 환율변동이 명목금리보다는 물가상승에 큰 영향을 받는 데다가, 명목금리의 상승이 실질금리의 상승을 가져오지 못함으로써 명목금리의 상승시에 해당 통화의 평가절하가 나타날 수 있다는 점에 유의하여야 한다.

(4) 통 화 량

자국통화량의 상대적 증가는 다른 조건이 일정하다고 하면 일차적으로 유동성 효과(liquidity effect)에 따라 자국금리의 하락요인이 되고 동시에 이것이 기대인플레이션의 상승요인이 됨으로써 자국통화의 평가절하를 가져오게 된다.

특히 지속적인 통화량 증가현상은 시장에서 기대인플레이션율을 높여 줌으로써 자국통화의 장기적인 평가절하요인이 될 수 있다.

(5) 중앙은행의 외환시장 개입

중앙은행의 외환시장 개입은 단기적으로 외환시장효과(Exchange market effect)와 통화효과(Monetary effect)를 통하여 환율에 영향을 미치고 장기적으로는 기대효과(Expectations effect)를 통하여 환율에 영향을 미친다. 지금 A국의 중앙은행이 외환시장에서 A국통화를 대가로 B국통화의 매입조작을 실행할 경우에 이것이 외환시장에서는 A국통화의 공급증대, B국통화의 수요증대로 나타남으로써(외환시장효과) 단기적으로 B국통화의 강세, A국통화의 약세를 유도할 수 있다.

A국의 중앙은행이 A국통화를 대가로 한 B국통화 매입시에 초래되는 A국 통화량 증가를 공개시장조작을 통하여 흡수하지 않는 경우(태화개입: Nonsterilized intervention)에 A국통화량의 증대는 A국의 금리하락(통화효과)과 아울러 A국의 기대인플레이션율을 높여 줌으로써(기대효과) A국통화의 평가절하를 가져오게 된다.

A국 중앙은행이 외환시장에서 B국 통화매입에 따른 A국 통화량 증가를 공개시장에서 A국통화표시 국채를 매각하여 흡수할 경우에는(불태화개입: Sterilized intervention) 통화효과는 소멸되고 외환시장효과에 의한 A국 통화의 약세효과만 나타나는데, 이러한 태화개입이 환율에 미치는 효과는 일반적으로 일시적이며 제한적으로 나타난다.

(6) 정치적 경제여건

한 나라의 정치적 경제상황이나 경제정책에 대한 시장참여자들의 신뢰성 정도는 오늘날 환율변동의 한 주요요인이 되고 있는데, 이는 투자가들의 시장 기대심리가 이들 여건의 변동에 큰 영향을 받기 때문이다. 특정국가에 있어서 장래 무역거래에 영향을 미칠 보호무역과 같은 수입규제조치의 법제화 등 정치경제적인 사태 발생은 외환시장에서 현재의 환율변동에 즉각적인 영향을 미치게 된다.

정치적 안정은 경제적 안정 또는 해당 국가의 전반적인 신인도를 높여 주기 때문에 시장에서 정치안정국의 통화는 안정통화로서의 선호도가 높아 일반적으로 안정적 강세를 보이게 된다. 정치불안국의 통화는 해당 국가의 신인도가 경제의 불안정성 등을 반영하여 평가절하의 경향을 띠게 된다. 뿐만 아니라 국지분쟁의 발발 등 세계정세의 불안요인이 발생할 경우에는 투자가들은 안전통화를 선호하게 되어 통상 기축통화인 미달러화가 강세를 시현하게 된다.

지금까지 외환시장에서 외환의 수급변동에 영향을 미치는 기초적, 기술적 요인들을 살펴보았는데, 이들 요인들은 주로 상품시장을 통하여 환율변동에 영향을 미치는 경우와 자산시장의 수급조정을 통하여 즉각적으로 환율변동에 영향을 미치는 경우가 있다. 물가상승, 경제성장 등은 각국 무역구조의 성숙도에 따라 일정시차를 두고 상품시장의 수급을 통하여 환율변동에 영향을 미치고 있으며 이들 거시경제지표에 대한 시장기대의 변동은 자산시장의 수급조정을 통하여 즉각적인 환율변동요인으로 작용하게 된다.

전술한 금리나 시장기대의 변동, 그리고 정치적 상황과 같은 기술적 요인은 금융자산의 즉각적인 거래를 수반함으로써 주로 단기적인 환율변동요인이 되고 있다. 그러나 이러한 요인들이 장기적으로 실물경제의 활동에도 영향을 미치게 된다. 따라서 환율변동은 앞서 살펴본 장·단기요인이 상품 및 자산시장을 통하여 복합적으로 초래한 외환수급의 변동결과라 하겠다. 끝으로 외환거래에 대한 규제가 전혀 없고 모든 시장정보가 환율에 완전하고 신속하게 반영되고 있는 효율적인 시장에서는 기대환율이 실현환율과 동일하게 됨으로써 시장참가자들의 기대환율이 환율변동에 결정적 영향을 미치게 된다.

4. 우리나라의 환율제도

(1) 우리나라 환율제도의 변천

1964년 이전 고정환율제도를 채택하였던 우리나라는 수차례에 걸친 고정환율의 인상조치, 일시적인 복수환율제도의 채택 등 복잡한 변천과정을 겪었으며, 1964년 5월 단일변동환율제도로 전환한 이후에도 사실상 고정적으로 운영해 왔으며 4차례에 걸친 환율의 일시 인상이 불가피하였다. 1980년 2월 복수통화 바스켓제도로 이행한 후부터 실질적으로 환율유동화가 이루어졌는데 동제도하에서의 환율은 바스켓에서 구성된 통화시세의 변동에 의하여 결정되었다. 1990년 3월부터는 복수통화 바스켓제도를 폐지하고 전영업일의 거래를 가중평균한 시장평균환율을 기준으로 일정한 일일환율변동 제한폭 이내에서 외환시장에서 외환의 수급에 따라 환율이 결정되도록 하는 시장평균환율제도를 도입하여 시행하였다. 1997년 12월에는 환율의 가격기능 제고와 외환시장 활성화를 위해 일중 환율변동폭 제한을 폐지함으로써 자유변동환율제로 이행하였다.

1) 고정환율제도(1945. 10~1964. 5)

고정환율제도라 함은 정부가 미리 결정한 수준으로 환율을 고정하고 이를 유지하기 위해 외환시장에 개입하는 제도로서 불확실성이 없어 국제거래를 안정적으로 할 수 있어 국제교역량이 증가하며 환율이 고정되어 있으므로 국내의 경제정책 수행이 용이한 장점이 있다. 반면에 효율적인 국제수지 조정기구가 없어 막대한 규모의 외환보유액을 유지해야 하며 경제적 후생을 감소시키는 단점이 있다. 이 시기의 국제환율제도가 그러하였듯이 우리나라도 광복 이후 미군정 당국에 의하여 고정환율제도를 채택하였다.

2) 단일변동환율제도(1964. 5~1980. 2)

1964년 5월 단일변동환율제도를 실시함과 동시에 외환증서제도를 도입하였으나 수입쿼터가 대폭 철폐되고 물가가 보합(保合)상태를 유지하자 1965년 3월 변동환율제도를 실시하여 기준환율과 시장률, 외환 대고객매매율 및 한국은행집중률 등을 두었다. 이후에도 환율과 물가의 괴리현상이 나타나 4차례에 걸쳐 대폭적인 환율인상 조치가 불가피하게 취해졌다.

3) 복수통화 바스켓제도(1980. 2~1990. 2)

복수통화 바스켓제도의 실시로 그 이전 사실상 고정되어 있던 환율이 국제통화시세 변동, 국제수지 추이, 국내외금리차 등에 의하여 대미 Dollar 환율이 결정됨으로써 유동화하기 시작하였다.

이 제도하에서 환율은 SDR Basket환율과 독자 Basket환율을 산출한 후 한국은행 총재가 국내외금리차, 내외물가 상승차, 외환시장의 전망 등을 감안하여 최종결정 고시하였다.

동 제도는 개별통화에 연결하였을 경우에 비해 환율변동이 안정적이고 자국의 교역사정에 맞추어 환율을 결정할 수 있는 장점이 있으나 환율이 정책당국에 의해 의도적으로 조작되고 있다는 의혹을 받아 교역상대국으로부터 자국통화의 가치절상 압력을 받기도 한다.

4) 시장평균환율제도(1990. 3∼1997. 12)

1990년에 들어서 우리 경제의 국제경제상 지위가 향상됨에 따라 외환자유화는 시대적인 조류로서 자유변동환율제도의 전 단계로서 새로운 환율제도의 필요성이 대두되었다. 이 같은 필요에 의해서 시장평균환율제도가 실시되었다.

이 제도하에서 결정되는 시장평균환율은 외환은행과 고객과의 외환거래나 은행간 외환거래의 기준이 되는 원화의 달러화의 환율로서 은행간 시장에서 외환의 수요와 공급에 의해서 결정되는 환율이다. 이 환율은 단기적으로는 수출입동향, 경제전망, 원화절상 또는 절하에 대한 기대심리 등에 의해 원화환율이 변동되지만 근본적으로는 경상수지와 자본수지를 합한 종합수지에 의해 원화환율이 변동된다고 할 수 있다.

시장평균환율은 외환매매 중개기능을 담당하는 금융결제원 내의 자금중개실에서 산출하여 매일 오전 9시에 Yonhap Infomax, AP, Reuter 화면을 통해 당일 외환거래의 시장평균환율을 고시하고 환율 자동응답장치에 입력된다.

시장평균환율은 외환은행들이 국내외환시장에서 거래한 원화와 달러 현물환거래환율을 거래량으로 가중평균하여 다음날의 시장평균환율을 결정하게 되는데 은행간 외환시장의 참여자는 시중은행, 특수은행, 지방은행, 종금사, 한국은행 등이다.

5) 자유변동환율제도(1997. 12∼현재)

1971년 이후 Bretton Woods체제의 붕괴와 더불어 세계 주요 선진국들이 자유변동환율제도로 이행하였으나 우리는 국내외환시장의 여건이 아직 성숙되지 않아 그 사전준비단계로서 시장평균환율제도를 도입하였다.

이 제도하에서 환율은 국내외환시장에서 은행간 미달러화에 대한 수요, 공급에 의하여 결정되는 것을 원칙으로 하였으나 기준환율을 중심으로 일정 상하한축을 설정하는 등 정부가 간접적으로 관여하여 왔다.

1997년 12월 들어 우리나라의 경상수지 악화, 수년간 누적된 악성 대외채무의 증가로 인하여 IMF구제금융을 받을 수밖에 없었고 동기구의 권고에 따라 자유변동환율제도를 시행하게 되었다. 자유변동환율제도는 정부의 관여가 배제되어 외환시장에서 은행 및 기타 금융기관간의 거래에 의하여 미달러화와 원화의 환율이 결정된다.

미달러화를 매입 또는 매도하고자 하는 금융기관은 금융결제원 내의 자금

중개실의 중개에 의하여 거래를 하게 되며 대고객 외환거래를 하고자 하는 은행은 은행간의 외환시장에서 형성된 환율을 참조하여 일정 마진폭을 가감한 대고객환율을 자율적으로 산출하여 적용하고 있다.

은행간의 외환시장에서는 미달러화와 원화의 거래만 이루어지기 때문에 기타 통화와 원화의 환율은 주요 국제 외환시장의 환율을 재정하여 산출한다.

(2) 우리나라 환율구조

1) 외국환은행간매매율

외환시장에서 외환은행 상호간의 외환거래에 적용되는 환율을 말한다. 외환은행은 본질적으로 대고객거래에서는 수동적 입장에 있으므로 이에 따라 발생하는 환위험과 외화자금의 과부족을 조정할 필요가 있을 경우 각 외환은행 상호간에 이를 위한 외환거래가 금융결제원의 자금중개실을 통하여 이루어지며 이때 은행간 매매율이 결정된다. 따라서 이 매매율은 원칙적으로 당해 시장의 외환수급사정을 그대로 반영하는 시세라 할 수 있으며 우리나라 외환시장의 경우 외국환은행, 외국은행, 한국은행이 참가할 수 있도록 되어 있다. 또한 외환시장에서 형성된 외국환은행 매매율을 참조하여 각 외국환은행은 대고객 환율을 결정한다.

2) 외국환은행대고객매매율

외국환은행이 고객과 외환거래를 하는 데 적용되는 환율로서 보통 매 영업일에 영업장에 게시하며 전신환매매율, 일람출급환어음매입률, 수입어음결제율, 기한부어음매입률 등으로 나뉜다. 이는 외국환은행간 매매율을 감안하여 외국환은행의 장이 자율적으로 정하고 있으며 기타 통화의 경우에는 주요 국제 외환시장의 환율을 참조한 재정환율에 일정 마진을 가감하여 결정한다.

① 전신환매매율

전신송금의 경우 송금인으로부터 원화송금대전을 받고 외환을 매도함과 동시에 지급은행 앞으로 송금환의 지급지시를 전신으로 하게 되므로 외화송금대금이 송금은행의 해외예치계정에서 즉시 지급된다. 즉, 송금은행의 입장에서 볼 때 송금환의 매도와 관련하여 자금부담의 문제가 개입되지 않는다.

송금은행이 송금인에게 외환을 매도할 때 적용되는 환율이 대고객전신환매도율(T/T selling rate)이다.

이와는 반대로 외국으로부터 전신으로 송금되어 온 타발송금환을 지급하는 국내의 외국환은행은 이 타발송금을 매입하고 원화를 지급하게 되는데 이를 매입하고 지급하는 시점에서 외화송금대금은 이미 지급은행의 해외예치계정에 입금되는 것이므로 이 타발전신송금환을 매입하는 데 적용하는 환율은 대고객 전신환매입률(T/T Buying rate)이다.

비록 전신환이 아니더라도 자행계정에의 대금입금 시점이 자행에서 자국화 대금을 지급하는 시점과 비교해서 당일 또는 전일인 경우에는 전신환과 같은 효과를 발생하므로 전신환매매율이 적용되게 된다.

전신환매매율은 다른 대고객매매율의 기준이 되어 이를 중심으로 일람출급환어음매입률, 기한부어음매입률 및 수입어음결제율을 정하는데 환어음의 자금화 또는 결제에 소요되는 기간에 해당하는 금리만큼 차감하거나 가산한다. 따라서 엄격한 의미의 환율은 바로 전신환매매율을 말한다고 할 수 있다.

가산되는 폭을 전신환매매율폭이라고 하며, 이는 외환매매에 따른 외환은행의 환위험 부담에 대한 보험료적 성격과 수수료가 병합되었다고 보아야 하며, 이를 통상 매매익이라고 한다.

② 일람출급환어음매입률

환어음이 지급은행에 제시되어야 지급되는 일람출급환어음(Bill of Exchange, At sight or Demand Draft)의 매입에 적용되는 환어음의 우송기간이 경과하여야만 자금화가 되므로 해당 기간에 대한 금리를 전신환매입률에서 차감한 비율이어야 한다. 예컨대 수출업자가 선적을 완료하고 환어음을 외환은행에 매입시키는 경우에 외환은행은 수출업자에게 환어음 매입대금을 먼저 원화로 지급하고 이를 외국의 수입업자 앞으로 해외의 환거래 은행을 통하여 추심하게 되는데 추심이 완료되려면 매입한 환어음을 지급은행 앞으로 우송하여 지급인인 수입업자에게 제시되어야 하므로 우송기간 경과 후에 비로소 매입은행계정에 입금될 것이다. 다시 말하면 매입은행은 동기간만큼 수출업자에게 자금을 선대(Advance)한 셈이 된다. 따라서 일람출급환어음매입률은 동기간에 해당하는 금리(환가료, Exchange Commission)를 전신환매입률에서 공제한 비율이 된다.

일람출급환어음매입률은 산식으로 표시하면 다음과 같다.

일람일람출급환어음매입률＝전신환매입률−환가료

③ 기한부어음매입률

외환은행이 수출업자로부터 일람후(×× day after sight) 또는 확정일자(×× day after B/L Date)로부터 기산하여 일정기간 후에 지급되는 조건의 기한부어음을 매입할 때에 적용되는 환율이다.

따라서 외환은행은 어음기간(Usance기간)에 해당하는 금리를 당연히 차감하고 매입하여야 한다.

기한부어음매입률의 산출방식은 당해어음의 만기일 확정방법의 차이에 따라 달라진다. 즉, 어음기간의 기산일이 일람후부터인 경우에는 당해 어음기간에 대한 금리를 일람출급환어음매입률에서 차감하면 어음기간의 기산일이 선적일자(B/L date) 등 확정일자로 되어 있는 때에는 당해 어음의 매입일(Nego)로부터 만기일까지의 금리를 전신환매입률에서 차감한다.

산식으로 표시하면 다음과 같다.

- 일람후정기출급인 경우

   일람출급환어음매입률-(장부가격×어음기간/360×연환가료)
- 확정일자후정기출급인 경우

   전신환매입률-(장부가격×어음의 매입일부터 만기일까지/360
   ×연환가료)
- 연환가료＝LIBOR+1%

④ 수입어음결제율

수입의 경우는 수출지에서 수출상이 선적을 하고 환어음을 발행하여 현지거래은행에 매입시키면 해외은행에 개설되어 있는 수입신용장 개설은행 명의의 당좌예치금 계정에서 동어음 매입대금이 차기되고 즉 출금되고 해외은행이 매입한 어음은 우리나라 신용장 개설은행 앞으로 송부되어 온다. 따라서 수입어음을 수입업자에게 제시하여 수입대금을 받을 때에는 이미 해외의 자행계정에서 차기(출금)되어 상당한 기간이 경과한 때이므로 그에 상당한 금리를 더 받아야 한다.

통상 이 기간을 10일로 하고 이율은 일람출급환어음매입의 경우와 같다.

수입수입어음결제율＝전신환매도율+(환가료)

⑤ 현찰매매율

외화현찰을 매매하는 경우에는 매매의 대상이 되는 외화현찰의 보관비용, 현송비용이 소요될 뿐만 아니라 외화자산면에서도 외화현금시재액은 비수익적이기 때문에 환율면에 있어서도 이와 같은 위험부담과 손실보전면을 고려하여 현재 현찰매매율은 전신환매매율, 일람출급환어음매입률 등보다 은행의 매매마진폭이 크다.

⑥ 여행자수표매도율

여행자수표를 원화로 대가로 판매하는 경우에 적용하는 환율로서 기준환율에 일정률을 가산하여 적용하고 있다.

3) 기타환율

① 교차환율

교차환율(Cross Rate)이란 한 나라의 외환시장에서 어떤 특정 통화에 대한 자국통화의 기준환율이 정해져 있을 때 이 기준환율의 대상이 되는 외국통화에 대한 다른 외국통화의 환율을 말한다. 즉 자국통화가 개입되지 않은 순수 외국통화간의 환율을 말한다.

예를 들어, 우리나라 경우는 원화와 미달러화간의 환율을 기준환율로 정하고 있으므로 미달러화에 대한 독일 마르크화의 환율 또는 미달러화에 대한 일본 엔화의 환율 등이 cross rate가 되며 뉴욕 외환시장의 경우에는 마르크화와 파운드화간의 환율 등이 cross rate가 된다.

그러나 국제외환시장에서의 cross rate는 이와는 약간 다른 의미로 사용되고 있다. 즉, 국제외환시장에서의 모든 통화의 환율이 기축통화인 미달러화에 대한 환율로 표시되고 있으므로 미달러화에 대한 A통화의 환율과 B통화의 환율로부터 산출되는 A국통화와 B국통화간의 환율이 cross rate가 되는데 만약 뉴욕시장에서 미달러화와 독일 마르크화간의 환율이 USD1 = DM1.6635이고 미달러화와 프랑스 프랑화간의 환율이 USD1 = FFR5.6650이라 가정할 때 DM1.6635 = FFR5.6650의 공식이 성립되므로 이때 산출되는 DMI = FFR5.

6650/1.6635 = FFR3.4054 또는 FFR1 = DM1.6635/5.6650 = DM0.2936이 cross rate가 되는 것이다.

② 재정환율

재정환율(Arbitrated rate)이란 한 외환시장에서 자국통화와 기준통화간의

그림 13-5 | 재정환율

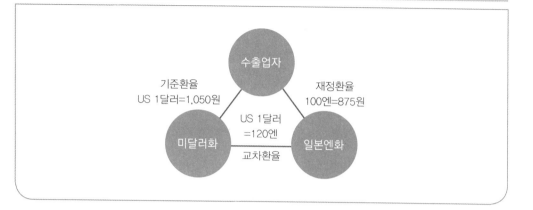

기준환율이 정해져 있을 때 이 기준환율과 기준통화와 다른 외국통화간의 cross rate를 이용하여 산출되는 자국통화와 다른 외국통화간의 환율을 말한다. 그러므로 우리나라 경우는 미달러화를 제외한 다른 외국통화와 원화간의 환율은 모두 재정환율에 해당하는데, 예를 들어 원화와 기준통화인 미달러화간의 환율이 USD1＝₩1,050이고 미달러화와 일본 엔화간의 환율이 USD1＝¥120일 경우 우리나라 원화와 일본 엔화와의 재정환율 산출방법 및 기준환율 cross rate, 재정환율간의 관계는 다음과 같다.

원화 기준환율은 USD1＝₩1,050, 미달러화 cross rate USD1＝¥120이면 일본 엔화의 재정환율은 ¥100에 원화 875원이 된다.

③ 장부가격

장부가격이란 동종외화간의 대체거래에 따른 외화금액의 원화 환산시 적용되는 비율이다. 예를 들면 수출환어음매입대전을 원화로 환산하지 않고 수입대전결제에 충당하기 위하여 예금계정에 대체하게 되는데 이러한 대체거래의 계정별 대체총액을 원화 B/S에 계상하기 위하여 이를 원화로 평가하여야 하는데 이때 적용되는 원화환산율을 말한다.

또한 장부가격은 외환은행이 외환거래에 따르는 수수료를 원화로 징수할 때 외화 대 원화의 환산율로도 적용된다.

5. 선물환 거래

(1) 개   요

1) 정   의

장래의 일정일 또는 일정기간 내에 특정통화를 일정환율로 매매할 것을 약정하는 거래로서 계약기간은 계약일로부터 제3영업일부터 기산하며 국제금융시장에서 그 기간은 통상 1, 2, 3, 6, 12개월 단위로 약정된다.

2) 거래구분

① 결제일의 확정정도에 따른 구분

- forwards: 장래의 특정일을 결제일로 약정

- option forwards: 일정기간 내에서 임의의 일자를 결제일로 선택 가능하도록 약정

② 통화의 매매/회수에 따른 구분

- outright forwards: 이종통화간의 일방적인 매매

- swap forwards: 스왑거래 중 현물환거래에 대응한 매매

③ 결제일 유형에 따른 구분

- even date forwards: 결제일을 현물환결제일(spot value date)로부터 주·월·년 단위로 약정

- odd date forwards: 결제일을 현물환결제일로부터 주·월·년 단위가 아닌 특정일로 약정

(2) 선물환 거래의 필요성

예를 들어 3개월 뒤에 미화 백만달러를 받는다고 가정할 경우 환율이 움직이지 않는다면 전혀 문제가 없다. 그러나, 문제는 환율이 늘 변동된다는 사실이다. 환율이 지금보다 올라간다는 확신만 있으면 전혀 걱정할 이유가 없다. 이 경우에는 3개월 뒤에는 좀더 많은 원화를 가질 수 있으나 만일 환율이 내려가면 똑같은 백만달러지만 3개월 뒤에 실제 손에 쥐게 되는 원화는 환율의 변동폭만큼 적어진다. 이러한 상황에서 아무런 조치도 취하지 않는다면 3개월 뒤에 손실이 날 수 있게 되는 소위 불확실한 상황, 즉 환위험에 노출되는 것이다.

이렇듯 예측 불가능한 미래의 환율변동에 따라 수익 혹은 손실이 예상되는 경우에 이러한 수익 혹은 손실을 없애고, 미래 환율의 움직임에 상관없이 현재의 시점에서 확보된 수익을 지키려고 하는 것이 바로 환위험의 회피전략들인 것이며 그 중 가장 손쉬운 것이 바로 선물환거래인 것이다.

1) 환리스크 헤징(Hedging)

선물환거래의 가장 큰 목적은 환율변동위험을 방지하는 것인데 향후 예정되어 있는 외화매입 혹은 매각분이 환율변동에 따라 가치가 변동하는 것을 방지하기 위하여 통상 선물환거래를 체결한다. 예를 들면, 기업체의 경우 향후 수입할 물품의 원가가 동물품의 판매가격 또는 이를 재료로 한 완제품의 제조원가 및 판매가격 확정에 중요한 요소가 되므로 선물환거래를 체결하여 사전에 원가를 확정할 수 있는 것이다. 다만, 장래의 환율이 실제로 예상과 달리 변동하였을 경우 실현될 수 있는 기회이익은 포기하여야 한다.

2) 환투기(Speculation)

계약체결 시점에서의 선물환율과 결제일에 이르러서 실제로 실현된 현물환율과의 격차를 예상하여 선물환거래를 체결함으로써 자기자금의 부담 없이 결제일에 환차익을 기대하는 기법이다. 그때 가서 실제환율이 예상과 반대방향으로 나타날 경우에는 손실을 보게 된다.

3) 차익거래·재정거래(Arbitrage)

선물환율은 기본적으로 현물환율에 두 통화간의 금리차이를 감안하여 결정되므로 선물환율이 금리차이를 적절히 반영하지 못하고 있는 경우에는 자금시장과 외환시장간의 불균형을 이용하여 환위험 없이 외환매매익을 실현할 수 있는 차익거래를 할 수 있다.

무역금융제도의 개요

1. 무역금융제도의 개요

(1) 무역금융 개념

무역금융은 수출증대에 기여함을 목적으로 수출물품의 제조 또는 조달과 관련된 금융지원을 위해 취급되는 선적전 금융으로서, 무역금융을 취급하는 외환은행은 융자금의 일정비율을 중앙은행으로부터 총액한도 대출제도에 의하여 다시 융자받을 수 있는 정책금융이다.

우리나라와 같이 물적자원이 부족한 반면 비교적 인적자원이 풍부한 국가에서는 경제성장을 도모하고 국제수지를 개선하여 경제자립을 이루기 위해서는 수출증대가 절실한 문제로 대두되는바, 수출거래는 주권을 달리하는 국가간의 거래이므로 이의 증대를 도모하기 위해서는 세제면, 금융면 등에서 다각적인 지원이 필요하게 됨에 따라 무역금융은 수출물품의 생산 등에 필요한 수출업체 등의 소요자금을 적기에 지원, 수출물품을 공급할 수 있게 함으로써 국제경쟁력을 강화하고 수출증대를 달성하기 위하여 지원되는 금융이라 할 수 있다.

(2) 금융대상

수출신용장, 선수출계약서(D/P, D/A), 외화표시 물품공급계약서(산업설비 수출계약서 등), 내국신용장 등 융자대상증빙의 보유자 및 LOCAL L/C에 의하여 수출용 완제품 또는 원자재를 국내에서 제조·가공하여 공급(수탁가공 포함)하고자 하는 기업과 신용장 또는 LOCAL L/C 방식으로 과거 수출실적 보유 기업으로서 동수출실적을 기준으로 융자받고자 하는 기업(실적기준금융)이 금융대상이며 중계무역방식은 융자대상에서 제외된다. 최근 제조시설을 보유하지 않은 업체 중에서도 제품을 직접 기획·개발한 후 이를 제조시설을 갖춘 업체들에게 위탁생산하여 수출하는 업체들이 크게 늘어나고 있다. 제조시설이 없는 업체들도 수출품의 기획·개발 및 위탁가공 등에 필요한 생산자금을 이용할 수 있도록 허용하였다.

(3) 융자금의 종류, 융자시기

1) 생산자금

수출용 완제품 또는 원자재를 직접 제조·가공하는 데 필요한 자금으로 융자대상은 신용장 등의 금액(FOB기준)에서 원자재 수입액(CIF기준) 및 국산원자재 구매액을 차감한 가득액 부분이다.

신용장 기준 금융은 소요원자재의 확보가 확실한 경우 융자되며, 실적기준 금융은 원자재 확보와 관계없이 거래외환은행이 과거 수출실적에 의하여 융자한도를 사정하면 15일 이내에 융자가 가능하다.

〈원자재 확보 여부의 증빙〉
- 원자재 수입시: 수입신용장 사본 또는 수입승인서(I/L)
- 원자재 국내구매시: 내국신용장 사본
- 현금구매시: 물품대금영수증, 송장 사본 및 세금계산서
- 자가생산시: 원자재의 생산능력 보유 입증서류

2) 원자재 금융

① 원자재를 수입할 경우

수출용 원자재를 해외에서 수입할 경우 수입어음을 결제할 때 또는 수입대금을 결제할 때 지원된다.

② 원자재를 국내에서 구매할 경우

국내에서 생산된 수출용 원자재 또는 국내의 유통업자(사업자등록증상의 도매업자, 조달청, 중소기업협동조합)로부터 수입원자재를 원상태로 조달할 경우 내국신용장에 의하여 구매하는 데 소요되는 자금으로 내국신용장에 의하여 발행된 어음을 결제할 때 융자된다.

③ 포괄금융

상대적으로 기업규모가 작은 기업(전년도 수출실적이 1,000만 달러 미만)은 자금용도의 구분 없이 수출신용장 등 금액의 일정비율 또는 과거 수출실적의 일정비율 상당액에 대하여 일괄 현금융자한다.

2. 무역금융업무

(1) 융자방법 및 자금별 융자금액

1) 융자방법

일반수출입 금융의 융자방법에는 다음의 4가지 방식이 있는바, 수혜희망자는 이 중 하나를 선택하여 이용할 수 있다.

① 신용장기준 금융

과거 수출실적에 의하여 산정된 융자한도 내에서 신용장 등의 융자대상증빙 건별로 자금의 용도(생산자금, 원자재금융)별로 구분하여 융자하는 제도로서 주로 무역금융 신규업체가 이용한다.

② 실적기준 금융

건별 신용장 등의 내도와는 관계없이 과거 수출실적에 의하여 산정된 융자한도 내에서 자금의 용도(생산자금, 원자재금융)별로 구분하여 융자하는 제도로서 신용장기준 금융에 비해 절차가 간단하고 원자재의 사전비축이 용이하여 업체의 선호도가 높은 방식이다.

③ 신용장기준 포괄금융

과거 수출실적에 의하여 산정된 융자한도 내에서 신용장 등의 융자대상증빙 건별로 자금별 구분 없이 융자하는 제도이다.

④ 실적기준 포괄금융

건별 신용장 등의 내도와는 관계없이 과거 수출실적에 의하여 산정된 융자한도 내에서, 자금별 구분 없이 일괄융자하는 제도로서 수출기업이 일정요건을 갖춘 경우 복잡한 자금용도의 구분 없이 물품수출에 필요한 원자재구매자금 및 제조·가공비를 일괄하여 현금으로 융자취급하는 방식이므로 고객의 편의 도모가 가능하다.

2) 융자금액

① 달러당 융자금액

무역금융은 각 기업별로 미화 1달러당 일정금액의 원화를 융자하고 있다. 따라서, 업체는 '생산자금'의 경우 수출금액 중 가득외화액, 원자재금융의 경우에는 원자재수입액 또는 국내구매액에 미화 1달러당 융자금액을 곱한 금액 범위 내에서 융자받게 되어 있다.

융자금액은 전월 국내외환시장에서 형성된 기준환율의 평균, 즉 평균기준
환율의 일정비율을 지원하고 있으며 중소기업과 대기업으로 분류하여 중소기
업의 경우 전월 평균기준환율의 90%, 대기업의 경우 60%를 미화 1달러당 융자
단가로 하고 있다.

② 자금별 원화융자금액의 산정

가. 생산자금

i) 신용장기준 생산자금

융자대상 수출신용장 등의 융자대상금액 중 가득외화액을 계산하여 가득외
화액 1달러당 기업별 융자단가를 곱한 금액범위 내에서 융자취급이 가능하다.

따라서 신용장 기준 생산자금의 융자취급가능액은 다음 산식에 의하여 산
정된다.

• 융자금액 = 가득외화액[수출신용장 등의 융자대상금액(FOB기준) − 원자재수입액
(CIF기준) − 국산원자재구매액(내국신용장의 외화금액)] × 기업별 융자단가

---

ii) 실적기준 생산자금

과거 3개월간 수출실적 또는 9개월 전 3개월 수출실적에 1/3을 곱한 금액
에 당해 업체의 평균가득률과 기업별 융자단가를 곱한 금액범위 내에서 일시
전액융자가 가능하며, 소정융자기간 만료시 회전대출할 수 있다.

• 융자금액 = 과거 3개월간 수출실적 또는 9개월 전 3개월 수출실적 $\times \dfrac{1}{3} \times$ 평균
가득률 × 기업별 융자단가

나. 원자재 금융

i) 원자재 수입의 경우

원자재를 수입할 경우 일람취급조건 수입신용장(At Sight L/C)과 지급도(D/
P)조건 수입계약서에 의한 수입의 경우에는 수입어음 금액에, 대금교환도(COD
와 CAD)조건 수입의 경우에는 수입대금에 기업별 융자단가를 곱한 금액범위 내
에서 융자가 가능하다.

한편, 화물운임을 따로 지급키로 되어 있는 경우에는 운임금액에 기업별 융자단가를 곱한 금액범위 내에서 융자된다.

ii) 원자재를 국내에서 구매할 경우

국내에서 생산된 수출용원자재를 구매하기 위하여 개설된 내국신용장상의 물품공급자가 발행한 내국신용장어음의 부기외화금액 또는 외화금액에 기업별 융자단가를 곱한 금액범위 내에서 융자가 가능하다.

다. 포괄금융

i) 신용장기준 포괄금융

수출신용장 등의 융자대상 금액(FOB가격 기준)에 기업별 융자단가를 곱한 금액 범위 내에서 융자가 가능하다.

ii) 실적기준포괄금융

과거 3개월간 자사제품 수출실적의 1/2 또는 9개월 전월로부터 과거 3개월간 자사제품 수출실적의 1/2 또는 과거 1년간 자사제품 수출실적의 1/8 해당 금액범위 내에서 발급된 수출실적확인서 금액에 기업별 융자단가를 곱한 금액 범위 내에서 융자가 가능하다.

- 융자금액 = 수출실적확인서금액(과거 3개월간 수출실적 $\times \dfrac{1}{2}$) × 기업별융자단가

※ 수출실적확인서는 실적기준 포괄금융수혜업체로 선정된 업체의 신청에 의하여 주 거래 외환은행이 발급하는 실적기준 포괄금융의 융자한도를 확인한 서류로서 유효 기간이 최초 융자취급일로부터 90일로 제한되며, 동확인서 발급일로부터 15일 이 내에 융자 취급되지 않을 경우에는 무효가 되고 유효기간중 재발급할 수 없다.

(2) 융자한도

무역금융 융자한도는 융자를 받기 위한 생산능력이나 담보 등이 충족되었을 경우 해당업체가 수혜할 수 있는 금융의 최고한도로서, 거래외환은행이 관리하는 해당 업체의 '수출실적관리카드'상의 과거 일정수출실적에 연동되어 있다.

1) 융자대상 수출실적

무역금융의 융자대상이 되는 수출실적은 수출신용장, D/A, D/P계약서, 외화표시 물품공급계약서 및 내국신용장에 의하여 FOB가액기준으로 집계한 수출실적으로서('2. 융자대상'참조), 원칙적으로 수출통관 금액 중 입금이 완료된

부분만 인정되며(본지사간 거래를 제외한 신용장 거래, 내국신용장 거래는 매입기준), 당해 업체가 직접 제조, 가공하여 수출한 자사제품 수출실적을 기준으로 거래 외환은행이 수출실적 관리카드에 의거 관리하고, 무역금융은 수출물품의 제조자가 수출이행에 필요한 자금을 중복금융의 여지가 없는 경우와 대금회수가 확실한 경우에만 융자 취급하므로 다음의 경우는 융자대상 수출실적에서 제외된다.

〈융자대상 수출실적으로 인정되지 않는 수출〉

① 중계무역방식에 의한 수출신용장

② 전액 선수금조건의 수출신용장(Red-Clause L/C)

③ 단순송금방식 수출

④ 중장기 연불방식에 의한 수출계약서

⑤ 수출입은행의 수출자금 대출(인도전 금융)을 수혜한 수출신용장

⑥ COD, CAD방식에 의한 수출

⑦ 융자한도를 초과하여 개설된 융자대상의 내국신용장

2) 실적기준 금융의 융자한도

① 실적기준 생산자금 융자한도

• 융자신청 전월부터 과거 3개월간 수출실적의 1/3 또는 융자신청 9개월

• 전월로부터 과거 3개월간 자사제품 수출실적의 1/3 × 평균가득률

② 실적기준 원자재 자금 융자한도

• 융자신청 전월 또는 9개월 전월부터 과거 3개월간 자사제품 수출실적 × 1.5 × 평균 원자재의존율

• 과거 1년간 자사제품 수출실적 × 1/3 × 평균 원자재의존율

※ 융자신청 9개월 전월부터 과거 3개월 수출실적을 융자한도로 사정한 업체는 향후 1년 동안 이 방법만으로 적용하여야 한다.

〈평균가득률 및 평균원자재의존율〉

신용장기준 금융의 경우에는 융자대상 증빙 건별로 소요량증명서를 발급하여 가득률 및 원자재의존율을 사정하여 자금별 융자가능한도를 산출하나, 실적기준 금융은 신용장의 수취와는 관계없이 과거의 수출실적이 융자대상이 되므로 거래외환은행은 당해 업체의 과거 1년간 자사제품 수출실적을 근거로 업

체의 평균가득률 및 평균원자재의존율을 산출하여 실적기준 금융의 융자한도를 산출하게 된다.

③ 신용장기준 금융의 융자한도

융자대상 건별로 생산자금 및 원자재 금융을 수혜하는 업체의 융자한도는 융자취급승인 전월로부터 과거 1년간 자사제품 수출실적의 1/2 해당액 또는 최근 6개월간 자사제품 수출실적 범위 내로 한다. 즉, 기융자분에 대응하는 수출예정액(미선적잔액)이 동 한도를 초과하지 않은 범위 내에서 융자 취급한다.

※ 융자한도=과거 1년간 자사제품 수출실적×1/2 또는 최근 6개월간 수출실적

④ 신규업체의 융자한도

최초 융자취급월로부터(무역금융관련 지급보증 포함) 4개월이 경과하지 않은 업체는 무역금융 규정상 신규업체로 간주하며, 동업체는 무역금융 융자한도 사정의 기준이 되는 과거수출실적이 없으므로 최초 4개월 동안은 융자한도의 적용을 받지 않고 당해 업체가 보유한 수출신용장 등의 범위 내에서 금융수혜가 가능하다.

(3) 융자기간

1) 자금별 융자기간

① 실적기준 금융

90일 이내. 다만, 실적기준 원자재 금융 수혜업체가 표준항해일수 10일 이내 지역(일본, 홍콩, 필리핀, 대만)으로부터 원자재를 수입하는 경우에는 60일 이내.

② 신용장기준 금융

180일 이내. 동시에 당해 수출신용장 등의 유효기일 범위 내에서 선적기일 또는 인도기일에 7일을 가산한 기일 이내.

2) 융자기산일

생산자금 및 원자재 수입자금은 융자취급일로부터 기산하여 원자재 구매자금은 물품인수일로부터 기산한다. 다만, 원자재 수입자금의 경우 화물선취보증서(L/G)가 발급된 경우에는 보증서 발급일로부터 기산한다.

(4) 융자금의 상환(회수)

무역금융의 융자금은 수출대금이 입금될 때 또는 내국신용장에 의하여 발행된 어음을 매각할 때 동 입금 또는 매각대금으로 상환해야 한다.

그러나 실적기준 금융의 경우에는 융자기간 만료시에 상환한다.

〈상환(회수)금액 산출방법〉
- 생산자금: Nego액(FOB) × 가득률 × 융자단가
- 원자재금융: Nego액(FOB) × 원자재의존율 × 융자단가

(5) 융자대상

1) 의   의

포괄금융제도는 기존의 무역금융제도가 생산자금, 원자재 금융 등으로 자금의 용도를 구분하여 지원하고 있어 그 운용방법과 절차가 복잡하여 중소수출업체가 이용하기에는 불편하기 때문에 이들 업체에 대한 금융 수혜폭을 넓히기 위하여 도입한 제도이다.

즉, 포괄금융제도는 자금용도를 구분하지 않고 일괄하여 수출신용장 등의 일정비율만큼을 일시에 현금으로 대출해 주도록 하여 금융수혜 절차에 따른 불편을 해소하여 중소기업의 수출을 촉진하기 위한 제도다.

2) 융자대상

융자대상업체는 전년도(1월 1일부터 12월 31일까지를 기준으로 함) 또는 과거 1년간 수출실적이 미화 1,000만달러 미만인 기업이다.

3) 융자방식
① 신용장기준 금융
- 융자한도: 과거 3개월간 자사제품 수출실적 × 2/3 또는 과거 1년간 자사제품 수출실적 × 1/6
- 융자금액: 수출신용장 등의 자사제품 수출금액에 대해 1달러당 융자단가를 곱한 범위 내
- 융자기간: 180일 이내(선적기일 및 인도기일로 부터 7일 이내에 융자금 회수)

② 실적기준 금융

- 융자한도: 과거 3개월간 자사제품 수출실적×1/2 또는 9개월 전월로부터 과거 3개월간 실적의 1/2 또는 과거 1년간 자사제품 수출실적×1/8
- 융자금액: 자사제품 수출로서 3개월 실적의 1/2 또는 9개월 전월로부터 과거 3개월간 실적의 1/2 또는 과거 1년간 실적의 1/8 해당 금액에 1달러당 융자단가를 곱한 범위내
- 융자기간: 최초 융자일로부터 90일 이내

04 무역어음제도

1. 무역어음의 개요

(1) 무역어음의 개념

무역어음이란 무역업체가 인수기관과 일정한 약정에 의해 발행대상인 신용장 등을 근거로 인수기관을 지급인으로 하여 환어음을 발행하고, 이를 인수기관(지급보증)에 인수토록 하여 중개기관(할인기관)을 통해 어음을 할인 매각하여 자금을 조달하는 것이다. 무역어음은 무역금융과 같이 한국은행의 재할인

| 그림 13-6 | 무역어음의 발행 및 유통체계 |

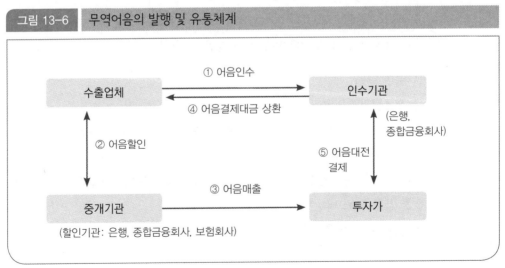

출처: KITA.net

표 13-2	무역어음 거래절차
절 차	참고사항
무역어음 발행 ▼ 무역어음 인수 ▼ 무역어음 할인 ▼ 무역어음 매출 ▼ 무역어음 상환 및 결제	-어음형식: 수출업체가 발행하는 환어음(인수기관을 지급장소로 함) -발행근거: 수출신용장, D/P·D/A조건 수출계약서, 외화표시물품 공급계약서, 내국신용장 및 수출신용장 결제조건부 수출 계약서 또는 과거수출실적 -신청인: 당해 무역어음 발행인 -대상어음: 어음법상 요건을 규비한 환어음으로서 인수기관이 인수 한 무역어음(인수기관: 은행, 종합금융회사) -할인기간: 할인취급일~어음취급일 -할인료: 어음금액×할인요율×할인기간/365 (할인요율: 각 취급기간 자율결정)

출처: KITA.net

대상이 되는 정책금융이 아니고, 취급기관이 자체 재원을 바탕으로 무역업체가 발행한 어음을 인수, 할인·매입하여 일반투자가에게 매출하고 어음만기시 수출 Nego대전으로 대금을 상환하는 제도이다.

(2) 어음발행 대상업체

수출신용장, 선수출계약서(D/A, D/P) 및 외화표시 물품공급계약서 등을 보유하고 있는 자, 수출용 완제품 또는 수출용 원자재를 내국신용장에 의하여 공급하고자 하는 자를 포함한다.

(3) 취급기관

취급기관은 무역어음의 인수, 할인 및 매출업무를 수행하는데 이러한 무역어음을 취급하는 기관으로 외환은행 및 종합금융사가 있다. 종전에는 생산시설을 보유하지 않은 무역상사가 발행하는 무역어음의 인수, 할인은 종합금융사에 한하여 가능하였으나 1992. 4. 1 무역금융규정을 개정, 은행에서도 인수, 할인할 수 있도록 하였다.

〈구비서류〉

- 무역어음 거래약정서
- 무역어음(인수, 할인)신청서
- 신용장 등의 원본 및 사본

- 생산능력보유 입증서류
- 백지어음 1매
- 인감(서명감)증명서
- 기타 필요하다고 인정하는 서류

2. 무역어음업무

(1) 무역어음의 유통절차

무역어음제도는 수출업체가 수출신용장 등 무역어음 발행대상 증빙을 근거로 무역어음을 발행한 후 이를 인수기관에서 인수를 받아 중개기관을 통해 매각함으로써 자금을 조달하며 무역어음 결제대금을 어음만기일에 Nego대전으로 상환하게 된다. 한편 할인기관은 매입한 무역어음을 시중에 다시 매각하여 유통시킴으로써 필요한 자금을 조달할 수 있다.

(2) 무역어음의 인수

1) 의 의

L/C 등을 수취한 무역업체가 발행한 270일 이내의 무역어음(환어음)을 인수기관이 인수하여 기명 날인함으로써 어음의 지급일에 지급의무를 부담하는 것이다.

2) 인수절차

① 인수한도 산정

무역어음 인수는 한도거래로 운용하는 것을 원칙으로 하며, 다음 산식에 의거 산출된 한도범위 내에서 수출실적, 생산능력, 상환능력 및 신용상태 등을 고려하여 적정한도를 설정한다.

- 산식: 과거 1년간(또는 향후 1년간) 자사제품 수출실적(F.O.B기준)의 1/3 × 대고객 전신환매입률
- 종합금융회사도 거래한도를 정하는데 기존거래의 경우 기업어음 거래 약정서상 총 한도에 무역어음 한도가 포함된다.

② 증빙서류 검토

신용장은 원칙적으로 취소불능이어야 하며 갑류외환은행과 환거래 계약을 체결한 은행, 외환은행의 해외지점 또는 외환은행이 인정하는 기타은행이 발행 또는 확인한 것이어야 한다.

- 당해수출에 관하여 당국의 허가, 승인, 인증 또는 추천을 받은 것일 것

③ 무역어음의 요건

어음발행 인감은 인수기관에 신고한 인감(서명감)신고서상의 인감과 일치해야 한다.

- 어음기간: 신용장상의 유효기일 범위 내에서 최종 선적기일(내국신용장의 경우 물품 인도기일)에 10일을 가산한 기일 이내로 최장 270일을 넘을 수 없다.
- 어음금액: 신용장금액(FOB기준)에 인수 당일의 대고객 전신환매입률로 환산한 원화금액 범위 내에서 발행하되 최저 5백만원 이상이며 10만원 단위로 한다.
- 어음의 통합 또는 분할 발행은 가능하다. 수출신용장 등의 1건이 500만원 이하일 경우 수개의 어음을 통합하여 발행할 경우 어음기간은 선적기간이 가장 늦게 도래하는 수출신용장 등을 기준으로 한다.

④ 인수 수수료

인수 수수료는 다음 산식에 의해 인수기관이 인수일에 선취한다.

- 산식: 어음금액 × 인수수수료 × 어음기간(인수일-지급기일)/365
- 인수 수수료율은 년 1.5% 이내에서 인수기관이 자율적으로 결정
  - 은행의 수수료율은 대부분 연 0.5%, 단자 종합금융회사의 수수료율은 0.5~1.5%

⑤ 신용장의 조건변경
- 신용장의 취소, 감액 또는 하자 등의 사유가 발생한 경우에는 해당 금액

을 인수일의 대고객 전신환매입률로 환산한 원화금액을 예치
- 신용장의 선적기일 연장 등의 사유로 이미 발행된 무역어음의 지급기일에 결제대전을 예치하지 못하는 경우에는 다음에 의하여 처리
  - 신용장조건변경 통지서에 의하여 선적기일의 연장사실 여부를 확인
  - 무역어음 인수신청서에 의하여 무역어음 재발행 및 인수허용 여부 승인
  - 무역어음 발행 및 교부는 무역어음의 지급기일에 실행하며 그 절차는 당초 무역어음의 발행 및 교부절차에 따름
  - 무역어음의 재발행 및 인수는 2회에 한하여 허용할 수 있으며 각 무역어음의 기간은 당초 무역어음기간을 포함하여 180일을 초과할 수 없음
  - 무역어음 인수 수수료의 징수는 재발행일로부터 지급일까지 일수 계산하여 선취

3) 무역어음 대금의 충당 및 결제

신용장의 수출환어음(내국신용장)을 매입하거나 수출대금을 영수한 경우 등에는 융자비율 해당 금액 이상을 예치한 후 이를 당해 인수어음의 결제자금으로 충당하여야 한다.

(3) 무역어음의 할인

1) 의   의

무역어음의 할인이란 인수기관이 인수한 무역어음을 무역업체의 요청에 의해 할인·매입하는 것을 말한다. 즉, 수출상은 자사가 발행한 무역어음에 대해 인수기관의 지급보증을 받게 되며 무역어음 할인기관에 동어음을 할인·매입시켜 수출물품 생산에 소요되는 자금을 조달하게 된다.

2) 할인의뢰인 및 할인대상 어음

할인의뢰인은 당해 무역어음의 발행인으로 한정하고, 할인대상 어음은 어음법상 요건을 구비한 환어음으로서 인수기관이 인수한 무역어음이다.

3) 할인한도

무역어음할인은 한도거래로 운영함이 원칙이며, 할인한도는 할인기관이 거래실적, 자금사정, 매출전망 등을 고려하여 적정한도를 설정한다.

4) 할인료율 및 할인금액

- 할인료율: 할인기관이 여타 여신금리 수준 등을 감안하여 자율적으로 결정하고 있으며 통상 시중금리 등 금융시장 여건에 따라 변동된다.
- 할인금액: 어음금액-할인료
- 할인료: 할인일에 선취하며, 다음 산식으로 계산

※ 산식 = 어음금액 × 할인료율 × 할인기간(할인일-지급기일)/365

(4) 무역어음의 매출

1) 의   의

무역어음의 매출이란 취급기관이 할인·매입한 무역어음을 일반투자자에게 매출하는 것을 말한다.

2) 매출대상 어음

은행 및 종합금융이 인수하고 취급기관이 할인·매입한 무역어음이다.

3) 매출료율 및 매출원금

- 매출이율: 무역어음의 매출이율은 「금융기관 여수신 이율 등에 관한 규정」에서 정하는 바에 따르며 동규정에서 정하지 아니한 매출이율은 별도로 정하는 바에 따라 이율을 산정한다.
- 매출이자 = 어음액면가 × 매출이율 × 매출기간/365
- 매출이자에 대한 제세금 산출
- 매출원금 = 어음액면가-매출이자+제세금

(5) 무역어음과 무역금융의 중복

1) 무역어음 인수제한

「무역금융규정」 및 「동세칙」에 의거 무역금융을 융자받은 부분에 대하여는 무역어음을 인수할 수 없으며, 무역어음이 발행된 신용장으로 무역금융을 쓸 수 없다. 그러나 동일신용장으로 무역어음을 쓰더라도 원자재 조달을 위한 내국신용장 개설은 신용장금액에서 어음발행분을 제외한 범위 내에서 가능하다.

2) 중복금융 방지방법

- L/C금액과 무역어음 인수금액과의 차액에 한하여 원자재자금 수혜자격

(Local L/C개설) 부여

- 무역금융 융자한도 사정대상 수출실적에서 제외
- 중복융자를 방지하기 위해 무역어음이 인수·취급된 L/C에 의한 수출은 융자한도 사정대상 수출실적에서 제외시킴

※ 무역어음이 인수·취급된 수출신용장 등에 의한 수출의 경우 종전에는 생산자금 융자한도 사정대상 수출실적에서만 제외시켰으나, 중복금융수혜 소지를 제거하기 위해서 1992. 4. 1자 무역금융규정 개정시 원자재금융 융자한도 사정대상은 수출실적으로도 인정하지 않음

약술형

- 송금환과 추심환의 차이점을 비교함
- 환율의 변동요인을 기술함
- 외국환은행 대고객매매율을 설명함
- 무역어음제도의 특성과 유용성을 설명함
- 우리나라 환율제도의 변천을 기술함
- 무역금융방식과 유용성을 설명함

용어

- 재정환율
- 시장평균환율제도
- 자유변동환율제도
- 일람출급환어음 매입률
- 생산자금융자제도
- 포괄무역금융제도
- 현물환율
- 선물환율
- 환리스크 헤징
- Premium rate
- Spreed
- 매입률(bid rate)
- 매도율(offer rate)
- T/T Selling rate
- Hedging

| 관세, FTA와 AEO 제도 |

관세의 기초 개념

1. 관세의 의의와 종류

(1) 관세의 의의

관세(Custom, Customs Duties, Tariffs)란 국가의 재정수입을 얻기 위해서 관세영역(Customs Territory, Customs Boundary)을 출입하는 물품에 대하여 법률이나 조약에 의하여 반대급부 없이 강제적으로 징수하는 금전적 급부이다.

관세란 상품의 수출입시 부과하는 조세의 일종인데, 관세가 출현하기 위해 필요한 조건은 첫째로 공권력이 존재해야 하고, 둘째로 당해 국가 또는 도시의 영역에 있어서 교역이 이루어져야 하는 대외무역이 있어야 한다.

(2) 관세의 분류

관세는 분류기준에 따라 여러 가지로 구분할 수 있다.

> - 상품의 이동방향에 의한 분류: 수출세, 수입세, 통과세
> - 과세의 목적에 의한 분류: 재정관세, 보호관세
> - 과세방법에 의한 분류: 종가세, 종량세, 혼합세
> - 과세근거에 의한 분류: 국정관세, 협정관세, 편익관세
> - 과세세율에 의한 분류: 단일세, 복합세, 다수세
> - 과세방법의 차등에 의한 분류: 국가할증관세, 해운장려관세, 간접수입할증관세, 상계관세, 덤핑방지관세, 보복관세, 특혜관세

1) 상품의 이동방향에 의한 분류

① 수출세(Export Duties)

수출세는 보통 재정수입의 확보, 전략물자와 자국공업에 필요한 원료의 안정적인 확보, 국내가격 상승의 방지 등 정책적인 필요에 따라 부과한다. 수출세의 부과는 그 부담이 국내생산업자에게 전가되며 또한 수출가격의 상승으로 인하여 외국에서의 국제 경쟁력을 저하시킨다. 따라서 몇몇 국가를 제외하고는 이를 부과하고 있지는 않다. 수출세를 부과하는 물품으로는 브라질의 커피, 스페인의 코르크, 이탈리아의 유황, 태국의 쌀, 말레이시아의 고무, 필리핀의 원목, 쿠바의 담배 등 수출관세를 부과하여도 판로에 영향이 없는 세계적인 독점물에 부과되고 있다.

② 수입세(Import Duties)

수입세는 물품이 일종의 관세영역을 통과하여 외국으로부터 국내로 수입될 때 부과하는 관세로서 통상 관세라고 하면 수입세를 말한다.

관세법 제14조에는 "수입물품에는 관세를 부과한다"고 규정함으로써 우리나라에서는 수출세, 통과세는 부과하지 않고 오직 수입세만을 부과한다고 명백히 하였다.

③ 통과세(Transit Duties)

관세영역을 단순히 통과하는 물품에 대하여 부과하는 관세를 통과세라고 한다. 중상주의 시대에는 재정수입을 목적으로 부과되었으며, 제3국 물품이 인접국가에 판매됨으로써 자국상품의 판로를 빼앗길 우려가 있을 때 이를 방해하기 위한 수단으로서 부과되기도 하였다. 그러나 교통의 발달로 오히려 물품의 통과운송에 수반하여 취급수수료, 보험료, 운임 등으로 경제적인 이익이 많다

는 것을 인식하게 되어 19세기 후반기에 이르러 폐지하게 되고 1921년 4월 20일 스페인의 주요항구인 바르셀로나에서 「통과무역자유에 관한 국제협정」이 체결됨으로써 통과의 자유원칙이 확립되었다.

2) 과세목적에 의한 분류

① 재정관세(Revenue Duties)

재정관세는 국가가 재정수입을 목적으로 부과하는 관세를 말하며, 재정관세를 세입(歲入) 또는 수입(收入)관세라고 한다.

관세의 설정 및 세율의 결정에 관해서는 재정수입의 확보가 제일이다. 일반적으로 국내생산이 거의 불가능하여 부득이 수입에 의존할 수밖에 없는 경우나 이미 국내산업이 확립되어 더 이상 보호할 필요가 없을 때 부과된다. 재정관세가 부과되는 물품의 예로는 선진국의 커피, 차, 연초 같은 기호식품이며, 저개발국에서는 국내생산이 어려운 중요산업용 기계, 생활필수품, 원자재용품 등이다.

② 보호관세(Protective Duties)

보호관세란 국내에 있어서 유치산업의 보호육성 및 기존산업의 유지 등을 위하여 부과하는 관세로서 국내의 중요산업 및 신규산업의 생산품과 동종의 외국산물품에 부과하는 것이 특징이다. 수입물품에 대한 관세 부과에 의하여 그 물품의 국내가격이 관세액만큼 인상될 경우, 소비자가 그 관세를 부담하게 되며 그 관세는 수입물품과 생산상 경쟁적 상태에 있는 국내산업을 보호하게 되는 기능을 갖게 된다.

보호관세는 그 목적에 따라 유치산업 및 기존산업의 육성보호를 목적으로 하는 육성관세, 기존산업의 유지를 목적으로 하는 유지관세, 타국의 경제공황으로 인하여 당해국의 저렴한 가격의 상품이 수입되는 것을 방지하기 위한 공황관세, 외국상품의 수입을 실질적으로 방지하기 위한 금지관세, 국내시장에 대한 외국제품의 압박을 방지하기 위한 방위관세 등이 있고, 또한 보호의 대상 여하에 따라 공업보호관세와 농업보호관세, 또 보호기간 장단(長短)을 기준으로 하여 일시적 또는 계속적 보호관세, 그 방법에 따라 상품시장의 등락에 따라 세율을 변화시키는 활척관세, 내외산업비의 차액을 관세로서 부과하는 신축관세, 어느 계절에 한하여 부과하는 계절관세 등으로 분류할 수 있다.

3) 과세방법에 의한 분류

① 종가세(Ad Valorem Duties)

종가세는 수입물품의 가격을 관세액 산정의 기초로 하는 것으로 '물품가격 ×관세율＝관세액'으로 세액이 결정된다. 즉 '관세＝CIF가격×환율×관세율'이 되는 것이다.

우리나라의 관세율은 대부분의 품목이 종가세로 되어 있는데, 종가세의 장점은 관세의 부담이 물품의 가격에 상응하여 균등, 공평하게 적용될 수 있으며 시장가격의 등락에도 불구하고 과세부담의 균형을 항상 유지할 수 있다는 점이다.

가격의 등락에 따라 과세표준이 신축적이기 때문에 과세부담의 균형을 이룰 수 있고 관세수입도 실질적으로 안정된다. 그러므로 가격변동이 심하거나 인플레이션 상황에서 가장 적절한 방법이다.

② 종량세(Specific Duties)

종량세는 과세표준을 수입물품의 수량, 즉 상품의 개수, 부피, 중량, 치수 등으로 한다. 세액은 '단위수량당 세액(kg당 500원)×수량(10kg)＝관세액(5,000원)'이다. 종량세의 대표적인 장점은 과세가 간단하다는 점이다. 또한 수출국에 따라 세액을 달리 하지 않는다는 점이다.

대다수의 국가는 순량으로 과세표준을 하고 있으나, 순량의 측정이 곤란한 경우가 많으므로 법정순량에 의하는 것이 통례이다.

③ 혼합세(Combined Duties)

혼합세라고 함은 종가세와 종량세의 장점을 서로 결합시켜 효과를 최대로 하기 위한 방식이다. 즉 양자 중 하나를 선택하는 선택세와 선택세와 양자를 병과하는 복합세가 있는데 이 두 관세를 합하여 혼합세라고 한다.

가. 선택세(Alternative Duties)

한 품목에 대해서 종가세율과 종량세율을 동시에 정하여 두고 그 중 높게 산출되는 세액(또는 낮게 산출되는 세액)을 선택하여 부과하는 관세이다. 선택세율에 따르면 고가로 수입되는 물품에는 종가세가 높은 세율이 되고 저가로 수입되는 물품에 대해서는 종량세가 높은 세율이 된다. 중요 농산물의 수입에 선택세를 적용하여 종량세도 적용할 수 있게 한 것은 수입가격이 국내가격보다 현저히 낮은 품목에 있어서 종가세의 적용이 실효성이 없을 때 필요한 것이고 높은 종가세율로 인하여 국제적인 마찰을 줄이자는 데 그 목적이 있다.

나. 복합세(Double Duties)

복합세란 한 품목에 종가세와 종량세를 동시에 정하여 이것을 합계하여 부과하는 관세를 말한다. '종가세액+종량세액'이라는 형식이 가장 일반적이지만, 경우에 따라서는 '종가세액-종량세액'이라는 복잡한 형태를 취할 수도 있다.

4) 과세근거에 의한 분류

① 국정관세(National Duties)

일국의 국내법에 의하여 정해진 관세율을 국정세율이라고 하고, 국정세율에 의하여 부과되는 관세를 국정관세라고 한다. 또한 이를 자유관세 또는 일반관세라고도 한다. 우리나라는 관세법 별표인 관세율표에 기본관세율, 잠정관세율, 탄력관세율 등이 있다.

② 협정관세(Conventional Duties)

외국과의 통상조약 또는 관세조약에 의하여 특정물품에 대하여 관세율을 협정하고 그 조약의 유효기간중에는 그 세율을 변경하지 아니할 의무를 지니는 것을 협정관세라고 한다. 협정관세는 당초 상호주의 원칙하에서 설정 되었기 때문에 그 개폐에 있어서도 상호주의 원칙이 적용되며 일방만이 단독으로 개폐할 수 없는 것이 특징이다.

협정관세는 2개국간의 협정에 의하여 설정되는 경우가 있으며, 다수국가의 협정에 의하여 설정되는 경우가 있는데, 다수국이 체결된 협정관세는 일반적으로 협정에 가입한 모든 국가가 협정에 의한 동등한 이익의 대우를 받도록 하는 최혜국약관을 포함하여, 우리나라의 현행 협정관세로는 WTO 협정 등에 의한 양허관세, ESCAP 개발도상국간의 무역협상(방콕협정)에 관한 양허세율, 세계무역기구 협정 개발도상국간의 양허관세 등이 있다.

③ 편익관세(Beneficiary Duties)

협정관세는 2국간 또는 다수간의 조약에 의거하여 협정되는 관세이다. 이와 유사한 제도로서는 2국간의 관세에 대해서 최혜국의 대우를 정하는 통상조약이 체결될 때까지의 잠정조치 또는 조약을 체결하기까지 이르지는 않았으나 당사국의 무역정책 상호적 또는 일방적으로 최혜국대우 또는 일반세율보다도 저세율에 의한 편익을 부여하는 것이 적당한 경우에는, 정부가 대통령령에 의하여 이를 부여할 수 있음을 법률에 규정하는 경우가 있다.

5) 과세세율에 의한 분류

① 단일세(Single Duties)

동일품목에 대하여 하나의 세율만을 정하는 것을 말한다. 다시 말하면 관세율을 모든 국가에 대해 똑같이 적용하여 차별대우를 아니한다.

② 복합세(Double Duties)와 다수세(Multi-linear Duties)

복합세는 두 가지 관세율, 곧 다수세는 두 가지 이상의 관세율을 적용하는 관세인데, 이들은 차별관세에 속하는 것으로서 외국에 있어서 자국상품이 불리한 취급을 받는 경우 혹은 유리한 대우를 받는 경우에 대비하여 설치하는 것이다.

6) 과세방법의 차등에 의한 분류

이 분류에 속하는 것은 차별관세(Differential Duties)이다. 실제로 관세는 수입선 또는 상품종류의 여하를 불문하고 모두 평등관세가 적용된다고는 볼 수 없다. 무역상대국에 따라서 동일품목이면서 세율에 차이를 두어 관세를 부과하는 경우가 있다.

차별관세는 그 목적에 따라 ① 국기할증관세(Surtax of Flag), ② 해운장려관세(Favour-taxes for Marine Trade), ③ 간접수입할증관세(Surtax of Indirect Import), ④ 상계관세(Countervailing Duties), ⑤ 덤핑방지관세(Antidumping Duties), ⑥ 보복관세(Retaliatory Duties), ⑦ 특혜관세(Preferential Duties) 등으로 구분된다.

관세환급제도

1. 관세환급제도의 운영현황

(1) 관세환급제도의 의의

관세환급이란 수출물품에 제조되거나 소요된 원재료의 수입·납부한 관세 등을 수출시에 수출업자에게 되돌려 주는 것을 의미한다. 관세 등의 환급을 받으려면 관세환급을 신청할 수 있는 자가 환급대상 수입물품(원자재)으로 제조·가공한 생산품을 환급대상 수출에 제공하고 수출에 제공된 날부터 2년 이내에 환급을 신청하면 된다.

환급금을 산출하는 방법에는 정부가 수출금액당 수출품에 소요된 원재료에 대한 수입시 납부세액으로 일정금액을 정하여 지급하는 정액환급제도와 수출물품 제조에 소요된 원재료의 납부세액을 소요량제도에 의한 증빙서류에 의거 개개의 원재료별로 확인하여 환급금을 산출하는 개별환급제도가 있다.

(2) 개별환급방법과 정액환급방법

수출물품 제조에 소요된 원재료의 품명·규격·수량과 동원재료의 수입시 납부세액을 원재료별로 개별적으로 확인하여 환급금을 산출하는 방법으로 간이정액환급방법은 중소기업에 대한 관세환급절차를 간소화하기 위하여 수출신고 수리시 간이정액환급률표에 기재되어 있는 품목에 대하여는 매건별 관세 등의 납부액을 확인하지 않고 일정액을 환급해 주는 제도이다. 정액환급방법은 정부가 정하는 일정한 금액(정액환급률표상의 금액)을 소요원재료의 수입시 납부세액으로 보고 환급금을 산출하도록 하는 방법으로 정액환급률표의 적용대상이 되지 않는 수출품목에 대해서는 소요된 원재료의 수입시 납부한 관세액 등의 세액을 소요 원재료별로 확인, 합계하여 환급금을 산출하는 방법을 말한다.

1) 간이정액환급제도
① 의　　　의
간이정액환급제도는 개별환급을 받을 능력이 없는 중소기업의 수출을 지원하고 환급절차를 간소화하기 위하여 도입된 제도로서 최근 2년간 매년도 환급액이 3억원 이하인 중소기업에서 제조한 수출물품에 대한 환급액 산출시(내국신용장 등 국내 거래서류에 의한 국내거래물품에 대한 기초원재료 납세증명서 발급시 포함)에 정부가 정하는 일정금액(간이정액환급률표상의 금액)을 수출물품 제조에 소요된 원재료의 수입시 납부세액으로 보고 환급액 등을 산출토록 한 제도이다.

② 적용대상 업체
간이정액환급률표를 적용할 수 있는 수출업체는 중소기업기본법 제2조의 규정에 의한 중소기업체로서 최근 2년간 매년도 총환급실적(기초원재료 납세증명서 발급실적 포함)이 3억원 이하인 수출업체에 한정된다.

③ 환급액 산출방법
환급신청의 경우는 수출신고필증상의 FOB₩(원), 기초원재료 납세증명서 발급신청의 경우는 내국신용장, 구매승인서 또는 특수신용장상의 물품금액 10,000원당 책정한 간이정액환급률을 곱하여 산출한다.

$$\frac{\text{수출신고필증상의 FOB\text{\textcrwon}(원)}}{10,000} \times 간이정액환급률$$

다만 기초원재료납세증명서를 발급 신청할 때 물품대금과 양도세액이 구분표시되지 아니한 경우는 다음의 공식에 의거 물품대금을 산출한 뒤 간이정액환급금 산출공식에 의거 산출한다.

$$물품대금 = \frac{원화로 \ 표시된 \ 내국신용장 \ 등의 \ 거래금액}{[1+(적용할간이정액)/10,000]}$$

2) 개별환급제도

① 개별환급제도의 의의

환급금의 산출방법 중 개별환급제도란 수출품을 제조하는 데에 소요된 원재료의 수입시 납부한 관세 등의 세액을 소요 원재료별로 확인·합계하여 환급금을 산출하는 방법을 말한다.

개별환급방법은 정액환급에 비하여 납부세액을 정확하게 환급할 수 있는 장점은 있으나 구비서류가 복잡하고 환급금 산출에 많은 시일이 소요되는 단점을 지니고 있다. 우리나라의 경우 일반적으로 개별환급이 전체 환급실적의 대부분을 차지하고 있다.

② 개별환급 적용대상

개별환급방법은 우선적으로 정액환급률표가 적용될 수 없는 수출물품에 적용된다.

③ 환급금의 산출

개별환급에 의하여 환급금을 산출하기 위하여는 수출물품 제조에 소요된 원재료의 품명·규격·수량을 확인하여야 하는데, 환급특례법(수출용재료에 대한 관세 등 환급에 관한 특례법) 제10조 제1항 및 동법 시행령 제11조의 규정에 의해서 업체에서 소요량을 자율산정하여 소요량계산서를 작성하거나 환급특례법 제10조 제2항의 규정에 의한 표준소요량 및 기준소요량(일부 중소기업에만 해당)에 의하여 소요량계산서를 작성하여 환급금 산출에 이용하게 된다. 환급금 산출은 수출물품 제조에 소요되는 원재료의 품명·규격·수량이 확인되면 동원재료의 수입시 납부세액은 수입신고필증 등에 의하여 산출하게 된다.

2. 관세환급절차

관세환급의 절차는 업체에서 환급신청서를 작성한 후 EDI로 관세청 환급시스템에 접수한 후 3일 내에 환급신청서 등의 제출서류를 제출하면 세관에서 전송서류와 제출서류를 대조·확인한 후 환급금을 결정, 한국은행과 지급은행에 이체 및 지급의뢰하여 환급신청인의 환급금 전용계좌에 입금시키게 된다. 그러나 간이정액으로 환급신청한 경우는 현재 완전 무서류화(Paperless) 되었기 때문에 접수시 정상건으로 분류되면 일체의 서류제출이 필요 없다.

관세환급절차는 대체적으로

신청서 작성 → 전자문서 전송/수신 → 신청서 오류검증 → 접수번호 부여 및 전산심사 → 접수통보 또는 전산심사오류 통보 → 접수통보 후 3일 이내 서류제출 → 제출서류에 의한 전산자료 확인 → 환급결정 및 지급결재 → 환급금 지급 결정통지 또는 완료통보 → 환급금 이체의뢰/환급금 지급의뢰 → 환급금 이체 → 환급금 지급필통지/환급금 이체필통지와 같은 순서로 이루어진다. 자

그림 14-1 관세환급절차

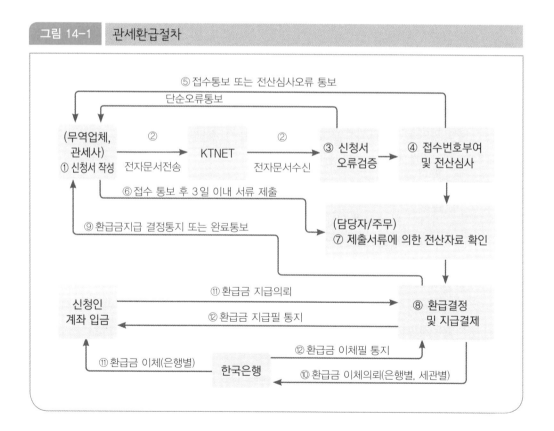

세한 관세환급절차는 〈그림 14-1〉과 같다.

Paperless 방식

Paperless 방식은 신고인(관세사, 화주)이 전산설비를 이용하여 EDI 방식으로 수출(입)신고를 하고 신고결과도 EDI 방식으로 수신하여 처리하는 방식으로서 세관에 서류를 제출할 필요 없이 전자문서 송수신만으로 수출(입) 통관을 하는 방식을 말한다.

---

(1) 환급신청 준비단계

환급기관(환급업무를 관할할 세관)을 결정한다.

(2) 환급의 신청

1) 신청서 작성

환급업체(관세사)는 환급대상 수출신고필증 중 동일한 HS품목으로 같은 달에 수출된 수출건을 취합하여 신청서를 작성하며, 간이정액환급은 간이정액률표 고시단위(매년 단위로 고시함)별로 수출월 구분 없이 동일한 HS품목이면 동시에 환급신청이 가능하다.

해당 수출건에 사용된 수입(매입)물품의 소요량을 계산근거로 하여 환급신청서 및 제 증명서를 환급처리용 S/W에 입력하며, S/W가 준비되지 않은 중소형업체의 경우 관세사에 환급대행을 의뢰하거나 입력대행기관(서울상공회의소 등 전국 9개 지역)을 이용한다.

2) 전자문서 전송/수신

입력이 완료되면 EDI 전자문서로 변환 후 KTNET을 거쳐 관세청에 전송한다. 이 경우 업체는 문서작성 및 자료전송이 24시간 중 어느 때라도 가능하다.

3) 신청서 오류검증

환급시스템은 수신된 전자문서의 내용이 전자문서 작성규칙에 맞게 작성되었는지 여부와 각 신청서의 기본적인 입력사항(통관고유번호, 환급구분, 계좌번호, 수출·입 사실 등)을 검증한다.

이때 전자문서 규칙에 어긋나거나 기본적인 입력사항에 오류가 있는 경우 오류내용 및 오류항목이 포함된 전자문서를 생성하여 오류통보하며 이를 접수

오류(Gateway 오류)라 하며 이때는 접수번호가 통보되지 아니하게 된다.

4) 접수번호 부여 및 전산심사

환급시스템은 수신문서의 기본사항을 검증한 후 이상이 없으면 접수번호를 부여하고 세관심사자 배부기준에 의거, 자동으로 심사담당자를 지정하게 된다. 접수된 신청건은 관세청 환급시스템에 의해 자동으로 전산심사가 수행되며 전산심사는 (갑), (을), (병), (정) 등 신청서 내역별 논리적 연관관계 및 각 신청서의 세부사항에 대한 심사를 수행하게 된다.

5) 접수통보 또는 전산심사 오류통보

전산심사결과 오류가 없는 건은 접수번호 및 담당자를 해당 업체에 통보(접수통보) 하며 오류가 발생되면 오류항목 및 오류위치 그리고 접수번호, 담당자 등의 내용을 해당 업체에 통보(오류통보)한다.

6) 접수통보 후 3일 이내 서류제출

현재 우리나라에서는 간이정액 환급의 경우에는 완전 무서류화(Paperless) 하였기 때문에 서류제출이 필요 없다. 그러나 개별환급의 경우 접수통보를 받은 환급업체(관세사)는 접수번호 및 접수일자가 기재된 신청서를 출력하여 접수통보일로부터 3일 이내에 세관 심사담당자에게 제출해야 한다.

> ※ 접수통보 후 7일 이내 서류를 제출하지 않는 경우 원래의 전송건은 관세청 시스템에서 자동적으로 삭제되므로 업체는 신청서를 처음부터 신규로 전송해야 하며, 수출신고수리일로부터 환급신청 유효일(2년) 기간 계산도 재전송 접수일로 기산하게 된다.

7) 제출서류에 의한 전산자료 확인

세관 담당자는 제출된 서류와 기접수된 업무처리화면의 신청내용을 대조하고 선적확인 등 확인건에 대한 사항을 제출된 서류로 확인

8) 환급결정 및 지급결재

신청건에 대한 담당 또는 주무 결재 후 세관 관리자에 의해 지급결재 되어 환급결정 절차가 완료됨. 그러나 환급신청자가 납부하여야 할 관세체납건이 있을 때 먼저 체납충당절차에 의해 체납금액을 공제한 후 지급결재 된다.

9) 환급금지급 결정통지 또는 완료통보

관리자 결재 후 해당 업체에는 환급금지급 결정통지가 전송되고 사후 일괄납부업체인 경우 환급금은 지급보류(지급보류액만큼 담보잔액에 가산됨)되며 환급금 지급보류 내용이 통지된다.

10) 환급금 이체의뢰/환급금 지급의뢰

관리자 결재 후 환급금 지급은행에 환급금 지급의뢰 전자문서가 전송되고, 한국은행에는 관세청 업무마감 후 세관별, 지급은행별 환급금 이체금액을 집계한 이체의뢰 자료를 전산으로 송부한다.

11) 환급금 이체

한국은행은 관세청으로부터 이체의뢰 받은 바에 따라 해당 세관장의 세입금계정에서 환급금 지급계정으로 이체하여 지급은행에 환급금을 지급한다.

12) 환급금 지급필통지/환급금 이체필통지

한국은행으로부터 환급금을 이체받은 지급은행은 환급 신청업체의 계좌에 환급금을 지급하고, 지급결과를 KTNET을 통하여 관세청에 환급금 지급필통지하며, 한국은행은 지급은행에 환급금 이체 후 관세청에 환급금 이체필통지를 한다.

Section 03 FTA 제도

1. 자유무역협정(FTA)

(1) FTA 제도

자유무역협정(FTA)은 협정을 체결한 국가간에 상품/서비스 교역에 대한 관세 및 무역장벽을 철폐함으로써 배타적인 무역특혜를 서로 부여하는 협정이다. FTA는 그동안 유럽연합(EU)이나, 북미자유무역(NAFTA) 등과 같이 인접 국가나 일정한 지역을 중심으로 이루어졌기 때문에 흔히 지역무역협정(RTA: Regional Trade Agreement)이라고도 부른다.

지역무역협정은 체결국간 경제통합의 심화 정도에 따라 4단계로 크게 구분

| 표 14-1 | 자유무역협정의 종류와 포괄범위 |

역내 관세철폐	역외 공동 관세 부과	역내 생산요소 자유이동 보장	역내 공동 경제 정책 수행	초국가적 기구 설치·운영
1. 자유무역협정(FTA) 역내 관세철폐				
2. 관세동맹(Customs Union) 공동관세 부과				
3. 공동시장 (Common Market) 생산요소 이동 자유화				
4. 경제동맹(Economic Union) 재정·금융정책 상호조정				
5. 완전경제통합(Complete Economic Union) 경제주권 포기, 경제정책 통합				

(B.Balassa의 분류에 의한 발전단계별 경제 통합)

할 수 있다.

| 자유무역협정 | ⇒ | 관세동맹 | ⇒ | 공동시장 | ⇒ | 완전경제통합 |

① 자유무역협정(FTA : Free Trade Agreement)

회원국간 무역자유화를 위해 관세를 포함하여 각종 무역제한조치 철폐(예: NAFTA)

② 관세동맹(Customs Union)

회원국간 역내무역 자유화 외에도 역외국에 대해 공동관세율을 적용하여 대외적인 관세까지도 역내국들이 공동보조를 취함(예: 남미공동시장(MERCOSUR))

③ 공동시장(Common Market)

관세동맹 수준의 무역정책외에도 회원국간 노동, 자본 등 생산요소의 자유로운 이동 가능(예: 구주공동체(EC), 중앙아메리카 공동시장(CACM))

④ 경제동맹(Economic Union)

회원국간 금융, 재정정책, 사회복지 등 모든 경제정책을 상호 조정하여 공동의 정책 수행(예: 유럽연합(EU))

⑤ 완전경제통합(Complete Economic Union)

회원국들이 독립된 경제정책을 철회하고, 단일경제체제하에서 모든 경제정책을 통합/운영, 회원국간에 단일 의회 설치와 같은 초국가적 기구 설치

(2) FTA의 주요내용

전통적인 FTA와 개도국간 FTA는 상품분야의 무역자유화 또는 관세인하에 중점을 두었으나, WTO체제 출범을 전후하여 상품에 대한 무역철폐 외에 서비스, 투자자유화, 지적재산권, 정부조달, 무역구제제도 등 협정의 대상 범위가 점차 확대되고 있다.

① 상품무역

상품는 협정 당사국간 상품에 대한 내국민 대우 및 시장 접근 원칙을 규정하기 위한 것으로 관세철폐 조항 및 관세양허표 외 통상 비관세조치, 제도 규정 등으로 구성되어 있다.

② 서비스

서비스는 서비스 자유화 관련 원칙·의무를 규정한 협정문과 자유화 방식에 따라 양허 또는 유보 리스트를 열거한 부속서로 구성되며, 협정 당사국은 서비스 분야의 자유화 규모 및 폭을 결정, 이에 대한 약속을 반영한다. 금융, 통신, 자연인 이동 분야의 경우 특수성과 전문성을 고려하여 별도 챕터 또는 부속서로 구성되기도 한다.

③ 투자

투자는 투자 자유화 및 투자 보호를 목적으로 하며, 협정문에는 투자와 관련된 원칙을 규정하고, 부속서는 외국인 투자 허용 분야를 열거한 유보 또는 양허 리스트로 구성된다.

④ 무역구제

무역구제는 협정 당사국간 교역으로 인하여 국내 산업이 피해를 입은 경우 관세 인상 등의 조치를 통해 구제하는 제도를 마련하기 위한 것으로 통상 반덤핑, 상계관세, 세이프가드 제도 등으로 구성되어 있다.

⑤ 원산지규정

원산지규정 챕터는 특혜관세 적용을 받기 위해서 당사국이 자국 원산지임을 인정받기 위해 충족해야 하는 기준을 정한 것으로 협정문과 함께 HS코드 별로 품목별 원산지기준을 규정한 부속서로 구성된다.

⑥ 원산지 절차 및 통관

원산지 절차와 관세행정 관련 챕터로 이루어지며, 주로 협정 당사국간 특혜 관세 신청을 위한 원산지 증명 방식, 사전판정, 기록유지 의무 및 검증, 수출 관련 의무, 특송 화물과 관세협력 등 세관에서 이루어지는 일련의 통관과 무역 원활화 관련된 규정을 명시한다.

⑦ TBT: Technical Barriers to Trade, 무역기술장벽

TBT는 양국의 표준, 기술규정 및 적합성평가절차가 협정 당사국 사이의 상품교역에 불필요한 장애를 초래하지 않도록 보장하기 위한 것이며 WTO TBT 협정의 내용을 기반으로 투명성, 공동협력, 협의채널, 정보교환 등의 조항으로 구성된다.

⑧ 위생 및 식물검역

위생 및 식물검역(SPS) 조치는 각국이 자국민, 동식물의 건강과 생명보호를 위해 시행하는 조치로서, 일반적으로 무역을 제한하는 효과를 가져오게 된다. FTA에서는 무역자유화 촉진이라는 FTA 체결의 기본취지에 따라, SPS 조치 관련 WTO SPS 협정상의 권리의무를 기초로 하여, 양국관계의 맥락에서 SPS 조치가 무역제한적으로 기능하는 것을 방지하기 위한 규정들이 포함된다.

⑨ 지식재산권

지식재산권 챕터는 저작권, 상표, 특허, 디자인 등 실체적 권리의 보호수준과 권리에 대한 행정·민사·형사적 집행에 관한 협정 당사국간 제도를 조화하고 지식재산권 관련 협력을 제고하는 데 기여한다. 충실하게 구성된 지재권 챕터는 권리자와 이용자에게 법적 확실성을 제공하여 무역과 투자를 증진할 수 있는 기반이 된다.

⑩ 정부조달

정부조달은 세계 각국 GDP의 약 10~15%를 차지하는 큰 시장이다. 이러한 정부조달 시장의 상호개방은 신규시장 개척 효과를 가져오게 되며, FTA에서의 정부조달 협정은 이러한 시장개방에 대한 조건과 규칙들을 규정하기 위한 협상 분야이다. 정부조달 협정은 보통 입찰 및 낙찰과정에서의 준수의무를 다루는 협정문 부분과 시장개방 대상과 개방 하한금액을 명시하는 양허표로 구성된다.

⑪ 전자상거래

전자상거래 챕터는 전자거래 활성화를 위해 당사국간 전자적으로 전송되

는 디지털제품(예, 동영상, 이미지 등)에 대한 무관세·비차별대우, 전자인증 및 전자서명, 소비자 보호 관련 규정 등을 명시한다.

⑫ 경쟁

세계 경제의 의존성 증가로 인해 한 국가의 경쟁정책이 시장개방, 관세인하 등 FTA의 체결효과를 훼손할 수 있다는 인식하에, 이를 방지하기 위한 의무들을 규정하기 위한 협상분야이다. 일반적으로 경쟁법 집행시 준수해야 할 의무, 공기업 및 독점관련 의무, 경쟁당국간 협력 등의 요소들이 포함된다.

⑬ 노동

노동 챕터는 협정 당사국 노동자의 권리를 보호하기 위한 것으로, 국제노동기준에 명시된 기본 노동권의 준수, 기본 노동권을 포함한 노동법의 효과적인 집행, 이해관계자의 절차적 권리 보장, 공중의견제출제도의 도입 및 운영, 노동협력메커니즘, 노무협의회 등으로 구성된다.

⑭ 환경

환경챕터는 협정 당사국의 환경보호를 위한 것으로, 환경법 및 정책이 높은 수준의 환경보호를 제공할 의무, 다자간 환경협정의 의무 이행, 환경법의 효과적인 적용 및 집행, 환경협의회 설치, 대중참여 확대, 환경협력 확대 등으로 구성된다.

⑮ 경제협력

경제협력 챕터는 FTA 협정 당사국간의 경제협력 증진을 위한 것으로 우리나라의 경우 주로 개도국과의 FTA에서 경제협력 챕터를 별도로 두어 경제협력의 범위·방법 및 이행 메커니즘을 규정하고 있다. 통상 경제협력 챕터에는 FTA 분쟁해결절차의 적용이 배제된다.

⑯ 분쟁해결

분쟁해결 챕터는 협정 당사국 사이의 분쟁을 신속하게 해결하고 협정상 의무를 위반한 국가에 대하여 의무 이행을 확보하기 위한 것으로, 통상 당사국간 협의, 패널 판정, 판정 이행의 순서로 구성된다.

⑰ 총칙

협정 전체에 관련된 포괄적인 내용을 규정한 챕터로서, 통상 최초조항 챕터는 목적·다른 협정과의 관계·정의, 최종조항 챕터는 개정·발효·탈퇴 및 해지, 제도조항 챕터는 협정 이행을 위한 위원회의 역할, 투명성 챕터는 공표·정보교환·행정절차, 예외 챕터는 일반예외·안보예외·과세예외 등의 조항으로 구성된다.

(3) FTA 확산 이유

FTA로 대표되는 지역주의(Regionalism)는 세계화와 함께 오늘날 국제 경제를 특징짓는 뚜렷한 조류가 되고 있으며, WTO 출범 이후 오히려 확산 추세에 있다. 47년간의 GATT 시대에 통보된 지역무역협정이 124건인 데 비해, WTO 초기 9년간 이보다 많은 176개의 지역무역협정의 통보가 이루어졌다.

지역무역협정이 확산되고 있는 이유를 크게 다음과 같다.

① WTO 다자협장의 경우 장시간이 소요되고, 회원국수의 급증으로 합의 도출이 어려움에 대한 반작용
② FTA가 개방을 통해 경쟁을 심화시킴으로써 생산성 향상에 기여한다는 측면에서 무역부분의 중요한 개혁 조치로 부상
③ 무역 및 외국인 직접 투자의 유입이 경제성장의 원동력이라는 인식 확산과 FTA체결이 외국인 직접투자 유치에 큰 도움이 된 사례(예: NAFTA 이후 멕시코)가 교훈으로 작용

표 14-2 자유무역 규범의 진화와 주요 특징

구분	GATT (1948 ~ 1994)	WTO (1995 ~ 2000)	FTA (2000 ~)
주요 목적	다자간 관세인하로 국제무역 확대	다자간 관세 및 비관세 장벽 제거	WTO체제를 바탕으로 뜻 맞는 나라끼리 주기적으로 대폭 관세 및 비관세 장벽 제거
법인 여부	법인격 있는 기구조직 없이 협정체제로 운영	스위스(제네바)에 본부를 둔 법인격 있는 국제기구	협정 당사국 관련부처 간에 협의 하에 운영
주요 대상	주로 공산품	공산품, 농산물, 서비스, 지재권 정부조달, 환경, 노동, 규범 등으로 적용 확대	공산품, 농산물, 서비스, 지재권 등 기본으로 하고 환경, 노동 등 논란 분야 회피
기본 원칙	최혜국대우의 원칙 + 내국민대우의 원칙	- 좌 동 -	최혜국대우 원칙의 예외 허용 + 상호이익 균형 / 민간성 존중
무역 구제	긴급수량제한 (Safeguard) 허용	Safeguard 허용 + 반덤핑관세, 상계관세 부과	- 좌 동 - + 세관당국에 의한 원산지 검증

④ 특정국가간의 배타적 호혜조치가 실익 제고, 부담 완화 및 관심사항 반영에 유리할 수 있다는 측면 고려

⑤ 지역주의 확산에 따라 역외 국가로서 받는 반사적 피해에 대한 대응 필요

※ 최혜국대우의 원칙: 어떤 상품에 적용되는 최저관세율이 있을 경우, 이를 다른나라 제품에도 동일하게 적용해야 한다는 원칙

※ 내국민대우의 원칙: 외국인에게만 적용되는 별도 관세부과 절차를 만들지 않고, 내국인에게 적용되는 절차를 그대로 적용

(4) 다양한 FTA 종류

자유무역협정은 FTA, CEPA, EPA, SECA 등 다양한 형태로 체결되고 있으며, 기본적으로는 자유무역협정(FTA)이라는 큰 틀에서 이해가 가능하다.

① CEPA(포괄적 경제동반자협정, Comprehensive Economic Partnership Agreement)

상품의 관세인하, 비관세장벽 제거 등의 요소를 포함하면서 무역원활화 및 여타 협력분야 등에 중점을 두고 있는 협정 무역과 투자 자유화를 비롯해 금융/정보/커뮤니케이션기술/과학기술/인력개발/관광/에너지/식량문제 등에 관한 협의 포함

② EPA(경제연계협정, Economic Partnership Agreement)

관세철폐·인하 외에 투자와 서비스, 지식재산, 인적 자원 이동의 자유까지 포괄하는 협정(예: 일/멕시코 EPA)

③ SECA(전략적 경제보완협정, Strategic Economic Complementation Agreement)

라틴 아메리카 국가간 경제통합을 목적으로 '80년에 체결된 몬테비데오 조약에 근거한 지역협정인 ECA를 모델로 한 것으로 FTA의 느슨한 형태(準 FTA)

④ 기타

무역촉진협정(TPA), 특혜무역협정(PTA), 제휴협정(AA), 서비스협정, 관세동맹, 개도국간 협정 등도 넓게 지역무역협정에 포함

(5) FTA 추진절차

자유무역협정도 일반적인 조약체결과 마찬가지의 절차를 거치게 되나, 동시다발적 FTA 추진에 따라 대통령 훈령으로 「자유무역협정체결 절차규정」을 제정하였다('04.6.8 대통령훈령 121호).

① 준비 및 여건조성

외교통상부 내 자유무역협정추진위원회(위원장 통상교섭본부장) 설치

FTA타당성을 조사하기 위해 양측 통상담당기관간 의견 교환 또는 민간 기관간 또는 정부간 공동연구 실시

② 협상개시선언

통상장관회담이나 정상회담을 계기로 하여 FTA 협상개시 정식선언

협상 진행 : 분과별 협상 진행

협상은 국가에 따라 차이가 있지만 대체적으로 1～2년 내외

※ 칠레와의 협상은 첫 번째로 34개월, 한/싱가포르FTA는 11개월, 한/EFTA FTA는 6개월, 한/ASEAN과는 1년 4개월, 한·미는 10개월 정도 소요

③ 협상 타결 및 가서명

서로 협정문을 다 만들고 나면 양측 수석대표(보통 국장급)가 협정문 최종본 하단 왼쪽과 오른쪽에 가서명, 이때 실질적으로 협상이 타결되었다고 함

④ 협상 정식서명

협상 타결 후 내부보고절차를 진행, 대통령 재가 후 정식서명

⑤ 협상 국회 비준절차

정식서명 된 협정문은 국회에 비준을 요청하고, 국회 동의가 있으면 국내절차가 완료되고, 체약국간 통보절차 완료 후 협정에서 정한 기간(통상 1～2개월)이 지나면 발효

2. 우리나라 FTA

(1) 우리나라의 FTA 추진 정책 방향

우리나라는 GATT(General Agreement on Tariffs and Trade)와 WTO(World Trade Organization)로 대표되는 다자무역체제의 가장 큰 수혜국이며, 우리의 경제발전은 대외교역을 통해 성장을 이룬 전형적인 사례로 인용되고 있다. 또한 우리나라는 명실상부한 통상국가로서 지속적인 경제발전을 위해서는 교역의 확대가 필수적이다. 요컨대 열린 세계시장이 우리의 경제적 생존과 직결되는 것이다. 최근의 세계 통상환경을 보면, 자유무역협정(FTA: Free Trade Agreement)을 중심으로 한 지역주의(Regionalism)가 가속화되고 있는 상황이다. 이러

한 지역주의의 경향은 과거 GATT체제보다 현재의 WTO체제에서 오히려 급속도로 확산되는 경향을 보이고 있다. 각국의 FTA 체결 경쟁은 현재 진행 중인 도하개발아젠다(DDA) 협상이 의미 있는 합의 도출에 난항을 겪고 있어 많은 국가들이 양자간 지역협정에 의존하는 경향이 더욱 뚜렷해졌다.

우리나라가 적극적으로 FTA를 추진해야 하는 이유를 크게 둘로 나눌수 있다. 첫째, 1992년 EU의 출범과 1994년 NAFTA의 발효를 계기로 지역주의가 세계적으로 확산되면서 FTA 네트워크 역외국가로서의 피해를 최소화하고, 환경변화에 적극적으로 대응하기 위해 FTA를 추진해야 한다는 논리다. 무역의존형 경제체제를 보유한 우리나라는 기존 수출시장을 유지하고 새로운 시장에 진출하기 위해 FTA 확대정책을 유지·발전시켜 나가야 한다. 주요 교역국이 여타 국가와 먼저 FTA를 체결한다면 우리 상품은 고관세 적용에 따른 가격경쟁력의 저하로 점차 그 시장을 잃을 수밖에 없기 때문이다. 우리 상품의 수출경쟁력을 유지하고 안정적인 해외시장을 확보하기 위해서는 주요 교역국가들과의 FTA 체결이 필수적이다.

둘째, 보다 적극적인 측면에서, 능동적인 시장개방과 자유화를 통해 국가 전반의 시스템을 선진화하고 경제체질을 강화하기 위해 FTA 추진이 필요하다. 우리 경제가 양적인 성장뿐만 아니라 질적인 발전을 통해 진정한 선진 경제로 거듭나기 위해서는 우리의 주요 통상정책으로 자리 잡은 FTA를 능동적·공세적으로 활용할 필요가 있는 것이다. 전 세계적으로도 각국은 산업경쟁력과 국가경쟁력을 신장시키는 주요 정책수단으로서 FTA 및 이에 수반되는 무역자유화(trade liberalization)가 효과적임을 깨닫고 적극적으로 FTA 네트워크 구축에 나서고 있다.

우리나라 정부는 2003년 이래 적극적으로 FTA를 추진해 왔으며, 특히 거대 경제권과 자원부국 및 주요 거점 경제권을 중심으로 전략적인 FTA를 체결하여 네트워크를 구축해 나가고 있다. 동시다발적인 FTA 추진을 통해 그동안 지체된 FTA 체결 진도를 단기간 내에 만회하였으며, 현재 FTA 네트워크의 글로벌화를 위해 노력하고 있다.

FTA 체결 효과를 극대화하기 위해 상품분야에서의 관세철폐 뿐만 아니라, 서비스, 투자, 정부조달, 지적재산권, 기술표준 등을 포함하는 포괄적인 FTA를 지향하고 있다. 또한 WTO의 상품과 서비스관련 규정에 일치하는 높은 수준의 FTA 추진을 지향함으로써 다자주의를 보완하고, FTA를 통해 국내제도의 개선 및 선진화를 도모하고 있다.

(2) 우리나라 FTA 추진 현황

우리나라는 한-칠레 FTA를 시작으로 미국, EU, 중국과 FTA를 추진하고 있으며, 지속적으로 확대하려고 노력하고 있다.

표 14-3	우리나라 FTA 추진 현황(2014년 기준)
구분	국가
발효된 FTA(10개국)	한-칠레, 한-싱가포르, 한-EFTA, 한-ASEAN, 한-인도, 한-EU, 한-페루, 한-미국, 한-터키, 한-호주
서명/타결된 FTA(5개국)	한-뉴질랜드, 한-베트남, 한-중국, 한-캐나다, 한-콜롬비아
협상중인 FTA(5개국)	한-GCC, 한-멕시코, 한-인도네시아, 한-일본, 한-중-일
협상준비/검토중인 FTA	한-MERCOSUR, 한-SACU, 한-러시아, 한-말레이시아, 한-몽골, 한-이스라엘, 한-중미

자료: http://okfta.kita.net/ftaInfo.do?method=korStatus&mainNum=0402

AEO 제도

1. AEO 개요

(1) AEO의 태동 배경

국제무역 환경의 변화에서 나타나는 두드러진 특징은 무역자유화에 따른 교역량 증가와 이에 편승한 불법·우범화물의 증가이다. 특히 2001년 미국에서 발생한 9.11 테러 이후 국제무역 및 관세 환경은 수출입물류의 보안(Security) 확보에 보다 강력한 초점이 맞춰지고 있다. 특히 FTA 체결 확대 등 무역 자유화로 인한 교역량은 증가하는 반면 이에 편승한 테러, 밀수 등 불법무역의 확대로 인해 위험요소 또한 증가하고 있는 실정이다.

미국, EU, 일본 등 주요국은 자국 나름의 AEO 제도를 시행하고 있는데, 그 명칭에 있어서는 C-TPAT(미국), AEO(EU), 인정업자제도(일본), 기업등급제도(중국), SES(뉴질랜드), STP(싱가포르), PIP(캐나다), Stairsec(스웨덴) 등 매우 다

그림 14-2　AEO 제도의 중요성

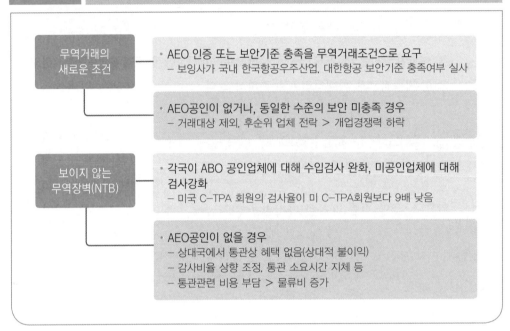

양하게 운영되고 있다.

　　AEO 제도가 미국에서 처음 도입되었을 때는 보안 강화에 초점이 맞추어
졌으나, WCO(세계관세기구)에서의 논의를 통해 테러방지와 함께 수출입물품의
안전을 확보하고 AEO 업체 중심의 통관원활화를 동시에 추구하는 관세행정의
한 축으로 자리잡아 가고 있다. 특히, AEO 제도에 참여하여 세관으로부터 인
증을 받은 업체는 검사비율 축소, 신속통관 등의 혜택을 받게 되고, 반대로 AEO
비인증 업체는 상대적으로 더 많은 통관상 불이익을 받게 될 수도 있다. 최근에
는 AEO 제도를 도입한 국가간에 FTA와 마찬가지로 양자간 상호인정협정(Mutual
Recognition Arrangement: MRA)을 체결하고 있어 이러한 흐름은 더욱 빨라질 것
으로 예상되고 있다.

(2) AEO의 중요성

　　AEO 제도가 새로운 무역거래의 조건으로 등장하고 있다. 이에 따라 무
역업체들은 기존 거래조건의 이행요구 이외에 AEO 기준을 거래요건으로 규
정하고 있다. 따라서 AEO 인증업체들은 거래 파트너를 선정할 때 AEO 인증

을 취득했는지 또는 AEO 수준의 기준을 충족하는지에 대해서 점검하고 있다. 또한 AEO 제도가 수입국에서 새로운 비관세장벽으로 자리 잡고 있다. 강제적 제도가 아님에도 불구하고 수입국 세관에서 검사비율 등을 차등 적용함에 따라 AEO 인증을 받지 못한 경우에는 상대적으로 불이익을 받을 수 있다.

2. 주요국 도입현황

(1) 전 세계 AEO 제도 운영 현황

전 세계에서 AEO 제도를 시행하는 국가의 수는 많지 않다. WCO 회원국 중에서 154개국이 향후 AEO 제도를 시행하겠다는 의향서를 제출하고 있지만, 현재 AEO 제도를 운영중인 국가는 미국, EU(1개국으로 간주), 일본 등 약 34개 국에서 시행 및 도입하고 있다.

그러나 더욱 중요한 사실은, 이들 국가가 전 세계 수출입의 70% 가까이를 차지하고 있다는 것이다. 특히 이들 국가가 우리나라의 주요 수출시장이라는 점에서 그 중요성은 더욱 커지고 있다. 현재 AEO 제도를 시행중인 국가에 대해 우리나라의 수출이 차지하는 비중은 약 70%에 이르고 있다.

(2) 미 국

미국 관세국경보호국(Customs and Border Protection: CBP)은 9.11 이후 국경 및 무역화을 테러 등의 위협으로부터 보호하기 위한 조치를 도입하였는데, 이것이 WCO SAFE Framework의 토대가 된 자발적 민-관 파트너십 프로그램인 C-TPAT(Customs-Trade Partnership Against Terrorism)이다.

C-TPAT는 무역 업계가 CBP와 협력하여 자발적으로 법규 및 보안기준을 준수토록 함으로써 보안을 강화하는 동시에 이와 같은 조치가 적용되는 화물 및 운송수단에 대해서는 무역흐름을 촉진하는 수출입물류보안 프로그램이다. C-TPAT는 2002년 4월 시작되었으며 제조업자, 수입자, 운송회사, 관세사 등 공급망의 모든 당사자가 참여하는 자발적인 프로그램이다. 다만 수입화물에 대한 보안에 중점을 두었기 때문에 현재 수출자는 제외된 상태이나 조만간 포함될 예정이다. C-TPAT 제도는 공급망 당사자별로 보안 기준(security criteria) 및 가이드라인(security guidelines)을 제시하고 있는

표 14-4	AEO 전 세계 추진 현황						
지역	국가	제도명	인증기업수	지역	국가	제도명	인증기업수
아시아	한국	AEO	559	남미	칠레	AEO	도입
	중국	MCME	2,337		아르헨티나	SAOC	5
	일본	AEO	518		콜롬비아	AEO	도입
	홍콩	AEO	10		코스타리카	PROFAC	1
	싱가포르	STP	66		도미니카	AEO	2
	말레이시아	AEO	48		과테말라	AEO	도입
	대만	AEO	396		페루	UAC-OEA	도입
	뉴질랜드	SES	117	아랍아프리카	요르단	GLP	43
	인도	AEO	–		이스라엘	AEO	20
유럽	EU(28국)	AEO	11,791		알제리	AEO	도입
	노르웨이	AEO	28		케냐	AEO	102
	스위스	AEO	9		잠비아	CACP	12
	마케도니아	AEO	도입		보츠와나	TAS	도입
	터키	AEO	도입		튀니지	AEO	9
북중미	미국	C-TPAT	10,643		우간다	AEO	도입
	캐나다	PIP	2,014		모로코	AEO	도입
	맥시코	NEEC	209				

자료: 한국AEO진흥협회

데, 공급망에 참여하고 있는 업체의 특성에 따라 조금씩 다른 기준을 적용하고 있기는 하지만 큰 틀에서는 대부분 유사한 내용을 규정하고 있다. C-TPAT 참여자들은 미국과 해외 항구간의 물품이동에 관여되는 미국 기업들과 미국에 자회사를 둔 외국 기업들을 포함하며, 현재까지 약 10,000여 개의 기업들이 C-TPAT 프로그램의 인증회원으로 등록되어 있다.

(3) EU

EU는 2005년 역내시장을 보호하고 국제 공급망을 보호하며 개선된 세관절차를 통해서 적법한 무역을 원활하게 지원한다는 목표로 일련의 조치들을 도입하였는데, EU 세관보안프로그램(Customs Security Program: CSF)에 포함된 이들 조치는 공동체관세규약(Community Customs Code: CCC)을 개정함으로써 구체적으로 도입되었다.

규약의 주요 내용을 살펴보면, 첫째, 물품을 수출 또는 수입하는 경우 사전 전자정보를 세관당국에 제공하고(pre-arrival and pre departure declarations), 둘째, EU 회원국을 위한 공동위험선별기준(common risk-selection criteria)에 기초한 공동위험관리기법을 도입하며, 셋째, 적법한 무역을 촉진하기 위해서 신뢰할 수 있거나 세관법규준수도가 뛰어난 무역업자들에게 간소화된 세관절차를 제공하는 AEO 프로그램을 도입하는 것이다.

이에 따라 2008년 1월부터 AEO 제도가 시행중이며, AEO 인증을 위한 보안기준은 기업정보, 법규 및 기준 준수도, 기업의 회계 및 물류시스템, 재정건전성, 안전 및 보안 요구사항 등 5개의 부문(sections)으로 구성된다. 각 부문은 몇 개의 하위 부문(sub-sections)으로 구분되는데 예를 들어, 안전 및 보안 요구조건의 경우 시설, 운송기기, 화물, 직원 보안 등으로 구성되어 있다.

EU AEO제도에 따른 인증을 받고자 하는 공급망 당사자들은 이와 같은 보안 요구사항을 준수하여야 한다. AEO 인증을 받을 수 있는 경제운영인은 제조업자, 수출업자, 포워더, 창고업자, 관세사, 운송회사, 수입업자 등 대부분의 수출입 관련 업체들이다. AEO 인증을 받은 업체들은 세관절차의 간소화, 물리적 화물검사 횟수의 경감, 선적물품에 대한 반출입 우선 처리 등의 혜택을 받고 있다.

(4) 뉴질랜드

뉴질랜드 세관은 2004년 SES(Secure Exports Schemes)라고 하는 AEO 제도를 도입하였는데, 이는 수출 중심의 세관-수출업자간 자율적 파트너십 프로그램이다. SES의 보안조치는 WCO SAFE Framework의 규정사항과 일치하며, 이는 컨테이너가 포장되고 선적을 위해 적재될 때 불법침입으로부터 물품을 보호하기 위한 보안조치를 강화하기 위한 것이다. SES 참여자들은 사전수출정보를 제출하고 보안조치를 유지해야 하며, 이에 대한 "Greenlane" 또는 신속한 세관절차의 혜택이 주어진다.

SES의 파트너들은 컨테이너 적입지점으로부터 수출물품 선적을 위한 장소에서 인도되기까지 침입, 파괴, 도난 등으로부터 물품을 보호하는 조치를 취한다는 확실한 약속을 이행해야 한다.

뉴질랜드로부터 수출되는 물품을 보안조치에 근거하여 포장, 보관, 운반되어 선적장소까지 인도되어야 한다. 해상운송컨테이너 또는 기타 포장용기들은 세관승인 봉인 또는 세관의 통제하에 있고 해외 세관이 안전표시를 해야 한다.

(5) 캐 나 다

캐나다의 BSA(Border Services Agency)가 도입한 PIP(Partners in Protection) 프로그램은 국경보안 강화, 세관의 법규준수 관련 문제에 대한 자각성 제고, 금지물품의 밀수출입 예방, 조직적인 범죄 및 테러리즘 대응을 위해서 BSA와 무역거래에 종사하는 민간부문의 기업들 사이에 자발적인 MOU(BSA와 PIP 참여자들간에 개발된 공동이행계획(joint action plans))를 토대로 이행되는 프로그램이다.

PIP 참여자들은 화물처리시간 단축, 개선된 보안 수준 등의 혜택을 얻게 되며 캐나다와 미국간에 공동으로 개발한 FAST Program에 참여할 자격이 주어진다.

2007년 12월 20일 CBP와 BSA 대표는 C-TPAT와 PIP 프로그램의 상호인정을 달성한다는 데 합의를 보았으며, 이에 따라 BSA는 PIP 프로그램을 C-TPAT와 근접한 수준으로 개선하는 절차를 취하고 있다. 또한 WCO의 SAFE Framework 및 AEO 개념과 같은 국제적인 표준과의 공조를 위해서 PIP 프로그램에 새로운 요구사항을 포함시키고 있다.

(6) 싱가포르

싱가포르 세관은 무역원활화 및 공급망 보안의 두 가지 목표를 달성하기 위해 민-관 파트너십 프로그램인 STP(Secure Trade Partnership) 프로그램을 2007년 5월 25일 도입하였다. STP 프로그램은 기업들이 준수해야 하는 8가지의 보안 요구사항을 규정하고 있는데, STP 인증기업들에게는 화물검사비율 축소, 신속통관 등의 혜택이 제공된다.

STP는 공급망의 모든 이해관계자(수출입업자, 창고업자, 운송업자, 터미널운영인 등)가 참여할 수 있으며, WCO의 SAFE Framework를 준수하고 있으며, STP를 이행하기 위해 운송부, 내무부, 이민국 및 항만당국 등과 긴밀하게 업무를 협력하고 있다. 또한 STP 프로그램의 상호인정을 위해서 주요 국가의 세관당국과 긴밀한 협력을 추진하고 있다.

(7) 일   본

일본은 국제적인 추세를 반영하여 물류보안 확보 및 무역원활화의 동시달

성을 위해서 재무성에서 2007년 6월「무역수속개혁 프로그램 실시에 대한 논점
정리(貿易手改革プログラムを?施するにあたっての論点整理)」를 발간하였으며, 이를
통해 재무성, 경제산업성, 국토교통성 등의 관계부성이 참여하고 일본 경제단체
연합회 등 민간단체들로 멤버를 구성하여「AEO推進官民協議」를 설치하였다.

그리고 2007년 10월부터 경제단체연합회, 무역회, 물류단체연합회, 통관업
연합회 등의 의견청취 과정을 거쳤으며, 재무성은 이러한 검토를 근거로 2007
년 11월「일본의 AEO제도 구축 등을 위한 보세·통관 제도 등의 재검토」라는 자
료를 발간하였다.

이와 같은 추진사항을 바탕으로 일본에서는 화물의 보안관리 및 법령준수
체제가 정비된 특정수출자를 AEO로 지정하여 엄정한 화물관리가 확보되는 시
점부터 보세지역에 반입하지 않고 수출신고를 할 수 있도록 혜택을 제공하고
있다. 향후에는 특정수출신고제도에 대해서는 제도의 정착이 진행되어 특별한
문제가 발생하지 않는 화물에 대해 동일성 확인 등을 특정수출자의 자율적인
관리에 맡기는 등의 혜택을 제공할 계획이다.

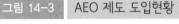

그림 14-3 AEO 제도 도입현황

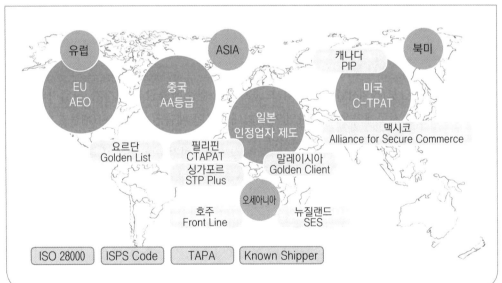

자료: AEO 지원센터

3. 국가간 상호인정

(1) AEO MRA의 개념과 필요성

AEO MRA는 서로 다른 국가들간에 시행되는 AEO 제도에 대해 각국의 세관간에 인정해 줌으로써 한 국가에서 AEO 인증을 받은 수출입 업체가 상대방 국가에서도 통관상의 혜택을 받을 수 있도록 하는 국가간 협정이다. AEO 제도는 수출입 관련 업체를 지원하기 위해서 기본적으로 국가들간에 상호인정협정을 체결하는 것을 목적으로 각국에서 도입되고 있다.

상호인정협정(Mutual Recognition Arrangement or Agreement: MRA)이란 상대 국가에서 실시한 제품, 공정, 서비스의 적합성평가 결과 및 절차를 자국에서 실시한 것과 동등하게 받아들이는 협정으로 중복적인 시험의 방지, 불필요한 규제비용 절감, 교역을 위한 시장접근의 용이성 향상 등의 효과가 있다.

WCO SAFE Framework에서도 AEO의 상호인정협정에 대해 "하나의 관세당국에 의해 취해진 행동이나 결정 또는 적절하게 승인된 인증이 다른 관세당국에 의해 인식되거나 수락되는 폭넓은 개념"이라고 규정하고 있다. 따라서 AEO 제도를 시행중인 세관간에 상호인정협정을 체결하게 되면, 우리나라 관세청에서 인증을 받은 AEO 수출업체가 수입국의 세관에서 AEO 인증을 받은 것과 유사한 효과를 발생시켜 통관상의 혜택을 받게 되는 것이다.

(2) AEO MRA의 추진 현황

AEO MRA가 국가간 FTA 체결과 유사한 흐름을 보이며 전 세계로 확산되고 있다. AEO 제도를 추진하는 국가들은 AEO 제도의 혜택을 극대화하기 위해서 AEO 제도를 도입한 타국 세관과 상호인정협정을 체결하기 위해 협상을 진행하고 있으며, 이와 같은 움직임이 FTA 체결 확대와 유사한 성향을 보이고 있다.

미국은 뉴질랜드(2007년 6월), 요르단, 캐나다(2008년 6월)와 각각 MRA를 체결하였으며, 현재 EU, 중국 등과 마무리 협상을 진행하고 있다. 일본은 뉴질랜드(2007년 5월)와 MRA를 체결하였으며, EU, 싱가포르, 말레이시아 등과 협상을 진행중이고, 이외에 EU, 중국 등도 자국 교역규모가 큰 국가들을 대상으로 협상을 진행중이다. 우리나라 관세청도 현재 미국, 일본, 싱가포르, 뉴질랜드, 캐나다, 중국(2013년), 홍콩(2014년), 멕시코(2014년), 터키(2014년) 총 9개국과

그림 14-4	전 세계 AEO 프로그램의 상호인정협정 추진 동향

자료: AEO 지원센터

AEO MRA를 체결하였으며, 인도, EU, 대만, 페루, 콜롬비아, 요르단 등과 AEO MRA 체결을 위한 협의 또는 공동연구를 진행중이다.

대부분 자국 수출업체의 경쟁력 확보를 위해 미국, EU, 일본 등 전 세계적으로 가장 규모가 큰 국가와 MRA를 체결하고 있다. AEO MRA를 체결하는 가장 큰 이유는 수출업체를 지원하기 위한 것이다. 무역장벽(NTB) 해소를 통해 자국 수출업체들이 상대국 세관에서 통관시 입항거부 또는 통관지연 등 차별을 받지 않고 신속하게 처리될 수 있도록 지원하는 동시에, MRA를 통해 업체들이 중복적으로 AEO 인증을 받아야 하는 어려움을 해결하여 궁극적으로 경쟁력을 제고하도록 지원하는 것이다.

표 14-5		국가별 MRA 체결현황
기준국가	체결국 수	체결국가
한국	9	캐나다, 싱가포르, 미국(10년), 일본, 뉴질랜드(11년), 중국(13년), 홍콩, 멕시코(14년), 터키(14년)
미국	7	뉴질랜드(07년), 캐나다, 요르단(08년), 일본(09년), 한국(10년), EU, 대만(12년)
일본	6	뉴질랜드(08년), 미국(09년), EU, 캐나다(10년), 한국, 싱가포르(11년)
EU	5	노르웨이(08년), 스위스(09년), 일본(10년), 안도라(11년), 미국(12년)
캐나다	4	미국(08년), 한국, 싱가포르, 일본(10년)
싱가포르	4	한국(10년), 캐나다, 일본(11년), 중국(12년)
뉴질랜드	3	미국(07년), 일본(08년), 한국(11년)
중국	2	싱가포르(12년), 한국(13년)
기타	1	요르단-미국(08년), 스위스/노르웨이-EU(09년), 안도라-EU(11년), 대만-미국(12년)

자료: 한국AEO진흥협회

4. 우리나라 AEO 제도

(1) 추진경과 및 근거법

우리나라의 AEO 제도는 관세 및 무역과 관련된 법령을 성실히 준수하고 있는지, 그리고 법규준수도를 높이기 위해 기업 내부적으로 적절한 내부통제시스템을 마련하고 있는지에 대해서 집중적으로 평가하는 관세행정의 새로운 위험관리 모델이다.

추진 경과는 다음과 같다.

2007.12 「관세법」 제255조의 2 신설(AEO 시행 근거 마련)

2008.09 「AEO 시범사업」 실시(2008년 9월부터 2009년 3월까지)

2009.02 「관세법 시행령」 제259조의2 및 3 신설(AEO 이행방안 마련)

2009.03 「종합인증우수업체 공인 및 관리업무에 관한 고시」(제정)

2011.04 「종합인증우수업체 공인획득 지원사업 운영에 관한 고시」(제정)

관세청에서 시행하고 있는 AEO 제도는 기본적으로 모든 Supply Chain 당사자들과의 자발적 파트너십(voluntary partnership)을 통해 관세행정과 관련한 법규준수도를 제고하는 데 주요 목적을 두고 있다.

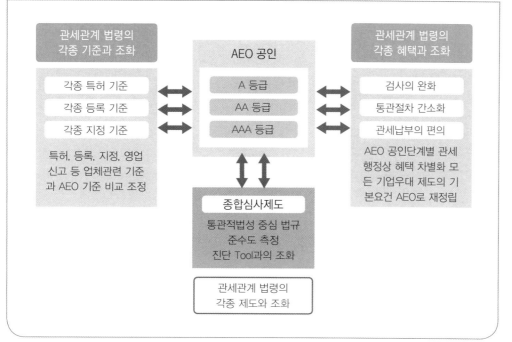

그림 14-5 우리나라 AEO 제도의 특징

자료: AEO 지원센터

따라서 공급망(Supply Chain)에 대한 보안(security)을 강화하기 위해 미국에서 시행하고 있는 C-TPAT 제도와는 그 성격상 다소 다른 측면이 있다. 우리나라의 AEO 제도는 이러한 목적을 달성하기 위해 관세 및 무역과 관련된 법령을 성실히 준수하고 있는지, 그리고 법규준수도를 높이기 위해 기업 내부적으로 적절한 내부통제시스템을 마련하고 있는지에 대해서 집중적으로 평가하고 있다.

기존의 자율심사제도(Importer Self Assessment: ISA) 및 아름다운관세행정 파트너 제도 등 엄격한 심사과정을 통해 관세청의 파트너로서 관세행정을 자율적으로 관리하는 제도가 AEO 제도로 흡수 통합되어 운영된다. 그러나 WCO 및 주요국 AEO 제도와 마찬가지로 시설과 장비, 직원, 거래업체, 출입통제, 정보기술(IT) 관리, 교육과 훈련 등의 분야에 대한 기준도 엄격하게 적용함으로써 주요국들과의 상호인정협정(MRA) 체결에 대비하고 있다.

그림 14-6 우리나라 AEO 제도의 특징

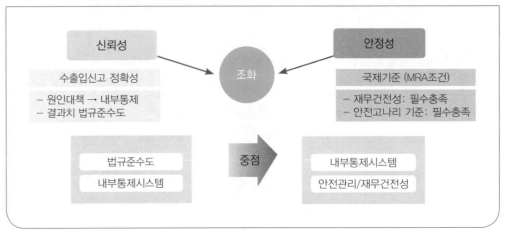

자료: AEO 지원센터

(2) 적용대상

「종합인증우수업체 공인 및 관리업무에 관한 고시」에 따르면, AEO 제도에 참여할 수 있는 당사자는 수출업체, 수입업체, 관세사 등을 포함하여 크게 9개 분야로 세분화되어 있다(자유무역지역에 입주한 업체 포함). 다만, 만일 한 기업의 업무가 여러 분야(예를 들어, 수출, 수입, 운송, 창고보관 등)에 나누어져 있다

그림 14-7 AEO 적용대상 기업

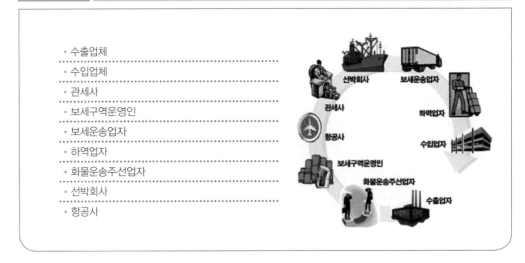

면, 이 기업은 각 해당분야에 대한 기준을 모두 충족해야 하고, AEO 인증 신청을 할 때에는 개별 사업장이 아니라 법인을 기준으로 신청을 해야 한다.

(3) 공인기준

우리나라 AEO 제도에서 규정하는 공인기준은 크게 재무건전성, 안전관리, 내부통제시스템, 법규준수도 등 4가지로 구성되어 있다. 가장 핵심적이고 중요한 기준은 법규준수도와 이를 제고하기 위한 내부통제시스템이라고 할 수 있다.

4가지 기준 중에서 재무건전성, 안전관리, 내부통제시스템의 기준은 필수적·기본적으로 충족하여야 한다. 특히 내부통제시스템에 대한 평가는 각 신청업체에 대해 별도로 심사하며, 심사결과 80점 이상을 획득해야 한다. 한편, 3가지 기준을 충족한 업체에 대해서는 별도로 법규준수도 측정 점수를 반영하여 공인 등급을 결정하게 되며, 법규준수도가 80점 이상인 업체는 "A", 90점 이상인 업체는 "AA", 95점 이상인 업체에게는 "AAA" 등급이 부여된다.

공인기준은 위 4가지 대분류에 따른 기준에 세부적으로 총 50여 가지의 기준으로 구성되어 있으며, 모든 조건에 대해서 서류심사와 현장실사를 통해 심사 및 검증이 수행된다.

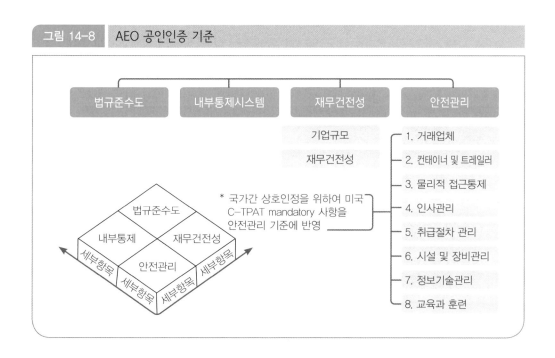

그림 14-8 | AEO 공인인증 기준

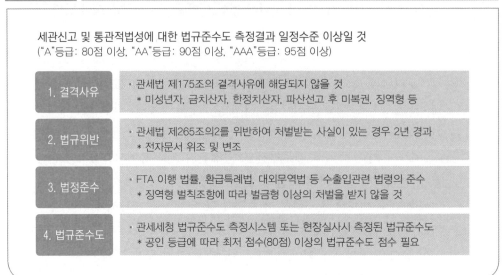

그림 14-9 우리나라 AEO 제도의 특징

세관신고 및 통관적법성에 대한 법규준수도 측정결과 일정수준 이상일 것
("A"등급: 80점 이상, "AA"등급: 90점 이상, "AAA"등급: 95점 이상)

1. 결격사유	• 관세법 제175조의 결격사유에 해당되지 않을 것 * 미성년자, 금치산자, 한정치산자, 파산선고 후 미복권, 징역형 등
2. 법규위반	• 관세법 제265조의2를 위반하여 처벌받는 사실이 있는 경우 2년 경과 * 전자문서 위조 및 변조
3. 법정준수	• FTA 이행 법률, 환급특례법, 대외무역법 등 수출입관련 법령의 준수 * 징역형 벌칙조항에 따라 벌금형 이상의 처벌을 받지 않을 것
4. 법규준수도	• 관세세청 법규준수도 측정시스템 또는 현장실사시 측정된 법규준수도 * 공인 등급에 따라 최저 점수(80점) 이상의 법규준수도 점수 필요

자료: AEO 지원센터

① 법규준수도

법규준수도에 대한 공인기준은 기본적으로 관세청에서 측정하는 법규준수도 측정점수가 공인을 위한 최저 요건(측정점수 80점 이상)에 충족되어야 한다. 다만, 공인 등급이 상향 조정되기 위해서는 다른 기준의 충족은 물론이고 법규준수도 측정점수가 그에 맞게 개선되는 것이 중요하다.

② 내부통제시스템

내부통제시스템은 관세업무와 관련된 기업 내부의 처리 절차에 대해서 업무처리 매뉴얼을 구축하여 효율적·효과적으로 업무수행이 이루어지고 있는지를 집중적으로 심사한다. 결국, AEO 제도에서 가장 중요하게 고려되는 법규준수도를 제고하기 위해서 내부통제시스템을 통해 기업의 업무처리가 시스템화되어 있는지를 평가하는 것으로, 기업은 이를 준수하기 위한 내부통제시스템을 구축함과 아울러 정기적으로 감독기구를 통해 검증을 받아야 한다.

③ 재무건전성

성실한 법규준수의 이행이 가능할 정도의 적절한 기업규모 및 재정상황(예: 조세 체납여부, 신용등급 등)인지 평가하는 기준이다.

그림 14-10 내부통제시스템 기준

CEO의 의지	조직 및 예산
CEO의 법규준수 및 안전관리 목표, 경영방침	범규준수 제고, 안전관리를 위한 조직 및 인력확보
관세행정 협력	문서화
관세행정 전문가와의 협조체제/관세행정 프로그램 참여	회계, 정보, 물품이동에 대한 문서화를 통한 관리
업무매뉴얼	파트너 협의체계 구축
통관, 물품취급 등과 관련한 세관업무 매뉴얼 구비	거래업체와의 상호 이해 제고를 위한 협의체계 구축
기업 내 정보공유	청렴성
기업 내 업무부서간에 정보공유 및 연계성 제고	업무 청렴성, 내부고발제도 등 부정방지프로그램 운영
Risk Management	내부통제 정기평가
Risk 식별, 분석, 평가 및 개선을 위한 업무절차 수립	내부통제에 대해 정기적으로 평가하고 취약점을 개선
서류보관	기업운영시스템 구축
수출입물품 및 대금 이동과 관련된 서류보관(법령준수)	물류 및 회계시스템 구축, 필요시 서관접근 허용절차 수립

자료: AEO 지원센터

그림 14-11 재무건정성 기준

기업규모	• 수출업체: 수출통관 50건 이상/년 평균(중소수출업체 25건) • 수입업체: 수입통관 50건 이상/년 평균 • 관세사: 수출입신고 건수 1,000건 이상/년 평균(H/BL 기준) • 화물운송주선업자: 화물주선 건수 1,000건 이상/년 평균(H/BL 기준) • 보세운송업자: 보세운송 1,500건 이상/년 평균 • 선박회사: Master B/L 발급 5,000건 이상 • 항공사: Master B/L 발급 10,000건 이상 * 기간은 최근 3년으로 하며, 기간 미충족시 기타 기준을 적용하여 판단
국세납부	• 관세 등 국세의 체납이 없을 것
재정능력	• 회계감사 결과 적정업체로서 부제비율 200% 이하이거나, 또는 • 외부신용평가 기관의 신용평가등급이 투자적격 이상일 것

자료: AEO 지원센터

④ 안전관리

AEO 공인기준에서 안전관리 기준은 주요국과의 MRA 체결을 위해 국제적인 기준과 주요국 제도(특히 미국)를 벤치마킹하여 규정한 기준이다. 안전관리 기준에서는 거래업체 관리, 컨테이너 및 기타 운송기기 관리, 시설 및 장비의 관리와 이에 대한 접근의 통제 등 보안적인 요소가 강화된 규정이다.

그림 14-12 안전관리 기준

CEO의 의지	컨테이너 등 운송기기 관리
AEO 인증업체 또는 이와 동등한 수준의 거래업체 관리 거래업체의 안전성에 대해 주기적으로 점검 및 관리	컨테이너 무결성 확보, 7가지 Check Point 점검 봉인의 발급, 장착 및 제거 관리, 고보안 보인 사용
출입통제관리	인사(직원)관리
직원, 방문자, 차량 등에 대해 작업장 및 물품 접근통제 소포 및 우편물에 대한 안전관리절차 수립과 이행	직원 채용, 부서이동, 퇴직 등 단계에 따라 검증절차 수립법규에 따른 background check
물품 및 정보의 취급	정보기술 관리
물품취급 절차에 대해 무결성을 확보하기 위한 절차수립 정보의 정확성과 안전성을 확보하기 위한 절차 수립	정보를 보호하기 위한 세부절차 수립 및 이행 제3자에 아웃소싱하는 경우 정보보호절차의 수립
시설 및 장비관리	교육 및 훈련
울타리, 출입구, 창문, 조명, 주차, 잠금장치 등 시설 보안에 대해 정기적으로 점검 및 보고체계 수립	AEO 기준을 이행하는 내부인식 교육 훈련 프로그램 수립 교육 및 훈련 이수 직원에 대해 인센티브 부여방안 수립

(4) 공인절차 및 심사방법

① 절차 및 심사방법

AEO 공인절차는 크게 서류심사 및 현장실사를 통한 인증여부의 결정과 인증업체에 대해 사후 공인을 검증하는 종합심사로 구분된다.

서류심사는 AEO 공인신청 업체의 수출입관리 현황이 종합인증우수업체 공인기준에 적합한지 여부를 신청업체가 제출한 서류를 토대로 심사하는 것이며, 현장실사는 신청업체가 제출한 서류 및 자료가 실제 수출입관리 현황과 일치하는지 여부를 방문조사를 통해 검증하는 것이다. 서류심사와 현장실사 결과, 이를 모두 충족한 것으로 판정되면 관세청으로부터 "A", "AA" 또는 "AAA" 등급의 AEO 공인이 부여된다.

한편, 공인을 받은 수출입업체들은 공인의 유효기간(3년) 이내에 통관적법성 분야에 대해 종합심사를 받게 되는데, 이는 공인에 대한 사후검증 차원의 심사지만, 심사결과 우수한 업체로 판정될 경우 최고 등급의 공인을 받거나 자율심사를 수행할 수 있게 된다.

그림 14-13 AEO 공인절차

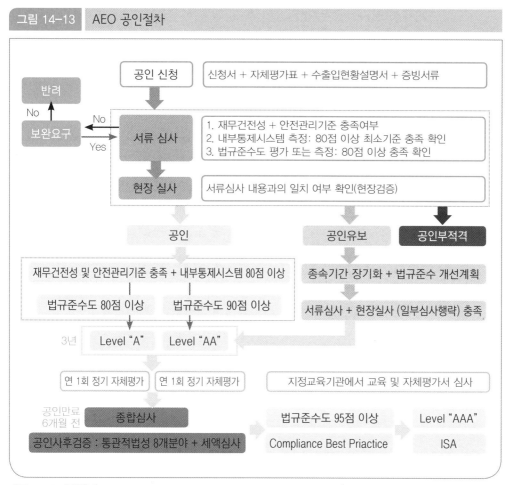

자료: AEO 지원센터

② 공인등급 및 혜택

〈공인업체에 대한 혜택〉

AEO 공인업체에 대해서는 다양한 통관상의 혜택이 부여되는데, 기본적으로 화물검사 비율 축소, 관세납부 편의 제공, 신고절차 간소화, 심사면제 등이다. 다만, 이러한 혜택은 업체 유형 및 AEO 공인 등급의 수준에 따라 차등 적용된다. 현재의 혜택부여가 개별 업체별로 제공되고 있으나, 궁극적으로 향후 이러한 혜택은 거래상의 모든 업체가 AEO 기준을 충족했을 때 적용될 뿐만 아니라 혜택의 범위도 더욱 커질 것이다.

따라서 이러한 혜택이 지속되고, 더 많은 혜택을 받기 위해서 AEO 공인업체들은 향후 거래업체와의 관계를 통해 협력업체들이 AEO 공인을 받도록 유도하는 것이 중요하다.

〈관세행정상의 혜택〉

- 검사비율 하향 조정 또는 검사선별 배제 등 물품검사상 혜택
- 월별납부, 담보제공 생략, 신용담보액 상향 조정 등 자금부담 경감
- 가격신고 생략, 입항신고 간소화, 서류제출대상 차등선별 등 절차간소화
- 자율심사, 간이보세운송, 자율사후관리업체 지정 혜택
- 수출입 관련 비상사태 발생시 세관 절차상에 있어 최우선권 부여
- 그 밖에 관세청장이 정하는 관세행정 절차상 혜택

이 외에도 AEO 공인업체만을 통하여 수출입하는 물품에 대해서는 위의 혜택 외에도 일정기간 동안 검사 면제 등의 추가적인 혜택을 받을 수 있다.

〈상호인정을 통한 혜택〉

- AEO MRA 체결국 수입 통관시 서류제출 감소, 검사비율 축소, 통관신속화 등

〈비즈니스상의 혜택〉

- 공급망 파트너들, 특히 AEO 공인 협력업체와의 거래 유지 및 신규고객 창출을 통한 AEO 공인업체의 국내의 거래 파트너들에 대한 안전관리 강화 요구 충족
- 기업의 안전관리 수준 향상을 통한 전사차원의 SCM 신규 요구환경 최적화

• 관세청이 최고 신뢰할 수 있는 우수업체 인증을 통한 국내의 비즈니스 경쟁력 제고

〈「종합인증우수업체 공인 및 관리업무에 관한 고시」상의 혜택〉

• 통관절차상의 특례
• 연관된 종합인증우수업체에 대한 특례

(5) 사후관리

수출입 신고 및 물류 안전과 관련한 자율적인 관리체계를 구축하여 관세청으로부터 인정을 받은 AEO 공인업체가 공인효력을 유지하기 위하여 공인 획득 1년 차, 2년 차에 자율적인 법규준수와 수출입 안전관리 현황을 스스로 평가 및 개선을 실시하고, 인증 유지 활동을 수행하는 것을 말한다.

사후관리에는 각종 변동사항의 보고, 관리책임자의 교육이수, 정기적인 자체평가 실시, AEO 인증 공인 등급 갱신을 위한 종합심사 수행 등을 포함하고 있다.

① 정기 사후관리
- AEO 공인 기업은 공인유지를 위하여, 사후관리를 철저히 해야 한다. AEO 공인을 획득한 업체는 1년 차, 2년 차에 공인받은 월의 익월 15일까지 관세청 UNIPASS를 통하여 자체평가서를 제출해야 한다. 또한, 자체평가 제출 전, AEO 교육기관 등 수출입에 관한 전문지식을 갖춘 자에 의하여 심사를 받아야 한다.
- AEO 공인업체는 AEO 공인 인증 유효기간 만료 6개월 전까지, 관세청 UNIPASS를 통하여 종합심사를 신청해야 한다(수출입업체에 대해서는 통관 적법성 확인 대상 분야의 법규준수도를 포함).

② 사후관리 부실에 따른 영향
AEO 효력정지
- 변동사항 미 보고 또는 정기 자체평가서 미 제출시 AEO 효력 정지 6개월
- 공인 유효기간 중 3회 이상 법규준수도 개선계획 제출을 요구받은 경우
AEO공인 취소
- 종합심사 및 공인 갱신심사 결과 공인기준에 미달하여 개선기회를 부여

하였음에도 공인 기준에 미달하는 경우

– 법규준수도 개선 계획 미 이행 또는 이행하였음에도 기준에 미달하는 경우

주·요·학·습·내·용

Global Trade Practice and Management

무역실무

14

관세, FTA와 AEO 제도

약술형

- 관세의 효과를 설명함
- 비관세장벽의 의의와 주요내용을 약술함
- 관세환급제도의 의의와 절차를 기술함
- 탄력관세제도의 필요성과 내용
- FTA의 의의와 주요내용을 약술함
- AEO제도의 의의와 적용대상을 약술함

용 어

- 보호관세
- 편익관세
- 간이 정액환급제도
- 수출입할당제
- GSP제도
- 수입할당제
- 상계관세
- 종가세
- 혼합세
- Customs union
- WTO
- MRA

15 CHAPTER

| 무역클레임과 중재 |

클레임(Claim)의 개요

1. 클레임의 의의

무역계약에 있어서 클레임이라 하면 매매계약의 한 당사자가 계약을 위반함으로써 계약의 상대방이 손해배상을 청구하는 것을 말한다. 클레임은 무역계약 당사자간에 공히 할 수 있지만 대부분 수입업자가 수출업자를 상대로 이루어지는 경우가 많다. 클레임 청구내용은 ① 계약의 해약, ② 물품 대체, ③ 대금의 변제, ④ 기회비용의 보상 등으로 대별할 수 있다.

클레임의 종류는 첫째, 상품에 관한 것으로서 품질불량(Inferior quality), 규격상이(Wrong specification), 수량과부족(Over/short shipment) 및 내용상이(Different goods) 등이 대종을 이루고 있다.

둘째, 포장이 잘못되어 야기되는 것으로 불량포장(inferior packing), 부정포장(False packing) 및 포장결함(Defective package) 등이다.

셋째, 선적지연이나 선적불이행(Non-delivery) 등의 선적에 관한 클레임이다.

넷째, 마켓 클레임으로 시장상황이 매매계약시와 다른 경우, 수입업자가 예상되는 손해를 상품에 대해 문제제기하는 것이다.

다섯째, 기타 운송계약 불이행 및 대금 결제와 관련하여 제기된 클레임 등이다.

클레임의 사유가 발생하여 클레임을 제기할 때에는, 제기방법에 대하여 당사자간에 약정이 있는 경우는 약정에 따르고, 약정이 없는 경우에는 대체로 다음의 요건을 갖추어야 한다.

(1) 클레임 당사자의 확정

클레임의 사유가 발생하면 우선 누구에게 클레임을 제기해야 할 것인가를 결정해야 한다. 클레임의 당사자는 통상적으로 계약당사자가 되는 것이 보통이지만, 예외로 계약당사자에게 책임이 없는 사유로 인하여 발생된 손해에 대하여 제3자에게 청구하는 경우도 있다.

(2) 클레임의 통지

클레임을 제기할 때에는 먼저 가장 빠른 방법으로 신속하게 클레임이 발생한 사실을 상대방에게 통지한 후에 즉시 서면에 의한 정식의 클레임을 제기해야 한다. 클레임의 제기기간은 통상적으로 당사자간의 제기기간에 대하여 약정이 있을 경우 그 기간 안에 제기하며, 약정이 없는 경우에는 나라마다 그 기간을 달리하고 있다. 실례로 한국의 경우에는 즉시 통지하며, 즉시 발견할 수 없는 하자에 대하여는 6개월의 기간을 인정하고 있다. 일본의 경우에는 즉시 검사하고 통지함을 원칙으로 하고, 미국의 경우 within reasonable time, Warsaw Oxford Rules for CIF Contract(1932)에서는 합리적인 검사, 검사완료 후 3일 이내에 통보를 원칙으로 규정하고 있다. 또한 클레임 통지는 모든 증빙자료를 갖추기 전에 먼저 클레임의 발생사실을 통보하여야 한다.

(3) 클레임의 청구

클레임의 청구는 클레임 제기내용을 육하원칙에 따라 양당사자, 거래사실관계, 분쟁발생경위, 청구내용 등을 기재하여 청구하며, 클레임을 입증하는 증빙서류, 즉 제기내용 및 사실관계를 입증할 수 있는 모든 자료, 서류 및 품질불량이나 수량부족일 경우 검사보고서(Surveyor's Report)를 첨부하여 제기한다.

2. 클레임의 해결

클레임이 제기되었을 경우 해결방안으로는 당사자간에 해결하는 방법과 제3자가 개입하여 해결하는 방안 등 두 가지로 나누어서 살펴볼 수 있다.

(1) 당사자간의 해결방법

1) 청구권의 포기(Waiver of Claim)

피해자가 상대방에게 청구권을 행사하지 않는 경우로서, 대체적으로 상대방이 사전 또는 즉각적으로 손해배상 제의를 통해 해결이 이루어지는 경우를 말한다.

2) 화   해

계약 당사자간에 자주적인 교섭과 양보로 분쟁을 해결하는 방안으로서, 당사자가 직접적인 협의를 통하여 상호 평등의 원칙하에 납득할 수 있는 타협점을 찾는 방법이다. 이 경우 대체적으로 화해계약을 체결하게 된다.

(2) 제3자 개입에 의한 해결방법

1) 알선(Intermediation)

국내외 상거래에서 발생하는 분쟁을 분쟁해결의 경험과 지식이 풍부한 제3자적 기관이 개입하여 양당사자의 의견을 듣고 해결합의를 위한 조언과 타협권유를 통하여 합의를 유도하는 제도이다. 알선 단계에서는 특히 분쟁 당사자간의 협력을 필요로 하며 당사자간의 비밀이 보장되고 거래관계를 지속시킬 수 있는 장점이 있다. 알선의 효력은 양당사자의 자발적인 합의를 통한 해결이기 때문에 법률적인 구속력은 없으며 당사자간 합의가 불가능한 경우 중재합의(중재계약)를 통하여 중재로 해결하거나 부득이한 경우 소송으로 해결해야 한다. 현재 대한상사중재원에 의뢰되는 건수 중 90% 이상이 알선단계에서 처리된다.

2) 조정(Mediation, Conciliation)

조정은 당사자의 일방 또는 쌍방의 요청에 의거하여, 양당사자가 공정한 제3자를 조정자로 선정하여 분쟁해결방안을 제시해 줄 것을 부탁하고 조정인이 제시하는 조정안에 양당사자가 합의함으로써 분쟁을 해결하는 방식을 말한다.

3) 중재(Arbitration)

중재(Arbitration)란 분쟁 당사자간의 중재계약에 따라 사법상의 법률관계에 관해 현존 또는 장래에 발생할 분쟁의 전부 또는 일부를 법원의 판결에 의하지 아니하고 사인인 제3자를 중재인으로 선정하여 중재인의 판정에 맡기는 동시에 그 판정에 복종함으로써 분쟁을 해결하는 자주법정제도이다. 아울러 국가공권력을 발동하여 강제집행할 수 있는 권리가 법적으로 보장된다. 이에 대해서는 다음 절에서 자세히 살펴보도록 한다.

4) 소송(Litigation)

소송은 개인간의 분쟁을 국가기관인 재판소의 판결에 의하여 강제적으로 해결하는 방법이다. 국제간의 거래에 있어서는 상대자가 법역을 달리함으로 우리나라의 재판권이 상대국에까지 미치지 못한다는 장애가 있으므로 외국과의 사법협정이 체결되어 있지 않는 한 소송에 의한 판결은 외국에서의 승인 및 집행이 보장되지 않는다.

무역분쟁이 발생시에는 중재(Arbitration)는 소송(Litigation)보다 낫고, 조정(Mediation, Conciliation)은 중재보다 나으며, 분쟁의 예방은 조정보다 낫다.

중재제도

1. 중재의 특성

(1) 중재의 의의

상사중재(Commercial Arbitration)란 국제상거래 당사자들간의 분쟁을 법원의 판결에 의하지 아니하고 쌍방간의 합의에 의해 제3자인 중재인에게 의뢰하여 구속력이 있는 판정을 구하여 분쟁을 해결하는 방법으로 상사중재는 법원이 아닌 민간기관에서 자율적으로 쌍방간의 명시적인 합의로 선정한 중재판정부가 사건의 해결을 최종적이고 구속력 있게 해결한다는 점에서 의의가 있다.

중재제도는 다음과 같은 장점이 있다.

1) 단 심 제

중재판정은 분쟁당사자간에 있어서는 법원의 확정판결과 동일한 효력을 가져 판정에 불만이 있어도 재판처럼 2심 또는 3심 등 항소절차가 없다. 즉 '확정판결과 동일한 효력'이라 함은 불복신청을 할 수 없어 당사자에게 최종적 판단으로 구속력을 갖는다.

2) 신속한 분쟁해결
소송은 평균 대법원까지 2~3년이 걸리지만, 중재는 국내중재가 약 4개월, 국제중재가 약 6개월 정도 소요된다.

3) 저렴한 중재비용
중재제도가 단심제이고 신속성에 중점을 두기 때문에 재판비용보다 저렴하다.

4) 국제적인 인정
「뉴욕협약」에 가입한 체약국간에는 외국중재판정을 상호간 승인하고 강제집행도 보장한다.

5) 전문가에 의한 판단
실체적 진실을 정확하게 찾아 내기 위하여 분쟁 분야에 대한 해박한 지식과 실무 경험이 있는 전문가로 하여금 사건을 검토하고 판정하도록 한다.

6) 분쟁당사자가 중재인을 직접 선임 또는 배척
공정성 보장을 위하여 당사자에게 스스로 중재인을 선임할 권리를 부여하며 동시에 중재인 후보를 배척할 수 있다.

7) 충분한 변론기회의 부여
중재는 단심제로 운영하기 때문에 일단 내려진 중재판정은 변경할 수 없다. 따라서 분쟁당사자는 중재인에게 충분한 변론기회와 변론시간 그리고 증인 또는 증거물 제출기회를 요구할 수 있다.

8) 심리의 비공개
당사자가 허락하지 않는 한 사건과 무관한 제3자의 심문과정 참여를 허용하지 않으며 그 절차도 공개하지 않는다. 비공개로 진행되기 때문에 기밀누설 위험이 제거된다.

9) 민주적인 절차 진행

(2) 중재의 분류

1) 분쟁사건의 의뢰 사항의 조건 내지 범위에 따라

- 상사중재(Commercial Arbitration)
- 해사중재(Marine Arbitration)
- 노동쟁의 중재(Labor Dispute Arbitration)

2) 당사자 일방 또는 쌍방의 영업소 위치에 따라

- 국내중재(Domestic Arbitration)
- 국제중재(International Arbitration)

3) 상설중재기관의 사전지정 여부에 따라

- 임시적 중재(Ad hoc Arbitration)
- 제도적 중재(Institutional Arbitration)

4) 중재의 내용에 따라

- 품질중재(Quality Arbitration)
- 특수중재(Technical Arbitration)
- 혼합중재(Mixed Arbitration)

(3) 중재와 소송의 비교

사법관계의 분쟁을 해결하는 민사소송제도가 지나치게 장시간이 걸리고, 많은 비용이 들며 또한 제도 자체가 지나치게 정형화되어 민사소송법을 모르는 사람은 소송행위를 할 수 없어서 비능률적인 면이 많다. 요즘과 같이 외국과의 무역거래가 빈번하고 각 전문분야에 걸친 경제법, 세법, 보험법, 노동법 등이 다양하게 입법화된 현실에 있어서는 일반법만을 전공한 일반법관에게 그 다양한 전문적 분야의 거래에 관한 분쟁해결을 맡기는 것은 한계가 있다. 각 분야별로 전문적 지식을 가진 사람을 중재인으로 선임하여 분쟁해결을 하는 것이 보다 신속하고 경비가 적게 들고 분쟁해결의 초점을 보다 정확하게 발견하여 현실에 맞는 해결을 볼 수 있다는 이유에서 중재제도가 그 존재이유를 인정받고 있는 것이다.

| 표 15-1 | 중재와 소송의 비교 |

구 분	중 재	소 송
대 상	• 개인(기업)간의 상사분쟁	• 민사 · 상사 · 형사 · 행정 · 선거 · 비송 사건 등 모든 분쟁
요 건	• 반드시 당사자간의 합의가 필요함	• 당사자의 행위능력이 필요함
구속력	• 법원의 판결과 동일한 효력 (구속력을 가짐)	• 법적 구속력
공개여부	• 비밀준수(당사자 및 기업의 비밀유지)	• 공개가 원칙임(헌법 제27조 3항)
경제성	• 단심제이며 비용이 저렴함	• 복잡한 소송절차 • 3심제에 의한 과중한 비용부담 불가피
신속성	• 단심제에 의한 신속판정 가능 (평균 4~6개월 소요)	• 3심제에 의한 항소 · 상소 가능 (평균 2~3년 소요) • 소액사건심판제도 있음
심판자의 자격요건	• 당해 분쟁의 전문가가 중재인으로 활동 (중재인의 자유심층으로 판정 – 유연성)	• 반드시 법관이 판결 (법조문에 충실 – 경직성)
변론기회	• 충분한 변론기회 보장 (미보장시 중재판정 취소 사유가 됨)	• 사실 및 증거에 따른 판결 (당사자의 변론기회 상대적으로 불충분)
당사자간의 관계	• 우호적인 관계 유지 가능	• 적대적인 관계가 되기 쉬움(감정대립)
강제집행	• 불이행시 관할법원의 집행판결을 통한 강제집행	• 법원의 판결에 의한 강제집행
국제성	• 국제적 집행가능(뉴욕협약 준수)	• 국제적 집행에 많은 어려움이 있음

(4) 중재의 단점

1) 법률문제의 한계

중재인이 사실문제에 있어서는 전문성을 발휘하여 분쟁내용을 신속·공정하게 판정할 수 있으나 중요한 법률문제가 개입되어 있으면 중재인은 그 판단능력이 일반적으로 미약하여 불완전성의 문제를 배제할 수 없다.

2) 공정상의 문제

중재인은 법률에 구속되지 않고 상관습, 경험에 따라 판단하므로 판단기준이 중재인의 자의나 주관에 따를 위험을 배제할 수 없으므로 최종적인 판단의 공정성이 문제될 수 있고 판정결과의 예견 가능성이 결여되어 있다.

ㄹ. 중재합의

분쟁을 중재에 의하여 해결하기로 하는 합의를 중재합의(仲裁合意) 또는 중재계약(仲裁契約)이라고도 한다. 중재합의는 서면에 의한 별도합의 또는 계약서상에 중재조항의 형식으로 체결할 수 있다. 우리나라의 중재법은 "중재계약은 당사자들이 서명한 문서에 중재합의가 포함되어 있거나 교환된 서신 또는 전보 등에 중재합의가 포함되어 있어야 한다"고 규정하여 중재합의의 서면주의를 명문화하고 있으며 또한 중재조항이 포함된 문서를 인용할 수도 있다.

중재합의는 중재의 대상이 되는 분쟁이 발생하기 전에 미리 합의해 두는 사전 중재합의의 방식과, 이미 발생한 분쟁을 중재로 해결하기 위하여 합의하는 사후 중재합의의 방식이 있다. 그런데 분쟁이 발생한 후에는 상호 불신과 의사교환 단절로 중재합의에 동의하지 않거나, 동의하는 데 시간이 지체되어 분쟁해결을 지연시키는 경우가 많으므로 계약체결시 계약서상에 중재조항을 삽입하는 사전 중재합의 방식이 매우 바람직하다. 중재합의가 유효하게 성립되어 중재절차가 순조롭게 진행되기 위해서는, 특히 외국 기업과의 거래에서 중재계약을 체결할 때에는 중재를 행할 중재지, 중재기관 및 적용할 준거법 등을 정확하게 명시하여야 한다. 대한상사중재원에서 권고하는 「표준중재조항」을 살펴보면 다음과 같다.

(1) 국내 중재조항

"이 계약으로부터 발생되는 모든 분쟁은 대한상사중재원의 중재규칙에 따라 중재로 최종 해결한다."

(2) 국제 중재조항

"*All disputes, controversies, or differences which may arise between the parties, out of or in relation to or in connection with this contract, or for the breach thereof, shall be finally settled by arbitration in Seoul, Korea in accordance with the Arbitration Rules of the Korean Commercial Arbitration Board and under the Laws of Korea. The award rendered by the arbitrator(s) shall be final and binding upon both parties concerned.*"

"이 계약으로부터 또는 이 계약과 관련하여 또는 이 계약의 불이행으로 말미암아 당사자간에 발생하는 모든 분쟁, 논쟁 또는 의견차이는 대한민국 서울에서 대한상사중재원의 중재규칙 및 대한민국법에 따라 중재에 의하여 최종적으로 해결한다. 중재인(들)에 의하여 내려지는 판정은 최종적인 것으로 당사자 쌍방에 대하여 구속력을 가진다."

(3) 신청인 또는 피신청인 국가의 중재기관을 이용하기로 하는 중재조항

"*All disputes that may arise under or in relation to this contract shall be submitted to arbitration in the country of respondent(a) under the Arbitration Rules of the Korean Commercial Arbitration Board if the arbitration is to be held in the Republic of Korea or(b) under the Commercial Arbitration Rules of the Japan Commercial Arbitration Association if the arbitration is to be held in Japan. The award rendered by the arbitrator(s) shall be final and binding upon both partiesn concerned.*"

"만약 당사자간에 신청인주의에 의한 중재합의가 이루어졌다면 그에 대한 영문표현은 피신청인주의 중재조항 중 'in the country of respondent' 대신에 'in the country of applicant'로 바꾸면 된다. 또한 일본이 아닌 다른 국가일 때는 그 국가의 명칭으로 중재기관과 준거법을 바꾸어 사용하면 된다."

(4) 중재협정을 이용한 중재조항

대한상사중재원은 각국의 중재기관들과 중재협정을 체결하여 이 협정의 내용에 따른 중재를 하도록 권고하고 있다. 현재 중재원은 41개국 44개 기관들과 중재협정 및 업무협조약정을 맺고 있는데 중재장소 등의 결정은 주로 피신청인의 국가에서 하도록 정하고 있다.

"*All disputes that may arise under or in relation to this contract shall be submitted to arbitration in accordance with the Korea-Japanese Arbitration Agreement,effective as from October 26, 1973*"

"이 계약으로부터 또는 이 계약과 관련하여 발생하는 모든 분쟁은, 1973년 10월 26일에 발효한 한·일 중재협정에 따라 중재에 부탁할 것으로 한다."

(5) 제3국주의

분쟁당사자 소속국가의 중재기관이 아닌 기관에 중재신청을 하는 것이다. 공정성을 우려한 결정이나 중재인을 중재당사자가 직접 선정하는 것이 중재제도의 본질인 것을 모르는 이해부족에서 오는 결과로서 바람직하지 않다. 예컨대 국제상업회의소(International Chamber of Commerce: ICC)부설 국제중재법원(International Court of Arbitration: ICA)을 활용하기로 하였다면 다음과 같이 표현하면 된다.

"All disputes arising out of or in connection with the present contract shall be finally settled under the Rules of Arbitration of the International Chamber of Commerce by one or more arbitrators appointed in accordance with the said Rules."

3. 중재계약과 절차

(1) 중재의 일반적 절차

중재계약은 기본적이고 필수적인 중재합의에 관한 사항, 중재인, 중재절차, 판정의 기준이 될 준거법(Applicable Law) 지정 등의 결정을 문서화한 것이다. 한국의 중재법 제3조 제2항에서는 "중재합의라 함은 계약상의 분쟁인지의 여부에 관계없이 일정한 법률관계에 관하여 당사자간에 이미 발생하였거나 장래 발생할 수 있는 분쟁의 전부 또는 일부를 중재에 의하여 해결하도록 하는 당사자간의 합의를 말한다"고 규정하고 있다.

세계각국 대부분 상설 국제상사중재기관에서는 중재계약의 중재조항을 표준화하고 계약서를 정형화하여 당사자들의 매매계약시에 계약서 중 한 조항으로 삽입하는 것을 권장하고 있다. 또한 중재계약이 유효하려면 분쟁을 해결하려는 당사자간의 명시적 합의를 서면으로 기록한 합의서가 있어야 한다.

중재절차는 〈그림 14-1〉과 같이 7단계로 나눌 수 있다.

그림 15-1 │ 중재절차

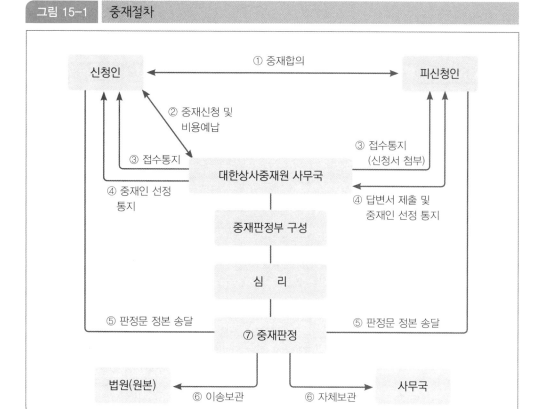

표 15-2	중재제도의 일방적 절차와 주요 내용
절 차	내 용
① 중재합의	• 분쟁을 중재에 의하여 해결하기로 하는 중재합의가 있어야만 중재신청 가능 　▶ 계약시 삽입된 중재조항 　▶ 사후합의
② 중재신청 　및 비용 　납부	• 중재를 신청하고자 할 때에는 대한상사중재원의 사무국에 중재비용과 함께 다음의 서류를 작성 · 제출해야 함 　▶ 중재합의서(원본 또는 사본) 　▶ 중재신청서 　▶ 신청의 원인을 입증하는 서증(원본 또는 사본) 　▶ 대리인이 신청시 그 위임장 　▶ 법인 등기부등본(개인은 주민등록등본) • 일방 당사자가 분쟁의 최종 해결을 위해 중재를 신청한 후 판정이 내려질 때까지 소용되는 비용을 중재비용이라 하며 중재비용은 요금, 경비, 수당으로 구분되는 데 중재신청서를 접수할 때 신청인으로부터 미리 예납받으나, 중재판정부에 의하여 부담비율이 판정에서 정해짐
③ 접수통지	중재신청서가 제출되면 중재합의서, 중재신청서, 중재신청의 취지를 입증하는 서류의 유무, 대리인이 선임된 경우 위임장 등 적합여부를 확인하고, 사무국에서 적합하다고 판단하는 경우에는 소정의 중재비용을 예납받고 접수함
④ 답변서 　제출	• 피신청인은 신청인의 중재신청서를 검토한 후 중재신청 접수통지의 수령일(기준일)로부터 국제중재의 경우 30일(국내 중재의 경우 15일) 이내에 답변서를 사무국에 제출 • 사무국은 답변서를 제출받음과 동시에 그 답변이 적합한 것인지의 여부를 확인하고 적합한 경우에는 이를 접수하고 양당사자에게 접수사실을 통지(신청인에게는 답변서 1부 송부)만일 피신청인이 위의 기간 내에 답변서의 제출이 없는 경우에는 신청인이 주장하는 청구의 기각으로 봄
⑤ 중재판정부 　구성	• 중중재인은 법조계, 학계, 업계 등 각계권위자로서 최소한 20년 이상 해당분야에 경험 있고 전문지식, 신뢰성, 성실성, 신망, 판단력 등이 갖추어진 인사라야 함 　▶ 당사자에 의한 직접 선정방법 　▶ 사무국에 의한 선정방법
⑥ 심 　리	• 중재판정부는 심리의 일시, 장소와 방식을 결정하는 데 심리의 일시와 장소가 결정되면 사무국은 당사자에게 심리개시 10일 전(국제중재: 20일)까지 통지 • 중재판정부는 양당사자에게 심리를 시작하기 전에 주장, 증빙자료 및 방법, 상대방 주장에 대한 의견을 기재한 준비서면을 제출 • 판정부는 당사자가 주장 및 입증을 다하였다고 인정할 때 심리의 종결을 선언
⑦ 중재판정	• 중재판정부는 당사자간의 별도 약정이 없는 한 중재심리가 종결된 날로부터 30일 이내에 과반수 찬성으로 판정 • 중재판정은 서면으로 작성하고 다음 사항을 기재하여 중재인이 서명하여야 함 　▶ 당사자 성명 또는 명칭과 주소 　▶ 대리인이 있는 경우 대리인의 성명과 주소 　▶ 판정주문 및 판정이유 　▶ 판정문 작성일자 및 중재지 • 사무국은 판정의 정본을 당사자 또는 대리인에게 최후로 알려진 주소에 등기우편(배달증명)으로 발송하거나 직접 교부함 • 재판정은 당사자간에 있어서는 법원의 확정판결과 동일한 효력 • 또한 뉴욕협약(외국중재판정의 승인 및 집행에 관한 UN협약)에 따라 외국에서도 중재판정의 승인 및 집행이 보장

(2) 중재판정

중재판정(Award)이란 중재계약 당사자가 의뢰한 분쟁에 대한 중재인의 최종적 결정을 의미하는 것으로 종국적인 법원의 확정판결과 동일한 구속력을 갖는다. 따라서 중재판정은 종결성(Finality), 확실성(Certainty), 확정성(Determinacy)을 띤 완결성(Conclusiveness)의 요건을 필요로 한다.

4. 전자상거래와 분쟁해결제도

일반적으로 무역거래는 격지자간의 거래이며 상관습, 언어, 문화, 제도 등의 차이로 인하여 분쟁의 발생은 일정의 확률로 불가피하다고 할 수 있다. 이러한 상사분쟁에 대하여 종래에는 중재나 조정과 같은 방법으로 해결하여 왔으나, 인터넷이 발전하고 정보통신산업이 급변하는 현재와 미래에는 최상의 분쟁해결방식으로 평가되기는 어려울 것이다. 따라서 공간과 시간의 제약을 크게 받지 않는 온라인(on-line) 분쟁해결방식의 활용영역이 확대될 것으로 보인다.

특히 사이버상에 발생하는 도메인명과 상표를 비롯한 각종 영업권을 둘러싼 지적재산권 분쟁, 전자상거래와 관련된 소비자 분쟁, 사이버 스페이스상에서 발생하는 명예훼손이나 프라이버시 분쟁 등의 해결에 있어서 신속하고 전문적이며 저렴한 비용으로 네트워크상에서 분쟁을 해결할 수 있다는 점에서 앞으로 많은 분쟁해결방법이 사이버 공간상에서 이루어질 것으로 보인다.

사이버 스페이스에서 모든 형태의 소송외분쟁해결제도(Alternative Dispute Resolution: ADR)가 가능하며 이미 중재기관은 사이버 스페이스상으로 활동영역을 확대하고 있다. 대표적으로 Virtual Magistrate(VMP), 세계지적재산권기구(WIPO), 세계중재조정서비스(GAMS)가 구속력 있는 온라인 분쟁해결 서비스를 제공하고 있다.

약술형

- 클레임의 해결방법에 대하여 기술
- 중재제도의 장·단점 비교
- 중재와 소송제도를 비교
- 중재제도의 일반적 절차와 주요내용

용 어

- Claim
- waiver of claim
- intermediation
- mediation
- arbitration
- litigation
- commercial arbitration
- 중재합의
- applicable law
- alternative dispute resolution

영문 색인

무역실무

용어색인

국문 색인

저자약력

중앙대학교 무역학과 졸업(상학사 B.A.), 동 대학원 무역학과 졸업(상학석사 M.A.)
영국, Cardiff 대학원 졸(경영학 박사)
한국과학기술원 해양연구소 선임연구원
한국해운산업연구원(현, 한국해양수산개발연구원) 연구위원, 항만연구실 실장
영국, Cardiff University 객원교수
스웨덴, World Maritime University 초빙교수
UNCTAD/IBRD Consultant
국무총리실 해양행정일원화 전문위원
외교통상부 및 해양수산부 정책자문위원
대한상사중재원 중재인
International Chartered Institute of Transport 회원(MCIT, 영국)
한국무역학회 24대 회장
한국국제상학회 8대 회장
한국항만경제학회 4대 회장
산업통상자원부 경제자유구역위원회, 부위원장
국토교통부 기업도시위원회 민간위원(물류)
인천항만공사 항만위원회 제4대 위원장
중앙대학교 학생처장, 도서관장, 교무처장, 사회과학대학학장 역임
현　해양수산부 장관 자문위원장(해운물류)
　　해양수산부 특별민관합동규제개선단 단장
　　여수광양항만공사 항만위원회 위원장
　　Maritime Policy & Management(SSCI 학술지) 편집인
　　중앙대학교 경영경제대학 국제물류학과 교수

저　　서

Shipping Revolution(공저, Conway Maritime Press, Ltd., London, 1993)
무역학개론(청람, 2004)
프레이트 포워딩 관리론(공저, 박영사, 2009)
국제운송론(박영사, 2013)
물류관리론(공저, 청람, 2011)

제 3 판
무역실무

초판발행　　　2002년　9월 10일
개정판발행　　2011년　8월 30일
제 3 판인쇄　　2015년　2월 20일
제 3 판발행　　2015년　2월 25일

지은이　　　　방희석
펴낸이　　　　안종만

편　집　　　　김선민·전채린
기획/마케팅　　박세기
표지디자인　　홍실비아
제　작　　　　우인도·고철민

펴낸곳　　　　㈜ **박영사**
　　　　　　　서울특별시 종로구 새문안로3길 36, 1601
　　　　　　　등록 1959. 3. 11. 제300-1959-1호(倫)

전　화　　　　02)733-6771
f a x　　　　02)736-4818
e-mail　　　　pys@pybook.co.kr
homepage　　　www.pybook.co.kr
ISBN　　　　　979-11-303-0179-2　　　93320

＊ 잘못된 책은 바꿔드립니다. 본서의 무단복제행위를 금합니다.
＊ 저자와 협의하여 인지첩부를 생략합니다.

정　가　　32,000 원